Dmitri S. Lichatschow

Hunger und Terror

Dmitri S. Lichatschow, Dezember 1985

Dmitri S. Lichatschow

Hunger und Terror

Mein Leben zwischen
Oktoberrevolution und Perestroika

Aus dem Russischen von
Thomas Wiedling
Herausgegeben von
Igor P. Smirnov

edition tertium
Russische Bibliothek

Russische Bibliothek bei edition tertium
herausgegeben von Felix Philipp Ingold
in Verbindung mit Michael Hagemeister

Inhalt

Igor P. Smirnov

Der unbehauste Garten

Auf der Suche nach einem geistigen Vater sagen wir uns von der biologischen Verwandtschaft los. Das Paradoxon dieser – allzumenschlichen – Initiation besteht darin, daß der *recipient of advice* den von ihm gefundenen Meister in eine schwere Versuchung bringt und ihn zum Konflikt mit sich selbst verleitet. Dies habe ich erst begriffen, nachdem ich selbst von einem begeisterten Schüler zu einem reservierten Lehrer wurde: Die Macht, die die Jugend dem Alter anbietet, indem sie ihr Gehorsamsgelöbnis ablegt, ist trügerisch. Sie gründet nicht auf Fleisch und Blut, sondern ist lediglich eine intellektuelle Chimäre. Der zum Lehrer Auserkorene verdächtigt seine Nächsten unausweichlich des Verrats. Wahrhaftig: Wer seine Familie aufgibt, ist ein Verräter *par excellence.* Mit dem Thema der Flucht eines Novizen begann Welimir Chlebnikow seinen Dialog »Der Lehrer und der Schüler« (1912): »Lehrer: Stimmt es, daß du etwas gemacht hast? – Schüler: Ja, Lehrer. Aus diesem Grund besuche ich deine Stunden nicht so eifrig.«*

Dmitri Sergejewitsch Lichatschow (im folgenden werde ich ihn so bezeichnen, wie die ihm nahestehenden Russen ihn untereinander nannten: DS) erklärte einmal – es war Ende der 70er Jahre in Minsk, während einer wissenschaftlichen Konferenz –, er halte mich nicht für seinen Schüler. Aus irgendeinem Grund nannte er damals Wladimir Ja. Propp, den Pionier der Narratologie, meinen Lehrer, obwohl ich nie dessen Student war. Für mich gibt es dennoch keinen anderen Lehrer als DS. Ein weiteres Paradoxon der Initiation besteht darin, daß der Schüler, möge er sich ideell noch so weit von seinem Lehrer entfernen, ihm – als Persönlichkeit – treu bleibt, und zwar aus einem

* Velimir Chlebnikov, *Werke* Bd. 2, Prosa – Schriften – Briefe, hrsg. u. übers. v. Peter Urban, Hamburg 1972, S. 69

einfachen Grund: Es gibt keine weitere Alternative zum nicht-biologischen Vater, auch wenn wir unseren Beruf noch so oft wechseln. Darüber hat Boris Pasternak seinen »Geleitbrief« (1929) geschrieben. Der Leser der nachfolgenden Zeilen hat es mit einem Usurpator – einem selbsternannten Schüler – zu tun, mit einem Verfasser, für den die anglo-amerikanische Literaturtheorie ein präzises Epitheton bereithält: *unreliable.*

Diese Unzuverlässigkeit hat im übrigen ihre *raison d'être.* Denn gerade davon wird die Rede sein. Auf einen unzuverlässigen Autor, der über die Unzuverlässigkeit referiert, kann man sich verlassen. Jene Generation, die sich in der zweiten Hälfte der 20er Jahre und in den 30er Jahren herausbildete, war ideologisch bunt gemischt. Und doch hatte diese Generation einen gemeinsamen Nenner: Die Einstellung auf die Unbeständigkeit und Unsicherheit des Seins einte die Menschen der zweiten Avantgarde. Bei Heidegger fand diese Einstellung ihren Ausdruck im Begriff der »Sorge« (»Sein und Zeit«, 1927), bei Adorno und Horkheimer (»Dialektik der Aufklärung«, 1947) in der Enttäuschung über die Ideale der Aufklärung, die nach der Meinung der Autoren zum totalitären Niedergang der Menschheit führte; bei Jünger (»Der Arbeiter«, 1932) äußerte sie sich in jenem Vorzug, den er dem Träger des schicksalsträchtigen Prinzips gewährte, dem Arbeiter, der die bürgerliche Gemütlichkeit verachtet, bei Plessner (»Macht und menschliche Natur«, 1931) und Carl Schmitt (»Der Begriff des Politischen«, 1932) in der Idee des Feindes, ohne den wir – unserer Eigenschaft als *zoon politicon* wegen – nicht auskommen können, und bei Gehlen (»Der Mensch«, 1940) in der Vorstellung darüber, daß der Mensch stets bereit ist, auf seine augenblicklichen Interessen zu verzichten.

Im Einklang mit Ernst Jünger steht ein anderer Denker der 30er Jahre – Roger Caillois. In seinem nach dem Zweiten Weltkrieg veröffentlichten Buch »Les jeux et les hommes« (1958) schreibt er, nur der Mensch verfüge – im Gegensatz zum Tier – über das Spiel (»alea«), das ihn dazu veranlaßt, sein Glück zu versuchen und das Wagnis auf sich zu nehmen. Georges Bataille, der Caillois nahestand, beschäftigte sich mit den Gedanken, daß die Produktion der Waren mit der Produktion der Abfälle unmittelbar zusammenhängt und daß der Eros von seinem Subjekt dionysische Selbstvergessenheit und Selbstaufgabe verlangt. Die surrealistische Malerei präsentierte den Zuschauern mit ihrer peinlich genauen Treue zum Detail die der Mimesis zugängliche Realität als Täuschung. Céline berichtet im Roman »Mort à crédit« (1936) über den Bankrott jeder persönlichen Initiative. Sartre lehnte das Anders-Sein ab, d.h. die Hoffnung als solche (»L'être et le néant«, 1943). Später stellte Albert Camus in »L'homme révolté« (1951) die Revolution als Absurdität dar, fand jedoch keine Alternative zu ihr. Jacques Lacan widmete seine intellektuellen Bemühungen der These, daß wir schon beim Erwachen unseres Bewußtseins defizitär sind. Das Gesagte läßt sich ohne weiteres auch jenseits des Ärmelkanals und in Übersee fortsetzen. Morris konzipierte die Semiotik (»Foundations of the Theory of Signs«, 1938) als Mittel, den Menschen von der »Wortspinne« zu befreien: als Wissenschaft von der falschen Substitution. Der paranoide Roman Orwells (»1984«, 1949) erschreckte seine Leser mit der Figur des allwissenden *Big Brother*.

Doch sollen im Rahmen dieses Artikels die Russen nicht vergessen werden. Jene russischen Emigranten, für die die 30er Jahre zu ihrer Zeit wurden, waren der Ansicht – ebenso wie Sartre mit seiner Philosophie der Hoffnungslosigkeit –, das Leben lasse sich nicht verdoppeln. Im Roman »Die Verzweiflung«[*] (1936) prägte Nabokow einen Helden, der sich in seiner Mutmaßung, es gäbe Doppelgänger, geirrt hatte und diesen Fehler mit dem Leben bezahlen mußte. Dem in der Heimat gebliebenen und aus Leningrad verbannten Michail Bachtin lag sehr daran, die seriöse Welt mit Hilfe der Karnevalskultur zu sprengen (1940). Wenn es überhaupt eine Verdoppelung des Seins gibt, dann eine karikierte.[**] Deutschland und Rußland bauten ihre Staatspolitik auf der Unzuverlässigkeit auf: Das erste zettelte

* »Otčajanie«

** M.M. Bachtin, *Tvorčestvo Fransua Rable i narodnaja kul'tura srednevekov'ja i Renessansa*, Moskva 1965; dt: *Rabelais und seine Welt*, Volkskultur als Gegenkultur, Frankfurt a. M. 1987

einen Krieg mit dem größten Teil der Welt an, das zweite richtete den Krieg der Minderheit (eigentlich den Krieg eines Einzelgängers, Stalins, der sogar seine Helfershelfer vernichtete) gegen die Mehrheit nach innen und machte die eigenen Bürger zu Opfern des Großen Terrors.

Die Tat, die Lichatschow durch die Hölle des Solowezki-Archipels führte, jener Inselgruppe im Weißen Meer, wo Mönche im 15. Jahrhundert – nicht ohne den von ihnen fast verwirklichten utopisch-sündhaften Gedanken an einen Himmel auf Erden – ein Kloster errichtet hatten und die die *Tschekisten* in einen Ort der Bestrafung all derer verwandelten, die nicht an die nun doch nicht eingetretene sozialistische Utopie glaubten: diese Tat könnte als ein Dummerjungenstreich erscheinen, wäre sie nicht Produkt jenes Bewußtseins gewesen, das die Unzuverlässigkeit zum wackeligen Fundament für einen neuen, völlig anderen Verhaltenstyp erhob, der im Gegensatz zur symbolistischen und futuristischen Theatralisierung des alltäglichen Lebens stand. Zwar sprach DS immer mit Begeisterung über die Theatralik im alltäglichen Leben des vorrevolutionären Petersburg, war selbst jedoch kein Teil dieser Kultur. Der Vortrag über die Verdienste der vorrevolutionären Orthographie war eine Geste, die dem Referenten die Verbannung ins Straflager einbrachte. Keinen altrussischen Text liebt DS so sehr wie den von der mongolischen Eroberung Rjasans: die erste Rechtfertigung des Selbstmords in diesem Land. Der Krieg gegen den Staat um den Erhalt der Buchstaben »Fita«, »Jat'« und »Jer« mag dem heutigen Leser als eine sehr merkwürdige Beschäftigung vorkommen. Wem fiele denn heute ein, das eigene Leben aufs Spiel zu setzen, nur um Buchstaben vor dem Tod zu bewahren? Die Schrift hat jetzt ihre Apologeten (Jacques Derrida) gefunden, die nicht sich selbst, sondern das Subjekt als solches zu opfern bereit sind. In seiner Jugend fand DS jene Rolle, die von einem Schauspieler »gibel' vser'ez« – den Tod des Schauspielers verlangte. Louis Aragon, ein weiterer Vertreter der 30er Generation, übersetzte diesen Ausdruck von Pasternak im Titel seines letzten Romans als »La défense de la fini« (1968). Unter Aufsicht der Regisseure von der *Tscheka* nahm DS den Platz jenes Knechts ein, der

Hegel zufolge die Bestimmung hatte, den Absoluten Geist zu repräsentieren. Gerade in den 30er Jahren kam der russische Philosoph A.D. Koschewnikow (Kojève) in Paris in Mode: Mit seinen Studenten analysierte er jene Stelle der »Phänomenologie des Geistes«, die sich mit dem »Herrn« und dem »Knecht« befaßt. Bei der Entlassung aus dem Lager hatte DS einen wissenschaftlichen Artikel über das Denken der Kriminellen verfaßt, das er – mit den jüngsten Forschungsergebnissen der Linguistik und Mythographie gewappnet – als ein reliktes, archaisches interpretierte. Schrieb DS nur über kriminelle Straftäter? – Sein erster Artikel »Der Ur-Primitivismus der Gaunersprache und seine Wesenszüge«,* der einer breiten Leserschaft 1935 zugänglich wurde, war m.E. sein geheimer Versuch einer Antwort auf die Revolution.

An dieser Stelle sind wohl einige Worte über *Tscheka-GPU-NKWD-MGB-KGB* angebracht: über eine Organisation, die für den Westen schwer zu begreifen ist. Sie läßt sich weder mit dem westlichen Nachrichtendienst noch mit der Gendarmerie im zaristischen Rußland vergleichen, trotz des Hellblaus der Paspeln und Schulterstücke der stalinschen Uniform – einer Farbe, die sie von den Dienströcken der Fünften Abteilung** geerbt hat. Selbstverständlich taten die *Tschekisten* die gleiche Arbeit wie ihre Kollegen im Westen: Sie befaßten sich mit politischer, militärischer und technologischer Spionage. Indes beschränkte sich ihre Tätigkeit nicht nur darauf. Diese Institution wurde als Instrument der (proletarischen) Vergeltung geschaffen. Die Rache ist ein negativer Austausch und korreliert mit dem Verbot des ökonomischen Austausches, das durch die Sowjetmacht ausgesprochen wurde. Die russische Revolution verschmähte den Glauben an die Evolution, zu dem sich die Vertreter der progressistischen Kultur der zweiten Hälfte des 19. Jahrhunderts – insbesondere die von Lenin kritisierten *Narodniki* – bekannt hatten, und kehrte zum *status naturalis* in der Auffassung von John Locke zurück: zum uralten Recht auf Blutrache, die zunächst in die Klassenrache umgefärbt

* »Čerty pervobytnogo primitivizma vorovskoj reči«

** Geheimdienst im zaristischen Rußland

wurde, später jedoch ihre ideologische Färbung verlor und sich zur Vendetta als solcher entwickelte. Rache läßt sich nicht durch die Verfassung legitimieren, nicht einmal durch die eines totalitären Regimes. Die *Tscheka*, ebenso wie ihre späteren Filiationen, war illegitim. Über eben diese revolutionäre Archaik verfaßte Lichatschow seine erste Arbeit. Die Verwandlung der Blutrache in ein Staatsproblem hatte den Totalitarismus (d.h. auch den deutschen Totalitarismus) zur Folge.

DS, schon einmal im Straflager gewesen, wurde von der Institution, die ihn dorthin verbannt hatte, auch später, nach dem Zweiten Weltkrieg, als er bereits Ordentliches Mitglied der Akademie der Wissenschaften und allgemein anerkanntes Oberhaupt der russischen Mediävistik war, nicht in Ruhe gelassen. Mitte der 70er Jahre fand an der Leningrader Universität eine Konferenz über das »Igorlied« statt: ein Text, der den nordischen Mythos, die jüdisch-christliche Apokalypse und die tatsächliche Geschichte auf geniale Weise verbindet. Während dieser Tagung hielt DS einen Vortrag. Einige Tage später habe ich erfahren, daß jener Vortrag von einem Menschen gehalten wurde, der nur wenige Stunden zuvor von einem Unbekannten überfallen und brutal zusammengeschlagen worden war: Ihm waren zwei Rippen gebrochen. Darauf folgten ein Versuch, Lichatschows Wohnung in Brand zu setzen, der Prozeß gegen seinen Schwiegersohn, den höchstbegabten Ozeanforscher Sergei Silitinkewitsch, die Emigration der Enkelin Wera. Ein junger Ingenieur (ich habe auch heute noch Angst, den Namen zu nennen – vielleicht nicht ganz ohne Grund) entdeckte im Hörer von Lichatschows Telefon eine Wanze. Im Dienst mußten die Mitarbeiter von DS mit ihrem Chef des öfteren per Zettel kommunizieren, wenn sie sich in seinem Arbeitszimmer aufhielten. Danach wurden die Zettel sofort vernichtet. Man nimmt an, daß das KGB dem älteren Wissenschaftler das Leben deshalb so schwer machte, weil er als einer der wenigen Überlebenden des Solowezki-Lagers Solschenizyn bei dessen Arbeit am »Archipel Gulag« mit Daten unterstützt hatte. (Zwar wird Lichatschow im »Archipel Gulag« nicht namentlich erwähnt, Solschenizyns Verweis auf ihn läßt sich aber allzu leicht entschlüsseln.) Darüber hinaus ist anzunehmen, daß das nach der Macht strebende KGB-Oberhaupt Andropow versuchte, durch die Schikanen, die er Lichatschow bereitete, seinen Konkurrenten im Politbüro, den Leningrader »Zaren« Romanow, zu kompromittieren, indem er Leningrad in ein schlechtes Licht rückte: als eine Stadt, in der man einen großen Wissenschaftler dem Hohn aussetzt. Wie plausibel die Erklärungen für jene Repressalien, unter denen DS in der zweiten Hälfte der 70er Jahre und in den 80er Jahren leiden mußte, auch ausfallen mögen (zur Ergänzung: es wurde ihm u.a. verboten, ins Ausland zu reisen; nur einmal durfte er eine Reise nach Bulgarien unternehmen) – ich möchte das Augenmerk der Leser auf eine irrationale, eine nicht nachweisbare Seite dieser Geschichte lenken, die mir die letztendliche Erklärung zu geben scheint: Die Institution, deren Ziel und Zweck es war, die staatliche Vergeltung auszuführen, wollte den Akt ihrer Rache an dem einmal dem Tod entronnenen Häftling vollenden.

Auf all das Unglück, das DS auf seine alten Tage erleiden mußte, antwortete er mit einem Buch über Gärten, über die Natur, die in ein Paradies umgewandelt wurde. Die Leningrader nannten das Domizil der sowjetischen *Ochranka*[*] in ihrer Stadt »Das Große Haus«. Es ist ein mehrstöckiges, schräg auf die Newa blickendes Gebäude. In einem seiner Zeitungsartikel darüber, wie man Leningrad zu bebauen habe, merkte DS an, man solle am Newa-Kai keine Hochhäuser errichten. Das Buch Lichatschows über die Gärten las ich so: *Ihr* Haus ist *mein* Garten. Das Haus gilt als Symbol der Sicherheit. Für einen Menschen aber, der nicht nur einen einfachen Schutz vor der Natur sucht, sondern auch einen Raum, in dem er mit der Natur arbeiten kann, gibt es etwas, das noch mehr wert ist als das Haus: der Garten. Über die Unzuverlässigkeit des Gartens steht viel bei Tschechow in »Der Schwarze Mönch«,[**] aber auch in seinen anderen Werken. Als Vorbild diente ihm die biblische Geschichte über den Sündenfall, über

* Abwertend, salopp für die Ochrana (russ.: Schutz), die politische Geheimpolizei im zaristischen Rußland

** A.P. Čechov, *Černyj monach, rasskazy i povesti*, Berlin 1920; siehe auch: A.P. Tschechow, *Der Schwarze Mönch*, Ditzingen 1996

den Garten, in dem der Tod geboren wird. Zwar wurden Mediatoren zwischen Kultur und Natur vom Menschen stets sakralisiert, doch er hegte nie ein allzu großes Vertrauen zu ihnen. Die Todesqualen erlitt Christus im Garten von Gethsemane. Lévi-Strauss machte m. E. die Mediatoren deshalb zum Hauptgegenstand seiner Überlegungen, weil er den 30ern angehörte.

Dazu noch eine Geschichte aus den 70er Jahren. Einem der Mitarbeiter von DS drohte eine Inhaftierung aufgrund seiner politischen Einstellung. DS suchte jene bedeutende Person auf, die den gleichen Familiennamen trug wie die russischen Zaren der drei letzten Jahrhunderte. Der neue Romanow war gnädig. Der Mitarbeiter entrann den Repressalien. Sollte einem Bibliographen der damalige Artikel Lichatschows in der »Leningradskaja prawda« zu Gesicht kommen, möge er berücksichtigen, daß zwei darin enthaltene Zitate aus Breschnews Rede jener Preis waren, den der Autor für die Freiheit des jungen Wissenschaftlers bezahlt hatte. Im zweiten Kapitel des »Briefes an die Philipper« schreibt der Apostel Paulus:

> [...] Ausgeleert hat er sich selbst,
> Knechtsgestalt hat er genommen;
> In Menschengleichheit trat er auf
> und ward in der Art als Mensch erfunden.
> (Philipper 2,7)*

Wenn ich an meinen Lehrer denke, fallen mir stets diese Worte aus dem Neuen Testament über die Kenosis ein. In diesen schweren Jahren – vielleicht noch schwereren als jenen, die er im Solowezki-Lager verbracht hatte – schrieb DS den Artikel »O russkom«,** der in der Zeitschrift »Nowy mir« veröffentlicht wurde. Mir ist klar, daß die Idee vom guten russischen Menschen, die diesem Artikel zugrundeliegt, vielen nicht gefällt. Es ist eine Idee, die Dostojewski und sein Bild

* *Das Neue Testament*, übersetzt von Fridolin Stier, hrsg. v. Eleonore Beck u. a., München, Düsseldorf 1989

** »Über das Russische«

von Rußland als einem Abgrund, über dessen äußerstem Rand der Kampf zwischen Gut und Böse ausgetragen wird, aufs heftigste ablehnt. Die von DS in dieser Arbeit aufgestellten Behauptungen teile ich – ebenso wie meine Freunde – nicht. Im Gegensatz zu ihnen habe ich jedoch nicht vor, mich auf eine pauschale Ablehnung dieses Textes zu beschränken. Dieser Text war ein Versöhnungsversuch, eine Art Predigt, die die Tugend vom Predigtstuhl aus an die Nation richtete.

Ebenfalls zur damaligen, Breschnewschen Zeit begann DS, seine Erinnerungen niederzuschreiben. Auf einer Sitzung der Leningrader Mediävisten begann er – unerwartet für alle Teilnehmer – eine Rede über seine kurz nach der Freilassung aus dem Lager aufgenommene Arbeit im akademischen Verlag. Es ging um die Lettern. Um Blei und Tod. Die Solowezki-Inseln hatten den Buchstabentreuen nichts gelehrt. Eines der ersten (9.–10. Jh.) kirchenslawischen Gedichte war ein alphabetisches Gebet. Die Erinnerungen verfochten die Rechte einer Persönlichkeit, die der Staat schon zum zweiten Mal vernichten wollte. Dieser Mensch, der nur noch mit einem Drittel des Magens lebt und trotzdem 90 Jahre alt geworden ist, besiegte seinen Feind. Um diesen Absatz abzuschließen, müßte man auch die Jahre der fragwürdigen Glasnost erwähnen: Die Familie Gorbatschow bat während der Palastrevolution 1985 Lichatschow um Hilfe. Sein Fernsehauftritt zu Beginn der Perestroika wurde zu einem ihrer eindrucksvollsten Ereignisse. Die rachsüchtige Organisation ließ DS aber auch hier nicht in Ruhe. Als Gorbatschow zu einem Treffen mit Parteifunktionären nach Leningrad kam, hatte er auch Lichatschow dazu eingeladen. Der parteilose Wissenschaftler wurde nicht sofort in den *Smolny* gelassen: Er konnte beim Einlaß kein rotes Parteibuch vorweisen. Nachdem es DS gelungen war, die Sperre zu durchbrechen, nahm er – etwas verspätet – einen Platz in einer der hinteren Reihen ein. Zum Abschluß seiner Rede begab sich Gorbatschow, das Ritual brechend, dorthin, wo DS saß, um seinen Parteifreunden zu zeigen, wen er wirklich schätzt. Am nächsten Morgen bekam der betagte Wissenschaftler einen Anruf aus dem für ihn zuständigen Krankenhaus. Als er sich dort meldete, war er reichlich überrascht, es plötzlich mit einem Psychiater zu tun zu haben, der auf seine Frage nach dem Grund dieser Bestellung antwortete, er wolle jenen Menschen untersuchen, der eine so wichtige Veranstaltung wie die städtische Parteiversammlung gestört habe. Ich kann mir lebhaft vorstellen, wie hartnäckig der Arzt auf die alten, zerbrechlichen Kniegelenke Lichatschows hämmerte und wie willfährig sie auf diese Schläge reagierten. Die Zeiten wurden milder, und die psychiatrische Verfolgung der Andersdenkenden verwandelte sich in eine feine Anspielung darauf. Jene Generäle, die zur damaligen Zeit, als DS erneut verfolgt wurde, das Leningrader KGB leiteten, hießen Nosyrew und Blejer. Es würde mir sehr leid tun, wenn dieses brave Paar in Vergessenheit geriete und unbekannt bliebe. Denn jener torpide Kapitalismus, der in Rußland über keine besondere Vergangenheit verfügt und daher gedächtnisschwach ist, könnte ihnen dies garantieren.

Leningrad mußte zahlen für die Revolution, die hier ausbrach. Nach den Hungerzeiten des Bürgerkriegs kam es zur Verbannung mehrerer tausend Adliger aus der Stadt: Kirow, ein ehemaliger Literaturkritiker, der zu einem treuen Stalinisten wurde, hatte vor, die ihm anvertraute Stadt in einen proletarischen Ort der Wächter zu verwandeln. Daraufhin folgte 1934 der unaufgeklärte Mord an Kirow selbst und die Vernichtung seiner Anhänger (und nicht nur ihrer). Die Erschießungen von Dichtern (damit meine ich u.a. den Mord an Kanegisser und Gumiljow) begannen nicht in Moskau, sondern in Petrograd. Nach dem Kronstädter Aufstand 1921, der von Trotzki auf brutale Weise geahndet wurde, vermehrte sich die Zahl der Hungertoten durch die Matrosen-Anarchisten und die ihnen gegenüberstehenden Rotarmisten, die dezimiert wurden. Auch der Große Terror 1936/37 hat Leningrad nicht verschont. Es fällt mir schwer, das Wort »Blockade« zu Papier zu bringen. Alle meine Verwandten väterlicherseits sind verhungert. Ich habe sie nie kennengelernt. Zu all diesem Unglück setzte Stalin in den 40er Jahren der Stadt noch eins drauf und ließ die ganze post-kirowsche Parteispitze Leningrads liquidieren. Chruschtschow, der später den Leningrader Parteiapparat rehabilitierte, fand nichts Besseres zu tun, als Abakumow – dem

Organisator des sog. »Leningrader Falls«, der allerdings wohl kaum blutgieriger war als diejenigen, die er vernichtet hatte – ausgerechnet in Leningrad einen Prozeß zu machen. Diese politische Hinrichtung aber war die letzte in Leningrad.

Es gibt im 20. Jahrhundert einige Städte, die von einem besonders tragischen Schicksal gezeichnet sind: Warschau mit seinen zwei Aufständen – zuerst im Ghetto und dann später, vor dem absichtlich verzögerten Einmarsch der Sowjetarmee; Dresden, Hiroshima, Nagasaki ... Aber nur in Leningrad nahm die Tragödie einen zyklischen, ununterbrochenen Verlauf. Es gibt keinen zweiten Ort auf dieser Welt, wo das Leiden derart zur alltäglichen Erfahrung geworden wäre. Als ich im Alter von vier Jahren aus der Evakuierung in das von der Blockade befreite Leningrad zurückkehrte, war der Krieg noch nicht zu Ende. Es dauerte noch eine Weile, bis die Menschengesichter – als Massenerscheinung, als Gesichter aus der Menschenmenge – aufhörten, mich in Staunen zu setzen. Zu den ersten Gesichtern dieser Art wurden jene der deutschen Kriegsgefangenen, die täglich den *Sagorodny prospekt* entlangmarschierten – dorthin, wo sie die zerstörte Stadt wieder aufbauen sollten. Barmherzige Frauen warfen ihnen Essen in zusammengeknoteten Bündeln zu. Es lag irgendeine Gesetzmäßigkeit darin, daß gerade die deutschen Kriegsgefangenen die deutsche Hauptstadt Rußlands aufbauten. An die Russen als Masse kann ich mich, wenn ich an das damalige Leningrad zurückdenke, kaum erinnern. Wenn mich meine Großmutter zum Spielen in einen Garten begleitete, gab es dort niemanden, mit dem ich hätte spielen können.

DS, der 1906 in Petersburg zur Welt kam, verkörpert besser als jeder andere den Geist dieser Stadt, wurde zu ihrem *genius loci*. Vor noch nicht allzu langer Zeit hat er in München zu mir gesagt: »Wissen Sie, Igor Pawlowitsch, ich habe nie geahnt, daß ich den größten Teil meines Lebens als alter Mann verbringen würde.« Wenn ich über diese Worte nachdenke, begreife ich, daß mit mir über das Leiden gesprochen wurde: über die auf den größten Teil des Lebens ausgedehnte Erwartung des Todes. Die Auffassung vom Sein als etwas Unzuverlässigem entsprach dem Zeitgeist und der Mentalität jener

Generation, die über die Bemühungen der frühen Avantgarde, die Kulturgeschichte neu zu schreiben, enttäuscht war. Leningrad bot diesem Gefühl den passenden Raum. Gerade in Leningrad entstand *Objedinenije realnogo iskusstwa,*[*] dessen Gründer, Konstantin Waginow, Nikolai Sabolozki, Daniil Charms, Alexandr Wwedenski und andere, das Absurde zu ihrem Hauptthema machten. Mit einem dieser Schriftsteller – Wwedenski – war DS zusammen in der Schule. Hier ein Auszug aus einem der Gespräche, die 1933/34 unter den ehemaligen *Oberiuten*[**] geführt wurden: »Was ist eigentlich passiert?« fragte der Philosoph Leonid Lipawski seine Freunde. »Große Verarmung und Zynismus und Beständigkeitsverlust. Das ist unangenehm. Jedoch hinderten uns die Beständigkeit, die Ehre und die Bindung, die es früher gab, trotz einer in ihnen verborgenen Richtigkeit, der Welt direkt ins Auge zu sehen. Sie waren für uns unseriös [...]. Als die Verheerung kam, half sie uns, der Verblendung zu entrinnen.«

DS fand seine Katharsis an jenem sumpfigen Ort, den Peter der Große bebauen ließ, und zu jener Zeit, in der man für den naiven Glauben der Avantgarde an die unabdingbare helle Zukunft einen teuren Preis zahlte, in der Beschäftigung mit der altrussischen, vorpetrinischen Kultur. NN, mit dem zusammen ich in der Abteilung für altrussische Literatur unter der Leitung von DS am Puschkin-Haus arbeitete, sagte einmal zu mir: »Ohne die Sowjetmacht wäre Lichatschow Kanzler geworden.« Das wäre er mit Sicherheit nicht! Der Mann, von dem hier die Rede ist, war nie ein *gosudarstvennik,* sondern ein Widerpart all jener Russen wie K.P. Pobedonoszew, K.N. Leontjew, P.I. Nowgorodzew, I.A. Ilin und L.W. Tichomirow, die durch den Anarchismus in der höchsten Aristokratie (Bakunin, Kropotkin und Tolstoi) erschreckt wurden. In seiner Forschungsarbeit wandte sich DS der Epoche der Kiewer Rus zu, der Zerstörung dieser Kultur infolge des tatarisch-mongolischen Jochs, und untersuchte den Prozeß ihrer Wiedergeburt, der von den Moskauer Imperialisten am Ausgang des 14. Jahrhunderts begonnen wurde und diese Kultur defor-

[*] »Ob''edinenie real'nogo iskusstva« (Oberiu): Vereinigung der realen Kunst

[**] Oberiut: Mitglied der o.g. Kunstvereinigung

mierte. Der Grund für diese Beschäftigung war die Suche nach einer Alternative zur »Stalinokratie« (ein Wort G.P. Fedotows), die DS in der mittelalterlichen Union der Städte und der Länder fand, von der er schrieb: Die russischen Fürsten der frühesten Kiewer Zeit betrachteten die Regierung des Landes als Gemeingut. Während einer Rast auf der Treppe, die zur Abteilung für altrussische Literatur führte, sagte DS, der sich von den hohen Stufen erholte, zu mir und zu NN, daß er die »Textologie« (1962) als sein *opus magnum* ansehe. Es war in der Tat ein großes Werk, mit dem mehrere Generationen russischer Mediävisten erzogen wurden und das sie die Methodik der Arbeit mit altrussischen Schriften lehrte. Doch DS war niemals nur ein Wissenschaftler, nie nur ein Mittelalterspezialist, nie nur ein Bücherwurm. Die Hauptaussage, die Lichatschows zahlreiche Bücher zur altrussischen Kultur enthalten, insbesondere solche wie »Der Mensch in der Literatur der alten Rus« (1957), »Russische Kultur der Zeit Andrei Rubljows und Epifanis des Weisen« (1962), »Poetik der altrussischen Literatur« (1967) und »Die Entwicklung der russischen Literatur vom 10. bis zum 17. Jahrhundert« (1973),* ist eine kulturpolitische: Der Geschichte des petrinischen Rußlands, die letztendlich zur Revolution Lenins und ihrer Überbietung durch Stalin führte, hielt DS eine andere Geschichte entgegen. Zwar war auch diese grausam, könnte jedoch eine Alternative zu jener Geschichte bieten, die die Entwicklung des russischen Staates unter den diversen Romanows bestimmt hat. Die Generation der 30er Jahre war sehr politisiert. Warum? – Diese Frage ist am besten mit Mandelschtam zu beantworten, der den Politiker als eine Persönlichkeit definierte, die durch Krisensituationen zum Handeln bewegt wird.

Mein Lehrer ist elitär. Der Begriff des Elitären ist nicht einfach zu definieren. Ein elitärer Mensch zeichnet sich nicht dadurch aus, daß er eine den Massen unverständliche Sprache spricht, sondern dadurch, daß er zwei Sprachen beherrscht, von denen eine auch die

* *Čelovek v literature drevnej Rusi, Kul'tura Rusi vremeni Andreja Rubleva i Epifanija Premudrogo, Poėtika drevnerusskoj literatury, Razvitie russkoj literatury X–XVII vekov*

Masse versteht. Das Elitäre ist der Kunst vergleichbar. DS warf mir des öfteren vor, daß ich meine Bücher in einer ›Vogelsprache‹ verfasse. Mir ist jene primitive Überzeugung eigen, die DS nicht hat: Ich hoffe darauf, daß ich trotz der Kompliziertheit meiner Ausdrucksweise alle und jeden anspreche. Über seine Erinnerungen sagte Lichatschow: »Ich versuchte, sie einfach zu schreiben.« Derjenige, der an die Zuverlässigkeit des Seins nicht glaubt, glaubt auch nicht an den Leser. Ich denke, DS wird mir die folgenden Zeilen verzeihen: In den ersten Jahren der Perestroika gab er eine Schallplatte mit der Aufnahme seiner Stimme heraus, die das »Igorlied« vortrug. Dieser Aufnahme fehlten die authentischen Betonungen. Sie waren modernisiert und für die Nicht-Eingeweihten bestimmt. Wie kann man das Rätsel lösen, das uns dieser Mensch aufgegeben hat?

Es bleibt hinzuzufügen, daß es für mich nicht leicht war, in der Sowjetunion zu leben. Meine sorglosesten Jahre verbrachte ich in der Abteilung für altrussische Literatur unter dem Schutz ihres Leiters: Jener, der ein für allemal den Schluß zog, das Sein sei unzuverlässig, kümmerte sich stets ganz besonders darum, daß es für seine Nächsten nicht zur Katastrophe wurde. – Die ganzen Jahre, in denen ich unter DS arbeitete, verbrachte ich wie in Abrahams Schoß.

München / Konstanz, Ostern 1997
Igor P. Smirnov

Aus dem Russischen übersetzt und
mit Anmerkungen versehen von Lena Reichardt.

Dmitri S. Lichatschow

Hunger und Terror

S.A. Alexejew-Askoldow

Als Sergei Alexejewitsch Alexejew Anfang der 20er Jahre in unserer Lentowskaja-Schule in der Plutalowaja uliza auf der Petrograder Seite begann, Psychologie zu unterrichten, war er ein sehr gutaussehender Mann. Ein großes Foto, das ihn mit weißem Bart zeigte, hing im Schaufenster eines Fotostudios auf dem Bolschoi prospekt. In ganzen Gruppen gingen wir hin, um es anzusehen und mit der »Natur« zu vergleichen. Schaufenster mit Fotos waren in jenen Jahren nach der Revolution so etwas wie Fernsehen für uns: Sie verschafften den Personen auf den Fotos Popularität. Ohne viel von seinen wirklichen Verdiensten um die russische Philosophie und um die russische Kultur insgesamt zu wissen, hielten wir ihn allein deshalb für eine Berühmtheit, weil die gesamte Petrograder Seite sein Porträt bestaunte.

Er unterrichtete nicht in unserer Klasse, sondern in einer darüber. Jedoch sah und hörte ich ihn ständig in jenen unzähligen Gesprächskreisen, die es damals in Petrograd gab. Direkt in unserer Schule fanden vor allem philosophische und literarische Zirkel statt; dorthin kamen viele »Erwachsene«: S.A. Alexejew selbst und andere Lehrer.

Was war bemerkenswert an den Lehrern jener Jahre? Sie waren ständig dabei, irgendetwas zu erforschen, sie hatten ihre Steckenpferde, sie verstanden es, öffentlich zu streiten, ohne Angst um die eigene Würde oder die Würde dessen, mit dem sie stritten. Ihnen zuzuhören, wenn sie sich alle versammelt und ihre Freunde mitgebracht hatten (zu denen Jewgeni Pawlowitsch Iwanow gehörte, der später einen dieser Zirkel leitete), war das reinste Vergnügen.

Mit den jungen Leuten verkehrte Sergei Alexejewitsch stets wie mit Gleichaltrigen. Er lud mich zu sich nach Hause ein (mit seiner Familie bewohnte er ein schönes Haus in der Kronwerkskaja uliza; sein Sohn, ein Dichter, ist mir in guter Erinnerung). Er gab mir nicht nur Bücher zum Lesen mit, sondern unterhielt sich mit mir auch über sein Verhältnis zur Musik und zur Poesie. Als kurz vor meinem

Eintritt in die Universität der Dampfer »Preußen« vom Landungssteg auf dem Wasiljewski ostrow Richtung Stettin ablegte – an Bord lauter Wissenschaftler, die Blüte der russischen Intelligenzija –, da hatte man Sergei Alexejewitsch »vergessen«, weswegen er meines Erachtens sogar ein wenig gekränkt war.

Ich kann mich nicht entsinnen, daß Sergei Alexejewitsch je gelächelt oder gelacht hätte. Er war immer ernst, immer nachdenklich. Man sah ihn oft mit wehendem weißem Bart auf dem Fahrrad (er fuhr zum Spazierengehen auf die Inseln), aber selbst auf dem Fahrrad konnte man ihm ansehen, daß er tief in Gedanken versunken war.

1922 hörte er plötzlich auf, in unserer Schule zu unterrichten. Folgendes war geschehen: Schüler der höheren Klasse, die von seinen philosophischen Ansichten gehört hatten und sie für simplen »Mystizismus« hielten, hatten an die Saiten des im Klassenzimmer stehenden Flügels Fäden gebunden (damals standen in allen Klassenzimmern unserer Schule Flügel, konfisziert von den »Bourgeois«). Während des Unterrichts nun begann auf einmal eine Saite zu klingen, dann die nächste. Sergei Alexejewitsch verstand zuerst nicht, was los war, als er jedoch die verschmitzten und grinsenden Gesichter der Schüler sah, begriff er, verließ die Klasse und ward in der Schule nie mehr gesehen. Zu jener Zeit unterrichtete er bereits Warenkunde im Technologischen Institut (vielleicht auch im Polytechnischen – ich weiß es nicht mehr genau).

1928 wurden wir alle verhaftet. Alle, die an den Zirkeln teilgenommen hatten. Sergei Alexejewitsch schickte man, glaube ich, einfach in die Verbannung. Nachdem ich 1932 entlassen worden war, lebte ich in Leningrad, während Sergei Alexejewitsch sich immer noch in der Provinz durchschlug. Mitte der 30er Jahre kam er für einige Tage aus Nowgorod zu seiner Familie nach Leningrad. Wir konnten uns nicht entschließen, uns in seiner oder meiner Wohnung zu treffen: »Odnodelzy«,* die sich weiterhin trafen, wurden verhaftet und mußten eine zweite Strafe absitzen. Deshalb hatten wir uns im

* »odnodel'cy«, auch »sodel'cy«: alle, die gemeinsam in gleicher Sache verurteilt wurden

Sommergarten verabredet. Lange liefen wir die Kieswege entlang, nicht ohne uns von Zeit zu Zeit umzublicken. Ich berichtete ihm von meinem Aufenthalt auf den Solowki* und am Weißmeer-Ostsee-Kanal und vom Schicksal unserer gemeinsamen Bekannten. Er wiederum erzählte mir von sich und von Iwan Michailowitsch Andrejewski, der in Nowgorod und beim Bau des Wolchowkraftwerks in der Verbannung lebte. Er erzählte, daß er sich »mit Musik tröste«, daß ihm »Rimski« gefalle ... (Bei der Petersburger Intelligenzija herrschte die Angewohnheit, von zusammengesetzten Bezeichnungen oder Namen nur das eine Wort in der Form des Adjektivs zu nehmen: »Rimski«, »Lebedinoje«, »Spjaschtschaja«, »Pikowaja«** usw. – übrigens hat auch A.A. Achmatowa so geredet.)

In Erinnerung ist mir auch, daß er weiterhin hartnäckig an seiner Idee einer Kanonisierung Wladimir Solowjows festhielt sowie der Lektüre Serafim Sarowskis mehr und mehr Bedeutung zumaß.

Das Treffen mit Sergei Alexejewitsch im Sommergarten war unser letztes. Danach habe ich ihn nicht mehr gesehen. Ich hörte nur, die Nazis hätten ihn in Nowgorod aufgegriffen und nach Deutschland gebracht. Er lebte in der Nähe von Potsdam im sogenannten »Russischen Dorf«, wo es eine russische Kirche gab. Er starb, weil er seine Verhaftung durch die sowjetischen Befreier nicht überstand. Begraben ist er ebendort, aber als ich 1966 in der DDR war, konnte ich sein Grab nicht finden.

* Soloveckij-Inseln

** N.A. Rimskij-Korsakov; »Lebedinoe ozero«: Schwanensee; »Spjaščaja krasavica«: Dornröschen; »Pikovaja Dama«: Pique Dame (Bühnenwerke von P.I. Čajkovskij)

Dmitri S. Lichatschow, 1925

Chelfernak

Bis Ende 1927 brodelte es in der Stadt vor lauter philosophischen Zirkeln, studentischen Vereinigungen, Jours fixes bei diesen oder jenen bekannten Persönlichkeiten. Man traf sich in der Universität, in der Geographischen Gesellschaft, zu Haus. Dabei wurden die verschiedensten philosophischen, historischen und literaturwissenschaftlichen Probleme relativ frei diskutiert. Die Literaturwissenschaftler teilten sich in die Vertreter der formalen Schule (die »Formalisten«) und jene, die die Literatur weiterhin mit traditionellen Methoden untersuchten. Die Dispute fanden sowohl im privaten Kreis als auch im offiziellen Rahmen statt – in der Leningrader Universität und im Institut für Kunstgeschichte (»Subowski-Institut«) an der Isaakijewskaja ploschtschad, meistens jedoch in einem Saal der Tenischewski-Hochschule. Auch in unserer (Lentowskaja-) Schule gab es Zirkel. Beim Schullehrer I.M. Andrejewski traf sich ein Kreis, der [...]* den Namen Chelfernak trug.**

Seine Blütezeit hatte Chelfernak in den Jahren 1921–1925, als in den zwei engen Mansardenzimmern von Iwan Michailowitsch Andrejewski in der Zerkownaja uliza 12 (heute uliza Blochina) jeden Mittwoch sowohl ehrwürdige Wissenschaftler als auch Schüler und Studenten zusammenkamen. Von den Anwesenden erinnere ich mich an S.A. Askoldow (Alexejew), M.W. Judina, Doktor Modest N. Morschezki, W.L. Komarowitsch, I.J. Anitschkow, L.W. Georg, J.P. Iwanow, A.A. Gisetti, M.M. Bachtin, Wsewolod W. Bachtin, A.P. Suchow und

* Auslassungen wurden nur vorgenommen, wo die Originalfassung auf Kapitel verweist, die in die vorliegende deutsche Ausgabe nicht aufgenommen werden konnten.

** »Chudožestvenno-literaturnaja, filosovskaja i naučnaja akademija« (Chel'fernak): literarische, philosophische und wissenschaftliche Akademie

viele andere, von den jüngeren an Wolodja Rakow, Fedja Rosenberg, Arkascha Seliwanow, Walja Morosowa, Kolja Gurjew, Mischa Schapiro, Serjoscha Einerling. Es ist unmöglich, alle aufzuzählen. Während der Sitzungen wurde ein riesiges Buch herumgereicht, in das sich die Anwesenden eintrugen und in dem oben auf der Seite in Iwan Michailowitsch Andrejewskis eigenartiger »gotischer« Handschrift das Thema des Vortrags, der Name des Referenten und das Datum bezeichnet waren. 1927, als die Zeiten gefährlich wurden, wickelte einer der jüngsten Teilnehmer von Chelfernak, Kolja Gurjew, dieses Protokollbuch in verschiedene wasserdichte Hüllen und vergrub es irgendwo auf dem Krestowski ostrow.

Die Vorträge waren ganz unterschiedlich – sie behandelten literarische, philosophische und theologische Themen. Die Diskussionen verliefen lebhaft. Die Zimmer von Andrejewski blieben niemals leer.

Iwan Michailowitsch besaß eine riesige und gut sortierte Bibliothek. (Bücher waren damals außerordentlich billig: Man konnte sie gegen Brot, Salz, Mehl tauschen – sie wurden sogar nach Gewicht gehandelt!) Jeder konnte sich aus Iwan Michailowitschs Bibliothek ein beliebiges Buch entleihen, selbst in seiner Abwesenheit, allerdings war man verpflichtet, einen Zettel mit Empfangsvermerk auf einen speziellen Haken zu spießen und das Buch nicht über eine bestimmte Frist hinaus zu behalten. Dank dieser Bibliothek konnte ich mich bereits als Schüler mit unterschiedlichster philosophischer Literatur bekanntmachen; und wenn ich auch nicht jedes Buch durchgelesen habe, so hielt ich es wenigstens einmal in Händen, merkte mir Inhalt und Umschlag, wußte nun einfach von seiner Existenz, was ebenfalls wichtig war. Eine große Rolle für meine Kenntnisse von Büchern spielten auch die Bibliothek von I.I. Ionow und die gewaltige Bibliothek im Haus des Buches [...].

Die Bibliotheken und die Diskussionszirkel legten das Fundament für meine Bildung.

Die Bruderschaft des heiligen Serafim Sarowski

In der zweiten Hälfte der 20er Jahre nahm der Chelfernak-Kreis von Iwan Michailowitsch Andrejewski immer stärker religiösen Charakter an. Diese Veränderung erklärt sich zweifellos aus den Verfolgungen, denen die Kirche zu dieser Zeit ausgesetzt war. Die Erörterung kirchlicher Ereignisse machte nun einen wesentlichen Teil der Gespräche aus. I.M. Andrejewski begann, über eine Änderung der grundlegenden Ausrichtung des Kreises und über einen neuen Namen nachzudenken. Alle Teilnehmer kamen überein, daß der Kreis, den bereits viele atheistisch gesinnte Teilnehmer verlassen hatten, »Bruderschaft« heißen müsse. Doch in wessen Namen? Der ursprünglich für den Schutz der Kirche aufgetretene I.M. Andrejewski wollte sie »Bruderschaft des Metropoliten Filipp« nennen, wobei er an den Metropoliten Filipp Kolytschew dachte, der Iwan dem Schrecklichen die Wahrheit ins Gesicht gesagt hatte und im Twersker Otrotsch-Kloster von Maljuta Skuratow erdrosselt worden war. Dann jedoch nannten wir uns unter Einfluß von S.A. Alexejew (Askoldow) »Bruderschaft des heiligen Serafim Sarowski«.

In dem 1927 entbrannten und die folgenden Jahre andauernden Streit zwischen den Gefolgsleuten von Sergi und den unversöhnlichen Iosif-Anhängern standen wir, die Jugend der Intelligenzija, ganz auf seiten des Metropoliten Iosif, der sich geweigert hatte, eine Deklaration des Metropoliten Sergi anzuerkennen, in der dieser erklärte, daß es eine Verfolgung der Kirche bei uns weder gäbe noch gegeben habe. Das Vorgehen der Regierung gegen die Kirche war für alle offensichtlich: Kirchen wurden geschlossen und entweiht, Gottesdienste wurden unterbrochen durch vorfahrende Lastwagen, auf denen Blasorchester spielten oder Laienchöre aus Komsomolzen nach einer wilden Zigeunermelodie ein »populäres« Lied schmetterten, das von Demjan Bedny hätte komponiert sein können, mit dem Refrain:

Jag sie, jag die Mönche,
Jag sie, jag die Popen,
Schlag die Spekulanten,
Heiz den Kulaken ein ...

Gruppenweise kamen Komsomolzen mit Mützen auf dem Kopf in die Kirchen gestürmt, laut redend und lachend. Ich werde nicht alle Dinge aufzählen, die damals im religiösen Leben des Volkes passierten. Uns war damals nicht nach »feinsinnigen« Theorien zumute, wie die Kirche zu retten sei in dieser Situation äußerster Feindseligkeit von seiten der Machthaber. Empörung über die Vorgänge ergriff auch die jüdische Jugend der Intelligenzija. Mein Freund Mischa Schapiro, aus einer gläubigen jüdischen, patriarchalischen Familie, war entrüstet und besuchte hin und wieder die Hauskirche in einem Altersheim (Gattschinskaja, Ecke Maly), wo ein erstaunlich guter Chor sang.

Wir kamen auf die Idee, gemeinsam in die Kirche zu gehen. Und so gingen wir 1927 miteinander, zu fünft oder zu sechst, zum Fest der Kreuzeserhöhung in eine der später zerstörten Kirchen auf der Petrograder Seite. Auch Ionkin schloß sich uns an, von dem wir damals noch nicht wußten, daß er ein Provokateur war (zu ihm siehe weiter unten). Ionkin, der vorgab, religiös zu sein, wußte nicht, wie man sich in der Kirche benimmt, hatte Angst, genierte sich, hielt sich hinter uns. Und da wurde ich zum erstenmal mißtrauisch. Dann aber stellte sich heraus, daß das Erscheinen der Gruppe hochgewachsener und für die Kirchengemeinde gänzlich ungewohnter junger Leute bei den Kirchendienern Unruhe verursachte, um so mehr, als Ionkin eine Aktentasche trug. Sie dachten, wir seien eine Kommission und die Kirche würde geschlossen. Da hatte es mit unseren »gemeinsamen Kirchgängen« auch schon ein Ende.

Wenn ich mich an diese Jahre erinnere, so wird mir klar, daß wir uns mit der Spaltung der Kirche gar nicht anders auseinandersetzen konnten als unmittelbar emotional. Wir standen auf seiten der verfolgten Kirche und konnten uns rationalen Kompromissen, zu denen ein Teil des russisch-orthodoxen Episkopats neigte, einfach nicht anschließen. Wären wir Politiker gewesen, hätte die Entscheidung beliebig ausfallen können. Aber wir waren keine Politiker, die um das Überleben der Kirche kämpften, sondern einfach Gläubige, die in allem gerecht sein wollten und die von Ekel erfüllt waren gegenüber den politischen Manövern, Programmen, vorsichtigen und zweideutigen Formulierungen, mit denen man eine direkte Antwort umgehen konnte.

Ich entsinne mich, daß ich einmal in der Wohnung meines Lehrers den Prior des Preobraschenski sobor, Vater Sergi Tichomirow, und dessen Tochter antraf. Vater Sergi war unglaublich hager und trug einen fettigen grauen Bart. Er war weder redselig noch stimmgewaltig und tat seinen Dienst gewiß still und bescheiden. »Herausgefordert« und über sein Verhältnis zur Sowjetmacht befragt, erwiderte er einsilbig: »Vom Antichristen«. Kein Wunder, daß er verhaftet und sehr bald erschossen wurde. Das war, wenn ich nicht irre, im Herbst 1927, nach dem Fest der Kreuzeserhöhung (ein Feiertag, an dem nach dem Volksglauben die vom Kreuz erschreckten bösen Geister besonders eifrig versuchen, Christen zu verderben).

Wie ich aus meiner »Akte«, die ich 1992 einsehen konnte, erfuhr, hieß die Tochter von Vater Sergi Julija. Ich bedaure heute, mir keine Aufzeichnungen gemacht zu haben. Ich habe in einer solch bedeutenden Zeit gelebt! Aber darum geht es eigentlich gar nicht: Man muß alles und alle im Gedächtnis behalten. Das ist unsere Pflicht. Es versteht sich, daß die Tochter denselben Weg nahm wie ihr Vater.

In der Bruderschaft kam es bis zu ihrer »offiziellen« Auflösung zu höchstens drei oder vier Versammlungen. I.M. Andrejewski stellte uns einen jungen Mann vor, der in der Pose des jungen Bartholomäus auf dem berühmten Gemälde von Nesterow vor uns stand, die Hände zum Gebet gefaltet, und der irgendetwas unverständlich, aber »beseelt« murmelte, ohne sich dabei konkret an jemanden zu wenden. I.M. Andrejewski war völlig begeistert von ihm: »So ein religiöser Mensch, so religiös!« Die Schweinsäuglein dieses »religiösen« Menschen waren indes äußerst wachsam. Sich vorstellend, wisperte er »Serjoscha« und bemühte sich, die Vor- und Nachnamen der Anwesenden zu erfahren. Einige Tage später traf ich ihn auf dem berühmten Korridor der Universität, wo die langen Bänke noch nicht weggeräumt waren, auf denen immer Studenten saßen und hitzig über politische und allgemein weltanschauliche Fragen stritten. Einige Studenten waren ständig anzutreffen, so zum Beispiel der gutaussehende, hochgewachsene junge Borja Iwanow, ein überzeugter Kantianer, der später ein außergewöhnlicher religiöser Denker wurde.

Ich ging zu »Serjoscha«, und wir unterhielten uns. Am Ende des Gesprächs versuchte er, mich zu überreden, bei der Vervielfältigung irgendwelcher Flugblätter mitzumachen: »Wir werden sie dann hier im Korridor liegenlassen, und das wird Funken schlagen, Funken, das gibt ein Feuer ...« Ich erinnere mich an die Worte »Funken« und »Feuer«. Einer der Studenten hatte mein Gespräch mit »Serjoscha Ionkin« mitbekommen und warnte mich: »Das ist ein Provokateur.« Ionkin hatte mich ausgefragt und erfahren, daß mein Vater früher einmal in der Ersten Nikolajewer Kadettenanstalt Chemie unterrichtet hatte. »Ich war Schüler bei ihm, ja ... Kann ich mit zu euch kommen?« Ich erzählte es meinem Vater. Er meinte: »Ionkin? Ich kenne meine Schüler alle noch mit Namen. Ein solcher war niemals darunter.«

Daraufhin ging ich zu I.M. Andrejewski und warnte ihn, daß sich ein Provokateur bei uns eingeschlichen habe. Es wurde beschlossen, eine Selbstauflösung der Bruderschaft zu inszenieren. Am darauffolgenden Mittwoch, zu dem Ionkin als einer der ersten erschien, begrüßte uns I.M. Andrejewski mit finsterer Miene, setzte sich in seinen tiefen, mit blauem Samt ausgeschlagenen Sessel – ein Geschenk einer seiner Schülerinnen – und begann, von der Nutzlosigkeit unserer Versammlungen zu sprechen und von seinem Entschluß, keine Treffen mehr abzuhalten. Er hielt jeden an, nach Maßgabe der eigenen Kraft und des eigenen Glaubens in die Kirche zu gehen und religiöse Literatur zu lesen, dann erhob er sich und gab jedem von uns zum Abschied die Hand. I.M. Andrejewskis Auftritt war so überzeugend und, wie ich meine, klug gewesen, daß »Serjoscha Ionkin« darauf hereinfiel und Andrejewski fortan in Ruhe ließ. Und als er in der Universität trotzdem noch einmal versuchte, mich anzusprechen (da war er ernsthaft betrunken), ließ ich ihn mit einer für mein damaliges Alter überraschenden Entschlossenheit abblitzen.

Als ich 1992 meine »Akte« durchsah, entdeckte ich Hinweise auf einen gewissen »Iwanowski«, der sich unschwer als unser »Ionkin« identifizieren ließ. »Iwanowski« war eindeutig ein Geheimagent der GPU. Über seinen offiziellen Status finden sich keinerlei Angaben in der »Akte«, dafür zeigt sich unverhohlen sein Auftrag, uns alle als Monarchisten, als leidenschaftliche Konterrevolutionäre hinzustellen. Zugleich tritt sein absoluter Mangel an Bildung zutage. Er kam in jener Phase zu Andrejewski, als wir uns noch »Bruderschaft des heiligen Metropoliten Filipp« nennen wollten. Iwanowskij-Ionkin wußte nicht, wer das war, und hinterbrachte, wir seien die »Bruderschaft des Kirill, des Schutzpatrons der Inseln«. (Offenbar hatte er irgendetwas darüber gehört, daß der Metropolit, den er Kirill nannte, Abt des auf den Weißmeerinseln gelegenen Solowezki-Klosters war.)

Nach der Geschichte mit dem Provokateur Sergej Ionkin trafen wir uns wirklich einige Zeit nicht mehr bei Andrejewski. Mir scheint, Iwan Michailowitsch war geneigt, sich voll und ganz kirchlichen Dingen zu widmen, und tatsächlich wirkte die Mannigfaltigkeit der Themen bei den Versammlungen von Chelfernak immer unangebrachter im Licht dessen, was sich mit der russischen Kirche abspielte.

Uns ganz von Iwan Michailowitsch zu trennen, brachten wir jedoch nicht fertig. Viel zu groß war das Bedürfnis, unsere Meinungen über das auszutauschen, was ringsum passierte. Unaufgefordert kamen wir bei Iwan Michailowitsch vorbei, liehen uns wie früher Bücher von ihm und spießten einen Zettel auf den großen Haken, der an eines der Regale genagelt war, und wenn wir Iwan Michailowitsch zu Hause antrafen, versuchten wir, seine Meinung über dieses oder jenes zu erfahren oder uns von den Vorgängen, die die Kirche betrafen, erzählen zu lassen. Der Kreis wurde freilich kleiner, doch er existierte weiter, und Iwan Michailowitsch spürte offenbar, daß er nicht das Recht hatte, uns fallenzulassen. Es kam zu einer spontanen Neubelebung der Treffen.

Am 1. August 1927, dem Tag der Entdeckung der Reliquien des Serafim Sarowski, wurde in der Wohnung der Eltern von Ljusja Suratowa, einem äußerst hübschen und tief religiösen Mädchen, eine Andacht abgehalten. Die Andacht hielt Vater Sergi Tichomirow. Das

Zimmer (offenbar das Wohnzimmer) war groß und hell, und Vater Sergi war mit ungewöhnlich viel Gefühl bei der Sache. Im russischen Gottesdienst werden Gefühle nur sehr verhalten gezeigt. Auch Vater Sergi war zurückhaltend, doch in ganz eigenartiger Weise übertrug sich seine Stimmung auf alle anderen. Ich kann es nicht genau erklären. Es war sowohl die Freude wie auch das Bewußtsein dessen, daß unser Leben von diesem Tage an ein gänzlich anderes sein würde. Jeder ging für sich nach Haus. Auf der anderen Straßenseite stand einsam die Kanone, die im November 1917 die zaristische Militärzöglingsanstalt beschossen hatte. Verfolgt wurden wir nicht.

Die Bruderschaft des Serafim Sarowski gab es bis zum Tag unserer Verhaftung am 8. Februar 1928. Iwan Michailowitsch, der den kleinen Fehler besaß, ein wenig prahlsüchtig zu sein und sich manchmal als Anführer oder Mitglied einer großen Bewegung darstellen zu wollen, erwähnte Chelfernak aus irgendeinem Grund fortan nicht mehr und tat, als sei die Bruderschaft aus dem Nichts entstanden. Später behauptete er immer wieder, daß auch die Kosmische Akademie (von ihr weiter unten) gleichsam eine Filiale der Bruderschaft gewesen und der blumige Name zum Zweck der Konspiration gewählt worden sei.

In Wirklichkeit verkehrten von den acht »Akademikern« bei Iwan Michailowitsch nur ich, Rakow, Seliwanow und Rosenberg. P.P. Maschkow und A.S. Terechowko waren Atheisten. Beide wurden zornig, als Iwan Michailowitsch sie später auf den Solowki als seine Schüler vorstellte. Auch Wladimir Karlowitsch Rosenberg, Eduards älterer Bruder, verkehrte nicht bei Iwan Michailowitsch. Und mag er sich auch im Gefängnis mit Vater Alexandr Pischtschulin* angefreundet haben, so war er dennoch kein religiöser Mensch und blieb formell Lutheraner.

* Gemeint ist wohl Vater Vladimir Piščulin

Die Kosmische Akademie der Wissenschaften

Weniger gefährlich schien es damals, einfach so zum Spaß zusammenzukommen. Es schien, niemand könne auf den Gedanken verfallen, Menschen zu beschatten, die sich treffen, um gemeinsam eine schöne Zeit zu verbringen. Wolodja Rakow, mein Klassenkamerad aus der Lentowskaja-Schule, lud mich ein, bei ihnen in der KAN* mitzumachen – der Kosmischen Akademie der Wissenschaften. Die Mitglieder dieser »Akademie« wanderten im Sommer auf der Ossetischen Heeresstraße von Wladikawkas nach Suchumi, wappneten sich auf dem Kaukasus mit Spazierstöcken und verkündeten ihren Glauben an Freundschaft, Humor und Optimismus. Die Mitglieder der KAN hatten ihren eigenen Gruß – »chaire« (griech.) –, ihre eigene Hymne, eigene »Konferenzsäle«, einen »chartofilax«** – Fedja Rosenberg –, ihre Weihestätte in Zarskoje Selo auf dem Gipfel des Parnaß usw. Mit mir waren es neun: Fedja Rosenberg (der »chartofilax«), sein Bruder Wolodja Rosenberg, Wolodja Rakow und sein Freund Arkascha Seliwanow, Andrjucha Michankow, Pjotr Pawlowitsch Maschkow (der älteste von uns), Kolja Speranski, Tolja Terechowko und ich. Von diesen neun »KANlern« schrieben zwei gute Gedichte (Terechowko und Rosenberg), einer sprach fließend Griechisch und Latein, schrieb Gedichte in beiden Sprachen und gab Anlaß zu großen akademischen Hoffnungen (A. Michankow), zwei konnten gut singen (Wolodja Rakow und Arkascha Seliwanow), einer zeichnete gut und kannte die Uniformen sämtlicher russischer Regimenter vom Ende des 18. bis zum Anfang des 19. Jahrhunderts (Wolodja Rakow). Fedja Rosenberg war immer erstaunlich fröhlich, direkt und einfallsreich. Kurz gesagt, wir waren ganz gewöhnliche Jugendliche, die sich beinahe wöchentlich trafen, ohne dabei im geringsten heimlich zu tun.

* »Kosmičeskaja Akademija Nauk« (KAN)

** »chartofilaktes« (griech.): Archivar

Entsprechend unseren Vorträgen bekamen wir in der KAN »Lehrstühle«. Ich hielt einen Vortrag über die verlorenen Vorzüge der alten Orthographie und bekam den Lehrstuhl für alte Orthographie oder, als Variante, den Lehrstuhl für melancholische Philologie.

Heute halten die Leser meinen »KAN«-Vortrag (veröffentlicht 1993 in Twer, in dem Buch »Der unbekannte Lichatschow«) oft für vollkommen ernst gemeint, doch muß man nur einmal den Titel genau lesen, der die gegen die altrussischen Häretiker gerichteten Schriften parodiert, um zu verstehen, daß es sich um einen Scherzvortrag handelte – wenngleich manche der Argumente gegen die Abschaffung der alten Orthographie und die Einführung einer neuen, »langweiligen«, »trostlosen« und »nicht volksverbundenen« Rechtschreibung in keinster Weise der aktuellen Auffassung entsprechen. Der Vortrag war ironisch gemeint und entsprach dem Geist des Karnevals, der in der Kosmischen Akademie herrschte.

Wolodja Rakow hatte den Lehrstuhl für apologetische Theologie inne, und dies war in gewissem Maße ernst, wenn man bedenkt, daß er und sein Freund Arkascha Seliwanow, der den Lehrstuhl für schöngeistige Theologie innehatte, zutiefst gläubige Menschen waren. Eduard Karlowitsch Rosenberg trat ganz vom Protestantismus zum orthodoxen Glauben über und nahm den Namen Fjodor an. Tolja Terechowko dagegen (Lehrstuhl für schöngeistige Psychologie) war prinzipientreuer Atheist. Dasselbe läßt sich von Pjotr Pawlowitsch Maschkow sagen (Lehrstuhl für schöngeistige Chemie). Solch tiefgreifende Differenzen hielten uns keineswegs davon ab, miteinander nicht nur befreundet zu sein, sondern uns gegenseitig wirklich zu mögen und Vergnügen daran zu finden, auf unseren gemeinsamen Ausflügen nach Zarskoje Selo und auf Bootsfahrten auf der Newa im Chor russische Lieder und Romanzen zu singen.

Die Kosmische Akademie der Wissenschaften war eine Art Maskenballveranstaltung. Wir verkündeten das Prinzip einer »fröhlichen Wissenschaft« – einer Wissenschaft, die nicht bloß die Wahrheit, sondern eine freudige und in fröhliche Formen gekleidete Wahrheit sucht. Übrigens gibt es dieses Prinzip in der gelehrten Welt schon lange. Die verschiedenen universitären Feierlichkeiten, Paradeumzüge, traditionellen Amtstrachten, blumigen Titel, Zeremonien, gemeinsamen Spaziergänge, Exkursionen – dies alles besaß und besitzt schon immer halbernsten Charakter. Auch dies ist eine Art »fröhliche Wissenschaft«, denn die Wissenschaft an sich, die das volle Maß an Zeit und an Seelenkräften beansprucht, darf nicht langweilig und eintönig sein.

Eines der Postulate dieser »fröhlichen Wissenschaft« lautete, daß jene Welt, die die Wissenschaft auf dem Weg der Forschung hervorbringt, »interessant« sein muß und komplizierter als die Welt vor ihrer Erforschung. Die Wissenschaft bereichert die Welt, indem sie sie erforscht, in ihr Neues, bis dahin Unbekanntes entdeckt. Sobald die Wissenschaft beginnt, zu vereinfachen und alle Erscheinungen zwei, drei simplen Grundsätzen unterwirft, wird sie zu einer »traurigen« Wissenschaft, die das uns umgebende Universum öde und grau macht. Dergestalt ist die Lehre des Marxismus, die die Bedeutung des gesellschaftlichen Umfelds herabsetzt, indem sie es vergröbernden materialistischen Gesetzmäßigkeiten unterwirft, durch die die Moral getötet, schlicht überflüssig gemacht wird. Das trifft auf jeglichen Materialismus zu. Auf die Lehre von S. Freud ebenso wie auf den Soziologismus bei der Erklärung von literarischen Werken und des literarischen Schaffensprozesses. In diese Kategorie der »langweilig machenden« Lehren gehört auch jene von den historischen Formationen. Ich behaupte nicht, daß ich bei meinem Interesse an dem, was vor sich ging, vollkommen immun war gegen diesen Druck zur Vereinfachung in all seinen verschiedenen Ausprägungen, aber im großen und ganzen habe ich mich immer bemüht, in den Menschen und in dem, woran ich forschte, das Komplizierte und Interessante, das Eigentümliche und Individuelle zu entdecken. Und dies war so spannend, daß es mir sogar half, all die schweren Schicksalsschläge zu überwinden, die mich vor allem in meiner Jugend trafen.

In dem studentischen Kreis, der für unser Leben eine besonders wichtige Rolle spielte zu einer Zeit, da die freie Philosophie und die Religion allmählich verboten, für inoffiziell erklärt und geächtet wurden, entstand unsere Art von Maskerade keineswegs mit dem Ziel irgendeiner Art von Konspiration. Im Gegenteil, die lebhaften Ausdrucksformen dieser Maskerade waren eher geeignet, die Aufmerksamkeit auf unseren Kreis zu lenken. Und so geschah es auch. Ein angeblich vom Papst in Rom gekommenes Glückwunschtelegramm zum Jubiläum der Akademie erregte die Aufmerksamkeit der überwachsamen Organisationen ...

Wir schufen uns dieses »andere Leben« auch noch mit einem weiteren Hilfsmittel. Einer der »Akademiker«, der Klassenkamerad und spätere Student am Bauinstitut (Institut für Ingenieure im Zivilbereich) Wolodja Rakow, war geschickt (schnell und tadellos) im Zeichnen und beherrschte die Kunst der Aquarellmalerei. Zugleich kannte er sich bestens mit den Uniformen der russischen Armee vom Anfang des 19. Jahrhunderts aus sowie mit Alltagsleben und Kleidung jener Epoche. Er zeichnete uns und unsere Bekannten in verschiedenen Situationen zu Anfang des 19. Jahrhunderts. Er zeichnete sogar ganze Geschichten über uns. War eine Geschichte sehr lang, fertigte er ein ganzes Album an und machte es bei irgendeiner Gelegenheit der Hauptfigur der Bildergeschichte zum Geschenk. Die weiblichen Rollen spielten entweder Walja Morosowa, eine Teilnehmerin des Andrejewski-Kreises, oder Tolja Terechowkos Schwester. Fremde erhielten in dieses »gezeichnete Leben« keinen Einlaß. Jeder nahm in den Zeichnungen seinen eigenen Rollentyp ein. Der älteste von uns, Petja Maschkow, war meist als Husarenoberst dargestellt, Walja Morosowa als kleines Mädchen, das Serso, Krocket, Seilhüpfen spielte oder einen Reifen mit dem Stöckchen trieb. Ich war auf den Zeichnungen immer in Zivil zu sehen, bisweilen mit einer »Doppel-Lorgnette« (bei der die Linsen hintereinander angeordnet waren, so daß sich die Schärfe einstellen ließ). Die gezeichneten Geschichten erwarteten wir immer voller Ungeduld und lachten herzlich darüber, besonders, wenn wir Anspielungen auf Situationen entdeckten, die unserem realen Leben entstammten. Eines dieser Alben, in denen wir ein zweites Leben führten, besitze ich noch.

Später, nach unserer Entlassung aus der Haft, machte Wolodja Rakow in Petrosawodsk mit seinen Alben weiter ...

M.M. Bachtin war, wie ich bereits erwähnte, bei Chelfernak dabei und kann dort leicht von der Vereinigung KAN erfahren haben. Er

Zeichnung von Wladimir T. Rakow

kann auch über Wsewolod Bachtin von uns erfahren haben, mit dem ich an der Universität im gleichen Semester studierte, oder über M.M. Bachtin und die Zeichnungen von Wladimir Tichonowitsch Rakow von unserem zweiten, erfundenen Leben. Weithin bekannt war auch die poetische Vereinigung Oberiu,* in der der gleiche karnevaleske Geist herrschte. Es gab Dutzende von Zirkeln, Treffen, scherzhaften Bräuchen, mit denen Petersburg Abschied nahm von einer glänzenden Vergangenheit. Später hat A.A. Achmatowa diese Atmosphäre des Hinscheidens einer Kultur in ihrem »Poem ohne Held« wunderbar treffend eingefangen.

So löste die monologische Kultur der »proletarischen Diktatur« die Polyphonie der demokratischen Intelligenzija ab. Kaum hatte sie sich in unserem Land gefestigt, sah es die Sowjetmacht auf die Zerstörung jeglicher Vielstimmigkeit ab. Das Land verfiel in Schweigen – nur monotone Lobhudelei, Einhelligkeit, tödliche Langeweile – im wahrsten Sinne tödlich, denn die Verordnung von Einstimmigkeit und Einhelligkeit kam einem Todesurteil für die Kultur und die Träger der Kultur gleich.

* Vgl. Fußnote auf S. 18

Verhaftung und Gefängnis

Anfang Februar 1928. Die Tischuhr bei uns in der Oranienbaumskaja uliza schlug achtmal. Ich befand mich allein zu Haus und war augenblicklich starr vor Angst. Ich weiß nicht einmal wieso. Ich hörte das Schlagen unserer Uhr zum ersten Mal. Vater mochte es nicht, wenn die Uhr schlägt, und das Schlagwerk war schon vor meiner Geburt abgestellt worden. Warum nur hatte die Uhr beschlossen, das erste Mal seit einundzwanzig Jahren feierlich und gemessen für mich zu schlagen?

Am Morgen des 8. Februar kamen sie, um mich abzuholen: ein Untersuchungsbeamter in Uniform und der Kommandant unserer Wohngebäude um den Petschatny dwor, Sabelnikow. Sabelnikow war sichtlich unglücklich, der Untersuchungsbeamte war höflich und zeigte sogar Mitgefühl mit den Eltern, besonders als Vater schrecklich blaß wurde und in seinen ledernen Arbeitssessel sank. Der Untersuchungsbeamte brachte ihm ein Glas Wasser, und ich konnte mich lange nicht von dem heftigen Mitleid mit Vater freimachen.

Die Haussuchung selbst nahm nicht viel Zeit in Anspruch. Der Untersuchungsbeamte sah auf irgendeinem Zettel nach, trat mit sicherem Schritt ans Regal und zog das rot eingebundene Buch »Internationales Judentum« von H. Ford heraus. Da wurde mir klar: Auf dieses Buch hatte ein Bekannter aus der Universität gezeigt, der eine Woche vor meiner Verhaftung aus unerfindlichen Gründen bei mir aufgetaucht war, sich die Bücher ansah und mit unverschämtem Grinsen immerzu fragte, ob ich nicht irgendwelches antisowjetisches Zeug hätte. Er versicherte in einem fort, daß er solche Geschmacklosigkeiten und Gemeinheiten schrecklich liebe.

Mutter packte ein paar Sachen zusammen (Seife, Wäsche, warme Kleidung), wir nahmen Abschied voneinander. Wie jeder andere in so einer Situation sagte ich: »Das ist ein Mißverständnis, es wird sich schnell herausstellen, ich komme bald zurück.« Doch schon damals war es an der Tagesordnung, daß massenweise Menschen verhaftet wurden und nicht mehr zurückkehrten.

In einem kleinen schwarzen Ford, wie er damals gerade erst auf Leningrads Straßen aufgetaucht war, fuhren wir an der Börse vorbei. Der Morgen klarte immer mehr auf, die verlassene Stadt war ungewöhnlich schön. Der Untersuchungsbeamte schwieg. Wieso nenne ich ihn eigentlich »Untersuchungsbeamter«? Der richtige Untersuchungsbeamte in meiner Angelegenheit war Alexandr (Albert) Robertowitsch Stromin, der Organisator aller Prozesse gegen die Intelligenzija Ende der 20er, Anfang der 30er Jahre, der Begründer der »akademischen Prozesse«, der Prozesse gegen die Prompartei* und anderer. Später war er Leiter des NKWD in Saratow und wurde 1938 »als Trotzkist« erschossen.

Nach der Leibesvisitation, bei der mir das Kreuz, die silberne Uhr und einige Rubel abgenommen wurden, brachte man mich in eine Zelle im vierten Stock des DPS** in der Schpalernaja (von außen hat das Gebäude zwei Stockwerke, doch zur Vermeidung von Fluchtversuchen ist das Gefängnis gleichsam in eine Hülle gesteckt). Die Nummer der Zelle war 273: der absolute Nullpunkt auf der Kälteskala.

Auf der Universität hatte ich mich für L.P. Karsawin begeistert, und im DPS kam ich durch Fügung des Schicksals mit dem Bruder einer Lew Platonowitsch Karsawin nahestehenden Frau gemeinsam in eine Zelle. Ich erinnere mich noch an diesen jungen Mann – er trug eine Samtjacke und konnte sehr schön und ganz leise, damit die Wache es nicht hörte, Zigeunerromanzen singen. Ich hatte zuvor L.P. Karsawins Buch »Noctes petropolitanae« gelesen.

Das halbe Jahr, das ich in dieser Zelle saß, war wahrscheinlich wirklich die schwerste Zeit meines Lebens. Schwer im psychologischen Sinn. Aber ich habe in dieser Zeit eine Unzahl von Menschen kennengelernt, die nach gänzlich verschiedenen Prinzipien lebten.

* »Prompartija«: Industriepartei

** »Dom predvaritel'nogo zaključenija« (DPZ): Leningrader Untersuchungsgefängnis

Einige meiner Zellengenossen möchte ich erwähnen. In der »Einzelzelle« 273, in die man mich geworfen hatte, erschien der energische NÖP*-Mann Kotljar, Inhaber irgendeines Geschäfts. Man hatte ihn am Vorabend verhaftet (es war die Zeit der Liquidierung der NÖP). Sogleich machte er mir den Vorschlag, Reinlichkeit in die Zelle einkehren zu lassen. Die Luft war unglaublich stickig. Die einst mit Ölfarbe gestrichenen Wände waren schwarz vor Schimmel. Der Klosettsitz war schmutzig, seit ewigen Zeiten nicht mehr geputzt worden. Kotljar verlangte bei der Wachmannschaft nach einem Lappen. Ein oder zwei Tage später warf man uns irgend jemandes Leinenunterhosen herein. Kotljar vermutete: von einem Erschossenen. Den Brechreiz in der Kehle unterdrückend, machten wir uns daran, den Schimmel von den Wänden zu reiben, den Boden zu wischen, der ganz weich war vor Dreck, und vor allem – das Klosett zu putzen. Die zwei Tage harter Arbeit waren unsere Rettung. Und das Resultat: Die Luft in der Zelle wurde frischer. Als Dritten warf man einen professionellen Dieb zu uns in die »Einzelzelle«. Als ich nachts zum Verhör beordert wurde, riet er mir, einen Mantel anzuziehen (ich hatte Vaters warmen Wintermantel aus Grauwerk mit): »Beim Verhör muß man warm angezogen sein – dann ist man ruhiger.« Es war mein einziges Verhör (das übliche Ausfüllen des Fragebogens zuvor nicht mitgezählt). Ich saß da, im Mantel, wie gepanzert. Der Untersuchungsbeamte Stromin (wie ich bereits erwähnte, Organisator aller Prozesse gegen die Intelligenzija von Ende der 20er bis Anfang der 30er Jahre, einschließlich des mißglückten »akademischen«) brachte aus mir keinerlei für ihn nützliche Informationen heraus. (Meinen Eltern sagte er: »Ihr Sohn führt sich schlecht auf.«) Zu Beginn des Verhörs fragte er: »Wieso im Mantel?« Ich erwiderte: »Erkältet« (so hatte mich der Dieb instruiert). Stromin fürchtete offenbar eine Influenza (so nannte man damals die Grippe), und das Verhör zog sich nicht zermürbend in die Länge.

Danach waren nacheinander in der Zelle: ein Chinesenjunge (aus irgendwelchen Gründen saßen 1928 im DPS viele Chinesen), bei

* »Neue Ökonomische Politik« (ca. 1921–1927)

dem ich vergeblich versuchte, Chinesisch zu lernen; Graf Rochefort (so war sein Name, glaube ich) – ein Nachkomme des Verfassers der zaristischen Gefängnisverordnung; ein Bauernjunge, der zum ersten Mal in die Stadt gefahren war und sich »verdächtig« für ein Wasserflugzeug interessiert hatte, etwas, das er noch nie zuvor gesehen hatte. Und viele andere. Das Interesse an all diesen Menschen ließ mich durchhalten.

Auf den Rundgängen in diesem halben Jahr wurden die Insassen unserer Zelle von »Großväterchen« (so nannten wir ihn) begleitet, der unter der zaristischen Regierung auch mit vielen Revolutionären den Rundgang gemacht hatte. Als er sich an uns gewöhnt hatte, zeigte er uns auch die Zellen verschiedener revolutionärer Berühmtheiten. Ich bedauere, daß ich nicht versucht habe, mir ihre Nummern zu merken. »Großväterchen« war ein pflichteifriger strenger Aufseher, der aber nicht beim Lieblingsspiel der Wachmannschaft mitmachte – sich gegenseitig mit dem Besen eine lebende Ratte zuzujagen. Wenn ein Wachmann eine Ratte über den Hof rennen sah, begann er, sie mit einem Besen zu verfolgen, so lange, bis sie erschöpft war und krepierte. Fanden sich weitere Wachmänner, machten sie bei dieser Jagd sofort mit und trieben sich die Ratte mit dem Besen gegenseitig zu – in ein eingebildetes Tor. Bei diesem sadistischen Spiel geriet die Wachmannschaft in Feuereifer. Jeden Moment versuchte die Ratte zu entkommen, zu fliehen, aber schon wurde sie wieder mit Gekreische und Geschrei gejagt. Die Gefangenen, die durch die »Maulkörbe« ihrer Zellen zusahen, konnten zwischen dem Schicksal der Ratte und ihrem eigenen Vergleiche anstellen.

Nach einem halben Jahr waren die Untersuchungen abgeschlossen, und ich wurde in die Bibliothekszelle, eine Gemeinschaftszelle, verlegt. Dort (wo übrigens nach mir N.P. Anziferow* saß, wie er sich selbst erinnert) war ein überaus interessantes Völkchen versammelt. Man schlief auf dem Boden – sogar ans Klosett gelehnt. Zu unserer Kurzweil hielten wir abwechselnd »Vorträge« mit anschließender Dis-

* N.P. Anciferov berichtet in seinen Erinnerungen *Iz dum o bylom* (Paris 1981; Moskau 1992) über die »Bibliothekszelle«.

kussion. Die unbezwingbare Angewohnheit der russischen Intelligenzija, dauernd Grundsatzfragen zu erörtern, half uns durchzuhalten, sowohl in den Gefängnissen als auch in den Lagern. Die Vorträge behandelten immer irgendwelche extravaganten Themen, mit Thesen, die den allgemein anerkannten Ansichten krass widersprachen. Dies war ein typischer Zug aller Gefängnis- oder Lagervorträge. Die unmöglichsten Theorien wurden erfunden. Auch ich hielt einen Vortrag. Bei meinem Thema ging es darum, daß jeder Mensch sein Schicksal auch dort in der Hand hat, wo es sich scheinbar um Zufall handelt. So waren alle Dichter der Romantik früh ums Leben gekommen (Keats, Shelley, Lermontow usw.). Sie hatten den Tod, das Unglück gleichsam »herausgefordert«. Lermontow begann sogar, auf demselben Bein zu hinken wie Byron. Hinsichtlich des langen Lebens von Schukowski äußerte ich ebenfalls irgendwelche Überlegungen. Die Realisten hingegen hatten lange gelebt. Und auch wir bestimmten gemäß den Traditionen der russischen Intelligenzija unsere Haft selbst. Sie war unser »freiwilliges Schicksal«. Als ich ein halbes Jahrhundert später die »Spaziergänge mit Puschkin« von A. Sinjawski las, dachte ich: »Was für eine typische Gefängnis-Lager-Phantasie« – sein ganzes Konzept zu Puschkin. Übrigens hielt ich noch mehrere solcher »umwerfenden« Vorträge – aber erst auf den Solowki. Davon später.

Der interessanteste Mensch in der Bibliothekszelle war zweifellos der Anführer der Petrograder Boyscouts, Graf Wladimir Michailowitsch Schuwalow. Gleich nach der Revolution war ich ihm manchmal auf der Straße begegnet, er mit der Uniform und dem langen Stab der Boyscouts und einem eigenartigen Hut. Jetzt, in der Zelle, war er düster gestimmt, dabei standhaft und diszipliniert. Er beschäftigte sich mit Logik. Soweit ich mich entsinne, waren das irgendwelche Überlegungen in Anknüpfung an Husserls »Logische Untersuchungen«. Es ist mir ein Rätsel, wie er es schaffte, sich bei der geräuschvollen Zellenatmosphäre vollkommen auf die Arbeit zu konzentrieren. Er muß große Willenskraft und Begeisterungsfähigkeit besessen haben. Als er die Resultate seiner Forschungen darlegte, konnte ich ihm nur mit Mühe folgen, obwohl ich davor schon bei A.I.

Wwedenski und S.I. Powarnin (bei dem Schuwalow früher selbst Student gewesen war) Logik studiert hatte. Später bekam er eine Verbannungsstrafe und verschwand völlig aus meinem Blickfeld. Es scheint, daß eine Verwandte von ihm (vielleicht seine Frau) im Russischen Museum die Ikonen betreut hat.

Reichlich seltsam, was unsere Unterdrücker da vollbrachten. Sie verhafteten uns, weil wir uns einmal pro Woche für ein paar kurze Stunden zur gemeinsamen Diskussion uns bewegender Fragen der Philosophie, Kunst und Religion getroffen hatten, um uns dann zuerst in einer Gemeinschaftszelle, später für lange Zeit in Lagern zu vereinen und unseren Zusammenkünften auch noch andere, ebenfalls an der Lösung weltanschaulicher Fragen interessierte Leute aus unserer Stadt beizugesellen – in den Lagern waren es großzügig breitgestreut Leute aus Moskau, Rostow, vom Kaukasus, von der Krim, aus Sibirien. Wir durchliefen eine gigantische Schule des gegenseitigen Lehrens, um später in den unermeßlichen Weiten unserer Heimat zu verschwinden.

In der Bibliothekszelle, in der man die Leute sammelte, die nach Abschluß der Untersuchungen eine Haftstrafe zu erwarten hatten, sah ich Sektierer, Baptisten (einer von ihnen war von irgendwoher aus dem Westen über die Grenze gekommen und wartete auf seine Erschießung, er machte nächtelang kein Auge zu), Satanisten (auch die gab es), Theosophen, hausbackene Freimaurer (die sich irgendwo auf dem Bolschoi prospekt auf der Petrograder Seite getroffen und unter Celloklängen ihre Messen abgehalten hatten; welche Abgeschmacktheit!). Die Feuilletonisten der OGPU,* die »Gebrüder Tur«, versuchten von Zeit zu Zeit, uns alle in ein lächerliches und übles Licht zu rücken. In der »Leningradskaja prawda« veröffentlichten sie über uns das vor Lügen triefende Feuilleton »Die Asche der Eichen«, über andere »Die blaue Internationale« u.ä. An das Feuilleton »Die Asche der Eichen« hat sich später auch M.M. Bachtin erinnert.

* »Ob''edinennoe Gosudarstvennoe Političeskoe Upravlenie« (OGPU): Vereinigte staatliche politische Verwaltung

Vereint waren auch unsere Verwandten, die sich immer dann trafen, wenn Dinge für uns abgegeben werden konnten, und zwar an den verschiedenen »Schaltern«, wo sie von uns Nachrichten ausgehändigt oder meistens nicht ausgehändigt bekamen. Sie berieten untereinander – was man für uns abgeben sollte, was man uns auf den Weg in die Verbannung mitgeben konnte, was sich wo für die Inhaftierten beschaffen ließ. Viele von ihnen wurden Freunde. Und wir ahnten bereits, wer wieviel aufgebrummt bekommen wird.

Eines Tages mußten wir alle »ohne Sachen« beim Gefängnisdirektor antreten. Mit bewußt finsterer Stimme, die er irgendwie extra aufheulen ließ, verlas der Gefängnisdirektor unser Urteil. Stehend hörten wir ihm zu. Unnachahmlich war Igor Jewgenjewitsch Anitschkow. Mit demonstrativ abwesender Miene sah er auf die Tapeten des Büros, zur Decke, aber nicht zum Direktor hin, und als dieser geendet hatte und darauf wartete, daß wir ihn mit dem üblichen Lamento bestürmen: »Wir sind unschuldig«, »Wir verlangen eine ordentliche Untersuchung, eine mündliche Gerichtsverhandlung« usw., da stellte Igor Jewgenjewitsch, der wie ich fünf Jahre bekommen hatte, betont abfällig die Frage: »Ist das alles? Können wir gehen?« – wandte sich, ohne eine Antwort abzuwarten, zur Tür und zog uns mit. Zur gänzlichen Verblüffung des Direktors und der Begleitsoldaten, die erst nach einer Weile ihre Fassung wiederfanden. Das war grandios!

Bei dieser Gelegenheit möchte ich einige Ungenauigkeiten korrigieren, die O.W. Wolkow in seinem Buch »In die Finsternis getaucht«* (Paris 1987, S. 90–94) unterlaufen sind. I.J. Anitschkow hatte nicht drei, sondern fünf Jahre Lagerhaft bekommen und wanderte nach seiner »Entlassung« 1931, genau wie O.W. Wolkow selbst, von einem Verbannungsort zum anderen. Nach Stalins Tod kehrte I.J. Anitschkow nach Leningrad zurück, wo er einige Jahre im Pädagogischen Institut unterrichtete, jedoch ständiger »Kritik« ausgesetzt war wegen seines Unwillens, die »Neue Lehre von der Sprache« N.Ja. Marrs sowie die marxistische Lehre im allgemeinen anzuerkennen. Seine Mutter, Anna Mitrofanowna Anitschkowa, war niemals Univer-

* *Pogruženie vo t'mu*

sitätsprofessorin, sie lebte von Privatstunden und Sprachunterricht im privaten »Phonetischen Institut« von S.K. Bojanus und starb im Frühjahr 1933 in einer Kommunalwohnung an der Franzuskaja nabereschnaja.

Ungefähr zwei Wochen nach der Urteilsverkündung ließ man uns alle »mit Sachen« antreten (auf den Solowki wurde man anders angebrüllt: »Antanzen samt Krempel«*) und brachte uns in »schwarzen Raben«** zum Nikolajewski (heute Moskauer) Bahnhof. Wir fuhren ans äußerste rechte Gleis, wo heute die Vorortzüge abgehen. Einzeln stiegen wir aus den »schwarzen Raben«, und jeden von uns wiedererkennend, rief die im Halbdämmer des Oktoberabends zum Abschied versammelte Menge: »Kolja!«, »Dima!«, »Wolodja!« Die Menge der damals noch furchtlosen Verwandten und Freunde oder einfach Studien- und Arbeitskollegen wurde von den Soldaten des Begleitregiments mit blankgezogenen Waffen brutal auseinandergetrieben. Zwei säbelschwingende Soldaten patroullierten vor der Menge der Abschiednehmenden so lange, bis der eine Begleittrupp uns per Namensliste dem anderen übergeben hatte. Wir wurden in zwei »Stolypin«-Waggons verfrachtet, die zur Zarenzeit als fürchterlich gegolten, sich in der Sowjetzeit indes sogar die Reputation erworben hatten, komfortabel zu sein. Als man uns endlich in die Käfige gepfercht hatte, bekamen wir von dem neuen Begleittrupp all das ausgehändigt, was unsere Engvertrauten uns mitgebracht hatten. Von der Universitätsbibliothek bekam ich eine große Torte. Es gab auch Blumen. Als der Zug anfuhr, tauchte hinter einem Gitter der Schädel des Kommandanten des Begleittrupps auf (o Idylle!) und meinte freundschaftlich: »Nehmt es uns nicht krumm, Jungs: Dienst ist Dienst! Was, wenn uns einer abgeht?« Jemand erwiderte: »Aber warum seid ihr bloß dauernd mit wüsten Ausdrücken und Säbeln auf die Menschen am Bahnhof losgegangen?«

* »Vyletaj pulej s veščiškami«

** Bezeichnung für die schwarzen Gefangenenwagen; der schwarze Rabe ist in Rußland ein Zeichen für Unglück.

Kemperpunkt* und Überfahrt auf die Solowki-Inseln

Unser Glück war, daß wir – die wir drei und fünf Jahre bekommen hatten – alle zusammen in einem Waggon auf die Solowki verfrachtet wurden, wenn auch in verschiedenen Käfigen (die sogenannten »Stolypin«-Waggons hatten Gitter zum Mittelgang, auf dem der Begleittrupp patroullierte). Immerhin konnten wir uns unterhalten, teilten uns mit, was wir über unser Schicksal, über die Verhöre wußten – wer was gesagt hatte. Am meisten fürchteten wir, im Lager getrennt zu werden.

Die ersten Tage in Kem, auf der Popow-Insel, in der 13. Kompanie auf den Solowki beschreibe ich nicht ausführlich, und zwar aus folgendem Grund: Sobald ich die Möglichkeit bekam, Schreibtischarbeiten zu verrichten, begann ich mit Aufzeichnungen, die ich in Büroakten versteckte und später meinen Eltern mitgab, die im Frühjahr 1929 anreisten, um mich zu sehen. Diese Aufzeichnungen sind im Anhang abgedruckt,** und ich sehe keine Notwendigkeit, alles zu wiederholen, was dort bereits gesagt ist. Erwähnen möchte ich nur, daß mir beim Aussteigen aus dem Waggon ein Begleitmann mit seinem Stiefel das Gesicht blutig schlug, daß wir verhöhnt wurden, sooft es nur ging. Wir wurden angeschrien: »Hier herrscht nicht die ›Wlast sowetskaja‹, sondern die ›Wlast solowezkaja‹.«*** Daher auch der Titel des bekannten Dokumentarfilms »Wlast solowezkaja«.

Belooserow, der unsere Etappe in Empfang nahm, fluchte virtuos, wobei er abwechselnd drohend auf uns los und dann wieder auf Distanz ging. Ich konnte nicht glauben, daß dieser Alptraum Wirk-

* »Kem'peresyl'nyj punkt«: Etappenpunkt für zu verschickende Strafgefangene in Kem

** Siehe S. 334

*** »... nicht die ›Sowjet-Macht‹, sondern die ›Soloveckij-Macht‹«

lichkeit ist. Ich weiß noch (über meine Aufzeichnungen hinaus, die ich 1929 auf den Solowki machte), eine der »anständigeren« Drohungen hieß: »Ich lass' euch den Rotz der Krepierten schlucken!« Als ich lachen mußte (übrigens keineswegs, weil ich es lustig gefunden hätte), schrie Belooserow mich an: »Lachen werden wir später«, schlug mich aber nicht ...

Nebenbei bemerkt, wußten wir über die Vorgesetzten nur Bescheid durch die Gerüchte, die unter den Häftlingen kursierten, und in meine Solowezker Aufzeichnungen haben sich Fehler eingeschlichen, die später in der Literatur weiterverbreitet wurden – besonders durch Solschenizyns »Archipel GULAG« und durch jene, denen ich vom Lager erzählt habe.

In Empfang genommen wurden die Etappen am Kemperpunkt abwechselnd von Kurilka und Belooserow. Letzteren habe ich fälschlicherweise Beloborodow genannt: Die Häftlinge hatten ihm diesen Namen offensichtlich in Verwechslung mit jenem Beloborodow gegeben, der die Zarenfamilie erschoß. Gardeoffizier, wie es bei mir heißt, war keiner von beiden, und sie sprachen auch nicht französisch (höchstens, daß sie besonderes Vergnügen daran fanden, mit den ein oder zwei Sätzen, die sie kannten, vor den rechtlosen Häftlingen zu prahlen). Jemand, der 1989 in Petrosawodsk persönlich Kurilkas Akte eingesehen hat, sagte mir, daß Kurilka in der Roten Armee gedient habe, in den Peripetien des Bürgerkriegs jedoch auch etwa zwei Monate lang in der Weißen. Trotzdem gab er sich selbst als Rotgardist aus. Und von N.P. Anziferow hörte ich später, nach unserer Entlassung, daß er zusammen mit Kurilka im Karzer gesessen und auf die Erschießung gewartet habe (der Anziferow zum Glück entging); Kurilka habe vor der Erschießung sinngemäß gesagt: »Ich sterbe als Tschekist* und Gardeoffizier.« Er habe verlangt, daß ihm nicht in den Hinterkopf, sondern in die Stirn geschossen werde. Durchaus möglich, daß Kurilka in jenen beiden Monaten bei der

* Angehöriger der Tscheka – »Črezvyčajnaja Komissija« (ČK): Außerordentl. Kommission (zum Kampf gegen Konterrevolution und Sabotage), Geheimpolizei im bolschewistischen Rußland von 1917–1922

Weißen Armee in einer Einheit diente, die die Bezeichnung Garderegiment trug.

Ich erwähne das, damit man weiß, daß die wirklichen Gardeoffiziere, denen ich auf den Solowki begegnet bin, allesamt ehrliche Männer waren. Sie unterhielten keine Beziehungen zu den Bestien der Wachmannschaft und schoben selbst keinen Wachdienst, durften es gar nicht – zur inneren Bewachung wurden nur »Realisten« herangezogen: Gelegenheitskriminelle, Verbrecher, Mörder, Vergewaltiger u.ä.

Für die Nacht trieb man uns auf die Popow-Insel, um uns in Scheunen zusammenzupferchen und am nächsten Morgen auf die Insel überzusetzen. In der Scheune mußten wir die ganze Nacht stehen. Die Pritschen waren belegt von halbnackten »Urki«* (kleinen Ganoven) und »Wschiwki«,** die uns mit Läusen beschossen, so daß wir eine Stunde später schon von Kopf bis Fuß verlaust waren. Kaum wurde das Licht gedämpft – es war, als senkte sich ein schwarzer Vorhang von den Wänden auf die Liegenden herab –, kamen schon die Wanzen angekrochen. Mitten in dieser Hölle gab es ein kleines Stück Paradies: Auf einem schmalen Streifen Pritsche, bewacht von zwei stattlichen schönen Kabardinern in Nationaltracht, lagen zwei alte Männer – ein Priester und ein Mulla. Gegen Morgen, als ich auf meinen während der Nacht angeschwollenen Beinen nicht mehr stehen konnte (sogar die Stiefel waren zu klein geworden), trat einer der Kabardiner – Diwlet-Girei Albaxidowitsch (ich kann mich an seinen Namen erinnern, denn ich bin ihm ewig dankbar) – mir seinen Platz ab, und ich konnte mich hinlegen.

Der Priester, neben dem ich lag, ein gebürtiger Ukrainer, meinte zu mir: »Auf den Solowki müssen wir Vater Nikolai Piskanowski finden – er wird uns helfen.« Weshalb ausgerechnet er uns helfen sollte und wie, begriff ich nicht. Ich dachte mir, Vater Nikolai habe wahrscheinlich irgendeine wichtige Stellung inne. Eine unsinnige Annahme: Priester und eine »verantwortliche Stellung«! Indes, alles erwies sich als richtig und bewahrheitete sich: Die hohe Stellung von Vater

* Jargon f. Diebe, Einbrecher

** Abgeleitet von »všiv«: verlaust

Nikolai gründete auf der Verehrung, die ihm alle von der Lagerleitung entgegenbrachten, und geholfen hat er mir über Jahre hin.

Am nächsten Tag verfrachtete man uns auf den Dampfer »Gleb Boki«, der auf die Solowki fuhr. Der »Domuschnik« (einer, der Wohnungseinbrüche begeht) Owtschinnikow stand neben mir und riet warnend: »Bloß keine Eile, geht als letzte.« Er war zum zweiten Mal auf den Solowki. Das erste Mal war er geflohen, war bei seiner »Braut« an der Sennaja* in Leningrad aufgetaucht und erwischt worden. Er hatte den ganzen Weg zu ihr zu Fuß gemacht, immer den Schwellen der Eisenbahn folgend, mit »Krallen« auf dem Rücken. Wenn er eine Patrouille bemerkte, zog er die Krallen an und kletterte auf den nächsten Telegrafenmast. Versteht sich, daß die Patrouille ihn nicht herunterholte: Der Mensch arbeitet!

Im Kemperpunkt wurde Owtschinnikow grausam zugerichtet. Sie prügelten ihn dafür, daß er die Wachen, die Lagerleitung drangekriegt und die »Statistik versaut« hatte (man war der Ansicht, von den Solowki könne niemand fliehen). Aber auch ein zusammengeschlagener Domuschnik bleibt ein Mensch. Wir päppelten ihn wieder auf, und er half uns mit seiner Lagererfahrung. Als man anfing, die Leute in den Laderaum zu pferchen, zog er uns auf einen Absatz auf halber Höhe der Schiffstreppe und riet uns, nicht tiefer hinunterzugehen. Und wirklich, dort unten begannen die Menschen zu ersticken. Uns aber ließ die Mannschaft ein paarmal zum Luftschnappen hinaus. Nach neun Monaten Gefängnis sog ich die frische Meeresluft gierig ein, sah auf die Wellen hinaus, auf die vorübergleitenden baumlosen Inseln.

Kurz vor den Solowki stieß man uns wieder in den Bauch der »Gleb Boki« (dieser quicklebendige Mensch, dessen Namen der Dampfer trug, war ein Menschenfresser – der oberste in jener Troika der OGPU, die die Menschen zu Haft und Erschießung verurteilte). Als sich der Rumpf des Dampfers durch knirschendes Eis schob, erkannten wir, daß wir anlegten. Es war Ende Oktober, und entlang der Ufer bildete sich der »Pripai« – das Ufereis. Wir mußten mit unseren Sachen auf die Landungsbrücke, wurden in Reihen aufgestellt,

* »Sennaja ploščad'«: Sennaja-Platz (Heumarkt)

Der Dampfer »Gleb Boki«

gezählt. Dann wurden die Leichen der im Laderaum Erstickten oder schwer Erkrankten herausgetragen: Man hatte sie so zusammengepfercht, daß ihnen die Knochen gebrochen waren oder sie blutigen Durchfall bekommen hatten.

Uns Lebende brachte man ins Bad Nr. 2. Im kalten Bad wurden wir gezwungen, uns auszuziehen, die Kleidung wurde desinfiziert. Wir testeten das Wasser – nur kaltes. Ungefähr nach einer Stunde kam auch warmes. Um mich aufzuwärmen, übergoß ich mich pausenlos mit heißem Wasser. Endlich bekamen wir die Kleider zurück, die nach Schwefel rochen. Wir zogen uns an. Wir wurden zu den Nikolskije worota geführt. Am Tor nahm ich meine Studentenmütze ab, von der ich mich nie trennte, und bekreuzigte mich. Ich hatte bis dahin noch nie ein richtiges russisches Kloster gesehen. Und ich empfand die Solowki, den Kreml nicht als neues Gefängnis, sondern als heiligen Ort.

Wir passierten das erste Tor, dann das zweite und kamen zur 13. Kompanie. Dort wurden wir im Licht von »Fledermäusen« (Laternen, die bei Wind nicht ausgehen) abgezählt und durchsucht.

Ich weiß noch, daß es mir nach der Durchsuchung einfach nicht gelingen wollte, den Korb zu verschnüren, den mir die Eltern gekauft hatten: federleicht war er und ganz einfach, in der Form eines Koffers, und die Kekse, die sich im Korb befanden, brachte ich auch nicht hinunter. Mein Hals war so dick und geschwollen, daß ich nicht schlucken konnte. Erst nachdem ich ein Stück Keks mit sehr viel Speichel vermischt hatte, konnte ich es unter großen Schmerzen schlucken.

Dann geschah etwas Unerwartetes. Ein Gruppenführer (der niedrigrangige Vorsteher irgendeines Schlaftrakts) kam ausgerechnet zu mir (wahrscheinlich, weil ich eine Studentenmütze trug, die ihm vertraut war), verlangte einen Rubel und wies mir und meinen Kameraden, nachdem er alle anderen auf die Pritschen verteilt hatte, für diesen Rubel unsere Plätze zu. Ich kippte förmlich auf die Pritsche und kam erst am nächsten Morgen wieder zu mir. Was ich dann sah, war völlig überraschend. Die Pritschen waren leer. Außer mir war nur ein Priester zurückgeblieben, der still auf dem breiten Sims des großen Fensters saß und an seiner Kutte flickte. Der Rubel hatte seine Rolle zweifach gespielt: Der Gruppenführer hatte mich weder geweckt noch zum Appell und danach zur Arbeit gejagt. Ich kam mit dem Priester ins Gespräch und stellte ihm die blödsinnige Frage, ob er vielleicht (in der Masse der Abertausenden, die auf den Solowki lebten) Vater Nikolai Piskanowski kenne. Seine Kutte ausschüttelnd, meinte der Priester: »Piskanowski? Das bin ich!«

Selbst in einer mißlichen Lage, still, bescheiden, regelte er mein Schicksal auf denkbar beste Weise. Doch davon später. Inzwischen hatte ich mich umgesehen und begriffen, daß Vater Nikolai und ich keineswegs allein waren. Auf den oberen Pritschen lagen Kranke, und unter den Gestellen kamen kleine Hände hervor, die um Brot bettelten. Auch diese Hände waren ein Fingerzeig des Schicksals. Unter den Pritschen lebten die Wschiwki – Halbwüchsige, die überhaupt keine Kleider mehr besaßen. Sie waren in einen »nichtlegalen Zustand« gewechselt – erschienen nicht zum Appell, bekamen kein Essen, lebten unter den Pritschen, damit man sie nicht nackt hinaus in den Frost zu physischer Arbeit trieb. Man wußte von ihrer Existenz. Man radierte sie einfach aus, indem man ihnen weder die Brotration noch Suppe noch Kascha gab. Sie lebten von Almosen. Solange sie lebten! Wenn sie dann tot waren, trug man sie hinaus, legte sie in eine Kiste und schaffte sie zum Friedhof.

Es waren Straßenkinder unbekannter Herkunft, die zumeist wegen Landstreicherei und kleinerer Diebstähle verurteilt worden waren. Wie viele von ihnen gab es in Rußland! Kinder, die ihre Eltern verloren hatten – ermordet, verhungert, über die Grenze gejagt mit der Weißen Armee, emigriert. Ich erinnere mich an einen Jungen, der behauptete, der Sohn des Philosophen Zereteli zu sein. Im Freien schliefen sie in leeren Teerkesseln, reisten auf der Suche nach Wärme und Obst durch Rußland, entweder in Kisten unter Passagierwaggons oder in leeren Güterwaggons. Sie schnupften Kokain, das während der Revolution aus Deutschland gekommen war, nahmen »Njuchara«,* Hasch. Bei vielen waren die Nasenscheidewände zerstört. Mir taten diese Wschiwki so leid, daß ich wie betrunken

* »njuchara« ist auch Kokain (nach S.M. Potapov, *Slovar' žargona prestupnikov*, M. NKVD 1927)

schwankte – trunken vor Mitleid. Dieses Gefühl in mir war schon gar kein Gefühl mehr, sondern eine Art Krankheit. Und ich bin dem Schicksal so dankbar, daß ich ein halbes Jahr später einigen von ihnen helfen konnte.

Eine meiner ersten Sorgen war, meine Sachen vor Diebstahl zu schützen. An einem der ersten Tage (vielleicht sogar am allerersten) gab ich den Korb mit meinen Sachen einem von der Kanzleikompanie. Dann lernte ich, so zu schlafen, daß meine Romanow-Schaffelljacke nicht gestohlen wurde. Wenn ich mich auf die Pritsche legte, drehte ich sie mit den Schößen zum Gesicht, steckte die Füße in die Ärmel und schob mir die Stiefel als Kissen unter den Kopf. So konnte mich sogar in meinem jugendlichen Tiefschlaf niemand bestehlen, ohne mich aufzuwecken.

Morgens erhielt ich meine Brotration und kochend heißes Wasser in den großen Emaillebecher, den mir meine besorgten Eltern eingepackt hatten. Nach der Rückkehr von der Arbeit bekam ich in denselben Becher eine Kelle Suppe. Die Ausrüstung für die Arbeit wurde morgens im Finstern ausgegeben, an Tischen, die von einer »Fledermaus« erleuchtet waren. Zur Arbeit ging es in Gruppen. Ich war Arbeitsfähigkeit Gruppe zwei, wie eine medizinische Untersuchungskommission noch am Kemperpunkt festgestellt hatte, deshalb wurde ich zu verhältnismäßig leichter Arbeit eingeteilt.

In das Jahr 1929 fielen derart viele Ereignisse, daß mein Gedächtnis unwillkürlich ganze Geschichten in das nächste Jahr verlegte. Die Sache wurde noch dadurch verkompliziert, daß ich 1929 bereits ganze zwei Besuche meiner Eltern erhielt – einen im Frühjahr, einen im Herbst. Insgesamt habe ich meine Eltern auf den Solowki dreimal gesehen, allerdings in meinem letzten Jahr auf den Solowki – 1931 – gar nicht, weil ich im Sommer zum Bau des Weißmeer-Ostsee-Kanals geschickt werden sollte. Das führte dann dazu, daß sich die Ereignisse, die mit dem zweiten Besuch zusammenhingen, in meiner Erinnerung in das Jahr 1930 verschoben, und das, was 1930 war, auf 1931. Der Herbst der Erschießungen verteilte sich auf zwei Herbste und auf zwei Erschießungskampagnen. Und die Abreise von A.I. Melnikow, mit dem viele für mich wichtige Dinge verknüpft sind, fand in Wahrheit ein Jahr früher statt, als ich in Erinnerung an meine Solowezker Zeit lange geglaubt habe. Erst als ich exakte Auskunft über A.I. Melnikows Todesdatum in Kem erhielt, vermochte ich es, diese Erinnerungen chronologisch zu ordnen.

Nun fahre ich also fort mit meinem Bericht. Wie oft habe ich nicht den »Beruf« gewechselt in der 13. Kompanie! Nur selten gelang es, mehrmals die gleiche Arbeit zu bekommen. Am besten in Erinnerung sind mir: das Brennholzsägen beim Kraftwerk; das Lastentragen im Hafen; die Arbeit als »Wridly«* auf der Muksalomskaja doroga, vor einen schwerbeladenen Schlitten gespannt; als Elektromonteur in der Pelzfabrik (früher »Klosterschmiede«); als Arbeiter in der Fuchsfarm (bei O.W. Wolkow und N.J. Serebrjakow) und schließlich als Stallknecht in der Landwirtschaft.

Über diese letzte Arbeit lohnt es sich, gesondert zu erzählen. Ich wurde dem Tierarzt Komtschebek-Wosnjazki zugewiesen. Ein wahrer Hochstapler, ein schrecklicher Lügner. Er behauptete, eine Fliegerstaffel zu befehligen, eine Professur innezuhaben (irgendwo Vorlesungen über internationale Beziehungen zu halten). Mir erklärte er, daß im Kuhstall die »Viehseuche« herrsche, daß er keine Zeit habe, sich um das Vieh zu kümmern, weil er gerade einen schriftlichen Bericht über irgendeine Verschwörung für Moskau verfasse und er dorthin beordert werden solle (was dann tatsächlich geschah), daß man bei den Kühen Fieber messen, die Temperatur aufschreiben und zwangsweise eine Mehltränke füttern müsse, die am See in der ehemaligen Klosterwäscherei gekocht werde. Dann zeigte er mir, wo das Mehl steht, ging und ließ mich mit einigen Dutzend laut vor Hunger brüllenden Kühen allein zurück. Ich wußte nicht, was ich tun sollte, ich versuchte ihn zu finden (er hatte behauptet, daß er in der 1. Kompanie wohne, in einem Einzelzimmer mit Flügel), ich steckte den Kühen das Fieberthermometer unter den Schwanz und war entsetzt über die Temperatur (um die 40 Grad, was für Kühe, wie ich später erfuhr, normal ist). Schließlich entschied ich, daß es vor allem

* »vremenno ispolnjajuščij dolžnost' lošadi« (vridlyj): zeitweilig die Pflichten eines Gauls übernehmend

wichtig sei, die Kühe zu füttern, und versuchte, Mehltränke zu kochen, die mir anbrannte; die Kühe fraßen sie nicht. Zur Unterstützung bekam ich einen phlegmatischen Esten. Der regte sich über Komtschebek auf, und irgendwie fütterten wir dann die ganz gesunden Kühe, eine spezielle gute Klosterrasse (wie mir der Este versicherte).

Ich versuchte, den Archipriester Wiktor (siehe weiter unten) ausfindig zu machen, und erzählte ihm von meiner Situation. Der Archipriester sagte mir, Komtschebek sei ein fürchterlicher »Hochstapler«, man solle ausdrücklich nicht zu ihm zum Arbeiten gehen. Wie es mir gelang, der Arbeit in der Landwirtschaft zu entkommen, weiß ich nicht mehr. Ich weiß nur, daß Komtschebek auf seine Denunziation hin per Flugzeug nach Moskau beordert wurde und verschwand. Er war ganz offensichtlich geistesgestört und nicht bloß ein mieser Kerl und Dieb (die »Viehseuche« brauchte er, um zusätzliches Mehl für die vorgeblich kranken Kühe zu bekommen).

Die Quarantänezeit war schließlich vorüber, und ich wurde von der 13. in die 14. Kompanie verlegt, wo sich bereits Fedja Rosenberg, Wolodja Rakow, Tolja Terechowko u.a. befanden. Aus der Einteilung zur Arbeit im Kriminologischen Büro, die mir A.N. Kolosow versprochen hatte, wurde nichts. Wie gehabt, zog man mich wieder zum »allgemeinen Arbeitsdienst« heran. Das »Irrenhaus« ging weiter.

In der 14. Kompanie hatte ich keinen Pritschenplatz, und so richtete ich mir mein Lager auf dem Boden ein, sobald sich alle schlafen gelegt hatten. Ich bekam Magenschmerzen (ich wußte noch nicht, daß ich ein Geschwür hatte), und der Architekt Klein, den ich anfangs aus Unkenntnis für den Erbauer des Museums der Schönen Künste in Moskau hielt, gab mir den Rat, ich solle mir Trockennahrung besorgen und auf dem Spirituskocher in der Zelle eine Kascha zubereiten. Er selbst kochte sich in einem kleinen Topf Grießkascha und war außergewöhnlich mager. Einige Monate später starb er (an Krebs).

Eines Tages kam ich von der Arbeit und spürte irgendetwas Neues: Der Kopf tat schrecklich weh, ich konnte mich nicht einmal mehr aufrechthalten. Wolodja Rakow trat mir seinen Platz auf einer der oberen Pritschen ab. Mir wurde schwarz vor Augen, ich fiel in Fieberwahn. Man holte den Sanitätshelfer. Ich hatte 40 Grad Fieber. Ich mußte zur Behandlung ins Lagerkrankenhaus. Spätabends machten meine Kameraden den Schriftführer der Sanitätsabteilung, G.M. Osorgin, ausfindig. Er überwies mich ins Krankenhaus, aber wie mich transportieren? Fedja Rosenberg und Wolodja Rakow faßten mich unter den Achseln und schleiften mich, noch irgendein Dritter half mit. Obwohl ich halb bewußtlos war, entsinne ich mich noch gut des Wegs über den Hof, durchs Tor und nach links ins Aufnahmezimmer.

Man schleifte mich zu einer Wanne. Sie stand in einem großen Raum und war bereits mit Wasser gefüllt. Mich überkam unglaublicher Ekel: Irgendwer hatte schon darin gebadet, und zwar vor langem – das Wasser war völlig kalt. Erstaunlich, daß ich mir keine Erkältung holte. Später sagte mir jemand, ein kaltes Bad sei bei Fieber sogar hilfreich. Dann sehe ich mich in einem großen Krankensaal auf einem sauberen Leintuch liegen. Trotz des sehr hohen Fiebers fühle ich mich in einem Zustand der Glückseligkeit: keine Läuse. Das Bett weich. Ich habe Angst um meine Sachen: Wo sind die Felljacke und der Korb? Andrejewski kommt. Er ist hier als Arzt, wohnt auch hier. Mein Korb steht unter seiner Bettstatt. Bald steht die Diagnose fest: Flecktyphus. Ungefähr drei Tage später liege ich bereits bei den Typhuskranken, auf Stroh auf dem Boden. Wir sind in irgendeinem ehemaligen Lagerraum untergebracht. Bei der Überstellung in die Typhus-Isolierstation wurde ich bestohlen. Ich erinnere mich noch an Name und Funktion des Diebs: Hilfssanitäter Astachow. Ich weiß es deshalb, weil Andrejewski mich bat, ein Papier zu unterschreiben, daß Astachow mich nicht bestohlen hätte. Ich weigerte mich: Das Papier erschien mir unsinnig. Doch es stellte sich heraus, daß Astachow oft gestohlen hatte, und er wurde verurteilt. Ich habe ihn danach sogar bei irgendwelcher schwerer Arbeit gesehen. Er war ein intelligenter Mensch (zumindest sah er so aus), und ich machte mir später große Vorwürfe, daß ich an seiner Verurteilung (soundsoviele Monate Karzer) Mitschuld trug, an ihr beteiligt war ...

Später, in der hoffnungslosen Finsternis der Wintertage auf den Solowki, gab es immer ein, zwei helle Stunden. Von meinem Lager aus sah ich den Zwiebelturm der über einem Tor errichteten Blagoweschtschenskaja-Kirche. Auf der Zwiebel befand sich kein Kreuz, aber die Solowezker Möwen merkten sich diesen Platz. Die erste, die im Frühling auf die Insel geflogen kam, setzte sich jedesmal genau dorthin, und das war das Zeichen für den Frühling: Zwei Wochen später kamen dann immer die übrigen Möwen. Doch erst einmal dauerte es noch lange, bis die Möwen kamen. Ich sah aus dem Fenster und war unendlich niedergeschlagen ...

In der Typhusbaracke geriet ich zudem in eine Krise. G.M. Osorgin schickte mir ein wenig Rotwein in einer Flasche, doch getreu meiner »antialkoholischen Überzeugung« trank ich nichts und gab den Wein jemand anderem. Meine Fieberphantasie ist mir noch in genauer Erinnerung. Sie war seltsam: Sie bringt mich nicht in irgendein anderes Gebäude. Ich liege weiterhin auf Stroh, und ein Schlitten wird zu mir gefahren, auf dem sich ein Berg Bastschuhe türmt. Ich soll diese Bastschuhe an die »Wschiwki« verteilen – die Halbwüchsigen, die in der 13. Kompanie nackt unter den Pritschen hausen. Ich versuche aufzustehen und anzufangen, kann aber nicht. Schließlich hat mich jemand an meinen Platz zurückgebracht, aber mich quält, daß ich die Bastschuhe nicht austeilen konnte. Die Halbwüchsigen, nur in Unterwäsche, umringen mich und betteln. Vom Krankenhaus komme ich zum »Kommando der Genesenden«, die von der Arbeit freigestellt sind. Ich liege in irgendeinem Kellerraum nicht weit von der Wäscherei.

Als ich später, im Jahr 1966, auf den Solowki war, war dieser Keller ohne obere Etage so gut wie nicht mehr vorhanden. Unvorstellbar, daß ich dort einmal gelegen hatte. Und damals mußte man hinabsteigen. Einen halben Meter über meinem Kopf spannte sich ein Gewölbebogen aus Ziegeln, der noch dazu einen Spalt aufwies, durch den es dauernd zog.

Am Ausgang des Kommandos der Genesenden wachte der »Katalikos«,* der armenischer oder georgischer Herkunft war. Ich versuchte

* Eigentl. »Katolikos«, offenbar der katholische georgische Bischof Šio, mit weltlichem Namen Šio Grigor'evič Batmališvili (Batmanov), geb. 1885, erschossen am 1. 11. 1937; auf den Solovki ab 1928 oder 1929

herauszubekommen, wer das ist, fragte Armenier wie Georgier, aber ohne Erfolg. Sein Posten befand sich neben den großen eisernen Latrinen, zu denen eine kurze Holzstiege mit Absatz führte. Er reichte mir die Hand und half mir hinauf. Niemals werde ich das vergessen. Denn weshalb sollte ich es für den kleinen mir noch verbleibenden Teil meines Lebens vergessen, wenn ich es 65 Jahre lang nicht vergessen habe! Ich weiß noch: Aufstehen kann ich nur mit großer Mühe. Mein Nachbar ist ein Bauer. Ein fleischgewordener Platon Karatajew.* Einmal meint er zu mir: »Ich werde dir etwas beibringen, aber versprich mir, daß du nichts ausplauderst. Damit wirst du immer satt werden.« Er sagt: »Galoschen für Filzstiefel werden immer gebraucht. Man muß sie einfach selbst herstellen können.« Und er bringt es mir bei. Er zeichnet ein Schnittmuster, zeigt, wie die Schuhgröße verändert wird. Wie man Gummi schneidet, weiß niemand. Das ganze Geheimnis besteht darin, daß man den Gummi mit einer Schere im Wasser schneiden muß. Gummi ist leicht zu beschaffen bei den Fahrern, daß er rot ist, macht nichts. Offenbar sind Galoschen seine große Hoffnung auf künftigen Wohlstand nach seiner Heimkehr.

* Idealfigur des Volkes aus L. Tolstojs *Vojna i mir – Krieg und Frieden*

Die Solowezker Eisenbahn aus Staraja Russa, 1928

Topographie der Lager auf den Solowki

Aus Gesprächen auf den Solowki von 1929 weiß ich: Die »Bevölkerung« ist auf den Solowki dichter als in Belgien. Dabei sind riesige Wald- und Sumpfflächen gar nicht besiedelt, ja nicht einmal erforscht.

Was war das auf den Solowki? Ein gigantischer Ameisenhaufen? Ja, ein Ameisenhaufen war es – zwischen den Gebäuden gab es kaum ein Durchkommen. Gedränge am Ein- und Ausgang der 13. Kompanie – neben dem Preobraschenski sobor. Aus den Reihen der Häftlinge rekrutierte Wachposten »schufen Ordnung« mit Stöcken (»Dryny«). Und dabei durften nur diejenigen durch, die eine schriftliche »Arbeitsanweisung« hatten. Nachts leerten sich die Passierwege zwischen den Gebäuden. Die riesenhaften Mauern, Türme und Kirchen ragten auf, fest ruhend auf ihren nach unten breiter werdenden Sockeln.

Ich werde versuchen, die Anlage des Lagers zu beschreiben. Im Kreml (so hieß der Teil der Klosteranlage, der von Mauern aus gigantischen, mit Flechten bewachsenen Feldsteinen umgeben war) befanden sich vierzehn Kompanien. Die 15. Kompanie, außerhalb des Klosters, waren Häftlinge, die in verschiedenen »Schalmany«* wohnten – bei der Pelzfabrik, der Alabasterfabrik, beim Bad Nr. 2 usw. Zum Lagerfriedhof sagte man – 16. Kompanie. Es wurden Witze gerissen, aber in einigen Kompanien lagen im Winter die Leichen nackt herum, ohne jede Erdbedeckung.

Warum wurden die Häftlinge auf Kompanien verteilt? Ich denke, hier spielten jene Häftlinge eine Rolle, die als Soldaten unter den ersten Lagerhäftlingen auf der Insel von sich aus eine Ordnung eingeführt hatten. Die Gefangenen selbst konnten nichts zustandebringen, geschweige denn etwas organisieren. Die Soldaten waren von

* Gaunersprache: Spelunke, Räuberhöhle, Räuberbehausung

Anfang an die einzige organisierende Kraft, fähig zur Platzverteilung, Nahrungsmittelversorgung und Durchsetzung einer elementaren Ordnung unter den immer zahlreicher werdenden Gefangenen auf den Inseln des Solowezki-Archipels. Sie gestalteten vieles nach dem Muster der Armee.

Die 1. Kompanie war die der »Privilegierten« – der Kommandeure und Vorgesetzten. Sie lag hinter dem Altar des Preobraschenski sobor und hatte ihre Fenster hinaus auf den Platz der allgemeinen Lagerappelle. Über der 1. Kompanie befand sich die 3., die »Kanzleikompanie«, mit Fenstern nach beiden Seiten. Wo die 2. Kompanie war, weiß ich nicht mehr. Die 6., die »Wachkompanie«, bestand hauptsächlich aus Priestern, Mönchen, Bischöfen. Ihnen wurden Arbeiten anvertraut, die Ehrlichkeit verlangten: die Bewachung der Vorrats- und Gerätschaftskammern, die Ausgabe der Postpäckchen an die Häftlinge usw. Sie lag im Hauptgebäude, das auch auf den Appellplatz sah. Die 7. war die »Künstlerkompanie«. Hier lebten die Beschäftigten des kulturell-erzieherischen Sektors: Schauspieler, Musiker, Verwaltungsleute jener Institutionen, die die »Umerziehungsarbeit« auf den Solowki gestalteten. Die 8., 9. und 10. waren ebenfalls »Kanzleikompanien«. Die 11. Kompanie war der Karzer. Er lag bei den Archangelskije worota. Dort hockten die Häftlinge auf »Stangen« – schmalen hohen Bänken – und schliefen auf dem blanken Boden. Den Karzer mußte man einrichten, als auf den Solowki Schwerverbrecher einzutreffen begannen und die »KRler« (die »Konterrevolutionäre« in der Terminologie der Lagerleitung) anfingen, eigene Maßnahmen gegen diese zu ergreifen. Schließlich sah man sich durch die Ankunft einer neuen großen Zahl von Häftlingen gezwungen, das Refektorium zu einer Kompanie umzufunktionieren. Die durchgehende Säulenhalle des Refektoriums, deren Maße die des Facettenpalastes im Moskauer Kreml übertreffen, behielt anfangs ihre ursprüngliche Funktion bei – als Gemeinschaftsspeisesaal für alle Häftlinge. Als die Räumlichkeiten im Kloster nicht mehr ausreichten, machte man einen Raum zur Kompanie, dessen Eingang übers Refektorium zu erreichen war. Das war die 12. Kompanie.

Von allen Kompanien war die 13. die größte und übelste. Dorthin wurden die neu angekommenen Etappen überstellt. Dort wurden sie geschleift, um jeglichen Widerstands- oder Protestwillen zu brechen, dort wurden sie zu schwerer physischer Arbeit abkommandiert. Alle Neuankömmlinge auf den Solowki mußten wenigstens drei Monate in der 13. Kompanie verbringen. Sie hieß »Quarantänekompanie«. Morgens mußten wir zu einem langen Appell auf den Gängen antreten, die um die Troizki- und Preobraschenski-Kirche herumliefen. In Reihen zu zehn Mann wurden wir durchgezählt, und der letzte schrie, ich weiß es noch: »Hundertzweiundachtzigste mit zehn Mann angetreten.«

Manchmal waren in der 13. Kompanie auf den Pritschen dicht an dicht drei- bis viertausend, zuweilen aber auch fünftausend Mann untergebracht. Natürlich waren wir alle verlaust. Nur mit einem besonderen Gesuch gelang es, jemanden aus der Quarantänekompanie herauszuholen. Ich erinnere mich an den Gruß des Vorgesetzten: »Sdrawstwui,* Quarantänekompanie!« Und nachdem wir nach dem letzten Wort dieser »Begrüßung« bis drei gezählt hatten, brüllten wir im Chor: »Sdra!« Dann traten wir der Reihe nach an kleine Tischchen, an denen die Auftragserteiler saßen (unter ihnen die »Tschubarowzy«: Teilnehmer der grauenvollen Massenvergewaltigung im Tschubarowy pereulok in Leningrad 1927), und erhielten unsere Arbeitsorder.

In der 14. Kompanie, die hinter der durchgehenden Säulenhalle des Refektoriums lag, sowie in den angrenzenden Räumen lebten diejenigen, die nach ihren drei Monaten in der 13. Kompanie noch zu keiner »Dienstreise« eingeteilt waren und auf ihre Abkommandierung zur Waldarbeit, zum Torfstechen, zu sonstiger Arbeit in der Produktion warteten.

Die 15. oder die »Sammelkompanie« war für jene, die an verschiedenen Ecken außerhalb des Kreml lebten. Diese Kompanie galt als die korrupteste, sprich als die privilegierteste. Hier hörte die offizielle Zählung der Lagerkompanien auf. Darüber hinaus gab es die »Dienst-

* Grußformel: »Guten Tag«

reisen«-Häftlinge, die in Sawwatijewo, Filimonowo, auf den Inseln Muksalma, Anser, Saitschiki sowie an verschiedenen Torfstechplätzen und Waldrodungsstellen arbeiteten.

Die »16. Kompanie« war, wie ich bereits erwähnte, der Friedhof.

Unabhängig von den Kompanien existierte im Kreml noch ein weitläufiges Lazarett, das gewöhnlich hoffnungslos überfüllt war, sowie das »Kommando der Genesenden« in einem Keller nicht weit von der Wäscherei.

Das wäre wohl alles aus dem »Wohnungs«-Bestand im Zentralteil »Kreml«.

Außer den »Wohn«-Stätten gab es innerhalb des Kreml auch noch »Arbeits«-Stätten: das Bad, dort, wo sich der Desinfektionsraum befand; die Administration, die die Oberaufsicht über die gesamte Ordnung und Versorgung des Lagers hatte (dort arbeiteten hauptsächlich die besten Organisatoren – ehemalige Armeeangehörige); die »IST«* (Informations- und Untersuchungsabteilung), die zur Selbstrechtfertigung die verschiedensten »Verschwörungen« erfand und Informanten (»Seksoty«**) unter den Häftlingen aushorchte (für ihre Anhörung war eine heute nicht mehr existierende Holzhütte am Fuß der Storoschewaja baschnja außerhalb des Kremls vorgesehen); die »Pomof«*** (eine Nähwerkstatt, in der vorwiegend Frauen arbeiteten). Die Pomof und ein Teil des Lazaretts befanden sich im ersten Kremlabschnitt, nicht weit vom Krankenlager Nikolskije worota. Es gab ein Theater mit Foyer, das auch als Vortragssaal diente. Doch das Wichtigste: Im Kreml befand sich ein Museum. Dort war es sogar ganz gemütlich, und im Theater gab es hervorragende Inszenierungen, spielten wundervolle Schauspieler – nur war dort schwerer hineinzukommen als ins Bolschoi-Theater in Moskau.

Schließlich lag im Kreml, im ersten Abschnitt und mit eigenem Ausgang durch die Seldjanije worota (heute wird er nicht mehr benutzt), das »Kloster«: zwei Dutzend Mönche samt Abt, einem

* »Informacionno-sledstvennaja čast'« (ISČ)

** »sekretnyj sotrudnik« (seksot): informeller Mitarbeiter der Geheimpolizei

*** »pošivočnaja masterskaja« (pomof)

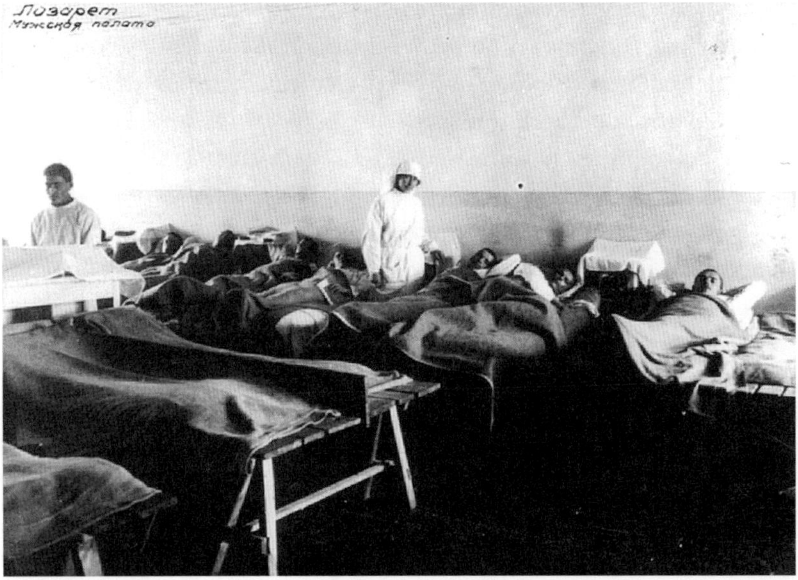

Das Lazarett, 1928

»Schimnik«[*] (nicht zu verwechseln mit dem Einsiedler, der irgendwo in den Wäldern lebte) und der den Mönchen vorbehaltenen hölzernen Onufrijewskaja-Kirche auf dem Friedhof, wo der Gottesdienst abgehalten wurde. Diese Mönche waren Spezialisten im Fischfang. Sie konnten mit Fangnetzen umgehen, kannten die Meeresströmungen, den Zug der Fischschwärme usw. Sie fingen eine bestimmte Dorschart, vor allem aber den berühmten Solowezker Hering, der im Moskauer Kreml auf den Tisch kam, weshalb er auch noch »Kreml-Hering« genannt wurde. Als die Onufrijewskaja-Kirche geschlossen wurde, »verschwand« der Hering. (Vielleicht ein Zeichen dafür, daß der USLON[**] seine Pflichten gegenüber den Mönchen nicht erfüllt hatte?) Was später mit den Mönchen geschah – verjagt oder liquidiert –, kann ich nicht sagen, ich weiß es nicht. Auch auf Muksalma lebte noch ein Mönch, der mit Kühen umgehen konnte (Kühe gab es in der Landwirtschaft des Kreml sowie auf Muksalma, wo herrliche Viehweiden lagen).

Außerdem gab es im Kreml noch kleinere »Institutionen«. Ein Kämmerchen am Fuß des großen Glockenturms, in dem Einzelerschießungen stattfanden (Schuß in den Hinterkopf) – hinterher kam ein Fuhrwerk mit einer Kiste, in die man die Leiche warf (daher rührte der Ausdruck »Kiste spielen«), und dann erschienen die Scheuerfrauen, um das Blut aufzuwischen. Es existierte eine Brotbäckerei, die hervorragendes Brot nach einem Verfahren aus dem 16. Jahrhundert backte – dem Jahrhundert des Metropoliten Filipp. Es gab einen Hof für Brennholz (er ist jetzt leer, nur zwei erhalten gebliebene Glocken hängen dort – die norwegische und die »Zarenglocke«). Bei der Brotbäckerei stand ein Häuschen, in dem Wasser erhitzt wurde und man aus einem Hahn, der aus der Tür herausstand, kochendes Wasser für die Kompanien bekommen konnte (es wurde in die großen kupfernen Kwaßkrüge des Klosters gefüllt).

* Mönch, der nach streng asketischen Ordensregeln lebt

** »Upravlenie soloveckich lagerej osobogo naznačenija OGPU SSSR« (USLON): Verwaltung der Solovecker Lager mit besonderer Bestimmung des OGPU der UdSSR; von 1923–1929 offizielle Bezeichnung für die Solovecker Lager

Hinterhof der Brotbäckerei

Der Zugang zu den verschiedenen Räumlichkeiten war für Unbefugte verboten. Darüber wachten Aufpasser mit Stöcken, und allzu hartnäckige Besucher bekamen sie zu spüren. Ich für meinen Teil hatte mit Leuten aus anderen Kompanien vor allem bei der Arbeit Kontakt. Den Kreml zu betreten oder zu verlassen, war nur durch die Nikolskije worota gestattet. Dort standen Wachposten, die die Passierscheine in beide Richtungen kontrollierten. In den Swjatyje worota war die Feuerwehr untergebracht. Die Löschfuhrwerke konnten aus den Swjatyje worota schnell ausrücken, nach draußen wie nach drinnen. Durch dieses Tor ging es auch zur Erschießung – es war der kürzeste Weg von der 11. (Karzer-) Kompanie zum Klosterfriedhof, wo die Erschießungen stattfanden.

Außerhalb des Kreml, im Gebäude der ehemaligen Klosterherberge, befanden sich die Verwaltung des SLON, die Frauenbaracke, die Pelzfabrik (ehemalige Schmiede), die Landwirtschaft, das Bad Nr. 2 (wo die Desinfektion durchgeführt wurde und die Gefangenen mehrere Stunden nackt dasaßen, solange ihre Kleidung zur Entlausung im Dampf hing), die Alabasterfabrik, die Seilerei, der von zwei oder drei Häftlingen in Ordnung gehaltene Sportplatz (für die Zivilisten), Wohnhaus und Kantine für die Zivilisten (für einige wenige von der Lagerleitung). Weiter weg lag die Ziegelei.

Und was befand sich auf dem Rest des Solowezki-Archipels? Ich muß zugeben, daß ich den Rest des Lagers sehr schlecht kannte: nur von meinen Dienstreisen zu Fuß, auf denen ich etwas über die Halbwüchsigen in Erfahrung zu bringen suchte, die unbedingt in die Kinderkolonie gehörten – bald darauf wurde sie in Arbeitskolonie umbenannt und erlangte im Zusammenhang mit Maxim Gorkis Besuch auf den Solowki im Jahr 1929 traurige Berühmtheit.

Keinesfalls unerwähnt lassen kann ich zwei Einrichtungen, die eine große Rolle im geistigen Leben auf den Solowki gespielt haben: das Museum und das Solteatr.* Beide Einrichtungen dienten dazu, die grauenhaften Bedingungen auf den Solowki zu kaschieren, ich werde kein schlechtes Wort über sie verlieren. Nicht nur, daß sie vie-

* »Soloveckij teatr« (Solteatr): Soloveckij-Theater

len aus der Intelligenzija das Leben gerettet haben, sie gestatteten auch bis zu einem gewissen Grad die Fortsetzung eines geistigen Lebens.

Ich hege große Befürchtungen, daß die Erinnerungsliteratur über die 20er und 30er Jahre eine einseitige Vorstellung vom Leben jener Zeit, vor allem vom Leben in der Gefangenschaft vermittelt. Leid, Erniedrigung, Angst waren beileibe nicht alles. Unter den grauenhaften Bedingungen der Lager und der Gefängnisse hat sich gewissermaßen ein geistiges Leben aufrechterhalten. Und dieses geistige Leben war in einigen Fällen sogar überaus intensiv, wenn Menschen aufeinandertrafen, die denken wollten und darin geübt waren. In Abwandlung des bekannten Lagersprichworts, »Wo ein Mensch ist, findet sich auch ein Strafparagraph«, könnte man sagen: »Wo ein denkender Mensch ist, da kommen auch die Gedanken.«

Mein Schullehrer und Odnodelez I.M. Andrejewski veröffentlichte in der Zeitung »Solowezkije ostrowa«* einen Artikel über nervöse und psychische Erkrankungen auf den Solowki. Er hat sogar eine eigene psychische Krankheit entdeckt, in deren Namen ihre Solowezker Herkunft erhalten ist (kann mich im Moment nicht erinnern). Menschen, die an ihr erkrankt waren, versuchten dauernd, ihre Situation zu verbessern: einen besseren Pritschenplatz zu besetzen, eine minimal größere »Ration« Brot zu ergattern als die anderen, nützliche Bekanntschaften zu machen und irgendwen zum Bestechen zu finden. Diese Menschen waren ganz angespannt nur mit diesem einen beschäftigt. Sie starben früher als die anderen. Jedoch gab es auch Menschen (und es waren ihrer nicht wenige), die sich ihre menschliche Würde bewahrten, die ihr Dasein in geistigen Maßstäben durchdachten und reflektierten.

Die Solowki waren eben solch ein Ort, wo der Mensch mit dem Wunderbaren wie mit dem Gewöhnlichen konfrontiert war, mit der klösterlichen Vergangenheit wie mit der Gegenwart des Lagerlebens, mit Menschen aller moralischen Kategorien – von der höchsten bis hin zur schmachvoll niedrigsten. Hier waren Vertreter verschiedener

* »Die Soloveckij-Inseln«

Nationalitäten und Berufe – von früher wie von heute – versammelt. Hier stießen zwei Epochen zusammen: eine vorrevolutionäre und eine zutiefst zeitgenössische, überaus typische für die 20er und den Anfang der 30er Jahre. Das Leben auf den Solowki war derart phantasmagorisch, daß sich das Gefühl für die Realität dieses Lebens verlor. Wie hieß es in einem der Solowezker Lieder: »Alles hier ist vermengt wie in einem Schreckenstraum.«

Ein charakteristischer Zug der Intelligenzija auf den Solowki an der Wende der 20er zu den 30er Jahren war das Bemühen, die »verbrecherische und schändliche« Welt des Lagers in eine lächerliche Welt umzukostümieren. Wenn unsere Nachbarn auf Sawwatijewo und Muksalma, wo die »Politischen« gefangengehalten wurden, also Leute, die offiziell in politischen Parteien waren, registriert in irgendwelchen internationalen Organisationen zum Schutz von politischen Häftlingen, ihre Haft auf den Solowki (nicht ganz ohne zu übertreiben) in eine Welt der Leiden und Qualen verwandelten, so gaben sich die wahren KRler (Konterrevolutionäre) im Zentralbereich der Solowki alle Mühe, die Absurdität, Idiotie, Dummheit, das Karnevaleske und Lächerliche all dessen hervorzuheben, was auf den Solowki geschah – die Beschränktheit der Lagerleitung und ihrer Anordnungen, das Phantastische und Traumähnliche des gesamten Lebens auf der Insel (einer Welt schrecklicher Traumgesichte, Alpträume ohne Sinn und Logik). Charakteristisch für die Solowki sind die Witzseiten in der Zeitung »Solowezkije ostrowa«, vorrangig verfaßt von J. Kasarnowski und D. Schiptschinski, teils auch von »Arturytsch« – Alexandr Arturowitsch Peschkowski: Witze, »Chochmy«,* Bonmots, scherzhafte Anreden, lustige Spitznamen und Argots als Erscheinungsformen jener Neigung zum Scherzen dämpften das Grauen auf den Solowki. Humor und Ironie sagten uns: All das ist nicht wirklich. Das wirkliche Leben erwartet euch bei der Rückkehr ... Das Gefühl der Irrealität unseres Daseins wurde noch gefördert durch die eigenartige Atmosphäre der weißen Nächte im Sommer und der schwarzen Tage im Winter, und dazwischen – die langen Morgen (ohne ein Gefühl für

* Jargon f. Unsinn, Blödeleien, Albernheiten

den Tag), die in ebenso lange Abende übergingen, die Verlassenheit der Wälder und das Verhängnisvolle der Sümpfe, der Überfluß an dunklen Steinen, bewachsen mit grell leuchtenden Flechten und Moos. Die Mannigfaltigkeit der Landschaft auf der Hauptinsel war erstaunlich, und keine Insel im Solowezki-Archipel glich der anderen.

Die Natur der Solowki

Meine seelische Gesundheit auf den Solowki zu bewahren, half mir vor allem die Natur, genauer gesagt: der für das Verlassen des Kreml nötige Dauerpassierschein, den mir Anfang 1929 der Schriftführer der Verwaltung ausstellte, ein ehemaliger Flaggoffizier von A.F. Kerenski – Alexandr Iwanowitsch Melnikow. Nachdem Melnikow am Jahresende 1929 die Solowki verlassen hatte, wurde mir dieser Passierschein ständig erneuert, da ich in Krimkab*-Angelegenheiten immer in die Kinderkolonie (später in Arbeitskolonie umbenannt) mußte.

Ich benutzte diesen Passierschein so weit und so oft ich nur konnte: Ich lief auf der Reboldowskaja doroga heimlich bis zur Glubokaja guba – bis zum Peregoworny kamen (hier fanden während des Krimkriegs die Verhandlungen zwischen Vertretern des Klosters und dem Kommando des englischen Geschwaders statt), entlang der Sawwatijewskaja doroga, der Muksalomskaja doroga u.ä. Ungeachtet des strengsten Verbots, die Uferzone zu betreten, ging ich einige Male zu den Metropolit-Teichen, wo ich an sonnigen Tagen ein, zwei Stunden in der Sonne lag und das Gefährliche daran völlig vergaß. An der Sajatschja guba bei den Metropolit-Teichen machte ich die Bekanntschaft einer bemerkenswerten Hasenfamilie. Ich lag dösend im Gebüsch. Als ich die Augen aufschlug, sah ich direkt vor mir, nicht viel weiter als eine Armlänge entfernt, eine bezaubernde Häsin und einige Hasenjunge. Sie starrten mich unverwandt an, wie ein Wunder. Die Mönche hatten die Tiere daran gewöhnt, sich vor Menschen nicht zu fürchten. Die Häsin hatte ihre Jungen ganz offenbar hergeführt, um mich ihnen zu zeigen. Ich rührte mich nicht, sie sich ebensowenig. Wir blickten einander wahrscheinlich mit dem gleichen herzlichen Wohlwollen an. Solch gedankenloses Schauen konnte

* Siehe S. 80ff

nicht ewig andauern: Ich bewegte mich, und sie verschwanden, aber mir blieb ein lange anhaltendes, unglaublich warmes Gefühl der Zuneigung zu allem Lebenden. Ringsum standen die kleinwüchsigen und vom Wind gekrümmten Birken der Solowki, es gluckerten kleine Wasserläufe, die mit Ebbe und Flut durch den aus verhältnismäßig kleinen Steinen errichteten Damm der Metropolit-Teiche gedrückt wurden.

Entlang der Reboldowskaja doroga lief ich immer gefahrlos mit einem dünnen Birkenstecken in der Hand. Ich lief bis zur Glubokaja guba, und einmal ging ich dort schwimmen. Das Wasser war hier noch winterlich kalt. Ich ging furchtlos hinein, doch als ich untertauchte, raubte es mir den Atem, und ich schaffte es gerade noch herauszukrabbeln. Sogleich entdeckte ich ein halbverrottetes Kreuz, dessen Inschrift besagte, daß zur Zeit des Solowezker Aufstands Ende des 17. Jahrhunderts an dieser Stelle das Heer des Meschtscherinow gelandet sei. Aus dem abgefallenen Querbalken stand ein schmiedeeiserner Nagel heraus. Ich nahm ihn und habe ihn auch noch bis zur Blockade aufgehoben. Erst da vergaß ich in der Hast der erzwungenen Abreise (die OGPU schickte mich und meine Familie aus Leningrad fort), ihn mitzunehmen.

Die Reboldowskaja doroga war unglaublich schön, und einmal lief ich den ganzen Weg bis Rebolda, von wo aus man nach Anser übersetzte. In der Nähe von Rebolda begann der »laufende Wald«, den man später abgeholzt hat. Das waren uralte Fichten mit dicken Stämmen, die der ständige Wind zur Erde geneigt hatte und die deshalb wie »laufende« und lebendige Gestalten aussahen. Wozu konnte man sie brauchen? Das Holz der Bäume war hart und ließ sich schwer zersägen.

Aus was für Stämmen war dagegen das Blockhaus der Wachhütte, wo man im Warmen auf die Überfahrt mit den Ruderbooten wartete! Gigantisch lange und dicke verrußte Stämme, die uralt zu sein schienen. Mir kam es vor, als befände ich mich tief im 17. Jahrhundert. Und so war es wohl auch ...

Die Natur der Solowezker Inseln ist gleichsam zwischen Himmel und Erde geschaffen. Sommers wird sie weniger von der Sonne als von einem riesigen hohen Himmel erleuchtet, winters duckt sie sich in tiefe Finsternis, etwas aufgehellt vom Weiß des Schnees und ganz selten unterbrochen von dem mal blaßgrün, mal blutrot schimmernden Nordlicht. Auf den Solowki kündet alles vom Geisterhaften der diesseitigen Welt und von der Nähe der jenseitigen ...

Die Inseln sind landschaftlich unterschiedlich. Die beiden Sajazki-Inseln, Bolschoi und Maly, auf denen kein einziger Baum wächst, deren Schönheit in den ungewöhnlichen Farbverbindungen der Flechten, Steine und Findlinge, Büsche und Zwergbirken liegt und in der Möglichkeit, von überall aus das Meer zu sehen. Verirren kann man sich hier nicht. Alles erscheint wild und öd, allein niedrige Labyrinthwege* gemahnen an die Bräuche, die der Mensch sich schuf. Zwei Inseln – Bolschaja und Malaja Muksalma – sind von Wald und Sümpfen überzogen, von Hügeln, die zum Meer hin steil abfallen, und von typischen Viehweiden, auf denen jahrhundertelang Kühe geweidet wurden. Ein künstlicher Damm verbindet Bolschaja Muksalma und die Bolschoi-Solowezki-Insel. Großartig ist Anser. Ihre Natur ist üppig und sogar direkt heiter. Sandstrände und herrliche Laubwälder erinnern an den Süden. Der hohe Berg der Insel ist vom Golgofski skit** gekrönt, dem Golgatha-Kloster, dessen Name vorausdeutet auf die unerträglichen Leiden der hier umgekommenen Alten, Krüppel und unheilbar Kranken – hierhergeschafft aus dem gesamten Lager und erfroren, verhungert, lebendig begraben. Die zentrale Insel, die Bolschoi Solowezki, vereint in ihrer Landschaft all das, was die anderen Inseln ausmacht. Dazu noch dreihundert Seen, große und kleine, oft mit eigenen kleinen Inseln, auf die sich einst Einsiedler zurückzogen; hier konnten auch besonders geheime Häftlinge gefangengehalten werden, denen der Kontakt mit anderen Menschen verboten war.

Es ist ein großes Naturparadies, zugleich aber eine schreckliche Hölle für die Häftlinge, die aus allen Rängen und Schichten, aus allen in Rußland lebenden Völkern kommen! Hier, in dieser Welt aus

* Steinerne Anlagen aus dem 2. bis 1. Jahrtausend v. Chr.

** Kleines Kloster für Einsiedlermönche

Heiligkeit und Sünde, Himmlischem und Irdischem, sind Natur und Mensch in außerordentlicher Nähe vereint.

Gewaltige Findlinge dienten als grundlegendes Baumaterial: Aus ihnen sind die Türme und Mauern errichtet, in Verbindung mit Ziegelstein geben sie das Fundament der Kirchen ab. Die Dächer sind mit dünnen Brettern, die Kuppeln im Lemech-Verfahren gedeckt. Doch die Ikonen und Bücher, die Altarschnitzereien und das Schmiedeeisen zeugen von der gewaltigen Anstrengung des Menschen, die Natur zu bezwingen, den Geist über die Materie zu stellen, aus der Natur eine gigantische Kirche zu bauen. Die Einsiedlerklöster »verringern« gleichsam die Entfernungen auf der Insel – die Erdhütten der Einsiedler und die Kupferkreuze, die direkt in die Baumstämme eingewachsen waren. An diesen Kreuzen und kupfernen Ikonen bissen sich die Zugsägen der Häftlinge bei der Holzbeschaffung die Zähne aus.

Dreihundert Seen befinden sich auf der Bolschoi-Solowezki-Insel; die größten sind durch Kanäle miteinander verbunden, um den großen Swjatoje-See immer mit frischem Wasser zu versorgen. An seinem Ufer ragen die Hauptgebäude des Solowezker Klosters auf, errichtet auf der Landenge zwischen Swjatoje-See und Meer. Der Höhenunterschied beträgt angeblich acht Meter. Dieses Gefälle erlaubte den Bau einer Wasserleitung und einer Kanalisation im Kloster, den Einsatz unterschiedlicher Technik, die Konstruktion von schnell sich füllenden und leerenden Schleusenbecken zum Säubern des Geschirrs, die Einrichtung einer herrlichen Brotbäckerei, einer Wäscherei, einer Schmiede (außergewöhnlich für das 16. Jahrhundert), es gab fließendes Wasser im Refektorium und so weiter und so fort. Die Klosteranlage widerlegt eindrucksvoll die fälschliche Annahme von der technischen Rückständigkeit im alten Rußland. Der Swjatoje-See ist im Prinzip ein gigantischer künstlich angelegter Teich, der alle Versorgungsmechanismen im Kloster funktionsfähig macht und in Gang halten kann.

Die acht Meter Höhenunterschied zwischen dem Meer und dem durch einen Damm entstandenen See zwangen dazu, die Außenwände der Kirchen tief zu fundamentieren, Mauern und Kirchen gleichsam schwergewichtig, unerschütterlich auf die Erde zu stellen, um die Bewohner des Klosters vor Feinden sowie vor schlechtem Wetter zu schützen. Im Innern des Klosters schuf man die Bedingungen für das Gedeihen eines kleinen malerischen Gärtchens, in dem die alten Mönche überall bequeme Plätze zum innigen Gespräch und zur Meditation im Gebet fanden.

Die Solowezki-Inseln sind ein Fleckchen Erde, wo das Gefühl für die Anwesenheit des Schöpfergottes und die Vergänglichkeit des Menschen beständig aufrechterhalten wird vom Wechsel der Jahreszeiten, dem Rhythmus der Tage, den langen Nächten im Winter und der langen Abenddämmerung, von den langen Sonnenaufgängen, den schnellen Wetterumbrüchen, der Mannigfaltigkeit der Landschaft, von der Wahrnehmung der langen Geschichte dieser Stätten, gezeichnet von heidnischen Labyrinthen und geweihten Kreuzen, Kirchen und Glockentürmen, wo die anstrengende Arbeit der Bauern und Handwerker so heilig und so gottgefällig sein könnte. Stattdessen brachen bereits zur Zeit der Klöster ins friedliche, dem Gebet und der Arbeit geweihte Leben der Mönche auch rein weltliche Sorgen ein: der Kampf gegen die Häretiker, der Aufenthalt von Strafverbannten im Kloster, der große Altgläubigen-Aufstand, der die lange Belagerung von 1668 bis 1678 und Hunderte von Toten zur Folge hatte, deren Leiber unbestattet vor dem Kloster auf dem Eis lagen ...

Meine Spaziergänge zum Meer endeten gegenüber dem Kloster – nicht weit vom Peregoworny kamen. Ich wußte, daß man sich seinen Ruheplatz auf irgendeiner Anhöhe suchen mußte, wo der »Chefchirurg« der Solowki, der Lette Degtjarew, normalerweise nicht vorbeikam. Was ich nicht wußte, war, daß er einen kleinen Hund hatte, der mit seinem außergewöhnlichen, auf Menschen abgerichteten Spürsinn diese auf große Entfernung wittern konnte.

Ich wählte meinen Ruheplatz am Ufer einer Bucht, genau gegenüber jener anderen Bucht, von der aus der »Truppenführer des Solowezki-Archipels« Degtjarew auf einem Schimmel seine Kontrollritte unternahm. Hinter den Steinen war ich schwer zu entdecken. Und plötzlich hörte ich das widerliche fiepende Gekläff des kleinen

Köters. Um die Bucht herum kam Degtjarew auf mich zugaloppiert – der oberste Scharfrichter der Solowki. Ich konnte gerade noch meine Hose anziehen, den Rest klemmte ich unter den Arm und rannte in den Wald. Zu meinem Glück zog sich ein langer Sumpfstreifen durch den Wald, offensichtlich ein früherer Flußarm. Quer über diesem »Sumpfgraben« lag eine riesige Fichte. Ich betrat den Stamm und wurde geradezu auf die gegenüberliegende Seite gerissen. Wäre nicht die Angst gewesen, Degtjarew in die Hände zu fallen (und von ihm geradewegs in die Sekirka* geworfen zu werden), wäre ich niemals so »kühn« gewesen, auf einem Baumstamm von einer Seite des Sumpfes zur anderen zu balancieren. Degtjarew hielt inne, verging sich an der überraschenden Gütigkeit des Solowezker Waldes mit ausgesuchten Schimpfwörtern und ließ von der Verfolgung ab, außerdem wäre er mir auch gar nicht mehr hinterhergekommen. Warum er nicht auf mich schoß – ich weiß es nicht.

* Karzer auf dem Sekirnaja-Berg

Krimkab*

Während ich mich in der 13. Kompanie (für »allgemeine Arbeitsdienste«) befand, unternahmen Vater Nikolai Piskanowski und Archipriester Wiktor Ostrowidow den Versuch, mir eine Büroarbeit oder eine etwas leichtere Arbeit zu beschaffen. Eines Tages, als wir gerade Schweinemist karrten (was für ein Gestank!), kam ein ehrwürdiger und gutaussehender älterer Herr mit grauem Bart auf uns zu, in schwarzem halblangen Fellmantel und mit einem selbstgeschnitzten Spazierstock in der Hand. Er stellte sich mir vor. Es war A.N. Kolosow. Das Gespräch dauerte keine Minute – und schon hatte ich eine »dauerhafte« Arbeit im Kriminologischen Büro in Aussicht. Freilich nicht sofort. Von der 13. Kompanie kam ich in die 14. – ins Refektorium, wo ich an Typhus erkrankte. Und dann, nach der »Kompanie der Genesenden«, die in einem schrecklichen Kellerraum mit niedrigem rissigen Gewölbe untergebracht war, fand ich mich in der privilegierten 3. Kompanie wieder. Es empfing mich der Kommandeur der Kompanie, der ehemalige Kommandant der Peter-Paul-Festung, Baron Pritwiz, und er quartierte mich direkt im Zimmer von A.N. Kolosow ein, auf eine unter dem Fenster (längs des Fensters) stehende Bettstatt. Ich war schwächlich und deshalb von der Arbeit freigestellt, saß ganz allein im Zimmer auf meinem Bett. Als erster kehrte gegen acht Uhr abends Alexandr Nikolajewitsch von der Arbeit zurück und blickte mich mit Erstaunen und Vorsicht an. Ich verstand diese Vorsicht zuerst nicht. Dann begriff ich: Alexandr Nikolajewitsch fürchtete, ich könnte die Zimmerbewohner mit Typhus anstecken. Er bat Kommandeur Pritwiz, mich für eine Woche auf den Gang zu verlegen. Pritwiz weigerte sich. Man beschränkte sich darauf, meinen Korb mit Sachen auf den Gang oder sonstwohin zu schaffen. Ich selbst hatte schon mehrere Desinfektionen durchlaufen, der Korb

* »Kriminologičeskij kabinet« (Krimkab): Kriminologisches Büro

aber stellte wirklich eine Gefahr dar, um so mehr, als sich an ihm offenbar Iwan Michailowitsch Andrejewski mit Typhus angesteckt hatte, in der Sanitätsabteilung, wo ich nach meiner Erkrankung zuerst untergebracht war. Er arbeitete dort als Arzt und hatte meinen Korb unter sein Bett gestellt.

Ich war reichlich verstört über Alexandr Nikolajewitschs Vorbehalte und fühlte mich die ersten Wochen in dem Zimmer wie ein Eindringling. Dort schliefen General Osowski und zwei Rechnungsführer – Baron M.T. Disterlo und Boris Nikolajewitsch Afinski. Ich weiß nicht genau wann, aber sehr bald war auch Fedja Rosenberg da, den wir vom Korridor wegholen konnten. Alexandr Nikolajewitsch war zweifellos der Tonangebende im Zimmer. Er belegte den besten Platz und schlief auf dem Holzdiwan eines Mönchs. Das war ein großes Privileg. Der einzige Tisch im Zimmer stand seinem Diwan am nächsten. Abends und morgens stellte er einen kleinen Spiegel auf diesen Tisch, um ausführlich seinen Bart zu kämmen, sein Gesicht mit Vaseline zu massieren. Er sah ausgemergelt aus. Er lief immer in hohen Stiefeln, dunkelblauen Reithosen und grüner Militärjoppe herum. Früher (während des Krieges 1914) war er Militärstaatsanwalt, Richter und anderes gewesen. Das Gefühl, etwas Besseres zu sein, hatte er stark verinnerlicht, zugleich aber machte ihn seine Erziehung zu einem sehr angenehmen Zimmergenossen. Er war immer ausgeglichen und friedlich. Nur am Zittern der Augenlider konnte man erkennen, daß er sich über etwas aufregt. Er konnte ebenso gut erzählen wie zuhören. Zu seiner Unterhaltung las er »geschmackvolle« Bücher (vorzugsweise Turgenjew, den er sich in der Bibliothek besorgte; diese war beim Theater untergebracht und bestand aus Büchern, die von den Häftlingen konfisziert oder bei ihrer Entlassung der Bibliothek gestiftet worden waren). Bezüglich der Arbeit (unser Krimkab* befand sich im zweiten Stock des Gästehauses beim Landungssteg) brachte er es fertig, sie vor der Lagerleitung als groß

* Ich hatte außerordentliches Glück, daß ich dank der Bemühungen von Vater Nikolai Piskanowski und Archipriester Wiktor Ostrowidow im Kriminologischen Büro arbeiten durfte. Nikolai Pawlowitsch Anziferow schreibt in seinen

Anlegestelle vor dem Gebäude der Lagerverwaltung, 1928

und wichtig erscheinen zu lassen. Er saß immer lange in unserem Arbeitszimmer, zumal es dort auch bequem war, und las Romane, den Ellbogen auf den Tisch gestützt und einen Bleistift zwischen den Fingern. Wenn die Lagerleitung unerwartet hereinkam, traf sie ihn in dieser »Arbeitshaltung« an, und so war nicht daran zu zweifeln, daß er irgendetwas schrieb, d.h. »arbeitete«. Sonntags bekamen wir oft nicht frei, aber Alexandr Nikolajewitsch war in irgendeinem offiziellen Auftrag »unterwegs« und spazierte mit seinem selbstgeschnitzten Birkenstock auf der Filimonowskaja doroga Richtung Glubokaja guba. Nachdem ich von A.I. Melnikow den Passierschein für die gesamte Insel bekommen hatte, gingen wir gemeinsam, und diese Spaziergänge waren für mich sehr von Nutzen. Er besaß Lebenserfahrung, war sehr belesen in der klassischen russischen Literatur und konnte gut erzählen. Als Alexandr Nikolajewitsch im Herbst 1929 nach Kem verlegt wurde (seine Haftzeit lief im Winter aus), setzte ich meine Spaziergänge mit einem nicht weniger interessanten Menschen fort, der ebenfalls Jurist war – Wladimir Juljanowitsch Korolenko, ein Neffe des Schriftstellers.

Alexandr Nikolajewitsch hatte in seinem Koffer einen hervorragend geschnittenen dunkelblauen Cheviot-Anzug und ein Hemd mit Umlegekragen sowie eine Krawatte. Wenn der Lagerleitung Bericht abgestattet werden mußte oder die Schreibkraft Schirinskaja-Schichmatowaja im Krimkab erwartet wurde, legte Alexandr Nikolajewitsch seinen Anzug an und sah prächtig aus – wie ein Herr. Er machte irgendwie einen besonderen Mund, wenn die Schirinskaja-Schichmatowaja auftauchte, und schlug einen gewissen Ton an. Gegenüber der bei uns im Krimkab arbeitenden Julija Nikolajewna

Erinnerungen *Is dum o bylom* (Moskwa 1992): »Ich hätte gern im Kriminologischen Büro gearbeitet, wo man Zeichnungen, Briefe, Gedichte der inhaftierten Verbrecher sammelte. Ich dachte mir, dann verstünde ich die Psychologie der Menschen des *Totenhauses* besser.« (S. 346) N.P. Anziferow schreibt nicht, daß es um mehr ging als nur darum, die Verbrecher zu verstehen. Er wollte im Kriminologischen Büro arbeiten, weil dort auch seine Freunde arbeiteten – A.A. Mejer, X.A. Polowzewa, A.P. Suchow u.a. (Anm. D.L.)

Dansas (sie war ihm nicht direkt unterstellt, schnitt aus der Zeitung Meldungen aus, die der Lagerleitung wichtig waren – welche? ich habe nie nachgefragt) gab sich Alexandr Nikolajewitsch weniger galant, obgleich er auch bei ihr nicht ganz von seinem »Balzgehabe«, wie wir es nannten, lassen konnte, nur daß es auf sie keinen Eindruck machte.

Aufgrund des Vorangegangenen könnte man meinen, Alexandr Nikolajewitsch wäre nicht ernstzunehmen gewesen. Im Gegenteil, er vollbrachte Großes. Es war seine Idee, im Sollager[*] eine Kinderkolonie zu gründen – für minderjährige Straffällige –, und damit rettete er gemeinsam mit seinen Helfern Hunderte von ehemaligen »Besprisorniki«,[**] auch wenn er sie nicht umerziehen konnte. Es begann 1928, und unsere Kinderkolonie war die erste dieser Art und Größe in der Sowjetunion. Es gelang ihm, die Lagerleitung derart von der vorteilhaften und mustergültigen Außenwirkung eines solchen Unternehmens zu überzeugen, daß für die damalige Zeit enorme Maßnahmen ergriffen wurden. An der Organisation nahm der Leiter der KWT[***] (der Abteilung für Kultur und Erziehung) teil, D.W. Uspenski (Gerüchten zufolge ein Parteifunktionär, der als ziviler Mitarbeiter auf die Solowki geschickt worden war). Es wurden Baracken gebaut (einige davon stehen noch heute). Jeder Jugendliche bekam eine Schlafstelle mit Bettwäsche zugeteilt. Die Jugendlichen, die über alle Kompanien verteilt lebten und oft nichts als Unterwäsche auf dem Leib trugen, bekamen Matrosenjacken, Schuhwerk, man hatte sich eine Uniform ausgedacht – eine speziell geschnittene Mütze – die »Lindenerowka«. Direkter organisatorischer Leiter der Kolonie war Lindener, ein russifizierter Deutscher und ehemaliger Mitarbeiter der Akademie der Wissenschaften in Leningrad. Er wurde abgelöst von dem Narkomjust[****] von Weißrußland, Sdanewitsch, der

* »Soloveckij lager'« (Sollager): Solovecker Lager

** »besprizorniki«: verwahrloste, obdachlose, oft elternlose Kinder und Jugendliche

*** »Kul'turno-vospitatel'naja čast'« (KVČ)

**** »Narodnyj Komissar Justicii« (Narkomjust): Volkskommissar für Justiz

Bau von Baracken in der Arbeitskolonie, 1928

Anser, Golgofa-Raspjatskaja-Kirche, um 1950

wegen seiner totalen Beschränktheit gegen einen Helden des Bürgerkriegs ausgewechselt wurde, den Armeebefehlshaber der fernöstlichen Republik, Innokenti Serafimowitsch Koschewnikow.

Dem Krimkab blieb die wissenschaftliche Leitung der Kolonie vorbehalten. Eine für uns alle sehr vorteilhafte Position – ausgedacht von Alexandr Nikolajewitsch.

Warum war es notwendig, alle Kinder an einem Ort unterzubringen? Warum konnte man sie zu jener Zeit nicht einfach aus den Kompanien, von den »Dienstreisen« und anderen Punkten herbeordern, unter Zuhilfenahme ihrer persönlichen Akten, die sich im USLON in der Verwaltungsabteilung befanden? Weil bei der Registrierung im Lager eine katastrophale Unordnung herrschte. Die Jugendlichen, die man teils auf Bahnhöfen aufgegriffen, teils auf der Straße aus Asphaltkesseln oder unter Passagierwaggons aus Kisten usw. gezerrt hatte, nannten bei jeder Befragung einen anderen Familiennamen, verspielten beim Kartenspielen ihre kurzen Arrestzeiten gegen lange, hatten gleiche Merkmale, falls diese Merkmale in die Akten eingetragen wurden. Meine Aufgabe war es, die Jugendlichen zu überreden, keine wechselnden Familiennamen anzugeben, solange sie noch nicht in die Kinderkolonie aufgenommen waren. Doch sie hatten Angst vor der Kolonie, fürchteten eine Falle, weshalb nur ein Teil derer, die für die Kolonie bestimmt waren, auch dort ankam. Als die Kolonie dann aber existierte und sich Gerüchte über die dortigen guten Bedingungen auf den Inseln verbreiteten, da waren die Jugendlichen plötzlich gern bereit zu kommen, und ich mußte nicht mehr so viel hinter ihnen herlaufen, um sie zu registrieren.

Die gleiche Unordnung herrschte aber auch bei den Erwachsenen. Nehmen wir zum Beispiel folgenden Fall: Man beschließt, Moskau von den Bettlern zu säubern. Die »schwarzen Raben« fahren die Kirchen ab und holen die Bettler von den Treppenstufen weg, und dann werden sie ohne Verfahren und sogar ohne Anhörung (nur Familienname, Geburtsdatum und vielleicht noch irgendetwas wurde vermerkt) auf die Solowki verfrachtet, von der Anlegestelle geradewegs nach Anser und dort auf Golgofa. Dasselbe passierte auch »in umgekehrter Richtung«: Leute wurden erschossen – »Unverbesserliche«, Unerwünschte, Gefährliche, wie es der Lagerleitung schien – und dann als an irgendeiner Krankheit Verstorbene registriert. Solche offiziell über die Sanitätsabteilung abgewickelten Erschießungen waren nicht nur auf den Solowki an der Tagesordnung. Gewöhnlich wurden diejenigen, die nach Willkür der Lagerleitung erschossen werden sollten, erst gar nicht lang im Karzer behalten – Maximum zwei, drei Tage. So war es allem Anschein nach bei Osorgin, Pokrowski, Bagratuni, Gazuk und vielen anderen.

Die Zahl der Erschossenen war gewöhnlich höher als die Zahl der dementsprechend Verurteilten. Heute ist das schwer zu glauben, daß es aber so war, daran besteht kein Zweifel.

Über die Arbeit des Krimkab werde ich noch genauer berichten. Jetzt möchte ich nur eine Episode diesbezüglich erzählen, die unmittelbar mit Alexandr Nikolajewitsch zusammenhängt. Letzterer beauftragte mich, einen Bericht über die Organisation der Kolonie zu verfassen, und legte mir dessen ungefähren Inhalt dar. Ich schrieb einige Tage daran, und er schien mir lebendig und überzeugend geraten zu sein und für unsere halb analphabetische Lagerleitung begreifbar. Ich erwartete Lob von Alexandr Nikolajewitsch, doch als er den Bericht las, bemerkte ich: seine Augenwinkel zittern. Er hielt das Geschriebene für völlig untauglich und machte sich daran, es zu korrigieren. Im Bericht erschienen dann »dieweil«, »nach Maßgabe«, »in Betracht ziehen«, »wie aus oben Dargelegtem hervorgeht« u.ä., das heißt gerade jene Ausdrücke, die ich zu vermeiden gesucht hatte, die aber, wie sich zeigte, nötig waren, um »Eindruck zu hinterlassen«. Ich war enttäuscht. Mir war das nicht begreiflich. Kurz und gut, mir war nicht von Anfang an klar, wieviel Gutes – und zwar keineswegs aus Eigeninteresse – Alexandr Nikolajewitsch Kolosow für das Sollager tat: ein vornehmer, etwas gekünstelt wirkender Mensch mit *bon ton* und dabei im Praktischen unglaublich geschickt und aktiv. War dieser Stil bei der alten zaristischen Beamtenschaft üblich gewesen?

Nicht verwunderlich, daß jener Abend im Herbst 1929, als wir Alexandr Nikolajewitsch im Zimmer der 3. Kompanie verabschiedeten (er wurde »aufs Festland gebracht«), sehr traurig und sehr denkwürdig geriet. Ich als Lariosik* versuchte das erste Mal in meinem Leben, einen Toast auszubringen (in der Hand einen Becher Kompott), und konnte es nicht – ich mußte weinen. Alexandr Nikolajewitsch war sehr gerührt.

Eines habe ich noch nicht von ihm erzählt, etwas sehr Wichtiges: von seiner Arbeit im Solowezker Museum, wo er auch mich unterbrachte. Alexandr Nikolajewitsch hatte etwas vom 19. Jahrhundert an sich, in seinem Urteil, Geschmack, seiner Art, auf äußere Eindrücke zu reagieren. Einmal spazierten wir im Vorfrühling gemeinsam auf der Reboldowskaja (Filimonowskaja) doroga. Es war vollkommen windstill und sehr klar, es herrschte trockener Frost. Der saubere weiße Schnee reflektierte die blendend grellen Sonnenstrahlen. Ich verglich das Wetter mit demjenigen im Sommer: in den Extremen so ähnlich. Da meinte Alexandr Nikolajewitsch verträumt und wie aus einer Offenbarung: »Ja, der große Helios ...« Er brachte alles in die bekannten Schemata und ästhetischen Klischees des vorigen Jahrhunderts. Und in dieser Hinsicht war er das genaue Gegenteil von Alexandr Alexandrowitsch Mejer, dessen absolut selbständige Denkweise spätere philosophische Untersuchungen und Konzeptionen gleichsam vorwegnahm.

Seinem »kulturellen Typ« nach A.N. Kolosow sehr ähnlich war Professor Arkadi Wladimirowitsch Borodin. Sein Spezialgebiet war das »Gewohnheitsrecht«. Seine ästhetischen Vorstellungen bewegten sich ebenfalls auf dem (keineswegs schlechten) Niveau des 19. Jahrhunderts. Auch er liebte Turgenjew, A.K. Tolstoi, verstand nichts von zeitgenössischer Lyrik und Malerei. Er war ein wenig sentimental und sehr altmodisch. Im Krimkab war er nicht sehr lang, und ich weiß gar nicht mehr genau, wann eigentlich. Er verfügte über eine sehr große Lebenserfahrung. Zwischen ihm und mir kam es zu einem unangenehmen Vorfall. Irgendwann einmal verglich ich ihn im Krimkab mit A.A. Mejer, wobei Borodin schlecht wegkam. Ich hatte nicht bemerkt, daß er im Raum war. Er hatte alles mitgehört, ließ sich aber nichts

* Figur aus M.A. Bulgakovs Theaterstück *Dni Turbinych* (*Die Tage der Geschwister Turbin*) sowie aus seinem Roman *Belaja gvardija* (*Die weiße Garde*)

anmerken und legte auch im weiteren keinerlei Feindseligkeit mir gegenüber an den Tag. Dies war mir eine doppelte Lehre, wie man sich verhalten soll: Über andere nicht unnötig schlecht reden und nicht darauf achten, wenn über einen selbst schlecht geredet wird. Allerdings vergaß ich diese Lehre des öfteren: Mein Temperament ging mit mir durch.

Ältere Menschen, die Turgenjew mögen, mögen ihn auf besondere Weise. Turgenjew – das ist ihre Einstellung zum Leben, zum »Schönen« und zur russischen Sprache. A.N. Kolosow rief mit seiner Turgenjew-Lektüre und besonders mit seiner Begeisterung für »Asja« bei uns Verwunderung hervor. Viele Bücher gab es nicht, ich begann also auch, »Asja« zu lesen, und verstand. Das war das wirkliche Leben, in dem sogar ein unausgesprochenes Wort von Bedeutung war. Wir hingegen befanden uns in der rüden und grausamen Welt eines Alptraums. Die gespenstische Wirklichkeit der Solowki war materiell rüde. Man glaubte nicht an die Existenz des Torfstechens, Waldrodens, der Sümpfe, Pritschen, des Flecktyphus, der »Schnaken«, »Baumstümpfe«, »Steine«, »Stangen« – all das war nicht zu glauben. Turgenjew aber erweckte mit einem einzigen nicht ausgesprochenen schicksalhaften Wort den Anschein wirklichen Lebens.

Kolosows erhobener Bleistift war eine Art Waffe, eine gegen die Welt der Zwangsarbeit auf den Solowki gerichtete Lanze. Kunst und Wirklichkeit waren durch nichts miteinander verbunden. Die verlausten Häftlinge sahen sich »Wanjuschins Kinder«* im Solteatr an, vergossen Tränen und vergaßen ganz, was sie selbst erdulden mußten, was draußen vor sich ging, sangen eine rührselige Romanze und legten besonderes Gefühl hinein. Abschied und Trennung in der Romanze wirkten in einem bestimmten Moment stärker als die reale Trennung von der eigenen Familie. Eben das war der Grund, weshalb das als »Tufta«** ausgedachte Solowezker Theater eine so große und »tröstende« Rolle auf den Solowki spielte. Es bestand mindestens sechs Jahre lang (von 1926 bis 1931).

* S.A. Naidenov (1868–1922): *Deti Vanjušina*

** Lagerjargon f. Betrug, Schwindel, Bluff

Holzschlagen, 1928

Wie ein Mensch des 19. Jahrhunderts, allerdings gänzlich anderen Typs, kam mir auch der Klimatologe Professor Alexei Grigorjewitsch Satin vor. Gespräche mit ihm ergaben sich meistens bei Begegnungen auf den Solowezker Wegen. Er streifte in der Umgebung des Kreml herum und notierte irgendwelche meteorologische Daten auf Meßgeräten. Ob die Solowezker Inseln meteorologischen Daten ans Festland weitergeben sollten – keine Ahnung. Mit seinen gedanklichen Schlußfolgerungen erinnerte er mich sehr an Basarow.* Er war ein grober Materialist und, wie alle Materialisten, ein Pessimist, der sich zu allem ironisch äußerte und dabei die Annehmlichkeiten des Lebens verachtete. Er lief immer mit einem kaukasischen Filzumhang und hoher Pelzmütze herum. Als im Herbst 1929 die zweite Typhuswelle einsetzte und alle Angst hatten, sich über Läuse anzustecken, meinte er ganz ruhig: »Meine Laus läßt keine andere ran: Das beste Mittel, sich nicht mit Typhus anzustecken, ist – schon Läuse zu haben.« Und er hatte welche.

Er war gutmütig. Als meine Eltern zu Besuch kommen sollten, trat er uns sein kleines Zimmer auf der Pflanzenversuchsstation ab. Er wohnte dort zusammen mit dem Marineoffizier Aschajew. Dieser protestierte und wollte nicht in die kalte Scheune umziehen. Aber Satin jagte ihn einfach hinaus und ging dann selbst hinüber, um in der Scheune zu frieren. Dabei passierte noch ein Unglück: Durch einen provisorischen Kanonenofen entzündete sich das trockene Heu. Ich konnte noch löschen, das heißt, ich war so schnell ich konnte zum Nachbarhaus gerannt, um einen Feuerlöscher zu holen. Hätte ich es nicht geschafft – wäre mir die Sekirka sicher gewesen. Satin machte einen Aktenvermerk, daß der verbrannte Teil der dort gesammelten Heuvorräte keinerlei Wert dargestellt habe. Und noch ein Detail: Er spielte hervorragend Schach, und man witzelte über ihn: »der allererste Schachspieler und der allerletzte Nihilist«.

So wurde mein Vorurteil widerlegt, daß ein Mensch mit materialistischen Ansichten unbedingt auch ein Pessimist und Egoist sein müsse. Es gibt immer Ausnahmen.

* Figur aus I.S. Turgenevs Roman *Otcy i deti* (*Väter und Söhne*)

Die Diagonale einer Kinderbettdecke

Man wußte 1928 bereits, was ein Gefängnis, eine Etappe, ein Lager ist, und man wußte auch, was man den Leuten auf dem Weg in die Verbannung mitgeben muß. Das Gepäck mußte leicht sein und das Notwendigste enthalten. Man kannte auch Einzelheiten, zum Beispiel: Wegen der harten Schlafstellen würde vor allem das Becken schmerzen. Darum nähte man kleine Matratzen und stopfte sie mit Haaren – das leichteste Material, das auch nicht verschleißt. Ich hatte solch eine Matratze – nicht größer als ein Kissen und zum Zudecken –, eine ganz leichte Kinderdaunendecke, die fast nichts wog und mit der ich entweder nur die Füße oder nur die Schultern zudecken konnte. Ich deckte mich damit diagonal zu: eine Ecke an den Füßen, eine an den Schultern. Dann legte ich mir aber noch irgendein Kleidungsstück über: im Winter meine Felljacke. Ich zog sie immer über den Kopf, um in meine Welt der Erinnerungen an zu Hause, an die Universität, an Petersburg abzutauchen. Besonders gern erinnerte ich mich an Petersburg in der Dämmerung – der Blick vom Dworzowy most auf die Dworzowaja ploschtschad, wenn in einem bestimmten Moment des Übergangs vom abendlichen Halbdämmer zum nächtlichen Halbdunkel plötzlich die Girlande der gelben Straßenlaternen aufflammt und das grandiose Halbrund des Generalstabs auftaucht.

Besonders gut kann ich mich an die 3. Kompanie erinnern. Aus Gründen der Platzersparnis ist dicht an meine Bettstatt der Tisch gerückt, an dem meine Zimmergenossen sitzen. Über dem Tisch glimmt die Lampe. Gleich verlischt sie: Bis um zehn Uhr ist das Licht an, dann – ein vorwarnendes Erlöschen der Birne für einige Sekunden, jetzt muß man sich beeilen, damit man sich noch bei Licht zum Schlafen einrichten kann. Es hieß immer: Der Rauch von Machorka* ist nicht so schädlich wie der Rauch von richtigem Tabak. Damit muß man sich

* Billige Tabaksorte

trösten, denn das kleine Lüftungsfenster aufmachen, heißt, die Kälte hereinlassen. Normal warm ist es übrigens ganz selten: Entweder ist es sehr heiß von dem riesigen Klosterofen, der einige Tage zum Auskühlen braucht, oder man wartet in grimmiger Kälte auf die Erlaubnis zum Anheizen.

Unter der Kinderdecke zu liegen, bedeutet – das traute Daheim zu fühlen, die häusliche Fürsorge der Eltern und das Kindergebet vorm Einschlafen: »Lieber Gott, denk an die Mama, den Papa, den Opa, die Oma, an Mischa und die Kinderfrau ... Erbarm dich unser aller und beschütze uns.« Unter dem Kissen, über das ich regelmäßig zur Nacht das Kreuz schlug, hatte ich ein kleines silbernes Kettchen. Es dauerte keinen Monat, bis es der Kommandant der Kompanie fand und mir abnahm: »Nicht erlaubt.« Ein zum Überdruß bekannter Spruch des Lagerlebens!

Der Besuch von Maxim Gorki und die Massenerschießungen des Jahres 1929

Im Frühjahr 1929 kam Gorki zu uns auf die Solowki. Er blieb drei Tage (besser gesagt, ich weiß nicht mehr wie lange – es ließe sich leicht feststellen anhand seiner gesammelten Werke*).

Durch jene, denen die Flucht von den Solowki gelungen war (sie flüchteten aus einem Bereich des Sollagers auf dem Festland entweder zu Fuß nach Finnland oder auf Holzfrachtern), verbreiteten sich im Westen Gerüchte über extreme Grausamkeiten bei der Holzbeschaffung bei uns.

Gorkis Mission bestand offensichtlich darin, die westliche Öffentlichkeit vom Gegenteil zu überzeugen. Es ging darum, daß der amerikanische Kongreß sowie das britische Parlament beschlossen hatten, von der Sowjetunion kein Holz mehr zu kaufen. Von den Entflohenen (Malsagow und andere) hatte man von den Schrecknissen erfahren, die die Zwangsarbeiter bei der Holzbeschaffung auszustehen hatten. Der Massenexport von Holz wurde von Frenkel organisiert, der verkündet hatte: »Wir müssen aus den Häftlingen alles innerhalb der ersten drei Monate herausholen!« Man kann sich vorstellen, wie es bei der Holzbeschaffung zuging!

Gorki sollte die Öffentlichkeit beruhigen. Und er tat es ... Die Holzkäufe wurden wieder aufgenommen ... Die einen meinten, er habe mit seinen Lügen Erleichterung für das Los der Häftlinge erbitten wollen, andere meinten – er wollte erreichen, daß die Budberg-Sakrewskaja zu ihm kommt, die Angst gehabt hatte, mit ihm zusammen nach Rußland zurückzukehren. Ich weiß nicht, welche Version stimmt. Vielleicht beide. Jedenfalls wurde Gorki sehnlichst erwartet.

Endlich hörte man Gerüchte aus der Funkstation: Gorki ist unterwegs auf die Solowki. Da begann nicht nur die Lagerleitung sich vor-

* Gor'kij war zwischen dem 20. und 26. Juni 1929 auf den Solovki.

zubereiten, sondern auch jene Häftlinge, die in irgendeiner Verbindung zu Gorki standen, und dann auch alle, die darauf hofften, Gorki erweichen und ihre Freilassung erreichen zu können.

Eines »schönen« Tages legte am Steg der Buchta blagopolutschija* der Dampfer »Gleb Boki« an, mit Gorki an Bord. Vom Fenster des Krimkab aus sah man die Anhöhe, auf der Gorki lange stand, zusammen mit einer äußerst seltsamen Persönlichkeit, die eine Lederjacke, lederne, in hohen Stiefeln steckende Reithosen und eine Lederkappe trug. Wie sich herausstellte, war es Gorkis Schwiegertochter (die Frau seines Sohnes Maxim). Sie war ganz offensichtlich (ihrer Meinung nach) wie eine echte »Tschekistin« gekleidet. Ihr Aufzug war wohldurchdacht! Gorki trug eine Kappe, die nach Proletarierart jener Zeit nach hinten geschoben war (in Nachahmung Lenins). Eine Klosterkutsche mit einem weiß Gott wo aufgetriebenen Pferd holte Gorki ab. Ich war verblüfft. Die Stelle, wo er auf die Kutsche wartete, könnte ich noch heute genau zeigen ...

Alle freuten wir uns – alle Häftlinge. »Gorki wird jetzt alles sehen, alles begreifen. Der hat Erfahrung, der läßt sich nicht täuschen. Über die Holzbeschaffung, die Quälereien mit den Baumstümpfen,** die Sekirka, den Hunger, die Krankheiten, die dreireihigen Pritschen, die Nackten, die ›Willkürstrafen‹ ... Über alles, alles!« Wir begannen zu warten. Bereits ein oder zwei Tage vor Gorkis Ankunft waren auf beiden Seiten der Durchfahrt zur Arbeitskolonie abgeholzte Fichten als Dekoration aufgepflanzt worden. Jede Nacht wanderten Trupps aus dem Kreml in die Wälder, um die Überbelegung des Kreml und der Schlafpritschen zu reduzieren. Das Personal im Lazarett bekam frische Kittel.

* »Wohlfahrtsbucht«

** Wer die vorgegebene Norm nicht erfüllte oder sich eines anderen Vergehens schuldig machte, wurde nackt auf einen der Baumstümpfe gestellt, die vom Roden übriggeblieben waren. Dort fielen Tausende von Schnaken über einen her, was schrecklich qualvoll war. Diese Folter nannte man auch noch »kamešek« (»Steinchen«).

Buchta blagopolutschija – Die Wohlfahrtsbucht, 1928

Baracke in der Arbeitskolonie,
im Hintergrund das Haus, das Maxim Gorki besuchte, 1928

Gorki und seine »lederne Begleiterin« machten nur eine kurze Rundfahrt über die Insel. Ins Lazarett kam er wohl am ersten Tag. Zu beiden Seiten des Eingangs und der Treppe, die in den ersten Stock hinaufführte, stand aufgereiht das »Personal« in frischen Kitteln. Gorki ging gar nicht nach oben. Sagte nur: »Ich mag keine Paraden«, und wandte sich zum Ausgang. Er war auch in der Arbeitskolonie. Er ging in die letzte Baracke rechts vor dem Schulgebäude. Heute (in den 80er Jahren) ist jene Tür vernagelt und das Vordach abgerissen. Ich stand in der Menge vor der Baracke, da ich einen Passierschein besaß und direkten Kontakt zur Arbeitskolonie unterhielt. Gorki war hineingegangen, und zehn oder fünfzehn Minuten später kamen der Leiter der Arbeitskolonie, der ehemalige Armeeführer Innokenti Serafimowitsch Koschewnikow, und sein Helfer Schiptschinski heraus. Danach ein Teil der Insassen. Gorki wollte auf eigenen Wunsch mit einem etwa 14jährigen Jungen alleingelassen werden, der sich angeboten hatte, ihm die »ganze Wahrheit« zu erzählen – über alle Qualen, denen die Häftlinge bei der physischen Arbeit ausgesetzt waren. Gorki blieb mit dem Jungen nicht weniger als vierzig Minuten allein (ich besaß damals bereits die silberne Taschenuhr, die mir mein Vater kurz vor dem Ersten Weltkrieg geschenkt und bei seinem ersten Besuch auf der Insel heimlich gegeben hatte). Endlich kam Gorki aus der Baracke, und während er auf die Kutsche wartete, weinte er vor aller Augen, ohne es irgendwie zu verbergen. Ich habe es selbst gesehen. Die Menge triumphierte: »Gorki hat alles erfahren. Der Junge hat ihm alles erzählt.«

Danach war Gorki in der Sekirka. Den Karzer dort hatte man umgebaut: Die Stangen waren weggeschafft worden, in der Mitte stand jetzt ein Tisch, auf dem Zeitungen lagen. Die im Karzer verbliebenen Häftlinge (diejenigen, die mehr oder weniger gesund aussahen) hatte man zum Lesen hingesetzt. Gorki stieg zum Karzer hinauf, ging zu einem der »Lesenden« und drehte ihm die Zeitung um (jener hatte sie demonstrativ »auf dem Kopf« gehalten). Dann ging er schnell wieder hinaus. Außerdem fuhr er noch zum Biologischen Garten – offenbar, um etwas zu essen oder eine Teepause zu machen. Der Biologische Garten lag gleichsam außerhalb der Lagersphäre (so wie die Fuchsfarm). Dort lebten einige »Spezialisten« unter vergleichsweise annehmbaren Bedingungen.

Ansonsten war Gorki, so weit ich mich erinnere, weiter nirgendwo auf den Solowki. Er bestieg mit seiner Schwiegertochter die »Gleb Boki«, wo zu seiner Unterhaltung bereits ein extra betrunken gemachter Mönch wartete, von dem bekannt war, daß er gut etwas »vertragen konnte« ...

Der Junge aber war sofort verschwunden. Vielleicht sogar schon, bevor Gorki noch abgefahren war. Über ihn wurde viel geredet. Ach, und wieviel. »Hatte es ihn überhaupt gegeben?« Wenn ja, wieso war Gorki nicht darauf gekommen, ihn mitzunehmen? Denn der Junge wäre doch ... Aber den Jungen hat es gegeben. Ich kannte alle »Insassen« der Kolonie.

Die weiteren Folgen von Gorkis Besuch auf den Solowki waren noch schlimmer. Und Gorki hätte sie vorhersehen müssen. Ihm mußte klar sein, daß der Versuch gemacht würde, alle »Unregelmäßigkeiten« im Lager auf die Häftlinge selbst abzuwälzen. Ein klassisches Mittel, um sich aus der Verantwortung zu stehlen. Sogleich nach Gorkis Abreise setzten Verhaftungen und Nachforschungen ein. Interessant ist ein kleines Detail: Als Gorki mit seiner Schwiegertochter und den ihn begleitenden »GPUlern«* auf die Popow-Insel nach Kem kam, wo sie an Bord des Dampfers »Gleb Boki« gehen sollten, arbeitete dort bei der Be- und Entladung in Wind und Kälte eine Abteilung Häftlinge nur in Unterwäsche (außer Unterwäsche wurde damals in den Lagern keine weitere Häftlingskleidung ausgegeben). Diese Abteilung zu verstecken, war nicht möglich. Die Popow-Insel, wo sich die Anlegestelle befand – auch sie ohne schützendes Wetterdach –, war vollkommen kahl und dem Wind ausgesetzt. Ich weiß das sehr gut, weil wir selbst zwei, drei Stunden gebraucht hatten, um auf die »Gleb Boki« verfrachtet zu werden (nach der gewöhnlichen Fracht kamen die Halberfrorenen und die Lebenden an die Reihe). Bei Gorki führte

* »Gosudarstvennoe Političeskoe Upravlenie« (GPU): Staatliche politische Verwaltung; 1922 aus der Tscheka hervorgegangene Geheimpolizei der UdSSR, die 1934 dem Volkskommissariat für Inneres (NKVD) eingegliedert wurde

Die »Sekirka« und die berühmte Treppe, 1928

ein verschlagener und einfallsreicher Krimineller das Kommando über die Häftlingsgruppe (-abteilung), und der hatte eine »Idee«, wie man nackte Häftlinge auf einer nackten Insel verstecken kann. Er befahl: »Antreten«, »Die Reihen schließen«, »Enger, enger« (hier ging eine Salve von Flüchen los), »Noch enger! Was seid ihr für welche!!!«, »In die Hocke!«, »Hinhocken, hab ich gesagt, einander gegenüber, ihr!!!« Es bildete sich eine dichte Masse aus Menschenleibern, die vor Kälte zitterten. Dann befahl er den Matrosen, eine Plane und ein Segel zu bringen (die »Boki« hatte auch Masten). Damit wurden sie zugedeckt. Gorki stand während der Beladezeit auf dem Deck, machte Witzchen und tat ganz familiär mit der Lagerleitung. Es dauerte eine ziemliche Weile. Erst als die »Boki« schon ein gutes Stück hinausgefahren war, wurden die Planen abgenommen. Was sich darunter befand, kann man sich denken. Bald nach Gorkis Abreise begann man, wahllos Häftlinge zu Arrest zu verdonnern. Beide Karzer – auf der Sekirka und im Kreml – waren brechend voll.

Gehört habe ich auch noch folgende Geschichte: Bereits vor Gorkis Besuch im Solowezker Lager war in der Sektion von Kem die Thompson-Kommission aus Europa erschienen, die in Moskau erreicht hatte, daß sie sich im Lager nach eigenem Gutdünken bewegen und mit den Häftlingen frei unterhalten darf. Die Mitglieder der Kommission wohnten in Kem in der Wohnung eines der Lagerleiter, der angeblich in Urlaub gefahren war. Sie trugen auf dem Festland umfangreiches Material zusammen, machten Fotos und Notizen. Jedoch hatte ein erfahrener Taschendieb den Auftrag bekommen, das gesamte Material zu stehlen. Er mobilisierte Helfershelfer, man inszenierte ein Gedränge um die Kommission herum, schnitt den Fotoapparat vom Riemen und stibitzte die Dokumente und Notizhefte aus den Taschen (klar – mit Unterstützung der Helfershelfer). Die Lagerleitung vergalt ihnen das mit einigen Kilogramm Mehl und anderen Naturalien (»der Preis der Ehre in unserem Reich«). Die Kommission fuhr mit nichts in der Hand wieder ab. Ob sie auch auf der Insel selbst war, weiß ich nicht.

Im Spätsommer desselben Jahres 1929 brach ein weiteres Unglück über die Solowki herein. Allerdings – konnte in diesem phantastischen Alptraum, der auf den Solowki herrschte, überhaupt noch irgend etwas »Neues« passieren? Eines Morgens tauchte ein Jugendlicher aus der Kolonie im Büro auf und übergab A.N. Kolosow ein dickes Päckchen: eingerollt in Whatmansches Papier. Als Kolosow es auspackte, erbleichte er und saß lange in Gedanken versunken da. Schließlich bat er, jemand solle ins Erdgeschoß des Verwaltungsgebäudes gehen, wo sich noch von Klosterzeiten her die Druckerei befand, und den Chef der Druckerei, Moltschanow zu ihm zu rufen. Moltschanow kam. Ich entsinne mich, daß die beiden, Moltschanow und Kolosow, zuerst ganz leise miteinander sprachen und dabei immer wieder das große Blatt Whatmansches Papier lasen und ansahen. Dann wurden alle anderen Mitarbeiter zusammengerufen. Das Blatt erwies sich als Manifest der Besteigung des allrussischen Throns durch Innokenti I. Serafimowitsch Koschewnikow. Es versprach allen Gefangenen eine Amnestie und schlug vor, die Gerichtsbehörden der Solowki zu verhaften, Kem zu erobern und nach Petrograd vorzustoßen.

Was tun? Falls es ein »Witz« war, so war er lebensbedrohlich für alle, die dieses »Manifest« gelesen hatten, einschließlich des Jungen. Man entschied dann, einer solle schnell zu Koschewnikow laufen, um zu erfahren, was eigentlich los sei. Dieser kam mit bestürzter Miene zurück: Koschewnikow war nicht zum Appell erschienen. Er war verschwunden. Schiptschinski war verschwunden, das Fenster ihres Zimmers stand offen. Daraufhin erhob sich Kolosow mit leidendem Gesichtsausdruck (er litt wirklich moralisch) und ging gemeinsam mit Moltschanow in die »IST« (Informations- und Untersuchungsabteilung), die sich in einem der Zimmer im ersten Stock des USLON-Gebäudes befand. Im ganzen Lager brodelte es bereits. Die Gerüchte gingen nicht langsam um – sie flogen. Es hieß, ein Torpedoboot habe sich dem Ufer der Insel genähert und Koschewnikow an Bord genommen. Suchaktionen begannen. Niemand zweifelte daran, daß es sich um eine wohlorganisierte Flucht handelte. Koschewnikow hatte sich vor seiner Flucht mit dem »Manifest« anscheinend sogar noch über die Lagerleitung lustig machen wollen. Das ganze Lager jubelte. Aber dann hieß es plötzlich: Koschewnikow und Schiptschinski hätten versucht, den Wachmann beim Munitionsdepot zu ermorden, das auf dem Feld rechts von der Filimonowskaja doroga stand. Also waren sie nicht geflüchtet, sondern versteckten sich auf der Insel.

Tag für Tag kamen die unterschiedlichsten Neuigkeiten: Sie sind gesehen worden! Sie sind nicht gesehen worden! Da und da hat man Spuren von ihnen gefunden. Die Spannung im Lager war unerträglich. Nach ungefähr zwei Wochen wurden sie gefaßt. Sie hatten sich bei irgendeiner Tanne verbarrikadiert, unter der sie hausten. Sie hatten eine Axt bei sich, mit der sie sich verteidigten. Der Befehl lautete – lebend ergreifen.

Ich erinnere mich noch genau, wie jemand plötzlich schrie: »Sie kommen, sie kommen!« Wir stürzten an die Fenster des Krimkab. Ich sehe alles ganz genau: Als erstes schleppen sie den bewußtlosen schweren Koschewnikow an. Sie schleppen ihn unter den Achseln. Seine Füße sind nach außen gekehrt, sie schleifen ihn über die Rampe, die direkt in den ersten Stock des USLON führt. Der Kopf baumelt herab. Die Stirn ist blutverschmiert. Hinterher führen sie Dmitri Schiptschinski mit auf den Rücken gebogenen Armen. Er läuft stolz, zuckt dabei aber seltsam. Wie das Verhör verlief, weiß ich nicht.

Es kam heraus: Koschewnikow war verrückt geworden, und Schiptschinski hatte ihn nicht alleinlassen wollen. Sie lebten im Wald (es war schon Herbst). Brot bekamen sie vom »Cowboy« Wladimir Nikolajewitsch Degtjarew, der in der Dendrologischen Station wohnte. Dieser nicht sehr groß gewachsene Mann war mutig und geschickt. Er trug immer Cowboyhandschuhe und Cowboyhut. Er hatte früher einmal das Mai-Gymnasium in Petersburg besucht (»mein« Gymnasium), war schon vor dem Ersten Weltkrieg nach Amerika ausgewandert und nach der Revolution zurückgekehrt, hatte dafür ein Dutzend Jahre bekommen. Er war ein herrlicher Sonderling, weigerte sich, im Kreml zu Fuß zu laufen. Man gab ihm einen Ziegenbock. Den ganzen Weg bis zum Kreml (wenn er dorthin mußte) führte er den Ziegenbock, doch vor den Nikolskije worota saß er auf, ritt hinein und zog dabei aus einem Stulpen seiner Handschuhe den Passierschein, der beim Wachposten vorgezeigt werden mußte. Wieso man ihm dieses ganze Spiel gestattete – keine Ahnung. Wahrscheinlich hatte die »Lagerleitung« nicht nur Spaß an Trunkenbolden, sondern auch an Sonderlingen. Er war ein vollkommen ehrlicher Mensch. Als herauskam, daß er den Ausreißern geholfen hatte, ging ich davon aus, daß er unverzüglich erschossen würde. Aber nein ... Als ich nach meiner Entlassung einmal zu Fuß von der Arbeit nach Haus ging, über den Bolschoi prospekt der Petrograder Seite, über den zu jener Zeit die Straßenbahn fuhr, konnte ich mich nicht genug wundern: Von der fahrenden Straßenbahn sprang Degtjarew ab, kam zu mir gelaufen und sagte, er arbeite als Förster in irgendeinem Naturschutzpark in Mittelasien. Mit dem Ausruf »Schönen Gruß vom Alatau!« (oder so ähnlich) rannte er hinter der nächsten Straßenbahn her und war verschwunden. Er lebte also, und das freute mich sehr.

Von Koschewnikow hörte man, er sei irgendwie am Leben geblieben. Er wurde angeblich in Moskau gesehen, beim Betreten oder Verlassen des Kreml. Er verdankte das, wie es hieß, seinen früheren revolutionären Verdiensten, den Verdiensten im Bürgerkrieg, Beziehungen.* Schiptschinski jedoch wurde erschossen, zusammen mit vielen anderen. Die aufgeschreckte Lagerleitung beschloß, sich mit Einschüchterungen zu helfen. Es kam zu neuen Arresten. Man konstruierte irgendeine Anklage wegen einer versuchten Revolte, gab sich dann aber keine Mühe, die Sache offiziell durchzuziehen.

Die Erschossenen wurden als Typhusopfer registriert. Möglich, daß die Zahl der Erschossenen, beide Fälle zusammengenommen,

* Nachdem ich im Fernsehen von Koschewnikow erzählt hatte, erhielt ich einen Brief aus Nabereschnyje Tschelny von Safin Mansur, der mir schrieb: »Sie sprachen vom Armeebefehlshaber (der Partisanenarmee) Innokenti Koschewnikow, der im Bürgerkrieg auf unserem Prikamje gekämpft hat, und in den Reihen seiner Armee gab es einige tausend Leute aus Tschelny, d.h. Landsleute von mir. Im Historischen Museum der Stadt und der Gegend gibt es eine Ausstellung, die dem kühnen Kommandanten Innokenti Koschewnikow gewidmet ist, aber leider gibt es keinerlei Material zu seinem weiteren Leben (nach dem Bürgerkrieg) und kein Wort über seinen Aufenthalt auf den Solowki ...« (Anm. D.L.)

sich auf 300 bis 400 Menschen belief. Jedenfalls muß es, da A.N. Kolosow noch da war, vor seiner Abreise im Spätherbst 1929 gewesen sein. Das bedrückende Gewicht der Opfer lastete schwer auf mir. Besonders leid tat es mir um den gebrechlichen Schiptschinski, der immer so fröhlich und unerschütterlich gewesen war.

Der Leiter der KWT (Abteilung für Kultur und Erziehung), wo Schiptschinski gearbeitet hatte (die Arbeitskolonie war der KWT unterstellt), hatte diesen vor einem sowjetischen Feiertag einmal aufgefordert: »Fabrizier mir eine Losung, die ganz klar macht, daß hier auf den Solowki alles für die uns sozial Nahestehenden getan wird – die Arbeiter und die Bauern.« Schiptschinski antwortete wie aus der Pistole geschossen: »Solowki – den Arbeitern und Bauern.« Der Leiter (kein anderer als D.W. Uspenski) erwiderte: »He, toll!« – und befahl, ein Plakat zu malen. Ich gebe das Gespräch, von dem mir Schiptschinski erzählt hat, freilich nur sinngemäß wieder. Gut möglich, daß es eben jener Uspenski war, der Schiptschinski den Genickschuß verpaßt hat.

Schiptschinski hatte noch vor seiner Erschießung irgendeine Liebesbeziehung mit einer jungen hinkenden Ballerina angefangen (das Bein hatte man ihr beim Verhör gebrochen). Sie schafften es irgendwie, sich zu treffen. Nach Schiptschinskis tragischem Tod tat es mir besonders um die beiden leid.

Im Herbst 1931 fragte mich ein Junge, der im Büro der »IST« (Informations- und Untersuchungsabteilung der Lagerverwaltung), ob ich meine »Akte« einsehen wolle. Eben zu jener Zeit weigerte man sich stur, mich aufs Festland ins Belbaltlag* zu verlegen. Er führte mich spätabends in ein Zimmer im ersten Stock der Lagerverwaltung, das mich ob der fehlenden Fenster verblüffte und das voller Regale mit den Akten der Häftlinge war. Er zeigte mir ein gewöhnliches Heft (wie ein Schulheft), das alle Angaben enthielt (UK**-Artikel, Haftdauer u.ä.), jedoch am oberen Rand den Vermerk trug: »Hatte

* »Belomorsko-Baltijskij lager'« (Belbaltlag): Lager am Bau des Weißmeer-Ostsee-Kanals

** *Ugolovnyj kodeks* (UK): Strafgesetzbuch

Verbindung zu den Aufständischen auf den Solowki.« Diese Akten haben sich offenbar bis heute in Petrosawodsk erhalten. Es wäre interessant, noch einmal diesen kurzen Vermerk zu sehen, der mir beinahe das Leben gekostet hätte und mich für die Dauer fast des gesamten Jahres 1931 von den Solowki »nicht verlegbar« machte, als alle meine Freunde bereits drüben an der Medweschja Gora beim Bau des Weißmeer-Ostsee-Kanals waren.

Ende 1929 flammte auf der Insel die zweite Typhusepidemie auf. Dieser Typhus war seltsam. Er war faktisch unheilbar. Die Zimmer, in denen die Krankheit ausbrach, blieben so lange abgesperrt, bis alle darin gestorben waren. Heißes Wasser und Essen wurden durch einen schmalen Spalt hineingereicht. Das Theater wurde geschlossen: Dort lagen Kranke aus allen Kompanien durcheinander. Wenn ein Kranker bereits das Bewußtsein zu verlieren begann, ging ein Sanitäter zu ihm, rüttelte ihn und fragte: »Name, Name!« Sein Name wurde ihm mit einem chemischen Stift auf den linken Arm oberhalb des Handgelenks geschrieben, nachdem man vorher daraufgespuckt hatte. In den Akten der Häftlinge herrschte ein schreckliches Durcheinander. Die Sterbenden krochen im Fieberwahn von ihren Plätzen weg. Ganoven mit langen Haftzeiten tauschten die Namen mit Sterbenden, deren Haftzeit kürzer war. Die Vermutung, der »asiatische Typhus« sei nichts anderes als die Pest, hatte einen simplen Grund: Auf den Körpern der an »asiatischem Typhus« Erkrankten traten schwarze Punkte oder schwarze Platten auf (ich habe es vergessen, weil ich es selbst nie gesehen habe; zu den Kranken durfte keiner).

In der 7. Kompanie, in der ich mich seit Sommer 1929 befand, war das erste Zimmer links abgesperrt (seine Fenster blickten aufs Meer, und früher hatte dort Wolodja Sweschnikow-Kemezki gewohnt). In dieses Zimmer war vor kurzem ein junger Moskauer Schriftsteller einquartiert worden, mit dem ich mich noch anfreunden konnte. Er hatte einen Roman herausgebracht, nach dem ich schon lange suche – so etwas wie »Süden und Norden«. Er meinte zu mir, daß für Rußland das Problem des Südens und des Nordens weitaus wichtiger sei als das des Westens und des Ostens. Er war kerngesund, bis einer in seinem Zimmer erkrankte. Er wurde mit allen zusammen eingesperrt, und ich unterhielt mich mit ihm durch die Tür. Als er fühlte, daß er sterben würde, bat er mich, seiner Frau einen Silberlöffel von ihm zu geben. Er schob ihn unter der Tür durch. Der Löffel war kleiner als ein Teelöffel und zusammengebogen. Ich habe ihn besser in Erinnerung als das Gesicht des Mannes und dasjenige seiner Frau, die ungeachtet aller Lagerregeln im Sommer 1930 auf die Solowki kam, »aufs Grab meines Mannes«. Das Grab war eine der Gruben, und es ließ sich gar nicht feststellen, in welcher ihr Mann lag. Der Name des jungen Schriftstellers und der Titel seines ersten Buches sind mir vollkommen entfallen.

Im Spätherbst 1929 kamen noch einmal meine Eltern zu Besuch (pro Jahr waren zwei Besuche gestattet). Wir wohnten im Zimmer irgendeines als Zivilist angestellten Wachmannes (es wurden auch Häftlinge zu Wachmännern bestimmt), den meine Eltern auf der »Gleb Boki« kennengelernt hatten und mit dem sie übereingekommen waren, sein Zimmer gegen ein gewisses Entgeld zu mieten. Das Zimmer befand sich im Gästehaus (dem ehemaligen »Petrogradskaja«), das auf dem kleinen Hügel hinter dem USLON lag. Dort befanden sich auch ein Fotoatelier für die Zivilangestellten, wo mit Erlaubnis Melnikows zweimal zu verschiedenen Zeiten ein Foto von mir und meinen Eltern gemacht wurde, sowie die Sanitätsstation mit dem leitenden Sanitätshelfer Grigori Grigorjewitsch Taibalin. Übrigens verfaßte Taibalin Gedichte (ein Poem über seinen Aufenthalt auf den Solowki) und beschäftigte einen alten Mann, der nicht russisch sprach – »den besten Sänger aus dem alten Buchara«. Aus den Fenstern unseres Zimmers, die auf das Selchos* hinausgingen, konnten wir beobachten, wie ausgemergelte, asiatisch aussehende Menschen in Seidenkitteln und hochhackigen Seidenstiefeln irgendetwas arbeiteten. Nicht viel später waren diese »Basmatschi«,** wie sie von der Lagerleitung genannt wurden, alle weggestorben – sie haben weder die Kälte noch die Arbeit ausgehalten ... Doch man behielt sie in Erinne-

* »Sel'skoe chozjajstvo« (Sel'choz): landwirtschaftliche Betriebe

** »basmači«: Teilnehmer eines Bauernaufstands in Mittelasien während der Kollektivierung

Dmitri S. Lichatschow mit seinen Eltern, Herbst 1929

rung: Im Winter 1929/30 brach, wie ich bereits schrieb, der schreckliche asiatische Typhus aus.

Ich wohnte bei meinen Eltern, die Arreste gingen weiter. Kurz vor ihrer Abreise kamen abends einige aus der Kompanie und meinten: »Man hat dich gesucht!« Es war klar: Sie hatten mich arretieren wollen. Ich sagte meinen Eltern, ich sei zu einer dringenden Arbeit gerufen worden, und ging. Mein erster Gedanke war: Bloß nicht in Anwesenheit der Eltern verhaftet werden! Ich ging zu Alexandr Iwanowitsch Melnikow, in sein Zimmer über der 6. Kompanie bei der Filippowskaja-Kirche. Ich klopfe an, er macht nicht auf. Aber er kann nicht weggegangen sein. Ich klopfe lauter. Endlich macht Melnikow mir auf. Er ist vollständig angezogen. Am Tisch sitzt eine junge Frau – ich kannte sie, sie war im Zusammenhang mit Falschgeld verhaftet worden. Wegen eines Rendezvous also hatte er nicht aufgemacht!

Als Melnikow mich sah, war er beruhigt. Er war beruhigt und erteilte mir einen strengen Verweis, dessen Sinn etwa folgender war: »Wenn man hinter ihnen her ist, dann bringen sie nicht andere in Gefahr! Möglicherweise ist man ihnen gefolgt.« Und schlug mir die Tür vor der Nase zu. Ich begriff, daß ich dumm gehandelt hatte. Denn auch ihm konnte die Erschießung drohen. Neben Erschießungen aufgrund erfundener Anschuldigungen gab es auch Erschießungen von angeblich »Aufständischen« und genauso von schlichtweg »widerspenstigen« Häftlingen. Die meisten Erschießungen fanden am 28. November 1929 auf dem Friedhof hinter dem Kreml statt. Allerdings kam es auch an anderen Tagen bei der Sekirka, auf Anser, in Sawwatijewo zu Massenerschießungen. Die Erschossenen wurden formlos als an Krankheiten Gestorbene registriert.

Mit der Erinnerung an die Ereignisse jener Nacht ist mir ein weiteres Detail in den Sinn gekommen. Sommer 1929: Vor den Erschießungen bekam Melnikow Besuch von seiner Frau Olga Dmitrijewna – einer Bekannten meiner Mutter. Das Ehepaar lud mich zum Tee ein. Ich sah, wie verzweifelt die beiden waren. Schießlich fragte mich seine Frau, und Melnikow bekräftigte die Frage: Ob er (Melnikow) seine Familie im Stich lasse? Die Frage kam völlig unerwartet. Ich hatte von nichts eine Ahnung. Ich nahm die Frage als

Scherz und beschloß, sie mit einem Scherz zu beantworten: »Ja, es wäre an der Zeit, sich zu beschweren ...« usw. Hinterher erteilte mir Melnikow eine knappe Rüge: »Wenn sie keine Ahnung haben, dann sagen sie es auch.« Und trotzdem hat mein dummer Witz, wie mir scheint, Melnikows Frau beruhigt: Wenn wirklich etwas gewesen wäre, hätte ich nicht gewitzelt, sondern richtig gelogen. All das kam mir in den Sinn: Welche Angst müssen beide ausgestanden haben, Melnikow und seine Geliebte, als ich törichterweise bei ihnen klopfte.

Als ich aus dem Haus trat, beschloß ich, nicht mehr zu meinen Eltern zurückzugehen; ich lief hinüber in den Hof, wo das Holz lagerte, und zwängte mich zwischen die Holzstapel. Es waren lange Holzscheite – für den Klosterofen. Dort blieb ich hocken, bis die Häftlinge zur Arbeit geströmt waren, und als ich dann niemanden mehr sah, kroch ich heraus. Was habe ich dort durchgemacht, die Schüsse von den Hinrichtungen im Ohr, den Blick auf die Sterne am Himmel gerichtet (mehr habe ich nicht gesehen die ganze Nacht)!

In dieser schrecklichen Nacht ist etwas mit mir passiert. Ich will nicht behaupten, daß es schlagartig geschah. Die Veränderung vollzog sich im Lauf der nächsten Tage und festigte sich immer mehr. Die Nacht war nur der Auslöser. Ich begriff folgendes: Jeder Tag ist ein Geschenk Gottes. Ich muß jeden Tag neu erleben, zufrieden sein damit, daß ich einen weiteren Tag am Leben bin. Und dankbar sein für jeden Tag. Folglich brauche ich nichts mehr auf der Welt zu fürchten. Und noch etwas: Da die Erschießungen auch diesmal der Einschüchterung dienten, war – wie ich später erfuhr – irgendeine runde Zahl genommen worden, entweder dreihundert oder vierhundert, die kurz darauf folgenden Erschießungen mitgerechnet. Klar, daß statt meiner irgendein anderer »genommen« worden war. Jetzt mußte ich für zwei leben. So, daß es für den, den man statt meiner genommen hatte, keine Schande ist! In mir war etwas und blieb auch weiterhin, was der »Lagerleitung« überhaupt nicht paßte. Zuerst schob ich alles auf meine Studentenkappe, aber ich behielt sie auf bis zum Belbaltlag. Keiner der »ihren«, »feindliche Klasse« – soviel war klar.

Schon an diesem nächsten Tag kehrte ich beruhigt zu meinen Eltern zurück. Ich weiß nicht mehr: Entstand das Foto von mir und meinen Eltern vor dieser Nacht oder danach? Das eine zeigt mich mit ihnen und mit meinem jüngeren Bruder, aber bei jenem Besuch im Herbst 1929 war mein Bruder nicht dabei. Also ist es das, auf dem wir zu dritt sind, nicht zu viert. Zu viert, das war auf dem ersten Foto – im Frühjahr 1929.

Kurz darauf wurden per Verfügung alle Verwandtenbesuche der Häftlinge untersagt. Meine Eltern fuhren einige Tage vor dem offiziellen Ende der Besuchsfrist ab. Auch G.M. Osorgins Frau reiste ab. Er mußte in den Karzer zurück, und ich in die 3. Kompanie.

Am 28. Oktober 1929 wurde im Lager bekanntgegeben: Alle müßten abends ab einer bestimmten (ich weiß nicht mehr welcher) Uhrzeit bei ihren Kompanien sein. Niemand dürfe sich mehr an seinem Arbeitsplatz befinden. Wir hatten verstanden. Schweigend saßen wir in unserem Zimmer der 3. Kompanie. Wir öffneten das kleine Lüftungsfenster. Plötzlich jaulte Blek, der Hund, auf dem Sportgelände, das direkt gegenüber den Fenstern der 3. Kompanie lag. Man führte die erste Gruppe durch die Poscharnyje worota zur Erschießung. Blek begleitete mit seinem Gejaule jede einzelne Gruppe. Angeblich kam es in dem Konvoi zu hysterischen Anfällen. Durchgeführt wurden die Erschießungen von zwei »Frantovaty«* (»Frantovaty« in bezug auf das Lager) vom Festland und unserem Leiter der Abteilung für Kultur und Erziehung, D.W. Uspenski. Über Uspenski erzählte man sich, er sei zur Arbeit auf die Solowki gescheucht worden, um vor der Öffentlichkeit versteckt zu werden: Anscheinend hatte er seinen Vater umgebracht (laut einiger Zeugnisse ein Diakon, laut anderer ein Priester). Zu einer Haftstrafe war er nie verurteilt worden. Er redete sich damit heraus, er habe einen »Klassenfeind getötet«. Es wurde ihm auch »Hilfe« angeboten bei den Erschießungen. Schließlich waren 300 oder 400 Menschen hinzurichten.

Bei einer der Gruppen kam es an den Swjatyje (Poscharnyje) worota zu einem »Stau«. Der hochgewachsene und kräftige einbeinige Professor der Ballistik Pokrowski (der angeblich Vorlesungen in Oxford gehalten hatte) begann, mit seinem Holzbein auf die Konvoi-

* Umgangsspr. f. Frant, Geck, Stutzer

begleiter einzuschlagen. Er wurde überwältigt und gleich bei den Poscharnyje worota erschossen. Die restlichen gingen schweigend weiter, wie erstarrt. Sie wurden vor der Frauenbaracke erschossen. Dort hörte man es, begriff – und es kam zu hysterischen Anfällen.

Die Gräber waren schon einen Tag vor den Erschießungen ausgehoben worden. Die Henker, die schossen, waren betrunken. Eine Kugel pro Mann. Viele wurden lebend verscharrt, indem man ein wenig Erde über sie schaufelte. Am Morgen danach sah man die Erde über der Grube sich noch bewegen ...

Wir im Zimmer zählten die zur Erschießung abgeführten Gruppen – nach Bleks Gejaule und nach den Salven aus den Trommelrevolvern.

Am Morgen gingen wir zur Arbeit. Zu jener Zeit war unser Krimkab bereits in ein anderes Gebäude verlegt worden – in ein Zimmer links vom Eingang, neben dem Abort. Irgendjemand sah dort Uspenski am Waschbecken stehen und sich das Blut von den Stiefelschäften waschen. Es heißt, er habe eine nette Frau gehabt ...

Osorgin war auch verheiratet. Ich erinnere mich an seine Frau – sie war brünett, größer als er. Wir begegneten uns an der Storoschewaja baschnja, Georgi Michailowitsch stellte mich ihr vor. Welche Selbstbeherrschung war nötig, seiner Frau nichts von der hoffnungslosen Lage zu erzählen, von der bevorstehenden ...

Blek rannte davon in den Wald. Er wollte nicht bei den Menschen leben! Man suchte ihn. Es suchten vor allem Uspenski und der Truppenführer des Solowezki-Archipels, der Lette Degtjarew mit dem Spitznamen »Chefchirurg« (er erschoß die Leute gewöhnlich einzeln unter dem Glockenturm). Eines Tages sah ich ihn, wie er in einem langen Mantel in einem Haufen Gefangener herumraste und mit einer »Montechristo« auf Hunde ballerte. Die verletzten Hunde rannten winselnd davon. Die langen Schöße seines »Tschekistenmantels« schlugen gegen die Stiefelschäfte ... Seit Bleks Gejaule in jener Nacht haßte Degtjarew alle Hunde. Aber wenn ein Häftling einen Stein nach einer Möwe warf, wurde er dafür fast erschossen.

Erst nach den Erschießungen wurde beim Appell der Häftlinge der Erschießungsbefehl »wegen brutalen Verhaltens gegenüber anderen Häftlingen« verlesen (was für eine Heuchelei!). Der Befehl betraf verschiedene Leute – solche, die wirklich grausam gewesen waren, und solche, auf die die verschiedensten Übel abgewälzt wurden. Die übrigen Erschossenen wurden nicht einmal mehr erwähnt. Auch auf der Sekirka führte man Erschießungen durch. Das Lager wurde von »Überflüssigen« gesäubert. Mir scheint, die Namen von Georgi Michailowitsch Osorgin, Fiztum, Siwers und vielen anderen wurden nicht mit verlesen. Glücklicherweise war N.P. Anziferow, der sich im Karzer auf der Sekirka befand, nicht auf die Liste der Verurteilten geraten und wurde zurück nach Kem gebracht.

Das dritte (und letzte) Treffen mit meinen Eltern auf den Solowki fand im Frühsommer 1930 auf einem ans Ufer gezogenen Kutter (oder großem Motorboot) statt. Ich entsinne mich, daß dieses Versteck nicht sehr zuverlässig war; in die einzige Kajüte mit Liegepritschen kroch die Kälte, durch Risse in den Deckplanken tropfte der Regen. In der Nähe des Kutters stand ein Bischof Wache, mir scheint aus Smolensk, mit sehr dichtem hellem Haar. Besonders auffällig war sein Bart – wie aus Filz und vielleicht ein klein wenig heller als die Haare. Er trug eine goldgefaßte Brille, und sein Alter war äußerst schwer zu bestimmen. Für einen Bischof war er jedenfalls außergewöhnlich jung. Dieser Bischof wandte sich (an mir vorbei) mit der Bitte an meinen Vater, ein Päckchen für seine Glaubensbrüder mitzunehmen. Mein Vater willigte ein, aber aus irgendeiner instinktiven Ahnung verbot ich meinem Vater, es zu tun. Und tatsächlich, ein Jahr später treffe ich einen gutgelaunten jungen Mann mit rasiertem Gesicht und in ganz gewöhnlicher Häftlingskleidung. »Erkennen Sie mich nicht wieder?« – und lacht. Die Geistlichen hatten ihn ganz offensichtlich entlarvt.

Ich kehre nun wieder zur Chronologie zurück. 1931 kamen meine Eltern nicht zu mir auf die Insel. Ich sollte eigentlich nach Kem und nach Medweschja Gora gebracht werden, aber ich galt als »nicht verlegbar« (dazu weiter oben). Die Begegnung fand dann im Herbst in Medweschja Gora statt.

Das Solowezker Museum

Der bemerkenswerteste Ort auf den Solowki war für mich das Museum. Vieles an seiner Existenz ist, wenn nicht rätselhaft, so zumindest erstaunlich. An der Spitze der Solowezker Landeskundlichen Gesellschaft stand Mitte der 20er Jahre der Este Eichmans (sein Name wird in den Erinnerungen ehemaliger Solowezker Häftlinge oft mit »Eichman« wiedergegeben – das ist nicht korrekt). Er war ein vergleichsweise intelligenter Mensch. Es ergab sich, daß er vom Museums- zum Lagerleiter aufstieg und dabei äußerst grausam wurde. Dem Museum gegenüber jedoch hegte er große Verehrung, und selbst nach seiner Abreise und bis zum tragischen Sommer 1932 erhielt sich das Museum einen Sonderstatus.

Erhalten geblieben war insbesondere der Preobraschenski sobor (der Brand von 1922 hatte nur die Kuppeln in Mitleidenschaft gezogen). Dort befand sich eine herrliche, von Gold prangende Ikonostase, die Spendengeldern Peters des Großen zu verdanken war. Die Zahl der Ikonen belief sich auf 200 bis 250. Der Altan war ein Wunder der Schnitzkunst. Erhalten geblieben war auch die über einem Tor errichtete Blagoweschtschenskaja-Kirche mit der Hauptsammlung des Museums. In der Zeitschrift »Solowezkije ostrowa« (1926, Nr. 2–3) ist W. Nikolskis Artikel »Die ikonographische Sammlung des Solowezker Klosters« abgedruckt. Aus ihm wird deutlich: Der Altar der Blagoweschtschenskaja-Kirche (begonnen 1596, vollendet 1601) trug mehr als 500 Ikonen, darunter die wundertätigen Sosnowskaja und Slawjanskaja. Vor letzterer betete der Metropolit Filipp zu seiner Zeit als Abt des Klosters. Ihre Rückseite trug die Aufschrift: »Gebet des Abts Filipp« (7,5 mal 9,5 Werschok,* mit dünner, Gesicht und Hände freilassender Metallauflage). Von den Mönchen wurde diese Ikone Rubljow zugeschrieben. Auf dem linken Arm der Gottesmutter

* Altes russ. Längenmaß: 1 veršok = 4,4 cm

sitzt das Christuskind. Mit der einen Hand deutet es eine Umarmung an, mit der anderen faßt es sich an die Wange (Typ der Ikone aus Wladimir?). Wo sich diese Ikone heute befindet, weiß ich nicht. Die Türflügel der Blagoweschtschenskaja-Kirche konnten 1633 mit Mitteln des Cellarius der Troiza-Sergijewa Lawra, Alexandr Bulatnikow, angefertigt werden, die Schnitzereien stammen vom »Meister der Lawra Lew Iwanow«. Dieses Wunder der Kunst wurde im Sommer 1932 auf Geheiß einer Kommission zerstört, die aus Moskau angereist war, um mit allen verbliebenen Resten »mönchischer Betäubungsmittel« abzurechnen.

Die Forschungsarbeiten des Museums wurden gedruckt – zuerst mit den Druckmaschinen der ehemaligen Klosterdruckerei, die sich im Erdgeschoß des USLON bei der Anlegestelle befand, später mit irgendeinem Vervielfältigungsapparat. Die letzten Ausgaben habe ich während der vergangenen Jahre in Leningrader Bibliotheken gesucht, jedoch nicht gefunden.

Etwa seit 1927 war der Häftling Nikolai Nikolajewitsch Winogradow Museumsleiter. Er war strafrechtlich verurteilt (67 UK) – angeblich wegen der Entwendung irgendwelcher wertvoller Exponate aus den Museen von Kostroma. Kurz gesagt, er war kein »Politischer«, weshalb die Lagerleitung sich ihm gegenüber besonders nachsichtig zeigte. In jenen Jahren waren die Politischen noch nicht dem »Schutz« des Strafrechts unterstellt, im Gegenteil, man war bestrebt, Straftaten als politische Diversion anzusehen. Zuerst war N.N. Winogradow stellvertretender Leiter und dann – gleich nach seiner Entlassung – Museumsleiter im freien Beschäftigungsverhältnis. Das war im Frühjahr 1929, und damals reiste er nach Leningrad, um im Archiv der Synode die Akten von Pawel Isakowitsch Gannibal zu studieren, einem Onkel Puschkins, der nach dem Dekabristenaufstand auf den Solowki inhaftiert gewesen war. Mit diesen Dokumenten hatte sich seinerzeit bereits B.L. Modsalewski beschäftigt. N.N. Winogradow fand irgendetwas Zusätzliches heraus und hielt im Museum einen schwungvollen Vortrag über Pawel Isakowitsch. Bei diesem Vortrag war auch ich anwesend; ich bekam eine Tafel Schokolade »Tip-Top«, die er mir aus Leningrad von meinen Eltern mitgebracht hatte.

Es geht freilich nicht um die Tafel Schokolade. Es geht darum, daß N.N. Winogradow, wie dunkel seine Vergangenheit auch gewesen sein mag (und sie war in moralischer Hinsicht keineswegs einwandfrei), sehr viel für die Intelligenzija auf den Solowki getan hat, darunter auch für die jungen Künstler und Dichter, derer es im Lager nicht wenige gab.

N.N. Winogradow besaß ein gutmütiges Aussehen sowie die Fähigkeit, sich in Gegenwart der Lagerleitung wie unter »seinesgleichen« zu benehmen. In gewisser Hinsicht konnte er zynisch sein, der Lagerleitung nach dem Mund reden; er sparte nicht mit Schimpfwörtern, was bekanntlich in solchen Kreisen bis heute hoch geschätzt wird. Ich erinnere mich noch gut an ihn bei der Aufführung von Samjatins »Floh«* nach Leskows Erzählung »Der Linkshänder«.** Die Aufführung war hervorragend und wurde von dem unablässig gesungenen Kehrreim begleitet: »Nikolai, laß uns eine rauchen.« Die Musik hatte der »Mejerower« Walgardt komponiert. Ich stand nicht weit von Nikolai Nikolajewitsch entfernt, als er zu einem der Lagerleiter ging, der ebenfalls Nikolai hieß, ihm eine Papiroska anbot und leise dazu sang: »Nikolai, laß uns eine rauchen.« Ich war verblüfft, wie geschickt er in meinen Augen mittels dieses Kunstgriffs bei seinem Vorgesetzten zum »Du« überging.

Es fiel ihm nicht schwer, den antireligiösen Zyniker herauszukehren und gleichzeitig viele der Kirchenschätze in der Blagoweschtschenskaja-Kirche zu retten, indem er diese als »antireligiöse Abteilung des Museums« bezeichnete. Er war eindeutig nicht gläubig, obgleich er in seinem Kostromer Kreis einige Zeit Dorfpfarrer gewesen war. Im Museum hatte er als Lektor A.B. Iwanow angestellt, der unter den Häftlingen die allerübelste Reputation besaß. Iwanow war zwergwüchsig und wurde »antireligiöse Bazille« gerufen oder auch »Lumpenstück«.***

* E.I. Zamjatin: *Blocha*

** N.S. Leskov: *Levša*

*** Bis zu seiner Verhaftung war A. Iwanow dank seines kleines Wuchses Diener

Als man Nikolai Nikolajewitsch zwang, für die Schmuckkästchen-Werkstatt auf Anser Ikonen herauszurücken, versuchte er, nur die von geringstem Wert abzuzweigen, wofür er sogar einen extra Vorrat angelegt hatte.

Einmal kam Winogradow zu mir, als ich abends im Museum geblieben war, um nicht in der Kompanie herumlungern zu müssen (diese Erlaubnis hatte mir Winogradow über meinen Bekannten A.I. Melnikow besorgt, den Schriftführer der Verwaltungsabteilung). Ich verfaßte Beschreibungen der wertvollsten Ikonen am Altar. Nikolai Nikolajewitsch steckte mir eine Urkunde über die Entdeckung der Reliquien von Sosima und Sawwati zu und wies stumm mit dem Finger auf ein wichtiges Detail: In einem der Reliquiensärge war der Stummel einer Papirossa aus Sowjetzeiten »entdeckt« worden. Dieses Detail bewies eindeutig, daß schon vor der offiziellen Öffnung sich jemand an dem Reliquiengrab zu schaffen gemacht und dabei eine sowjetische Papirossa geraucht hatte. Damit wollte Nikolai Nikolajewitsch deutlich auf den Wert dieser »Entdeckung« hinweisen.

Julija Nikolajewna Dansas äußert sich in ihren in Frankreich verfaßten Erinnerungen ungewöhnlich scharf über das Museum, das sie als »antireligiös« bezeichnet, desgleichen über N.N. Winogradow und seine Mitarbeiter, wobei sie erklärt, sie habe sich entschieden geweigert, antireligiöse Führungen zu leiten. Winogradow dürfte sie wohl kaum zu solchen Führungen gezwungen haben, für so etwas hatte er seinen nichtsnutzigen Helfershelfer A.B. Iwanow. Im Gegenteil, N.N. Winogradow half der Intelligenzija auf verschiedenste Weise und hat niemanden je zu irgendetwas gezwungen. Auch Julija Nikolajewna selbst bewahrte er vor den »allgemeinen« (physischen) Arbeitsdiensten, bevor sie später dann zum Arbeiten ins Kriminologische

des Nowgoroder Metropoliten gewesen, danach – antireligiöser Aktivist. In irgendwelchen Artikeln hatte er die Nowgoroder Parteiorganisation verleumdet. Die Haftstrafe bekam er wegen Diebstahls von Kirchenschätzen in besonders großem Stil. Seine Forschungsarbeiten strotzen von Erfindungen – hauptsächlich mit antireligiöser Zielsetzung. Ihm war keinesfalls zu trauen. (Anm. D.L.)

Büro wechselte. Übrigens, als der Leiter des Kriminologischen Büros, A.N. Kolosow, entlassen wurde (und die ganze Existenz des Büros auf dem Spiel stand), »handelte« N.N. Winogradow mich dem Leiter der KWT (Abteilung für Kultur und Erziehung) für einige Meßgewänder ab, die er im Tausch gegen mich ans Theater abzugeben bereit war. So wurde ich zum Gegenstand eines regelrechten Sklavenhandels. Zu meinem Glück wurde das Büro nicht geschlossen. Doch davon später.

Noch vor meiner Ankunft auf den Solowki hatte Winogradow den bekannten Maler Osip Emmanuilowitsch Bras* im Museum angestellt, ihm Papier und Aquarellfarben verschafft und für ihn die Genehmigung erhalten, außerhalb des Kreml frei Aquarelle malen zu dürfen, gewissermaßen »zur Verewigung der bemerkenswerten Leistungen der Umerziehung«. O.E. Bras vollendete einige Dutzend wunderschöner Landschaften, die dann in dem gut beleuchteten Chor der Blagoweschtschenskaja-Kirche ausgestellt wurden. Später sagte man mir, diese Aquarelle hätten sich im Kasanski sobor befunden – dem »Museum für Religion und Atheismus der Akademie der Wissenschaften der UdSSR«. Wohin sie danach gelangten, weiß ich nicht.

Als zwei Studenten ukrainischer Kunsthochschulen, Petrasch und Wowk, auf die Solowki kamen – der eine aus Kiew, der andere aus Tschernigow –, versorgte N.N. Winogradow auch sie mit Aquarellfarben und Papier. Er besaß Menschenkenntnis und wußte, wer Hilfe verdient.

Bei N.N. Winogradow im Museum arbeiteten etliche Personen, die ihm ihre Rettung verdanken: Fürst Wonljarljarski, der so alt war, daß er gar nichts mehr tun konnte, und dem das Ende irgendwo auf dem Anserer Golgofa drohte; die geschäftige »Aljonuschka« – Jelena Alexandrowna Anosowa; dann der Kunsthistoriker und Restaurator Alexandr Iwanowitsch Anisimow; von den Jüngeren der ehemalige Boyscout Dmitri Schiptschinski, über den Julija Nikolajewna in ihren Erinnerungen schreibt, er habe ausgesehen wie ein »typischer Kom-

* Übrigens stammt von Bras das zweifellos beste Porträt von Čechov, der ihm Modell saß. (Anm. D.L.)

somolze«, obgleich er der Sowjetmacht immer unversöhnlich gegenüberstand und ein Jahr darauf in den Wald »desertierte«, seinem verrückt gewordenen alten Freund I.S. Koschewnikow in den sicheren Untergang folgend. Wie bereits erwähnt, wurde er gefaßt und erschossen. N.N. Winogradow bemühte sich, M.D. Priselkow im Museum anzustellen, und beauftragte mich, ihn aus der Quarantäne herauszuholen; auch viele andere brachte er bei sich unter. Jeden Abend vor dem Schlafen lud er die Angehörigen der Intelligenzija ein, von ihren Pritschen und Bettstellen in der Kompanie, wo das Halbdunkel der schwach glimmenden Lampen herrschte, herunterzukommen, um Vorträge anzuhören, am Museumskatalog zu arbeiten oder sich einfach zu unterhalten, und so fühlten sie sich für ein oder zwei Stunden in ihrem Element.

Nikolai Nikolajewitsch war es, der sich um den Erhalt der Solowezker Labyrinthe kümmerte, vergeblich bei der Lagerleitung um den Erhalt der Bittkreuze an den Ufern der Insel kämpfte und noch vieles andere tat.

Hier im Museum las W.S. Sweschnikow-Kemezki seine Gedichte und die uns erschütternde »Sage von Erik, Jalmars Sohn«, seinem legendären Vorfahren mütterlicherseits, der ihn in der Stunde seines Todes holen kommt und ihn entführt »zur hehren Walhalla, unter Harfenklang und Säbelrasseln«.

Nikolai Nikolajewitsch selbst war, wenn möglich, bei den vielen von ihm organisierten abendlichen Versammlungen nicht dabei – sei es, um keine Verantwortung dafür und für alles, was gesagt wurde, tragen zu müssen, sei es, um uns in der Freiheit unserer Unterhaltung nicht einzuschränken, denn er wußte um seine üble Reputation wegen der Kontakte zur Lagerleitung.

Als im Sommer 1932 das Museum von der Kommission aus Moskau verwüstet wurde und die Überreste in verschiedene Depots nach Moskau und Leningrad geschickt wurden, reiste Nikolai Nikolajewitsch nach Petrosawodsk und nahm seine illegale oder legale Sammlung alter Solowezker Handschriften mit, die er auf der Insel noch hatte aufstöbern können, nachdem bereits mehrere Transporte mit Handschriften zur Archeograpischen Kommission nach Kasan und Petrograd geschafft worden waren. Wo befindet sich diese Sammlung heute? Irgendwann Mitte der 30er Jahre, als ich als »wissenschaftlicher Korrektor« im Verlag der Akademie der Wissenschaften arbeitete, ging ich einmal ins Haus der Wissenschaftler zum Essen und traf dort Nikolai Nikolajewitsch, der aus Petrosawodsk gekommen war. Er machte wie immer einen äußerlich rüstigen und standfesten Eindruck, empfahl mir, im Sommer auf Erholung nach Kischi zu den Rjabinins zu fahren, wo auch er Urlaub mache. Doch dann kam die Nachricht, er sei verhaftet und erschossen worden, und seither konnte ich über seine Sammlung nicht das Geringste in Erfahrung bringen. Dieser Mensch »verstand« durchaus etwas von Kunst, von antiken Schätzen, wenn er in vieler Hinsicht auch sehr rätselhaft blieb.

In Kostroma, N.N. Winogradows Geburtsstadt, sammelt L.I. Sisinzewa Archivzeugnisse über ihn. Ohne ihren wissenschaftlichen Eifer behindern zu wollen, sage ich nur, daß Nikolai Nikolajewitschs Leben stürmisch verlief, vor allem wegen seiner alles verzehrenden Sammelleidenschaft, die vor nichts haltmachte. Er kannte sich in Ethnographie, alten Dingen, Folklore, alter Literatur bestens aus. Von ihm stammt das Buch »Erzählung über Paris und Wien«, herausgegeben auf Empfehlungen A.A. Schachmatows; außerdem verfaßte er zwei Broschüren über die Solowezker Labyrinthe, erschienen auf den Solowki, eine Vielzahl von Artikeln und Publikationen, insbesondere einen interessanten Artikel in der Zeitschrift »Solowezkije ostrowa« über die Kunstschmiede auf den Solowki. Sehr geschätzt wurde Nikolai Nikolajewitsch vor der Revolution von A.A. Schachmatow in Petersburg, wohin er nach 1910 umgesiedelt war (später kehrte er nach Kostroma zurück). Er arbeitete als Sekretär bei der Zeitschrift »Schiwaja starina«, schrieb für die Zeitschrift »Russkoje slowo« und war Mitglied der Kaiserlichen Geographischen Gesellschaft.

Es sind einige finstere Anspielungen auf seine Kontakte zur zaristischen Geheimpolizei in Umlauf, aber es gibt keinerlei konkrete Beweise dafür, daß irgendjemand durch diese Kontakte Schaden genommen hätte. Vielleicht zeichnete ihn auch schon zu jener Zeit diese Mischung von persönlicher Skrupellosigkeit und dem Bedürfnis aus, zu helfen, zu retten ... Ist solch eine Mischung überhaupt möglich? Wenn ja, dann war Nikolai Nikolajewitsch das beste Beispiel dafür. Jedenfalls darf man nicht vergessen, ihm das Gute anzurechnen, das er getan hat.

Man hatte mich Nikolai Nikolajewitsch vorgestellt, und er war es, der mir den Auftrag gab, eine Gesamtbeschreibung der Ikonen zu verfassen. Abendelang saß ich am Altar der Verkündigungskirche über den Swjatyje (damals bereits »Poscharnyje«) worota und skizzierte die Ausstellung »nach Augenmaß«. Die Ikonen markierte ich mit Rechtecken, numerierte sie und führte dann auf einem extra Blatt unter jeder Nummer die Bezeichnung und das ungefähre Entstehungsjahrhundert der Ikone auf (wie A.N. Kolosow und andere es mir angaben). Viele Ikonen, die heute im Museum in Kolomenskoje dokumentiert oder aufbewahrt werden, sind mir vertraut, zum Beispiel die große byzantinische (wir definierten sie nach N.P. Lichatschow als »italo-kretische«), die den Namen »Unerschütterlicher Fels«[*] trug (Muttergottes auf dem Thron sitzend). Dort befanden sich auch die Ikone »Erlöser nicht von Menschenhand«[**] von Simon Uschakow und andere. All dies zeichnete und notierte ich auf Schulheftpapier. Wenn es doch bloß wieder irgendwo auftauchen würde! Es ist wichtig für die Geschichte der Solowki.

Nikolai Nikolajewitsch druckte auf der Hektographiermaschine entweder Materialien oder »Notizen« des SOK[***] (Solowezker Landeskundliche Gesellschaft). Als er erfuhr, daß ich bei D. I. Abramowitsch eine Diplomarbeit zu den Legenden über den Patriarchen Nikon geschrieben hatte, bat er mich inständig, ich solle sie mir von meinen Eltern schicken lassen und sie ihm für seine geplanten neuen Ausgaben des SOK geben. Aber diese Diplomarbeit ist verlorengegangen, zusammen mit einer anderen – über Shakespeare in Rußland Ende des 18., Anfang des 19. Jahrhunderts (ich schrieb sie bei S.K. Bojanus, konnte das Examen jedoch nicht mehr abschließen).

* »Nerušimaja skala«

** »Nerukotvornyj Spas«

*** »Soloveckoe obščestvo kraevedenija« (SOK)

Die Abende im Museum, der Austausch mit A.N. Kolosow, N.N. Winogradow, A.I. Anisimow haben unglaublich viel zu meinem Verständnis der altrussischen Kunst beigetragen, ebenso wie meine Hilfsarbeit beim Pskower Archäologen und Restaurator Nasimow (wir vermaßen die Trockenräume). In meinem Besitz befindet sich noch heute ein Aquarell des Malers Petrasch aus Tschernigow (dort, wie auch in Kiew, war eine große Gruppe Jugendlicher wegen gleichzeitiger Zugehörigkeit zu zwei Organisationen verhaftet worden – dem SMU,* dem Ukrainischen Jugendverband, und dem SWU,** dem Bund zur Befreiung der Ukraine). Auf dem Aquarell (ich hatte es noch in Leningrad von E.K. Rosenberg geschenkt bekommen) ist das Mauerstück zwischen dem Museumsgebäude und der Wehrmauer zu sehen (es scheint der Blick aus dem Zimmerfenster von N.N. Winogradow zu sein).

Da ich soeben das Schicksal unseres größten Fachmanns auf dem Gebiet der altrussischen Kunst, A.I. Anisimows, streifte, möchte ich hier in ganzer Länge meinen Brief an die Zeitung »Sowetskaja kultura« anführen, der unter der Überschrift »Auch Dokumente können irren« erschien (anläßlich der Bemerkungen eines gewissen E. Kontschin: »Nach dem Urteil der Troika« unter der Rubrik »Fortsetzung des Themas« in der Nummer vom 14. April 1990):

»Die Zeitung ›Sowetskaja kultura‹ wendet sich zum wiederholten Mal dem Schicksal des hervorragenden Kunsthistorikers und Ikonenrestaurators A. Anisimow zu, dessen letzte Arbeiten von G.I. Wsdornow gesammelt und kürzlich herausgegeben wurden.

In dem Dokument des KGB der Karelischen ASSR, das in dem Artikel zitiert wird, heißt es, daß A.I. Anisimow für die Abbüßung seiner zehnjährigen Haftstrafe aufgrund des Urteils des Kollegiums der OGPU (der ›Troika‹) ›am 16. April 1931 im Belomorsko-Baltiski-Besserungs- und Arbeitslager ankam‹. Das trifft nicht zu. Er und ich teilten uns einige Monate lang ein Zimmer in der 7. Kompanie, wo sich heute die Depots des Solowezker Architekturhistorischen und Natur-

* »Sojuz ukrainskoj molodeži« (SMU)

** »Sojuz vyzvolenija Ukrainy« (SVU)

kundlichen Museums befinden. Er ist nicht vor Mai 1931 auf den Solowki angekommen (die Schiffahrt wurde erst im Mai aufgenommen). Der Leiter des Museums der Solowezker Landeskundlichen Gesellschaft, Nikolai Nikolajewitsch Winogradow, hat ihn sofort vom (physischen) ›allgemeinen Arbeitsdienst‹ freistellen lassen und bei sich untergebracht.

Im Solowezker Museum waren damals viele außerordentlich wertvolle großformatige Ikonen zurückgeblieben, die bei der Expedition des späteren Akademiemitglieds B.D. Grekow Anfang der 20er Jahre, bei der viele Handschriften und Ikonen der ersten Kategorie gerettet wurden, nicht mehr rechtzeitig hatten abtransportiert werden können.

Im Solowezker Museum in dem gut beleuchteten Chor der Blagoweschtschenskaja-Kirche restaurierte A.I. Anisimow eine herrliche großformatige Ikone mit symbolischen Darstellungen. So oft ich konnte, ging ich zu ihm in den Chor und beobachtete ihn bei seiner peinlich genauen Arbeit. Im Zimmer war A.I. Anisimow akkurat und etwas langsam, er bereitete sich auf dem Ofen der Kompanie selbst irgendwelche Breimahlzeiten zu. Und bei all dem war er ein außergewöhnlich aktiver Mensch – ein mir bis dahin völlig unbekannter Verhaltenstyp. Im Sommer 1931 bekam Nikolai Nikolajewitsch zwei- oder dreimal für ihn einen Passierschein für außerhalb des Kreml, und von seinen ausgiebigen Spaziergängen brachte A.I. Anisimow Beeren und Kräuter mit, die nur er kannte. Er erzählte viel, und dabei wurden gleich seine Vorträge ›anberaumt‹. Ein Vortrag behandelte die Restaurierung der Wladimirer Muttergottes, und bei dieser Gelegenheit las er ein Poem von Maximilian Woloschin über die Wladimirer Muttergottes vor. Ausführlich erzählte er auch von der ›Sache‹, deretwegen er verhaftet worden war. Er machte keinen Hehl aus seiner Entrüstung darüber, daß Kunstwerke ins Ausland verkauft und ausgeführt wurden. Und immer wieder bekräftigte er das eine: Wenn das Land seine Reichtümer nicht schätzt, so sollten sie ruhig das Land verlassen, aber sie müßten an große Museen oder bekannte Sammler verkauft und dürften keinesfalls ›entidentifiziert‹ werden. Die Herkunft der Ikonen dürfe nicht verheimlicht und geschlossene Ikonensammlungen nicht zerrissen werden: Deesis-Gruppen* und ähnliches. Die Preise für die Ikonen waren so niedrig, daß reichere Leute Ikonen für damals in Mode gekommene Schachbretter kauften, auf denen Reste der alten Bemalung die schwarzen Felder einnahmen. Deshalb sorgte sich A.I. Anisimow, der Kontakte zu ausländischen Käufern unterhielt, um das weitere Schicksal der zu verkaufenden Ikonen, vermittelte Ikonen in ›gute Hände‹. Die Kontakte zu Ausländern gaben dann die Begründung für den Vorwurf der ›Spionage‹ ab (für die Schweiz, übrigens).

1931 setzte eine umfangreiche Verlegung von ›Arbeitskräften‹ von den Solowki zu dem in Vorbereitung befindlichen Bau des Weißmeer-Ostsee-Kanals ein. Das Leben auf den Solowki wurde unerträglich. Man ließ mich lange Zeit nicht fort. Verschifft wurde ich mit der letzten Fahrt des Dampfers ›Gleb Boki‹ Ende Oktober, Anfang November. A.I. Anisimow blieb auf den Solowki. Ich erhielt den Kontakt mit ihm aufrecht. Im Frühjahr 1932 kam eine ›Kommission‹ auf die Solowki – was für eine, weiß ich nicht. Diese Kommission geriet außer sich, als sie ins Museum kam: ›Religionspropaganda‹. Die Ikone, die A.I. Anisimow besonders schätzte, weil er sie für die beste in der Reihe symbolischer Ikonen vom Ende des 15. Jahrhunderts hielt, zerstörte man vor seinen Augen. A.I. Anisimow wurde herzkrank, das Museum geschlossen. N.N. Winogradow lebte fortan in Petrosawodsk, wohin er seine persönliche Sammlung und kleinere Gegenstände sowie Handschriften aus dem Solowezker Museum mitnahm. Die bruchstückhaften Überreste des Museums wurden teilweise ins Historische Museum in Moskau überführt (der berühmte Solowezker Altan ist heute im Museumsdorf Kolomenskoje ausgestellt, das überaus kostbare siebenarmige Kreuz von der Insel Ki mit dreihundert Reliquien wurde der Kirche übergeben). Bleibt noch die wundervolle Ikonostase des Preobraschenski sobor. Sie wurde erst viel später auf Befehl des Leiters der Schule für Schiffsjungen zerstört.**

* Drei Ikonen, die den Heiland zwischen der Muttergottes und Johannes dem Täufer zeigen

** Man erzählte mir, daß ebenfalls auf seine Anordnung hin die wunderbare

Um zum Schicksal von A.I. Anisimow zurückzukehren, erwähne ich nur, daß er im Herbst 1932 bereits am Weißmeer-Ostsee-Kanal arbeitete. Die Witwe Maximilian Woloschins, Marija Stepanowna, sagte mir, daß nach Woloschins Tod A.I. Anisimow und einige andere Häftlinge im Wald eine Altgläubigenkapelle entdeckt und dort für ›Max‹ eine Totenmesse abgehalten hätten, die sich der Dichter so sehr gewünscht habe. Woloschin starb, wie allgemein bekannt, am 11. August 1932. Das heißt also, daß A.I. Anisimow sich zu diesem Zeitpunkt im Belbaltlag bereits so weit angepaßt hatte, daß es ihm erneut gelungen war, wie schon auf den Solowki, eine Ausgangserlaubnis für den Wald zu ergattern. Über das weitere Schicksal von A.I. Anisimow ist mir nichts bekannt. Auch N.N. Winogradow wußte nichts darüber. Möglich, daß das Dokument über seine Erschießung am 2. September 1937, das E. Kontschin in der ›Sowetskaja Kultura‹ anführt, uns aber auch in die Irre führt ...«

Als Ergänzung zu dieser Anmerkung noch ein weiteres Gespräch, das auf den Solowki stattfand und sich um A.I. Anisimow drehte: Es hieß, er habe auf irgendeiner Versammlung in Moskau das Andenken W.I. Lenins nicht geehrt, indem er sitzenblieb, als sich alle erhoben. Das sieht ihm sehr ähnlich ...

Bibliothek zerstört (verbrannt) wurde, in der sich die Bücher befanden, die die Häftlinge geschickt bekommen hatten. Übrigens lag die Schuld offensichtlich bei der obersten Lagerleitung. (Anm. D.L.)

Das Solteatr

Auf den Solowki gab es noch ein anderes »Tschekistenwunder«: das Solowezker Theater (Solteatr), gegründet zur »Tufta« – um die kulturelle Erziehungsarbeit vorzuzeigen, und dennoch wurde es zu einem nicht unwichtigen Bestandteil des Solowezker intellektuellen Lebens. Neben der »lebendigen Zeitung« und bunten Abenden mit Nummern vom allerübelsten Schlag fand dort auch interessante schöpferische Arbeit statt.

Zur Zeit meines Aufenthalts auf den Solowki war die Seele des Solteatr wie auch der Zeitschrift »Solowki« Boris Glubokowski, ein Schauspieler des Kammertheaters von Tairow und Sohn des seinerzeit berühmten Theologen und Kirchenhistorikers Nikolai Nikanorowitsch Glubokowski, dessen Briefwechsel mit W.W. Rosanow unlängst als Buch erschienen ist.

Ich kannte Boris Nikolajewitsch Glubokowski sehr gut, allerdings nicht als engen Freund, sondern als überaus bedeutende Persönlichkeit, die viel für die Lagerintelligenzija getan hat. Im Prinzip kannten ihn alle. Schade, daß kein Foto von ihm erhalten ist. Er war ein hochgewachsener Mann, schlank, gutaussehend, lebhaft, mit guten Manieren. Gekleidet war er nach der Solowezker Mode einiger weniger, die Zugang zum Pomof hatten (zur Nähwerkstatt, die die Frauen einiger frei Angestellter und die Häftlinge mit den besten Beziehungen einkleidete): schwarzer halblanger Mantel mit Gürtel, schwarze Reithosen, hohe Stiefel, schief aufgesetzte Kappe. Er war vielseitig begabt und wurde dem Bohemien-Umkreis von Jesenin zugerechnet. Man bezichtigte ihn der Teilnahme an irgendeinem Komplott des »Weißen Zentrums«. Bezichtigen freilich konnte man ihn, hätte so etwas aber aufgrund seiner etwas egoistischen Natur wohl kaum riskiert.

Das Solteatr war das wichtigste »Vorzeige«-Unternehmen auf den Solowki. Mit ihm prahlte man vor den verschiedenen Kommissionen, vor den aus Moskau angereisten Vorgesetzten, vor Gorki, der im

Frühjahr 1929 auf den Solowki weilte. Hier einige Aufführungen des Solteatr: »Wanjuschins Kinder«, »Der Floh« von J. Samjatin, »Maskerade« von M. Lermontow. Sein Gesamtrepertoire läßt sich über die Zeitschrift »Solowezkije ostrowa« und die Zeitung »Nowyje Solowki« erschließen sowie über das kleine Blättchen »Solowezki listok«, das herauskam, als die Verwaltung des SLON 1930 nach Kem umzog – und mit der Verwaltung kam auch Glubokowski dorthin.

Er verfaßte viele Artikel und ein Buch – »49«, herausgegeben von der Solowezker Landeskundlichen Gesellschaft 1926 oder 1927 – über Strafgefangene, die nach dem Artikel 49 des Strafgesetzbuchs über »gesellschaftlich gefährliche Elemente« ins Lager gekommen waren. Außerordentlicher Beliebtheit erfreute sich auf den Solowki seine Inszenierung »Solowezker Rundschau«.* Sie ironisierte in scharfer Form die Solowezker Verordnungen, den Alltag und sogar die Lagerleitung. Als sich einmal eine der »Entlastungskommissionen« in angeheitertem Zustand im Theater die »Solowezker Rundschau« ansah, der Saal mit Häftlingen überfüllt war, brüllte Glubokowski, der die Aufführung (ebenfalls deutlich angetrunken) leitete, von der Bühne herab: »Singt so, daß es diesem Gesindel schlecht wird.« Und er deutete auf die Kommission. Die »Rundschau« bestand nicht nur aus komischen, sondern auch aus wehmütig-lyrischen Nummern, die viele zum Weinen brachten. Die Texte schrieb Glubokowski selbst (ich notierte sie mir, soweit ich konnte), die Motive entlieh er hauptsächlich Operetten. Ein Motiv jedoch stammte angeblich von ihm: dasjenige zu seinem Lied »Funken«,** das Anfang der 30er Jahre ganz Rußland sang. Dieses Lied schloß mit folgenden Versen:

Vor eisigem Schneesturm und Gestöber
fliegen wir, wie Möwen, schnell nach Süden,
und in der Ferne blinken Lichter –
Solowki, Solowki, Solowki.

* »Soloveckoe obozrenie«
** »Ogon'ki«

Der Refrain ging so:

Einen Sack voll Geschenke versprachen uns
Boki, Feldman, Wasiljew und Wul.
Doch nach Moskau fortgeschafft hat Katanjan
nur den Solowki betrübenden Gesang:

Alle, die uns mit den Solowki belohnten,
bitten wir, kommt selber her.
Und sitzt hier drei bis fünf Jährchen –
werdet euch erinnern mit Begeisterung.

Unter den Strophen gab es auch eine, die die Zukunftserwartungen der Häftlinge ansprach:

Und einst, in einem schneereichen Winter,
werden wir uns treffen als lustiges Völkchen,
und wir Alten werden uns erinnern an die
Solowki, Solowki, Solowki!

Die naiven Träume der Häftlinge der 20er Jahre ...

Im Solteatr gab es auch noch andere Aufführungen. Ich erinnere mich an »Maskerade« von Lermontow. Den Arbenin spielte Kalugin, ein Schauspieler des Alexandrinski-Theaters in Petrograd, abwechselnd auch Iwan Jakowlewitsch Komissarow – der König der »Urki« des Solowezki-Archipels. Er war früher ein Bandit, der als Anführer einer Bande mit eigenem Maschinengewehr »zur Sache« ging, illegale Wechselstuben ausraubte, Schüler und Kumpan des berüchtigten Lenka Pantelejew. Der Arbenin war bei ihm ein richtiger Herr ...

Was sonst noch im Solteatr lief, weiß ich nicht mehr. Es gab auch Kinovorführungen. Ich erinnere mich an einen Film nach dem Drehbuch von Wiktor Schklowski, in dem irgendwelche Panzerwagen über die Troizki-Brücke auf Petrograd vorrückten. Der Wind trieb Papier und Abfall vor sich her. Es gab auch bunte Abende, an denen unter den Urki rekrutierte Schauspieler gekonnt eine Tschetschetka

Das Solteatr, Aufführung des Stücks
»Der Mond von links« (»Luna slewa«), 1928

tanzten und akrobatische Nummern zeigten (besonderen Erfolg genoß das Duo Sawtschenko und Engelfeld. Das Orchester wurde von Walgardt dirigiert – einem kurzsichtigen deutschen Dirigenten, der später das Orchester in Odessa und noch irgendwo anders dirigierte (er saß im Zusammenhang mit der Anklage gegen den Kreis um A.A. Mejer). Es gab eine Schauspielerin, die mit hysterischer Stimme die »Zwölf«* von Blok vortrug. Es gab die hübsche Sängerin Perewesenzewa, die Romanzen nach Texten Jesenins sang (ich erinnere: »Nie war ich am Bosporus ...«) und rücksichtslos ihren Ehemann betrog, der im Kreml arbeitete und sich in einer der Kompanien aus Eifersucht umzubringen versuchte. Im Foyer des Theaters wurden Vorlesungen gehalten: zur Musikgeschichte von dem armenischen Professor W. Ananow aus Tiflis, über Psychologie von A.P. Suchow und über wieder anderes von anderen.

Ich besitze noch das Plakat zu einem Gedenkabend für N.A. Nekrasow im Solteatr am 12. Januar 1929. Ich konnte nicht hingehen, ich hatte Typhus. Der Abend begann mit einem Vortrag von B.M. Lobatsch-Schutschenko, einer herausragenden Persönlichkeit im Lagerleben, doch leider kann ich mich an ihn überhaupt nicht erinnern. Die Ahnung von irgendetwas Großem und Bedeutendem, die mich bei der Erwähnung seines Namens überkommt, hängt möglicherweise mit dem Familiennamen zusammen – er ist lang und klingt irgendwie wichtig.** Danach folgten Vorträge von B. Glubokowski, P.I. Iogalewitsch, P.S. Kalinin, J.J. Nekrasow. (Einem Nekrasow begegnete ich auf der Baustelle des Weißmeer-Ostsee-Kanals, aber das war ein anderer – einer der Chefs der Provisorischen Regierung, ein Freimaurer.) Nach der Pause folgte ein Konzert, an dem Rezitatoren (es gab auch eine chorische Deklamation – zu jener Zeit sehr in Mode), ein Blasorchester, ein symphonisches Quintett und der Solowezker Chor mitwirkten. Am interessantesten war die Aufführung

* »Dvenadcat'«

** Zu B.M. Lobatsch-Schutschenko (dem angeblichen Sohn von Marko Wowtschok) siehe die Erinnerungen seines Sohnes B.B. Lobatsch-Schutschenko: *An den Kreuzungen des Schicksals*, Raduga 1990, Nr. 1, S. 109–126. (Anm. D.L.)

einzelner Teile aus der Oper »Kobsar«, komponiert von dem Häftling Kenel. Die Aufführung im Solteatr begann wie immer spät – um neun Uhr, da die Arbeit im Lager offiziell erst um acht Uhr abends endete. Das Programmheft zierte ein recht gelungenes Porträt N.A. Nekrasows – ein Linolschnitt des Häftlings I. Nedrit.

Und all das auf dem Höhepunkt der Typhusepidemie und der Quälereien beim allgemeinen Arbeitsdienst! Wahrlich eine »Insel der Wunder«.

»Alles war vermengt hier ohne Farbe und Gesicht« (aus einem Solowezker Lied von Glubokowski nach dem Motiv aus »Priester des Feuers«.*

B.N. Glubokowski erhielt bei seiner Entlassung aus dem Belbaltlag (wie viele von uns) einen Ausweis mit einem roten diagonalen Balken. Er konnte sich mit diesem Ausweis in Moskau registrieren lassen und wurde wieder ins Kammertheater aufgenommen. Wie ich aus einer Zeitungsmeldung erfuhr, starb er Mitte der 30er Jahre, an einer Blutvergiftung, wie es hieß. Er war zum Morphinisten geworden und spritzte sich direkt durch die Hosen ...

Im Winter 1929/30, als der »zweite Typhus« wütete, der sogenannte »asiatische«, erkrankten die Leute zu Tausenden, das Theater wurde geschlossen, der Zuschauersaal in ein Lazarett umgewandelt, in dem die Kranken einfach nebeneinander lagen, so gut wie ohne Hilfe. Auf der Bühne jedoch, hinter dem herabgelassenen Vorhang, fanden trotz des Stöhnens und Schreiens aus dem Saal Vorlesungen statt. Viele Vorlesungen zur Musik hielt der bereits erwähnte Ananow, ein ehemaliger Mitarbeiter des Rustaweli-Theaters in Tiflis und der Zeitung »Sarja wostoka«. Auch ich hielt irgendeinen Vortrag über das Theater vor Shakespeare (ich ließ mich überreden, obgleich mir die ganze Unsinnigkeit einer solchen Vorlesung unter derartigen Bedingungen bewußt war, aber die KWT brauchte meine Vorlesung für die »Galotschka«**). Als der Typhus im Frühjahr vorbei war und man die in den Orchestergraben geworfenen Bänke

* »Žricy ognja«: Oper von A.N. Verstovskij (1799–1862)

** »galočka«: Häkchen, hier das Abhaken einer erfüllten Aufgabe

und Stühle wieder herausholte, fand man einen Leichnam. Er war so dürr, daß er ausgetrocknet war und nicht sehr stank. Die Kranken krochen fiebernd zur Seite. Begleitet von ihrem Gestöhne hielt noch irgendjemand eine Vorlesung über Maskentheater. Und der direkt von einer Auslandsreise herbeigeholte Korrespondent Harry Bromberg, in überweit geschnittenen, damals modischen Hosen – »Oxfords« – und kurzem Jackett, schilderte seine Eindrücke vom Ausland. Wie passend! Das Solteatr mit seinem Vorhang, der den Tod und die Leiden der Typhuskranken von den Versuchen schied, wenigstens die Illusion eines intellektuellen Lebens aufrechtzuerhalten – für jene, die morgen selbst hinter dem Vorhang landen konnten: Es kommt mir beinahe vor wie ein Symbol für unser Leben im Lager (und nicht nur im Lager, sondern während der ganzen Stalinzeit).

Innerhalb des Theaters und drumherum rankten sich die üblichen Theaterintrigen. Es bildeten sich irgendwelche Grüppchen, Anhänger der einen oder anderen Schauspieler und Regisseure. Ich entsinne mich, in der Wochenzeitung »Solowezki listok«, die nach der Verlegung der »Nowyje Solowki« auf das Festland zu erscheinen begann, 1930 oder 1931 irgendeine lobende Rezension zu einer der Aufführungen des Solteatr untergebracht zu haben. Bereits in der folgenden Woche bekam ich eine Antwort: »Rezension aufgrund von Bestechung«, obgleich ich wirklich aufrichtig geschrieben hatte, wie es immer mein Bemühen ist.

Das Leben auf den Solowki zwischen 1929 und 1931 mag dem Leser wie ein »Theater des Absurden« vorkommen: der reiche intellektuelle Austausch unter den Bedingungen des Lagers mit all seinen Attributen – Tschekisten, Zellen, Karzer. Erwähnen muß man hier vor allem den Männerkarzer auf der Sekirnaja gora (Sekirka), den Frauenkarzer auf dem Bolschoi Sajazki ostrow (Saitschiki) und Golgofa auf der Insel Anser für die unheilbar Kranken und die ganz Alten (hauptsächlich Priester und Bettler, die man auf den Stufen der Moskauer Kirchen eingesammelt hatte).

Es gab die Waldrodungsstellen, die Torfstechplätze, weitläufige Lager in Sawwatijewo, Isakowo, Filimonowo, Muksalma. Es gab namenlose Lager im Wald. In einem von ihnen bin ich gewesen, und ich wurde krank vor Entsetzen über das, was ich dort zu sehen bekam. Man trieb die Menschen in den Wald (mit seinen üblichen Sümpfen und Findlingen) und ließ sie tiefe Drainagen ziehen (glücklich, wer eine Schaufel hatte). Die beiden niedrigen Wälle dieser Drainagen dienten zum Schlafen, wie Pritschen; der Zentralabfluß war tiefer und füllte sich im Frühjahr für gewöhnlich mit Schmelzwasser. Um sich in solch einem Graben schlafen zu legen, mußte man über die bereits Liegenden steigen. Als Dach dienten umgestürzte Fichten oder Fichtenzweige. Als ich einmal in so einen Graben stieg, um Kinder zu retten, »regnete« es dort hinein, der Schnee begann an der Oberfläche bereits zu tauen (es war im März oder April 1930), er überschwemmte sowohl die Schlafplätze auf dem Boden als auch den zentralen Graben, der als Ablauf dienen sollte.

Ganz zu schweigen von den »Schnaken« (eine Strafe, die im Sommer dran war), davon, daß nachts nicht in die Drainagen gelassen wurde, wer seine »Aufgaben« nicht gemacht hatte, davon, wie gearbeitet wurde, davon, welch »mustergültiger« Plan erfüllt wurde. Nach dem Besuch eines Waldarbeitslagers setzten bei mir sehr starke Geschwürschmerzen ein, die bald verschwanden, weil das Geschwür zu bluten begann; dabei mußte ich »auf den Beinen« bleiben.

In diesen Wäldern starben die Häftlinge auch in den meisten Fällen. Im Herbst 1930 kamen Tausende von »Basmatschi« um – entkräftete Männer aus dem Osten in Kitteln und Seidenschuhen. Es starben Angehörige der Intelligenzija, die von uns, die wir im Kreml lebten, nicht mehr aus der 13. und 14. Kompanie hatten herausgeholt werden können ...

Nachdem ich also den »Reichtum« der Solowezker Topographie einigermaßen geschildert habe, werde ich dazu übergehen, von meinen »Reisen« durch diese Welt zu erzählen, bei denen das Wichtigste die Begegnungen mit den Menschen waren.

Die Menschen der Solowki
Alexandr Alexandrowitsch Mejer

Im Frühjahr 1929 erschienen auf den Solowki Alexandr Alexandrowitsch Mejer und Xenija Anatolijewna Polowzewa. A.A. Mejer hatte eine zehnjährige Haftstrafe bekommen – die höchste zu jener Zeit, in die »gnädigerweise« sein Erschießungsurteil aufgrund seiner »revolutionären Vergangenheit« umgewandelt worden war (damals wurde das noch mit berücksichtigt). In welchem Monat die beiden auftauchten, weiß ich nicht mehr. Er in der 13. Quarantäne-Kompanie, sie in der Frauenbaracke. Wer von uns damals A.A. Mejer aus der Quarantäne geholt hat, daran erinnere ich mich nicht. Mit dem »Herausholen« waren im Krimkab zwei beschäftigt: ich und Wolodja Rasdolski, die jüngsten. Wir beide hatten Passierscheine für die Quarantäne, um die Halbwüchsigen einzusammeln und sie in der Arbeitskolonie unterzubringen. Wir gingen zu den immer wieder neu ankommenden Etappen und versuchten, nicht nur die Halbwüchsigen herauszusortieren, sondern alle, die es »wert« waren. Das war nicht ganz einfach und nicht besonders häufig von Erfolg begleitet. Man mußte herausbekommen, wer angekommen war, und für diese Leute einen Anforderungsschein für irgendeine leichtere Arbeit innerhalb des Kreml ergattern, wo die Bedingungen bedeutend besser waren. An die, die ich herausgeholt habe, kann ich mich noch erinnern. Unter anderem erhielt ich von Nikolai Nikolajewitsch Winogradow eine Order für Michail Dmitrijewitsch Priselkow zur Arbeit im Museum. Doch zu meinem Erstaunen weigerte sich M.D. Priselkow, im Museum zu arbeiten: »Ich bin schon für Geschichtsunterricht verhaftet worden, damit ist bei mir Schluß.« Daraufhin bekam ich für ihn einen Anforderungsschein vom Archipriester Wiktor Ostrowidow, der in der Buchhaltung der Landwirtschaft arbeitete. M.D. Priselkow wurde Rechnungsführer. A.A. Mejer war offenbar von Wolodja Rasdolski herausgeholt worden, und den Anforderungsschein für ihn hatte Alexandr Nikolajewitsch

Kolosow ausgestellt – direkt fürs Kriminologische Büro. Irgendwer hatte Xenija Anatolijewna Polowzewa in irgendeiner Behörde in demselben Gebäude der Verwaltung des SLON bei der Anlegestelle untergebracht, in dem sich auch das Krimkab befand. Dadurch erhielt X.A. Polowzewa die Möglichkeit, sich täglich mit A.A. Mejer zu treffen und ihm in irgendwelchen kleinen Töpfen Essen zu bringen sowie an den bemerkenswerten Diskussionen über verschiedene philosophische Probleme teilzunehmen – Diskussionen, die gleich mit dem Auftauchen von A.A. Mejer eingesetzt hatten. Er war ein außergewöhnlicher Mensch. Egal unter welchen Bedingungen, er wurde des Reflektierens nicht müde, war bestrebt, alles philosophisch zu durchdenken und wenn möglich aufzuschreiben – sei es in den zaristischen Verbannungslagern und Gefängnissen, sei es in allen neuen »Unfreiheiten«, in die er durch die Zeit des »Großen Oktober« geraten war. Doch vor allem möchte ich erzählen, was A.A. Mejer uns allen bedeutet hat.

Über ein Jahr lang arbeitete ich mit A.A. Mejer im Kriminologischen Büro auf den Solowki im Gebäude des USLON bei der Anlegestelle gegenüber dem Kreml. Es war das Gebäude der einstigen Klosterherberge. Das Büro befand sich in einem großen Raum im zweiten Stock. Wenn man das Gebäude von der Inselseite her betrat, mußte man in den zweiten Stock hinauf und nach links. Hier lag vor den Toiletten ein großer Raum mit drei Fenstern, die auf den Platz vor dem USLON hinausgingen. A.A. Mejer belegte ein Tischchen am linken Fenster. Er wohnte zuerst in der 3., danach in der 7. Kompanie.

Über das Leben A.A. Mejers vor den Solowki führe ich eine Auskunft aus den Anmerkungen von N.P. Anziferow zu seinen Erinnerungen an, die im Ausland erschienen sind:* »Mejer, Alexandr Alexandrowitsch (1874–1939) – Philosoph. Geboren in Odessa in der Familie eines Gymnasiallehrers für alte Sprachen. 1895–1896 Studium an der Noworossiski Universität (Odessa). 1896 wegen Teilnahme an einer revol. Bewegung verhaftet und nach Schenkursk verbannt. Dort reges Selbststudium, Übersetzungen von Büchern über Philosophie, Soziologie, Logik, Psychologie. Heirat mit der verbannten odessiti-

* Vgl. Fußnote S. 44

schen Lehrerin P.W. Tytschenko (1872–1942). 1902 gemeinsam mit seiner Frau Rückkehr nach Odessa, versuchte das Studium an der Universität fortzusetzen, wurde jedoch aus der Stadt verbannt. Vor 1905 lebte er in Baku, wo er wegen der Organisation von Arbeiterzirkeln verhaftet und nach Taschkent verbannt wurde. Dort 1905 Zusammenarbeit mit der Zeitung ›Russki Turkestan‹, Fortsetzung der revol. Tätigkeit. 1906 verhaftet, doch floh er bald darauf aus dem Taschkenter Gefängnis, lebte einige Zeit in Finnland und seit Anfang 1907 in SPb.* Ende 1900 hielt er verschiedene Vorlesungen über Philosophie, Ästhetik, Geschichte, Religion, Psychologie u.a. in der Gesellschaft der Volksuniversitäten, der Volksuniversität N.W. Dmitrijewa, in den Höheren P.-F.-Lesgaft-Frauenkursen und andernorts. 1909–1928 arbeitete er in der Abteilung Rossica der Öffentlichen Bibliothek. Nach 1917 unterrichtete er im Institut für lebendige Sprache und im P.-F.-Lesgaft-Institut. Im Dezember 1928 Verhaftung in Zusammenhang mit der ›Anklage des Woskresenije-Kreises (Sache Mejer)‹, 1929 Verurteilung zum Tod durch Erschießen, umgewandelt in 10 Jahre Solowki. Im SLON arbeitete er im Kriminologischen Büro. 1930 erneut verhaftet [der Verhaftete wurde noch einmal verhaftet! – D.L.], nach Leningrad überstellt und in die ›Sache Akademie der Wissenschaften‹ hineingezogen. 1931–34 arbeitete er [ebenfalls als Häftling – D.L.] als technischer Hydrologe am Weißmeer-Ostsee-Kanal (wo er zu A.F. Losew Kontakt hatte). 1935–37 am Moskwa-Wolga-Kanal. Gestorben in einem Leningrader Krankenhaus an Leberkrebs. Begraben auf dem Wolkowo-Friedhof. M.s philosophische und politische Ansichten machten eine große Evolution durch. In seiner Jugend Revolutionär und Marxist, wurde er 1907 einer der Theoretiker des sog. ›mystischen Anarchismus‹, er veröffentlichte 2 Artikel im Sammelband ›Fackeln‹ (SPb 1907). 1909 erscheint M.s erstes Buch ›Religion und Kultur‹. Gleichzeitig wird er aktives Mitglied in der St. Petersburger Religiösphilosophischen Gesellschaft, nähert sich den Mereschkowskis** an,

* Abk. f. Sankt-Peterburg

** D.S. Merežkovskij und seine Frau Zinaida Gippius, Vertreter des russ. Symbolismus

die ihn ganz für ›einen der ihren‹ halten. Zwischen 1909 und 1917 reist er viel im Land herum und hält Vorträge, publiziert nicht weniger als 50 Rezensionen, Artikel, Broschüren. Charakteristisch für sein Denken während der Kriegszeit ist die Arbeit ›Woran glaubt Deutschland‹ (Petrograd 1916), eine Kritik des Protestantismus. An letzterem unterscheidet M. drei seiner Meinung nach schädliche Züge: die Verneinung des christlichen Verständnisses der Persönlichkeit, die Verneinung der Kirche als Bewahrerin der Überlieferung, die Aufstellung des Prinzips nationaler und religiöser Autokephalie anstelle der Idee einer ökumenischen Weltkirche. Diesen Tendenzen stellt M. nicht die Orthodoxie gegenüber (wie z.B. W. Ern), sondern eine Art fortschreitende Synthese von Kollektivismus (der sozialistischen Idee) und Christentum. 1917 ist M. einer der Verfasser des Projekts der RFO* zur Trennung von Kirche und Staat, nimmt teil an der Arbeit des Pomestny sobor** (vom RFO gewählt). Er bringt einige Arbeiten heraus, in denen er für die Unterstützung der Provisorischen Regierung eintritt, für die Einberufung der Verfassunggebenden Versammlung, gegen den Defätismus der Bolschewiken. Seine Sorge um das Schicksal des Landes und der Revolution belegte A. A. Blok, der einen Vortrag von M. am 21. 5. 1917 in der RFO kurz notierte (A. Blok, »Notizbücher«,*** 1901–1920, M. 1965, S. 340–341). Nach der Oktoberrevolution war M.s Position gegenüber den Bol-

* »Religiozno-filosovskoe obščestvo« (RFO): Religiös-philosophische Gesellschaft; gegr. 1907 in Petersburg. Mitglieder waren u. a. S.N. Bulgakov, V.V. Rozanov, A. Blok, V. Ivanov, P.B. Struve, S.L. Frank, D.S. Merežkovskij. Aufgabe der RFO war es, das religiöse Bewußtsein der Mitglieder zu entwickeln und die Rolle der russ. Intelligenzija zu durchdenken. Die RFO stellte 1917 ihre Tätigkeit ein.

** »Pomestnyj sobor Rossijskoj pravoslavnoj cerkvi«: Gesamtkonzil der russ.-orthodoxen Kirche; einberufen im August 1917. Auf dem Konzil wurde zum ersten Mal nach Abschaffung des Patriarchats durch Peter den Großen ein Patriarch gewählt. Unter dem Druck der Sowjemacht stellte das Konzil seine Arbeit Ende Sommer 1918 ein.

*** *Zapisnye knižki*

schewiken nicht ganz so unversöhnlich wie die der Mereschkowskis. Er bemüht sich, einen positiven Kern in der bolschewistischen Theorie zu finden, und glaubt die ersten Jahre nach der Revolution noch an eine Evolution der Macht.«

Sinaida Hippius erwähnt in ihren Erinnerungen »D.S. Mereschkowski« A.A. Mejer dreimal, zuerst 1912 als einen Freund der Familie, als einen der Organisatoren der Religiös-philosophischen Gesellschaft und überhaupt als einen »sehr interessanten« Menschen. A. A. Mejer selbst äußert sich sehr wenig über die Mereschkowskis. Während er sich 1929 auf den Solowki befand, war er überzeugt, daß sie weiterhin in Warschau lebten, was durch ihn keine besondere Billigung erfuhr.

Mir erschien A.A. Mejer wie ein alter Mann, obgleich er erst 55 Jahre alt war. Mager, ausgemergelt, sehr nervös, geschäftig, als ob er ständig gegen eine innere Erschöpfung angehen müsse. Hohe Stiefel, die ihm deutlich zu groß waren (mit »Vorrat« für warme Fußlappen), dunkle Tolstowka,* langes schmales Gesicht, fettiger Bart und langes Haar (bevor es ihm wie uns allen abgeschnitten wurde) und sehr lebhafte Augen. So hat er sich mir für immer eingeprägt.

In unserem dreifenstrigen Krimkab bekam er, wie ich bereits erwähnte, den besten Platz an dem Tisch beim linken Fenster. Am letzten Fenster gegenüber stand der lange Tisch von Julija Nikolajewna Dansas. Einquartiert wurde er im ersten Stock in »meiner« 3. Kompanie, die zu jener Zeit von Baron Pritwiz angeführt wurde. Bald hielt der unermüdliche A.A. Mejer, der es gewohnt war, mit seinen Vorlesungen und Vorträgen vor unterschiedlichsten Auditorien aufzutreten, auch in der 3. Kompanie eine Vorlesung über irgendein kompliziertes philosophisches Thema. Die Vorlesung fand auf dem breiten Flur der Kompanie statt. Hinterher machte der Kompaniekommandant Baron Pritwiz einen eleganten Kratzfuß und dankte Alexandr Alexandrowitsch für die »wundervolle Vorlesung«, von der er rein gar nichts begriffen hatte, die Mehrzahl der »Zuhörer« übrigens ebenfalls nicht.

* Über der Hose getragene lange, weite und faltige Hemdbluse mit Gürtel, benannt nach Lev Tolstoj

Großen Ruhm genoß A.A. Mejer in Petrograd. Wir wußten, daß er zusammen mit D.S. Mereschkowski, S.N. Hippius, N.A. Berdjajew und A.A. Blok aktives Mitglied der St. Petersburger Religiös-philosophischen Gesellschaft war. Die beiden ersten waren seine Freunde und in vielem auch Gleichgesinnte. Er war Mitglied des Allrussischen Kongresses, der 1918* den Patriarchen Tichon wählte. Zusammen mit A. Blok, Andrei Bely und anderen war er Gründungsmitglied der Wolfila – der Freien Philosophischen Assoziation** in Leningrad und danach Kopf des vornehmsten Intelligenzija-Zirkels in Petrograd-Leningrad, der sich selbst die »Dienstägler«*** nannte, weil die Sitzungen des Zirkels dienstags stattfanden.

Später wurden diese Sitzungen auf Sonntag verlegt, und der Zirkel bekam den Namen »Sonntag« – »Woskresenje«. (Übrigens erklärte der Untersuchungsrichter Stromin, der berühmte Organisator der »akademischen Prozesse«, in bezug auf diesen Namen, Ziel des Zirkels sei »die Auferstehung des alten Rußland« gewesen: »woskresenije staroi Rossii«; Stromin**** verwechselte dabei die Bedeutung der Wörter »woskresenije« und »woskrešenije«.)

Bereits vor meiner Verhaftung hatte ich über den Zirkel von A.A. Mejer und I.M. Andrejewski viel gehört. Die Mejer-Leute trafen sich am Maly prospekt der Petrograder Seite neben der Spasskaja in einem Holzhaus (heute verschwunden) sowie andernorts. Der Zugang war frei. Ständige Teilnehmer waren anfangs (vor seiner Abreise) die Mereschkowskis, Xenija Anatolijewna Polowzewa, der

* Eigentl. 1917

** »Vol'naja Filosovskaja Associacija« (Vol'fila)

*** »Vtorničane«

**** Stromin war Este und hatte wohl darum kein Gespür für die russische Sprache. (Anm. v. D.L.)

Wenn »voskresen'e« im engeren Sinn auch »Sonntag« heißt, so ist doch »voskresenie« – »Auferstehung« mitgemeint, weshalb D.L. im folgenden auch »voskresenie« als Bezeichnung des Kreises benutzt. Stromin allerdings verwechselte die kirchlich-religiöse »Auferstehung« mit einer angeblich politisch aktiven »Auferweckung«, die russisch aber »voskrešenie« heißt.

Literaturwissenschaftler L.W. Pumpjanski, der Maler P.F. Smotrizki, die Ostkundlerin N.W. Pigulewskaja und ihr Mann, L. Orbeli (späteres Mitglied der Akademie), die Pianistin M.W. Judina, der Maler L.A. Bruni, der Pädagoge I.M. Andrejewski, G.P. Fedotow (vor seiner Ausreise aus Rußland) und viele andere. Übrigens sind viele Ideen von G.P. Fedotow in eben jenem Zirkel von Mejer entstanden. Unser Chelfernak stattete den Mejer-Leuten Besuche ab und umgekehrt. Deshalb waren viele der im Chelfernak geführten Diskussionen eine Fortsetzung von Disputen in Woskresenje. Die Tür war während der Sitzungen nicht abgeschlossen, aber ich getraute mich nicht hinzugehen, weil ich noch so jung war, weil mich das bei Mejer übliche Zeremoniell einschüchterte. Die Sitzungen begannen mit einem gemeinsamen Gebet, und nach den (gewöhnlich kurzen) Vorträgen sollte jeder im Kreis sich dazu äußern – und sei es nur ganz kurz (einverstanden – nicht einverstanden). Genau geschildert werden die Sitzungen von Woskresenje in »Drei Kapitel aus den Erinnerungen« von N.P. Anziferow sowie in der Biographie G.P. Fedotows, die dem ersten Band seiner Werke (Paris, YMKA-Press) vorangestellt ist.

Für mich waren die Gespräche mit A.A. Mejer im Krimkab und mit der ganzen Solowezker Intelligenzija um ihn herum wie eine zweite (der Wichtigkeit nach aber die erste) Universität. Der Austausch mit Menschen, die älter waren als ich (im Prinzip waren sämtliche Häftlinge aus der Intelligenzija älter), erwies sich als außerordentlich nutzbringend für mich. Ich absolvierte keine »Kurse« bei ihnen, aber ich lernte aus ihrer Lebenserfahrung und konnte mir mannigfaltiges Wissen aus verschiedenen Bereichen der Wissenschaft, Philosophie, Literatur und Poesie aneignen. Regelmäßig kam ins Krimkab Wladimir Juljanowitsch Korolenko (der Neffe von Wladimir Galaktionowitsch Korolenko, der den Damen – W. Grusowa und J.N. Dansas – die Hand küßte). Es kamen Georgi Michailowitsch Osorgin* (jedoch selten), Michail Iwanowitsch Chatschaturow, ins Gespräch mischten sich Alexandr Petrowitsch Suchow, Iwan Michailowitsch Andrejewski, der Bild-

* Übrigens der Sohn jenes Mischantschik, der so oft in den *Sapiski kirasir* von Trubezkoi erwähnt ist – erschienen in der Zeitschrift »Naše-nasledie«. (Anm. D.L.)

hauer Amosow und die jungen Leute vom Krimkab: W.S. Rasdolski, A.A. Peschkowski, J. Kasarnowski, A. Pankratow, L.M. Mogiljanskaja. Hätte man nur alles mitschreiben können – welch herrliche Dispute, Diskussionen oder einfach Streitgespräche, Erzählungen, Erörterungen wären der russischen Kultur erhalten geblieben. War dies nicht Wjatscheslaw Iwanows eigenartiger »Turm«?*

Wahrscheinlich war es noch besser, da es erstens länger anhielt und zweitens die Gespräche täglich geführt wurden – unter dem segensreichen Schutz unseres Vorgesetzten, Alexandr Nikolajewitsch Kolosow, der den Bleistift immer hinterm Ohr stecken hatte, um jeden Moment gewappnet zu sein, unsere »Untätigkeit« vor der Lagerleitung zu kaschieren, und uns zugleich dazu brachte, etwas Gutes zu tun, indem wir Kinder retteten: Wschiwki, Spitzbuben, »Sanjuchannyje«,** »sozial Nahestehende« und die unendlich unglücklichen »Kolonisten« (Halbwüchsige, die in der später als Arbeitskolonie bezeichneten Kinderkolonie lebten).***

Vieles aus den Gesprächen mit A.A. Mejer kam mir wieder in den Sinn, nachdem ich aus Paris sein Buch »Philosophische Schriften« (Paris 1982) erhalten hatte. Die letzten Materialien dieses Buches stehen im Zusammenhang mit seinen Reflexionen auf den Solowki. A.A. Mejer war ein Mensch der russischen Gesprächskultur. Er zählte zu jenen, deren Ansichten sich in den endlosen russischen Gesprächen herausbildeten. Im Krimkab hatte er kompetente Gesprächspartner (Dansas, Gordon, Suchow, Andrejewski, Smotrizki u.a.), aber ebenbürtig war ihm keiner. Wichtig indes waren für ihn die jungen Leute, die er unterrichten, denen er seine Art von Vorlesungen halten konnte. Und dennoch, in seinem mündlichen Vortrag war vieles besser, interessanter und tiefgründiger als auf dem Papier.

* Die Wohnung von V. Ivanov in Petersburg (der »Turm«) wurde nach 1905 ein wichtiges kulturelles Zentrum und Treffpunkt der Intelligenzija.

** »zanjuchannye«: Lagerjargon f. Rauschgiftabhängige

*** Der Gegensatz zwischen Kriminellen und »KRlern« (Konterrevolutionären) war bereits »eingeimpft«, zeigte aber Ende der 20er Jahre noch keine spürbaren Resultate. (Anm. D.L.)

Im Reden war er kühner als im Schreiben. Um gut schreiben zu können, bedarf es großer Kühnheit.

A.A. Mejer besaß die erstaunliche Eigenschaft, auf alles im gesellschaftlichen Leben mit ausschließlich philosophischen Reflexionen zu reagieren. Er war für alle interessant, weil er sich für alle interessierte. Er hielt viele Vorlesungen und Vorträge in den unterschiedlichsten Situationen. Als Mitglied der revolutionären Bewegung unter dem Zaren lebte er ständig in der Verbannung, und um ihn herum entstanden auf Eigeninitiative immer irgendwelche Zirkel. Er hielt seine Vorlesungen sowohl in Arbeiteruniversitäten als auch in den Freien Oberseminaren von Lesgaft. Ständig lernte er irgendwelche Sprachen. Er las fließend Griechisch und Latein; Deutsch war ihm von Haus aus vertraut (sein Großvater war aus der Deutsch-Schweiz zugewandert). Er las schwierigste philosophische Schriften in faktisch allen europäischen Sprachen. Später, in der Verbannung während der 30er Jahre, übersetzte er, nach Auskunft seiner Tochter, für A.F. Losew philosophische Werke aus dem Griechischen und Lateinischen.

Seine außergewöhnliche Bildung machte ihn zu einem äußerst modernen Philosophen, dessen Arbeiten über das Wort, die Allegorie, den Mythos anmuten, als seien sie heute entstanden. Jedenfalls wirken seine 1982 in Paris veröffentlichten »Philosophischen Schriften«, als seien sie gleichsam in Kenntnis der Arbeiten eines Lévi-Strauss, C.G. Jung, B. Malinowski und A.F. Losew geschrieben, die erst danach erschienen sind – so sehr nahm er deren Ideen vorweg.

Sein erstes Buch »Religion und Kultur«, in dem er sich zum »mystischen Anarchisten« erklärt, kam 1909 heraus, danach aber näherte er sich mehr und mehr einer orthodoxen Weltsicht an, was ihn in die Nähe von G.P. Fedotow rückte, einem der aktiven Mitglieder des Mejer-Zirkels.

Auf den Solowki hatte A.A. Mejer zwei Arbeiten begonnen: »Drei Quellen« und »Faust« (Überlegungen zur Lektüre von Goethes »Faust«), die sich mit Fragen der Kultur auseinandersetzen – mit Mythos und Wort. Er verfaßte auch die kleinere Schrift »Zwangsarbeit als Methode der Umerziehung« (»Solowezkije ostrowa« 1929, Nr. 3–4), die den Zorn seiner auf dem Festland im Lager sitzenden

Sodelzy hervorrief. Man verkündete, A.A. Mejer habe »das Prinzip der Freiheit verraten«. Anscheinend konnte er auch noch eine Schrift über den Rhythmus in der Arbeit fertigstellen (ein Reflex seiner Erfahrungen aus dem Unterricht einer Philosophie der Bewegung in den Freien Oberseminaren von Lesgaft).

Den »Faust« las A.A. Mejer in der auf den Solowki vorhandenen Übersetzung von Cholodowski, vieles aus dem Text kannte er jedoch noch auswendig auf deutsch: Es war sein Lieblingswerk. All seine Ideen erörterte er mit einem jungen Philosophen ungefähr meines Alters aus Rostow-am-Don, Wladimir Sergejewitsch Rasdolski, der bei uns im Zimmer lebte und dessen Begeisterung für philosphisches Denken mich jedesmal in Erstaunen versetzte. Wir hatten auch einen »lebenden Bücherschrank« zur Hand – so nannten wir Gawriil Osipowitsch Gordon, von dessen hervorragendem Gedächtnis ich noch erzählen werde.

Mit die wichtigsten Themen bei unseren Gesprächen waren der »Mythos« und – im Zusammenhang damit – das »Wort«. Beide Themen fanden ihren Niederschlag in A.A. Mejers bereits erwähntem Buch »Philosophische Schriften«. Ich kann sagen, daß A.A. Mejers Denken mir zur weiteren Herausbildung meiner Weltanschauung verholfen hat.

Was bedeutet der erste Satz des Johannes-Evangeliums: »Im Anfang war das Wort«? Und wieso ersetzt Faust im Zitieren dieser ersten Worte das »Wort« durch die »Tat« (»... im Anfang war die Tat!«*)? Meine eigenen Überlegungen dazu waren gleichsam die Fortsetzung jener, die die Lektüre des Buches »Die Welt als organisches Ganzes« von I.O. Losski in mir wachgerufen hatte. Mit Hilfe von Losski und auf den Solowki mit Hilfe von Mejer gelangte ich für mich selbst zu dem Gedanken, daß das »Allgemeine« stets dem »Besonderen« vorangehe, die »Idee« (das »Wort«) immer vor ihrer Verwirklichung steht. Von da aus fand ich zum Glauben an die Uranfänglichkeit von Vernunft und Wort, von da wiederum zu einem Gedanken, den ich sechzig Jahre später, im Jahr 1989, in der Hamburger Nationalgesellschaft

* Im Original auf dt. zitiert

darlegte, über die Notwendigkeit, der Ökologie als einer Wissenschaft die Idee des Vorrangs des Ganzen vor den Teilen zugrundezulegen. Die Ökologie als Wissenschaft muß meiner Ansicht nach vor allem die Interdependenz von ausnahmslos allem in der Welt erforschen; die Welt als Ganzes und die Welt als Wort, als Idee. Diese Aufgabe ist gewaltig, doch sie ist unserer Zeit angemessen. Nur auf der Grundlage von Daten über die Gesamtheit der Welt kann man zu einer »Verbesserung« schreiten oder die eine oder andere Korrektur der Welt wagen. Die Welt als Wort! Das Wort »Logos« als etwas, das jedem Sein vorangeht. Die Verantwortung des Menschen für die Zerstörung der in der Welt bestehenden Zusammenhänge – der materiellen wie der geistigen! Von daher auch meine Ansicht über die Ganzheit und die Interdependenzen der (in hohem Maße stilgeprägten) Kultur, zu der ich bereits während der Leningrader Blockade gelangte: Ein Gedanke, der später zur Grundlage meiner Konzeption einer Prä-Renaissance in Rußland und meines Buches »Poesie der Gärten« wurde, in dem ich die Kunststile der Gärten und Parks mit den Stilen der Kultur gleichsetze (Gotik, Renaissance, Barock, Rokoko, Klassizismus, Romantik, Realismus usw.).

Im Rahmen ähnlicher Ideen entwickelten sich auch meine literaturwissenschaftlichen Ansichten, mein Verständnis von der Wirklichkeit und von der menschlichen Kultur. Eine Weltanschauung bildet sich durchs ganze Leben hindurch, und ihr Charakter zeigt sich deutlich in der wissenschaftlichen Methodik wie im »wissenschaftlichen Gebaren« (letzteres ist ein eigener Begriff, der besonderer Erläuterung bedarf). Wenn das Wort der Anfang der Tat ist, ihr Allgemeines, so liegt im lügnerischen Wort, im Wort-Klischee eine überaus große Gefahr, die sich der Teufel ständig zunutze macht. Mephistopheles sagt: »Gewöhnlich glaubt der Mensch, wenn er nur Worte hört, / Es müsse sich dabei doch auch was denken lassen.«*

Aus den Gesprächen mit A.A. Mejer ist mir besonders das Thema des in unserer Zeit geschaffenen Mythos erinnerlich. Dieses Thema hatte er bereits 1918 in seiner Vorlesung »Über das Recht auf

* Im Original auf dt. zitiert

Mythos«* aufgenommen. Natürlich hatte es sich nach elf Jahren ungeheuer ausgewachsen. Mythen zu entdecken und sie auf unseren »Sitzungen« zu untersuchen, war außerordentlich interessant. Ich verfaßte damals mit Blick auf A.A. Mejers Lehre vom Wort eine scherzhafte »Phänomenologie der Frage«. Indem ich auf das Wort »Frage« alle wesentlichen idiomatischen Verbindungen anwendete, in denen »Frage« vorkommt, entwickelte diese »Frage« ein Eigenleben: »eine Frage entsteht, steigt in einem auf, stellt sich, es erhebt sich die Frage, etwas steht außer Frage, sie wirft andere Fragen auf, berührt andere Fragen, ihre Lösung wird aufgeschoben, zieht sich in die Länge, die Frage kommt schief heraus, sie wird angeschnitten, man weicht ihr aus, man geht ihr nach, man kommt um sie nicht herum, etwas kommt in Frage, eine Frage ist ›ispertschen‹ (›ausgequetscht‹)«. Ich war ziemlich lange mit dem Sammeln idiomatischer Ausdrücke beschäftigt und hatte am Schluß an die zwei Dutzend beisammen, soweit ich mich entsinne. Hier gebe ich nur Auszüge wieder, um meine Absicht zu demonstrieren. Der letzte Ausdruck, eine Frage ist »ispertschen« (»ausgequetscht«) statt »istscherpan« (»erschöpft«), wurde in den 20er Jahren sehr häufig als scherzhafte Wendung gebraucht. Um diese »Phänomenologie der Frage« drehten sich, wie mir scheint, viele Gespräche im Krimkab, da das »Eigenleben der Frage« in gewissem Maße die bürokratische Realität jener Zeit widerspiegelte: Jede reale Angelegenheit wurde zur »Frage« und wurde letzten Endes in sinnloser und platter Nichtigkeit entschieden – die Frage erwies sich als »ispertschen« (»ausgequetscht«).

An alles kann ich mich gar nicht mehr erinnern, doch die scherzhaft entwickelten Phänomenologien verschiedenster Begriffe sowie die Absurdität, zu der sie führten, wurden häufig benutzt und waren recht »gängig« in unseren Gesprächen. Immer wenn uns nach der aufgetragenen Arbeit noch Zeit blieb, wurden im Kriminologischen Büro kleinere Referate vorgelesen, die wir als Vorträge bezeichneten.

Bereits in den 20er Jahren gewann die Macht der »Wortformeln«, der Mythologie der Sprache, in der sowjetischen Wirklichkeit immer

* A.A. Mejer, *Philosophische Schriften*, Paris 1982, S. 96–100 (Anm. D.L.)

mehr Raum. Die »Macht der Worte« wurde zur schlimmsten Erscheinungsform der »geistigen Unfreiheit«. Eben deshalb wurde in unserem »Krimkab«-Zirkel die Erörterung von Fragen der Sprache und der Sprachkultur zu einem der wichtigsten Themen.

Damals entwarf ich auch »Tests« hinsichtlich des »Gefühls für die russische Sprache«. Für die »erste Kategorie« (die niedere) gab ich zwei Wörter in geschriebener und gesprochener Sprache zur Unterscheidung: »kuschat« und »jest«, »supruga« und »schena«; für die zweite Kategorie (die höhere) »rasniza« und »raslitschije« sowie die Verwendung des Ausdrucks »bolschoje spasibo« (d.h. »bolschoje ›Spasibo Bog‹«).* Es gab da noch anderes in den von mir erdachten Tests zur Intelligenz der Sprache, aber ich entsinne mich nicht mehr genau. Das Wichtigste ist mir entfallen.

Als die Vorschrift kam, es dürften keine langen Haare mehr getragen werden, wurde auch Alexandr Alexandrowitsch Mejer geschoren. Er schämte sich sehr für sein Aussehen (in meinen Notizen – in jenem Teil, den ich gleich nach meiner Entlassung schrieb – heißt es sogar, »er litt«).

Wenn Xenija Anatolijewna Polowzewa nicht um ihn war, kam er allein nicht mit seinen Töpfen zurecht, um sich Suppe zu kochen, obgleich ihm mehr Nahrungsmittel zur Verfügung standen als uns, weil er die Frau von einem der Lagerleiter, Golowkin, in Latein unterrichtete (sie wollte offenbar Ärztin werden); er las ihr Gedichte von W.S. Kemezki vor und war naiv begeistert von ihren »seelischen Fähigkeiten«. Teils unter dem Einfluß dieser Treffen mit der Golowkina bildete sich bei Alexandr Alexandrowitsch die Überzeugung heraus, man könne »das Lager auf dem Weg der Überzeugungsarbeit verbessern: Alles Übel kommt von der Organisation, nicht von den Leuten.« Diese Ansichten Mejers wurden zum Gegenstand heißer Diskussionen im Krimkab, und ich bedauere sehr, nicht genau und exakt mitgeschrieben zu haben: Vieles davon wäre auch heute noch aktuell.

* Etwa: »essen« und »speisen«, »Gattin« und »Ehefrau«, »Unterschied« und »Verschiedenheit« sowie »vielen Dank« und »ein großer ›Gottesdank‹«

Im Verlauf der Erörterungen von A.A. Mejers Position ergaben sich drei Gründe für den Alptraum, der im Lager herrschte und der sich übers ganze Land auszubreiten drohte: die böse Ideologie, ihre böse Verwirklichung und die bösen Leute, die das alles in die Realität umsetzten. A.A. Mejer beharrte darauf, daß die eigentliche Ursache in der Organisation liege, aber natürlich auch im Streben nach Sozialismus und in den Menschen, die gezwungen sind, seine bis zu einem gewissen Grade guten Ideen mit unzureichenden Methoden umzusetzen. Wir beharrten darauf, daß die Menschen durch die falschen Vorstellungen verdorben seien, die ihnen von einer bösen Ideologie eingeimpft wurden, daß die Organisation der Lager jedoch eine direkte Folge des aggressiven ideologischen Schemas des Marxismus sei (oder dessen, was für Marxismus gehalten wurde).

A.A. Mejers Ansichten schlugen sich zum Teil in seinem Artikel »Der Rhythmus in der Arbeit« nieder, der in der Zeitschrift »Solowezkije ostrowa« abgedruckt wurde und große Auseinandersetzungen hervorrief, wie ich bereits erwähnte.

Julija Nikolajewna Dansas

Den genauen Gegensatz zu Alexandr Alexandrowitsch Mejer stellte Julija Nikolajewna Dansas dar, Staatsfräulein der Kaiserin Alexandra Fjodorowna und Doktor der Sorbonne. Sie war bereits im November 1923 verhaftet worden und hatte vor den Solowki fünf Jahre in sibirischen Gefängnissen zugebracht. Im Krimkab arbeitete sie A.A. Mejer gegenüber an einem riesigen Tisch, der mit Zeitungen überhäuft war, aus denen sie für die Lagerleitung Ausschnitte sammelte.

Recht genau beschrieben ist das Leben von J.N. Dansas nach ihren eigenen Worten im Buch des Diakons Wasili TschSW: »Leonid Fjodorow. Leben und Schaffen« (Rom 1966). Sie wurde 1879 in Athen als Urenkelin des französischen Emigranten Karl Dansas geboren. Karl Dansas' zweiter Sohn Konstantin war der Sekundant Puschkins. Julija Nikolajewnas Mutter, eine Argiropulo, stammte aus einem alten byzantinischen Geschlecht, das in direkter Linie auf Kaiser Romano

Argira (11. Jh.) zurückgeht, der die letzte Vertreterin der Makedonier-Dynastie geheiratet hatte – Kaiserin Zoë. Ausgestattet mit exzellenter Bildung, war Julija Nikolajewna Doktor der Sorbonne und Autorin mehrerer Bücher. Sie konnte wunderbar reiten. Sie lebte lange Zeit im Ausland (um nicht gezwungen zu sein, ihren Pflichten als Staatsfräulein nachzukommen, die ihr angesichts der am Hof herrschenden Atmosphäre unangenehm waren: Spiritisten, Mitka Gugniwyje, Maschka Strannizy und vor allem – Rasputin).

Über J.N. Dansas zu schreiben, fällt irgendwie besonders schwer. Sie war ein schwieriger Mensch, und zwar nicht in dem Sinne, wie man es heute versteht (d.h. »nicht gerade gut«), sondern im buchstäblichen Sinn. Ihr Seelenleben war überdeckt von mehreren kulturellen Schichten: einerseits die aristokratische Herkunft und die Position eines Staatsfräuleins der Kaiserin Alexandra Fjodorowna, andererseits – Doktor der Sorbonne, Autorin von Untersuchungen zu religiösen Fragen. Einerseits dauernd auf Wahrheitssuche, eine sprunghafte religiöse Denkerin, andererseits – eine ganz und gar unerträgliche Katholikin, die im Streit mit Orthodoxen oder Katholiken anderer Richtungen die Wahrheit gepachtet zu haben schien. Sogar auf den Solowki legte sie den Leiden der vielen orthodoxen Geistlichen gegenüber einige Arroganz an den Tag, schrieb sogar in der Lagerpresse über die Existenz der Inquisition in der orthodoxen Kirche und arbeitete damit faktisch der antireligiösen Propaganda zu. Einerseits mehr als wohlerzogen, andererseits – dauernd im Konflikt mit Zimmernachbarn, fand sie gleichzeitig Übereinstimmungen mit Gorki. Und, und, und! Einerseits Russin, Patriotin, als die sie während des Ersten Weltkriegs den Uralkosaken beigetreten war und in den Schützengräben ganz vorn saß, andererseits – urplötzlich wieder Nachfahrin eines französischen Emigranten, die mit ihren antirussischen Äußerungen in Rom (Ende der 30er, Anfang der 40er Jahre in ihren Vorlesungen im »Russikum«) schließlich selbst den Argwohn von Wjatscheslaw Iwanow erregte. Insgesamt war J.N. Dansas sehr rationalistisch und besaß keine große Menschenkenntnis. Aufgrund ihrer angeborenen (genauer – hochwohlgeborenen) Sensibilität jedoch konnte sie sehr Interessantes und Wahres über das Verhalten von Menschen sagen.

Ich entsinne mich ihrer als einer gebrechlichen älteren Frau, die mit Gehstock und in schwarzer, bäurisch geschnittener Felljacke zur Arbeit kam. Aber im Januar 1933, als sie – nach ihrer und meiner Entlassung als Stoßarbeiter vom Weißmeerkanal – in Leningrad lebte, in der Erwartung, nach Deutschland zu ihrem Bruder ausreisen zu können (wie es dazu kam, davon später), stieg sie ohne Mühe die vier Stockwerke zu mir und meinen Eltern hoch, war modisch gekleidet, hatte den offensichtlich mit Bedacht gewählten Hut leicht schräg aufgesetzt. Mal altes Weib, mal relativ junge Frau mit leuchtendblauen Augen. Ebenso war es später im Ausland: bald halb Nonne im Kloster, bald eine Mademoiselle, die sich mit wissenschaftlicher und journalistischer Arbeit beschäftigte und nach den Solowki noch drei Bücher schrieb, zwei auf französisch über die »sowjetische Katorga«: »Bagne rouge. Souvenirs d'une prisonière au pays des Soviets«, »L'itinéraire religieux de la conscience russe« (beide ohne Jahresangabe); eines auf russisch: »Katolitscheskoje Bogoposnanie i marxistskoje besboschije«* (Rom 1941). Außerdem hat sie ausführliche Erinnerungen über ihren »geistigen Weg zu Gott« verfaßt und unter einer Vielzahl von Artikeln auch einen über das geistige Leben der russischen Jugend. Als sie im Solowezker Museum arbeitete (bevor sie ins Kriminologische Büro kam), nahm sie die Dienste eines sehr aufrichtigen jungen Mannes in Anspruch, eines ehemaligen Boyscout – Dima Schiptschinski, den sie in ihren Erinnerungen aus irgendeinem Grund einen typischen »Komsomolzen« nennt, der er nie war und mit seinen unverhohlenen politischen Ansichten auch nicht sein konnte. Übrigens war es Dima Schiptschinski (J.N. Dansas nennt ihn »Scheptschinewski«), der für Dansas (unter hohem Risiko für sich selbst) Treffen mit aktiven Katholiken arrangierte.

Während der Arbeit mit den Zeitungen sang sie ständig katholische Gebetslieder leise vor sich hin, ohne dabei die Selbstgedrehte aus dem Mund zu nehmen, die in einer langen Zigarettenspitze steckte. Ob sie nun Häftlings-Machorka rauchte oder ausländischen Tabak

* *Katoličeskoe Bogopoznanie i marksistskoe bezbožie* – Katholische Gotteserkenntnis und marxistische Gottlosigkeit

aus irgendeiner Postsendung – keine Ahnung. Bei ihr war alles möglich, sie ertrug alles mit stoischer Gelassenheit. Niemand weiß, wieviel sie gewußt hat, an wieviel interessante Menschen sie sich erinnert hat. Aber lebendigen unmittelbaren Charme, der so wichtig war beim Kontakt mit der Jugend auf den Solowki, besaß sie nicht. Und darin war sie wiederum das genaue Gegenstück zu A.A. Mejer. Ich schreibe das nicht, um die eine schlecht zu machen und den anderen zu loben. Diese meine Gegenüberstellung zweier Seelentypen hat keinerlei wertenden Charakter. Der harte, zugleich verschlossene Charakter von J.N. Dansas übte seinen eigenen Reiz aus. Später haben sich viele negativ über sie geäußert, übrigens auch N.A. Berdjajew, aber ihre Hingabe an den katholischen Glauben, mit dessen Hilfe sie die gesamte russische Geschichte zu beleuchten versuchte, angefangen beim Kiewer Fürsten Wladimir I. Swjatoslawitsch, den sie für papsttreu hielt, verdient auf gewisse Art Respekt, obgleich das Tendenziöse ihrer Arbeiten offensichtlich ist.

J.N. Dansas schrieb viel, sie schrieb auch über die Befreiung aus der »sowjetischen Gefangenschaft«, aber großen Einfluß auf die Jugend auf den Solowki besaß sie nicht.

Ihr Lebensweg zum Katholizismus ist, wie bereits erwähnt, im Buch des Diakons Wasili TschSW (sic!), »Leonid Fjodorow. Leben und Schaffen«, nach ihren eigenen Worten geschildert, was mich in erheblichem Maße von der Pflicht befreit, besonders ausführlich bei ihrer äußerst interessanten Biographie zu verweilen. Erwähnen möchte ich nur, daß sie bei den detaillierten Auskünften über sich selbst aus irgendeinem Grund ausgelassen hat, daß sie im Ersten Weltkrieg eine Zeitlang in den vordersten Reihen des Heers der Uralkosaken gedient hat. Weshalb bei den Kosaken, und dazu noch ausgerechnet bei denen aus dem Ural? Julija Nikolajewna erklärte dies so: Sie habe in der Kavallerie dienen wollen, weil sie hervorragend reiten konnte, und bei den Uralkosaken deshalb, weil diese Altgläubige waren und sich durch Sittenstrenge auszeichneten. Man verzieh ihr, daß sie nicht mit der Lanze umgehen konnte (sie war ihr zu schwer), den Säbel jedoch habe sie nach eigener Aussage gut handhaben können (sie legte sogar eine Prüfung ab). Zur Zeit der Provisorischen Regierung wollte man sie überreden, das Kommando über ein Todesbataillon aus Frauen zu übernehmen. Sie weigerte sich, woraufhin das Kommando Botschkarewa übertragen wurde. Mir ist unverständlich, wieso sich in ihren Erinnerungen nichts über den Hof und die kaiserliche Familie findet. Denn in jenem Buch des katholischen Diakons Wasili wird mitgeteilt, sie habe einen Roman über die Monarchin Alexandra Fjodorowna geplant. Schade, daß sie dieses überaus interessante Material für den Roman aufgespart hat, denn sie hat ihren Plan nicht ausgeführt, und überdies war Julija Nikolajewna eine schwache Schriftstellerin. Man sieht das an ihrer Erzählung »Solowezki Abeljar«, die in der Zeitschrift »Solowezkije ostrowa« unter ihrem üblichen Pseudonym »Juri Nikolajew« erschien. Außerdem steht die belletristische Form immer im Zwist mit der Glaubwürdigkeit der Fakten. Immerhin kannte sich Julija Nikolajewna am Hof sehr gut aus und erzählte viel vom Leben des Gosudar und der Gosudarynja* (so pflegte man den Kaiser und die Kaiserin in Petersburg zu nennen).

Von J.N. Dansas Erzählungen über die Familie des Monarchen sind mir drei als besonders wichtig in Erinnerung geblieben. Erstens hatte ich noch nie davon gehört, daß nach dem »Blutigen Sonntag« von 1905 bei Hofe Trauer verhängt worden war und einige Zeit keinerlei Bälle und große Empfänge abgehalten wurden. Eher bekannt ist, daß der Monarch und seine Familie sich am 9. Januar nicht im Winterpalast, sondern im Alexanderpalast in Zarskoje Selo befanden und deshalb keine unmittelbare Schuld am Tod der Menschen tragen konnten. Zweitens war zu Beginn des Krieges 1914 Oberst Mjasojedow als Spion gehängt worden – der Befehlshaber der Grenztruppen nahe Ostpreußen, bei dem der deutsche Kaiser Wilhelm II. nach der Jagd zum Essen vorbeizukommen pflegte (oder nur einmal vorbeigekommen war). Der Monarch wußte bestens, daß Mjasojedow weder ein Spion noch einfach ein Verräter war, aber unter dem Druck der Öffentlichkeit, die den Monarchen der Sympathie mit den Deutschen bezichtigte, bestätigte er aus Feigheit das Todesurteil des

* Etwa: »Monarch« und »Monarchin«

Gerichts. Es bereitete dem Monarchen große Qualen, und alles weitere Unglück nahm er als eine Strafe Gottes für seinen eigenen Kleinmut. Drittens erzählte Julija Nikolajewna viel von den schrecklichen Sorgen der Monarchin, die bei jeder Ausfahrt des Monarchen ein Attentat fürchtete.

Eine andere mir erinnerliche Erzählung von J.N. Dansas betraf die Auseinandersetzungen zwischen der Familie Stolypin und der Zarenfamilie. Nach dem Attentat auf Stolypin auf dem Aptekarski ostrow bot der Monarch den Stolypins an, im Winterpalast zu wohnen. Die Stolypins kamen und richteten sich im ersten Stock ein. Die Kinder von Stolypin rannten in allen Sälen herum und kletterten im Spiel auf den Thron. Alexandra Fjodorowna hatte diesbezüglich eine Aussprache mit Stolypins Frau, die sich nicht besonders taktvoll verhielt. Sie verteidigte ihre Kinder und gab im übrigen »zu verstehen«, daß ihr Mann für Rußland mehr bedeute als der Monarch. Nach diesem Zwischenfall wurde die Familie Stolypin in irgendeinem anderen Gebäude untergebracht. Die Monarchin aber konnte die ihrem Gemahl angetane Schmach nicht vergessen, was auch die Wachmannschaft bemerkt haben muß. Stolypin »fiel bei den Wachorganen in Ungnade«, was sich womöglich auf seine Bewachung im Kiewer Theater auswirkte, wo er ermordet wurde. Vielleicht stecken in dieser letzten Schilderung von J.N. Dansas noch Ungereimtheiten, jedoch nicht in meiner Erinnerung daran. Man müßte es nachprüfen ...

Bei allem enormen Wissen und all ihrem großen Mut hatte Julija Nikolajewna doch auch irgendetwas, ich wage es zu sagen, Primitives an sich. Zum Beispiel ihr Urteil über Poesie. Sie sagte immer, Lermontow sei über Puschkin zu stellen. Ab einem bestimmten Niveau von Poesie scheint es mir unzulässig, darüber zu urteilen, wer höher steht, wer mehr wert ist. Es läßt sich nur sagen: Welcher Dichter steht mir näher, zu welchem greife ich öfter. Wer steht höher, Derschawin oder Baratynski? Und schon gar nicht darf man die Dichter des 20. Jahrhunderts derartigen Werturteilen unterwerfen. Es sei gesagt, daß wir alle – die Kanowzy* – bereits zu jener Zeit viele der Gedichte von

* Mitglieder der KAN

O. Mandelschtam sehr schätzten; unter uns gab es Dichter, die die »Kolumnen«* von N. Sabolozki nachmachten. Die Gedichte der »Kolumnen« waren wild, und auch das gefiel uns. Wir liebten Wsewolod Roschdestwenski weitaus mehr, als man ihn heute mag. Ich behaupte nicht, daß wir Gedichte von Bely oder Brjusow auswendig konnten. Auswendig konnten wir vor allem Blok und teilweise natürlich Woloschin sowie die erwähnten Mandelschtam und Sabolozki. Von den alten Dichtern kannten wir vor allem Puschkin, dann Baratynski, Denis Dawydow, Lermontow. Es ist überhaupt äußerst interessant, wen die Jugend zu dieser oder jener Zeit auswendig kann, nach wessen Poesie ein inneres Bedürfnis besteht ...

Doch ich schweife von J.N. Dansas ab. Ihre gewisse Primitivität äußerte sich auch in ihrer katholischen Position. Anscheinend fiel es niemandem auf, daß große Gelehrsamkeit bei gleichzeitigem Mangel an Abstraktionsvermögen eine in gewissem Maße sogar negative Rolle spielen kann. Gelehrsamkeit bestärkt den Menschen in seinem Glauben, er sei im Recht, und hindert ihn am Begreifen von Neuem, Ungewohntem. Das Gefühl der eigenen Überlegenheit, das durch die Gelehrsamkeit gefördert wird, kann bei gleichzeitigem Mangel an schöpferischen Fähigkeiten den Austausch mit anderen erschweren. Daß J.N. Dansas als bereits reifer und reflektierender Mensch den katholischen Glauben annahm, war für uns durchaus begreiflich: Sie suchte nach einem starken seelischen Halt und wandte sich, in unseren jugendlichen Augen völlig naturgemäß, der Konfession ihrer französischen Vorfahren zu. Wir orthodoxen jungen Leute stritten nicht mit ihr über den Katholizismus, wie auch, mit unseren bescheidenen theologischen Kenntnissen? Seit wir jedoch in der Zeitschrift »Solowezkije ostrowa« ihren Abriß über die Inquisition in der orthodoxen Kirche gelesen hatten, waren unsere Gespräche mit ihr etwas steif. Zwei Gründe: Selbst wenn es auch in der Orthodoxie eine Inquisition gegeben hat, wieso rechtfertigt dies dann die katholische Inquisition? Und zweiter Grund – den Antireligiösen auch noch einen Trumpf zuzuspielen,

* »Stolbcy«

besonders in einem Lager, das übervoll war mit orthodoxen Geistlichen, das schien uns unter jeder Würde.

In Boris Schirjajews Roman »Neugasimaja lampada«,* erschienen in Paris und wieder abgedruckt in »Nasch sowremennik«, basiert die Figur des »Fräuleins dreier Kaiserinnen« gewissermaßen auf Julija Nikolajewna Dansas, denn andere Fräuleins gab es nicht auf den Solowki, allerdings ist sie stark verändert. Bliebe zu erwähnen, daß J.N. Dansas keine Baronesse war und daß sie nur bei einer Kaiserin Fräulein (genauer Staatsfräulein) sein konnte – in diesem Falle bei Alexandra Fjodorowna. Aber Roman ist Roman, das muß man bei der Lektüre von B. Schirjajews Buch berücksichtigen.

Gawriil Osipowitsch Gordon

1930 wurde in die 13. Kompanie Gawriil Osipowitsch Gordon einquartiert – ein Geschichtsprofessor, früheres Mitglied des GUS,** erstaunlich gebildet, ein ehemaliger »Dicker« (ein besonderer Typ Mensch, der in der Freiheit rundlich war und im Lager abmagerte).

Seine Erscheinung war immer und überall sehr auffällig, obgleich er den ihm gebührenden Platz im Leben niemals einnahm und auch nicht beanspruchte. Unser Jugendkommando kam ihm sogleich zu Hilfe, und bald war er in der 7., der »Künstlerkompanie« untergebracht und wurde zur Arbeit direkt ins Kriminologische Büro geholt. Des weiteren trafen wir Maßnahmen, damit er nicht so auffiel: Beim Appell stand er nicht in der ersten Reihe, auf den Gängen des USLON unterhielt er sich nur gedämpft. Aber auch aus den hinteren Reihen schaffte er es, zwei, drei Repliken auf die Strafpredigten abzugeben, die uns Kommandeur A. Kunst beim Appell hielt. Diese Repliken (in Form von schlagfertigen Fragen oder beifälligen Äußerun-

* *Das ewige Licht*

** »Gosudarstvennyj učenyj sovet« (GUS): Staatlicher Wissenschaftsrat; Organ des Volkskommissariats für Bildung der RSFSR von 1919–1932, sanktionierte die Lehr- und Forschungspläne, Professuren u.ä.

gen, die die Dummheit des Gesagten unterstrichen) konnten jeden beliebigen Kommandeurs-Dummkopf in Rage bringen, und Kunst zeichnete sich nicht gerade durch große Geistesgaben aus, auch wenn er listig und geschickt sein mochte.

Außer seinen eigenen Büchern und Artikeln konnte ich keinerlei veröffentlichtes Material über G.O. Gordon finden. Seine Bücher sind Lehrwerke zur Geschichte: »Der Chartismus«,* »Die Revolution von 1848«, »Die Geschichte des Klassenkampfes im Westen«. Weder die Artikel noch die Lehrbücher vermitteln eine Vorstellung von dem breiten Spektrum seines Wissens. Er beherrschte Griechisch und Deutsch perfekt, besaß gute Kenntnisse in Latein und Französisch, sprach fließend Italienisch, las Englisch, Spanisch, Schwedisch und alle slawischen Sprachen. Ständig war er bemüht, Neues zu erfahren. Auf den Solowki fand er Gelegenheit, beim Mufti der obersten Moskauer Moschee Arabisch zu lernen, und er gab diesem im Gegenzug Unterricht in Griechisch.

Von G.O. Gordons Tochter Irina Gawrilowna, die ich in Moskau ausfindig machen konnte, erhielt ich unlängst biographische Angaben, nach denen er 1885 in der Stadt Spassk geboren wurde. 1890 übersiedelte die Familie nach Moskau, wo er das Gymnasium absolvierte, danach die Universität. Zwischen 1906 und 1907 hörte er eine Vorlesung der sogenannten »Philosophischen Sommersemester« bei Cohen und Natorp in Marburg. 1909 diente er im 5. Kiewer Grenadier-Regiment. 1914 (kurz vor dem Krieg) bereiste er historische Stätten in Griechenland und der Türkei, was er übrigens bei uns im Zimmer gern erinnernd erwähnte. Danach führte er das übliche Leben eines Mitglieds der Intelligenzija jener Zeit: neuerliche Einberufung in die Armee, Teilnahme an verschiedenen gesellschaftlichen und wissenschaftlichen Institutionen der Revolutionsperiode, Vorlesungen in Moskau und in der Provinz; Arbeit als Rektor der Tambower Universität, Gründung der Tambower wissenschaftlich-philosophischen Gesellschaft. Später wurde er

* Erste engl. Arbeiterbewegung, benannt nach der 1838 von W. Lovett verfaßten »People's Charter«

Mitglied im Kollegium des Narkompros* der RSFSR, Stellvertreter des Vorsitzenden des Rats für Hochschulangelegenheiten W.P. Wolgin, Mitglied der Pädagogischen Sektion des Staatlichen Wissenschaftsrats usw. usw.

Für die jungen Leute auf den Solowki war er so etwas wie eine Universität: Er gab nicht nur Auskunft auf jegliche Frage, sondern konnte auch für nur einen oder zwei eine improvisierte Vorlesung mit genauen bibliographischen Angaben halten, Zitate anführen, Gedichte rezitieren. Und was besonders wichtig war – auf deutsch die notwendigen Stellen aus Goethes »Faust« anführen, für den wir uns damals unter A.A. Mejers Einfluß alle sehr interessierten. Wolodja Rasdolski, der bei mir im Zimmer lebte, konnte alles für ihn nötige und interessante Wissen erstaunlich geschickt aus G.O. Gordon herausholen und stundenlang dessen Überlegungen dazu lauschen. Bei meinen späteren Begegnungen mit G.O. Gordon, bereits in Moskau und Leningrad, erwähnte er die ungewöhnlichen Begabungen Rasdolskis, bedauerte jedoch zugleich, daß er viel Dilettantisches an sich habe und ihm eine »Schule abgehe«.

Die jungen Leute waren fasziniert von Gawriil Osipowitschs »Jovialität«, seiner Direktheit, dem Verzicht auf jegliche Effekthascherei (die für einen Professor immer so verführerisch ist), vom Unvermögen, sich zurückzuhalten, und von seiner Offenheit. Immer geriet er in irgendwelche Geschichten und machte sich Feinde, was zu jener Zeit äußerst gefährlich war. Ich entsinne mich noch, wie er im Krimkab erschien und sich vorstellte: »Zu Gordon Byron und Gordon dem Apotheker gibt es bei mir keinerlei Verbindung ...«

Pawel Fomitsch Smotrizki

Wir konnten uns nicht verzeihen, daß wir in der 13. Kompanie Pawel Fomitsch Smotrizki übersehen hatten. Er war ein hervorragender

* »Narodnyj komissariat prosveščenija« (Narkompros): Volkskommissariat für Volksbildung

Maler aus dem Kreis von »Mir iskusstwa«, Teilnehmer an einer russisch-finnischen Kunstausstellung, Freund des Architekten Ol, der die Datscha von Leonid Andrejew an der Tschornaja retschka gebaut hat. Seine geringe Bekanntheit als Maler erklärt sich, wie ich glaube, aus seiner außerordentlichen Bescheidenheit, einer Art psychologischer Unauffälligkeit. Er zog keinerlei Aufmerksamkeit auf sich, weder durch sein Äußeres, seine Art sich zu geben noch durch seine immer ruhige, leise Art zu sprechen.

Nach der vorgesehenen Aufenthaltsdauer in der 13. Kompanie wurde er als Kranker nach Anser verlegt, wo er Arbeit als Maler in der Schmuckkästchen-Werkstatt des Lagers fand. Diese Werkstatt war eine bemerkenswerte Einrichtung. Dort arbeiteten unter den Häftlingen rekrutierte gute Edelholztischler und fertigten Schmuckkästchen an, hauptsächlich aus Ikonen. Diese bekamen sie aus den Beständen des Museums, das von N.N. Winogradow geleitet wurde. Die Ikonen stammten aus dem 18. und 19. Jahrhundert, doch ich mutmaße nach dem Umfang der Produktion, daß auch Ikonen des 17. Jahrhunderts darunterfielen, denen man damals keine Beachtung schenken zu müssen glaubte. Was heißt »damals«! Noch in den 40er Jahren (offensichtlich gegen Ende des Krieges) erlaubte ein Doktor der Kunstgeschichte in der Stadt Gorki, eine unter dem Krankenhaus gelegene Kirche auszuräumen, in der Ikonen des 17. bis 18. Jahrhunderts lagerten. Und alle Ikonen wurden einfach verbrannt.

Das Holz der Ikonen war trocken und haltbar (man erzählte, es sei sogar Zypressenholz darunter gewesen), Tischler gab es noch, und der arme Pawel Fomitsch, der an Ikonen glaubte und sich auskannte, war gezwungen, die Schmuckkästchen zu bemalen. Ich habe übrigens diese über Moskau verkaufte Produktion nie zu Gesicht bekommen.

Pawel Fomitsch aus Anser herauszubekommen, war schwerer, als ihn aus der 13. Kompanie zu retten, trotzdem glückte es; im Frühjahr 1930 begann er, an unseren Gesprächen im Krimkab teilzunehmen, und er brachte immer zauberhafte Aquarelle mit. Ich entsinne mich einer Serie mit Sträuchern im Schnee. Von einigen seiner Sträucher wurden Druckgraphiken angefertigt, um sie in der Zeitschrift »Solowezkije ostrowa« zu veröffentlichen. Unten rechts in der Ecke trugen sie, soweit ich mich erinnere, seine Initialen in einem kleinen Kringel.

Pawel Fomitsch redete niemals lange, aber alle seine Bemerkungen und Antworten waren sehr präzise und »treffend«. An ein Gespräch kann ich mich erinnern. Ich berichtete ihm von einer Beobachtung, die ich gemacht hatte: Die Schriftsteller des ausgehenden 19. und beginnenden 20. Jahrhunderts hatten begonnen, sich eine besondere Kleidung für sich auszudenken. Der erste, der sich ganz eigen kleidete, war L. Tolstoi (übrigens liefen wir damals alle in Tolstowkas herum – ein Kleidungsstück, das nicht nur ohne frischen Kragen auskam, sondern manchmal auch keine Unterwäsche erforderte), danach hatten sich Stasow, Gorki, Leonid Andrejew, Blok, Woloschin, Bely, Skitalez usw. usw. eigene Bekleidungen für sich ausgedacht. Allein Tschechow hatte sich unserer Ansicht nach keine eigene Kleidung ausgedacht. Pawel Fomitsch überlegte und meinte dann: »Schon, aber Tschechow kleidete sich wie ein typischer Arzt.« Ich erinnerte mich an meine Kindheit, in der ich oft kränklich und von Kinderärzten besucht oder von Arzt zu Arzt gebracht worden war. Bei Tschechow steckte zweifellos etwas vom »Selbstbewußtsein des Arztes« in seiner Kleidung. Pawel Fomitsch hatte vollkommen recht. Mit dieser seiner geistreichen Bemerkung bleibt mir Pawel Fomitsch zeitlebens in Erinnerung.

Wladimir Sergejewitsch Rasdolski

Der erste Gleichaltrige, mit dem ich Bekannschaft und später im Krimkab auch Freundschaft schloß, war Wolodja Rasdolski aus Rostow-am-Don. Ich erwähnte ihn bereits. Er war Student, interessierte sich für Philosophie und philosophierte selbst ein wenig. Er schrieb auch heimlich. Sein Äußeres war beachtenswert: riesige schwarze Augen, den Mund dauernd zu einem Lächeln verzogen, das irgendwelche unausgesprochenen Gedanken zu begleiten schien, ewig eine qualmende Pfeife zwischen den Zähnen, eine gewisse physische Schwäche bei schnellen Bewegungen, Schaftstiefel, in denen die Füße herumwackelten, die Absätze schief abgelaufen (Wolodja setzte beim Gehen irgendwie seltsam mit den Fersen auf). Arbeiten konnte er nicht. Er las nur, dachte nach, überlegte laut. Wenn ihm denn Alexandr Nikolajewitsch Kolosow Aufträge gab, so überlegte er lange – wie sie anpacken, was an andere delegieren, d.h. an mich oder Alexandr Arturowitsch Peschkowski. Es schien, Wolodja habe nichts anderes im Kopf als nur seine philosophischen Träumereien. Darum verwendete er für alle Gegenstände, Dinge, Handlungen des Alltags nur ein Wort: »Hündchen« (»sobatschka«). Hatte er das »Hündchen« verloren, so hieß das, er hatte seine Pfeife verloren oder den Bleistift irgendwo gelassen oder einen Auftrag nicht ausgeführt oder sonst etwas. »Wo ist bloß dieses Hündchen?« pflegte er zu fragen und überließ es uns, den Inhalt seiner Frage herauszubekommen. Im Krimkab war er entweder mit der Lektüre von irgendwo aufgetriebenen Büchern beschäftigt, die ihn interessierten, oder in »schlaue« Gespräche mit Alexandr Alexandrowitsch Mejer vertieft (falls dieser nicht von irgendwelchen, immer im Flüsterton geführten Gesprächen mit Xenija Anatolijewna Polowzewas belegt war, die Alexandr Alexandrowitsch in Büchsen und Töpfen das Essen brachte). Die Unterhaltungen mit Wolodja und seine Überlegungen waren immer äußerst interessant. Hätte er sein Leben unter normalen Bedingungen fortsetzen können, wäre aus ihm zweifelsohne ein interessanter Denker geworden.

Nach der Abreise von »Papaschka« A.N. Kolosow lebten er und ich zusammen in einem Zimmer in der 7. Kompanie. Er hatte seine Bettstatt unter dem Fenster. Ihn des Morgens wachzubekommen, war immer schwierig. Sehr selten betrank er sich (als Schmuggelwodka auf den Solowki auftauchte), und dann bewahrte ihn das gesamte Zimmer vor den Spitzeln und Wachhabenden. Wir packten ihn auf sein Bett, deckten einen Mantel über ihn und sagten: »krank«, damit er nicht zum Appell mußte. Er war ein Verehrer der Gedichte von Sweschnikow-Kemezki, der bei uns im Zimmer lebte, und ständiger Gesprächspartner von Gawriil Osipowitsch Gordon.

In der Unterhaltung mit Wolodja wetteifern konnte ich nicht, doch ich war ein wacher und aufmerksamer Zuhörer. Im allgemeinen wußte

Wolodja wenig, aber er verstand es, interessante »Alte« (Gordon, Mejer, Dansas, Suchow, Bardygin – letzterer war übrigens keineswegs alt) und auch andere in Dispute und Streitgespräche zu verwickeln. Er zweifelte nicht an der Existenz Gottes, hatte aber mit der Kirche wenig zu schaffen.

Er bekam auch Besuch von seiner Mutter. Einen Vater hatte er nicht. Seine Mutter war eine außergewöhnlich schöne Frau, ungeachtet ihres gequälten Gesichtsausdrucks. Sie arbeitete, verdiente Geld, schickte Päckchen an ihren einzigen Sohn ... Er machte mich mit ihr bekannt. Wolodja war ukrainisch-polnischer Herkunft. Sein vollständiger Familienname lautete Rasdolski-Ratoschski, der Ursprung des Geschlechts verliert sich irgendwo in der Tiefe der Jahrhunderte ...

Als er unmittelbar nach mir nach Medweschja Gora verlegt wurde, schloß Wolodja sich den jungen Leuten um A.F. Losew an.

Wladimir Kemezki (Sweschnikow)

Sehr viele von den jüngeren Leuten auf den Solowki verfaßten Gedichte. Überhaupt gab es in den 20er Jahren nur wenige junge Leute aus der Intelligenzija, die keine Gedichte schrieben. So war eben die Zeit. Die einen schrieben heimlich, ohne es jemandem zu zeigen, andere zeigten es, brachten es aber nicht zum Druck, die dritten veröffentlichten ganz schnell in den »Solowezkije ostrowa«. Zu den letzteren zählten von meinen Bekannten A. Pankratow, J. Kasarnowski, D. Schiptschinski, A.A. Peschkowski, Lada Mogiljanskaja, doch der zweifellos talentierteste und »echteste« war Wladimir Kemezki. Übrigens ist »Kemezki« der Familienname seiner Mutter und sein Pseudonym als Dichter. Sein richtiger Name, unter dem er auch im Lager geführt wurde, ist Sweschnikow.

Ich traf genau Anfang November 1928 auf den Solowki ein, konnte jedoch erst im Frühjahr 1929 die Solowezker Bibliothek im Kreml aufsuchen und mir dort Bücher entleihen. Die Bibliothek war gut, weil dort alle Bücher landeten, die die Häftlinge geschickt bekamen, und es waren ja viele Professoren darunter, Leute mit Universitätsausbildung.

In der Bibliothek arbeiteten: Koch (ein deutscher Kommunist, jung, ohne einen einzigen Zahn – alle beim Verhör ausgeschlagen), Boris Brik (ein Dichter), A.N. Gretsch (Nachfahre des bekannten Gretsch, eingesperrt in der Sache »Gesellschaft der russischen Gutsbesitzungen«), Nowak (ein ungarischer Kommunist), der kleine alte Möbus – Herausgeber der Theosophischen Enzyklopädie in zwei großformatigen Bänden – sowie Wolodja Sweschnikow. Ich entsinne mich, daß es in den Räumen sehr kalt war. Wolodja, blau vor Kälte und Hunger und in einer bäurischen Felljacke, aus der ein großer Fetzen herausgerissen war (und niemand nähte ihm diesen Fetzen wieder an), bearbeitete die Buchbestellungen – brachte sie zur Balustrade, hinter der die »Leser« standen. Er sah immer aus wie ein beleidigtes kleines Kind. Seinem Äußeren nach war er, wenn man genau hinsah, etwas über zwanzig Jahre alt. In Wirklichkeit war er fast dreißig. Ende 1929 oder Anfang 1930 kam Wolodja mit mir in ein Zimmer. Seine Gedichte waren sehr geschätzt, und er bekam immer (im Rahmen des Möglichen) etwas zu essen ab, wenn jemand ein Paket erhielt. Verblüffend waren seine Aufrichtigkeit und Direktheit: All seine Empfindungen waren ihm am Gesicht abzulesen. Oft mußte man sich schützend vor ihn stellen, weil er sofort auf jede Ungerechtigkeit, Grobheit reagierte. Es lag bisweilen sogar etwas Hysterisches in seinem erregten Geschrei. Sein Zorn traf manchmal sogar jene, die ihm helfen wollten. Seine Zimmergenossen verziehen ihm alles wegen seines dichterischen Talents. Aber nur ein kleiner Teil seiner Produktion kam 1930 in die Zeitschrift »Solowezkije ostrowa«, es kann auch 1929 oder 1931 gewesen sein (ich habe es nicht nachgeprüft). Abgedruckt wurden auch seine alten Gedichte, die in Berlin und Paris entstanden waren, aber diese waren weitaus schlechter – mit ihrem Anspruch auf »Gebildetheit«. In unserem Zimmer in der 7. Kompanie schrieb er auch seine »Sage von Erik, Elmars Sohn«. Er dachte an den Tod; sein Geschlecht stammte in mütterlicher Linie von den skandinavischen Wikingern ab. Seine Gedichte verfaßte er, indem er dauernd mit bedrückter Miene vor sich hin murmelte und die Lippen schürzte. An sein Gesicht, seine ganze Haltung kann ich mich sehr gut erinnern. G.O. Gordon meinte, er (Wolodja) sei ein »typischer Pariser Clochard«, ein Obdachloser vom Montmartre.

Was seine Vergangenheit vor den Solowki anbelangt, so entsinne ich mich nur des folgenden: Seine Eltern waren weiße Emigranten, der Vater, Sweschnikow, offenbar ein weißer Offizier. Wolodja lebte mit seiner Familie einige Zeit in Berlin (von daher seine Berliner Themen in den frühen Gedichten, die er übrigens nicht alle drucken lassen wollte; aber in unserem Zimmer hat er sie gezeigt). Dann übersiedelte die Familie, wie so viele andere Emigranten, nach Paris. In Paris trat Wolodja mit einer Gruppe der Emigrantenjugend in den Komsomol ein (offensichtlich ein eigenständiger Verband), und diese Jugend begann sich nun eifrig um die Rückkehr in die Sowjetunion zu bemühen. Die Eltern waren dagegen. 1926 erhielt er mit der Gruppe Jugendlicher die Erlaubnis zur Rückkehr. In Charkow, wo er sich vor den Solowki aufhielt, womöglich aber auch in Moskau, hat er dann irgendwas herumerzählt, offen seine Unzufriedenheit mit irgendetwas gezeigt, und so »bekam« er fünf Jahre.

Auf den Solowki war er ständig hungrig und lief wie ein Zerlumpter umher. Einer der Lagerleiter heiratete eine ehemalige Gefangene aus der Gruppe der Intelligenzija (ihre Freundin war Lada Mogiljanskaja). Sie war ganz begeistert von seinen Gedichten, die in den »Solowezkije ostrowa« erschienen, und schickte ihm ein-, zweimal Machorka-Tabak und ein klein wenig zu essen. Ihren Namen lasse ich unerwähnt – sie lebt noch. Er widmete ihr eines seiner Gedichte, das 1930 in den »Solowezkije ostrowa« erschien. Diese Zeitschrift war überall in der Sowjetunion im Handel zu haben, ja sogar im Ausland (eine komplette Anzahl von Nummern befindet sich zum Beispiel, wie man mir sagte, in der Bibliothek von Helsinki). Von seinen Gedichten ließ sich ein Schulmädchen irgendwo in Perm oder Wjatka bestricken, und sie begann ihm zu schreiben und Päckchen zu schicken. Von sich aus und im Namen ihrer Eltern lud sie ihn in ihre Stadt ein. Man sagte mir, sie sei seine Frau geworden, aber das ist offensichtlich falsch. Er lebte später in schrecklicher Armut im Gebiet Archangelsk, wo er am 29. Januar 1938 im Uchtpetschlag* erschossen wurde. Kem war für ihn eine Zwischenstation auf dem Weg zur Entlassung: Zum Kemperpunkt

* Uchtinskij-Pečenga-Lager

wurden all jene geschickt, deren Entlassung in die schiffahrtsfreie Zeit fiel. Seine besten Gedichte stammen gerade aus dieser Zeit nach dem Lager, diesem ärmlichsten Abschnitt seines Lebens. Die Erwartung des nahen Todes ist ihr Hauptthema.

Einige seiner Gedichte konnte ich in der Berliner Zeitschrift »Nedra« finden, 1923/24, im vierten Heft (S. 314). Einen Hinweis auf ihn enthält der Band »Russki Berlin«: 1921–1923 (Paris 1983, YMCA-Press). Einige Gedichte wurden in den Zeitschriften »Ogonjok« und »Nasche nasledije« veröffentlicht.

Meine Erinnerungen an Wolodja möchte ich mit Zeilen aus einem seiner Gedichte von 1927 beschließen:

Meine Verse für aller Zeiten
Träumer, Vagabunden, Säufer,
für die, die in ihrem Leben liebgewannen
den Wein, die Liebe und die Inspiration,
die ein andres Leben sahen
durch diese düstren Augenblicke ...
Diesen Moment begrüße ich wie ein Fest ...
Die grausame Stunde der zukünftigen Strafe.
Wie leicht seid ihr! Mich aber schmerzt es –
freudig eurem lieben Flug
zu folgen – in der gewaltigen Stille
Meines Gefängnisses und meines Grabs.

Die »zukünftige Strafe« (die Erschießung) ereilte ihn genau zehn Jahre später.

Alexandr Arturowitsch Peschkowski

Über ihn zu schreiben, fällt in der Tat schwer. Neben all dem unglaublich Vulgären und Pragmatischen besaß sein Wesen auch eine gewisse Naivität, Vertrauensseligkeit und noch irgendetwas Einnehmendes. Er arbeitete im Krimkab schon, bevor ich hinkam, er war ein wenig älter als ich, und A.N. Kolosow hatte ihn als seinen ersten Assistenten unter die Fittiche genommen, womit A.A. Peschkowski auch gern angab. Wolodja Rasdolski und mir hat das nichts weiter ausgemacht: »Soll er doch!« Er war ungeheuer aktiv und »lebhaft«. Lebhaft nicht nur, weil er ständig irgendetwas fertigbrachte oder organisierte (vor allem für sich selbst – manchmal auch für uns), sondern auch darum, weil er an einer Form von Chorea erkrankt war: Seine Beine zuckten (in Kniestrümpfen und spitzen modischen »Jimmy«-Schuhen), er ließ die Schultern kreisen, wackelte mit dem Kopf und sprach irgendwie besonders abgehackt (aus seinem Gedankenfluß brachen dauernd irgendwelche Wörter hervor, vor allem wenn er schrieb). Aufgrund einzelner Wörter, die aus ihm herausbrachen, wenn er schrieb, zum Beispiel einen Antrag mit der Bitte um Begnadigung, konnten wir uns dieses »Dokument« lebhaft vorstellen, voller Selbsterniedrigung und Übertreibungen. Das »Dokument« selbst verbarg er vor uns, aber lachend bemitleideten wir Arturytsch dennoch wegen der Erniedrigung, durch die er hindurchmußte. Übrigens wurde er vorzeitig entlassen – nicht wegen seines Antrags, sondern wegen seines Verhaltens im Solteatr.

Als im Sommer 1931 (wie jedes Jahr) die Entlastungskommission kam, wurde eine Vorstellung für sie gegeben – »Solowezker Rundschau« von B.N. Glubokowski. Auch Häftlinge hatte man ins Theater gelassen. Arturytsch, der für den »Sollistok« »Theaterbesprechungen« schrieb (er lobte die ihm nützlichen Schauspieler und Regisseure), nahm seinen üblichen Platz unter der Loge der Lagerleitung ein. Kaum hatte sich der Vorhang gehoben, alles wurde leise, konnte man Arturytschs Gepiepse und Gemurmel vernehmen. Die Kommission war bestürzt und veranlaßte noch während ihres Aufenthalts seine Entlassung. Ich selbst war bei diesem »doppelten« Schauspiel nicht dabei: Es wurde mir so erzählt.

Arturytsch versuchte sich auch im Verfassen von Gedichten und Prosa – sein »Hauptwerk« war »Kusmas Witwe«. Arturytsch veröffentlichte in den »Solowezkije ostrowa«, wobei er einzelne Wörter seiner Werke durch Großbuchstaben hervorhob, was wie eine Art Fortsetzung seiner seltsamen Krankheit anmutete. »Arturytsch hat Schluckauf, wenn er schweigt, und Jurka Kasarnowski, wenn er spricht«, witzelte man über ihn. Doch Arturytsch hatte auch im gedruckten Text »Schluckauf«, mit seinen absichtlich hervorgehobenen Wörtern. Sein Prosastück (mit einer »Madame Liberman« als Hauptfigur) war indes gar nicht so schlecht.

Er war der Neffe eines Spezialisten für russische Syntax – A.M. Peschkowski. Seine Mutter und sein Stiefvater Schwedow kamen ihn besuchen. Sie waren aus Zarskoje Selo (damals bereits umbenannt in Detskoje Selo). Die Mutter war sehr religiös. Als sie ins Museum kam, betete sie inbrünstig vor den dort zum Spott ausgestellten Reliquien von Sosima und Sawwati.

Arturytsch konnte sich hervorragend arrangieren, hatte überall »Blat«* (ein kurzes Solowezker Wort, das später durchs ganze Land ging) und umgab sich mit jungen Literaten. Die dienstlichen Aufträge von »Papaschka« A.N. Kolosow erledigte er tadellos. Er kannte alle Gerüchte, alle »Paraschi« oder, wie sie auf den Solowki außerdem hießen, »Radio-Paraschi«, d.h. Gerüchte, die vor allem von der Funkstation kamen – dem über Monate hin einzigen Verbindungsfaden zum Festland.

In der »Solowezker Rundschau« wurde gesungen:

Nicht die Radio-Latrine
Und auch nicht das Grammophon –
Wer da singt, den Bauch voll Kascha,**
Ist unser frohgemutes SLON.

Die gesamte Gedichte schreibende Jugend der Solowki bewegte sich um ihn herum: Pankratow, Kasarnowski, Schiptschinski, Sweschnikow-Kemezki, L.M. Mogiljanskaja (sie alle wurden übrigens später erschossen, außer J. Kasarnowski, der an Rauschgift starb).

Nach der Entlassung aus dem Lager traf ich A. A. Peschkowski in Leningrad. Ich erzählte ihm, daß ich vorhätte, kleine Skizzen zur Her-

* Beziehungen, Kontakte »durch die Hintertür«

** Wir bekamen hauptsächlich Kascha zu essen – aus Hirse und aus Graupen. (Anm. D.L.)

kunft einiger Wörter und Ausdrücke für eine Kinderzeitschrift zu schreiben (für »Koster«, wo ich das Manuskript schon abgegeben hatte). Wie groß war mein Erstaunen, als er augenblicklich und schneller als ich eine Serie solcher Skizzen veröffentlichte, und zwar genau zu jenen Wörtern, die ich ihm genannt hatte, und auf Grundlage der gleichen Nachschlagewerke und Ausgaben. Ich war entrüstet und traf mich nicht mehr mit ihm. Wann genau und auf welche Weise er bald darauf verschwand – ich weiß es nicht. Sich einfach unbemerkt machen, konnte er nicht, nicht einmal in Leningrad. Ich jedenfalls danke dem Schicksal, daß ich in jenen Jahren nicht den Weg des Schriftstellers einschlug, sondern mich unauffällig hielt, indem ich zuerst als Korrektor in der Druckerei »Komintern« arbeitete, danach als wissenschaftlicher Korrektor im Verlag der Akademie der Wissenschaften im Tamoschenny pereulok auf dem Wasiljewski ostrow.

Alexandr Alexandrowitsch Bedrjaga

Nach der Entlassung von Alexandr Nikolajewitsch Kolosow wurde das Krimkab von Alexandr Alexandrowitsch Bedrjaga geleitet. Ich weiß es noch wie heute. Er hatte einen schmalen, nach oben hin noch schmaler werdenden Glatzkopf, Schnurrbart, schöne verschmitzte Augen, einen kleinen Mund, und seine Miene verriet stets die Bereitschaft, jedes Gespräch ins Scherzhafte zu ziehen. Er trug eine dunkle Tolstowka und hohe Stiefel. Er hatte sich wie »Papaschka« Kolosow angewöhnt, einen Bleistift in der Hand zu halten, während er Belletristik las, um in jeder Sekunde vor einem plötzlich auftauchenden Vorgesetzten in der Pose dessen zu erscheinen, der Aktenvermerke schreibt.

Er war Jurist, hatte jedoch schon vor seiner Verhaftung seinen Beruf aufgegeben und war Masseur in der Maximilianowskaja-Klinik (Privatklinik) in Leningrad geworden. Bis zur Verhaftung lebte er in Leningrad im Oserny pereulok, in demselben Haus wie B.D. Grekow. Seine Mutter (ihren Familiennamen habe ich vergessen, ich glaube, er lautete Tschebotarewa) hatte Alexandr Alexandrowitsch (noch vor seiner Verhaftung) ihrer Schülerin Lisa zum Mann versprochen. Und sie erwartete, daß er sie nach seiner Rückkehr heirate. Er entzog sich diesem Versprechen, doch nach jeder großen Sauferei auf den Solowki, wozu er sehr neigte, war er gewöhnlich düsterer Stimmung und meinte: »Ich heirate Liska.« Das sollte heißen, daß sein Kopf vom Kater schmerzt. Mich schätzte er nicht besonders, weil ich ein »Abstinenzler« war, und dem Trinker ist ein Abstinenzler immer ein Feind, ein Gegner, ein lebendiger Vorwurf! Zuneigung hegte er nur für Wolodja Rasdolski, weil dieser an seinen Trinkgelagen gern teilnahm. Diese Saufereien kosteten einen Haufen Geld. Der Wodka wurde geschmuggelt.

Ich erinnere mich an folgende Episode. Bedrjaga hatte sich in der 3. Kompanie bis zur Bewußtlosigkeit betrunken. Er lag unbeweglich auf seiner Bettstatt, flach, von irgendjemandem besorgt zugedeckt. Das war bereits in der Zeit, in der die Schiffahrt eingestellt war. Es kamen Postkähne (Boote, die man übers Eis ziehen konnte – relativ klein), die den Schmuggelwodka brachten. Diesen Wodka beschaffte sich von den Postknechten sogar der Leiter unserer Inselabteilung, »Petja« Golowkin, ein ziemlicher Schluckspecht. Er wußte genau, wann die Postleute mit dem Wodka ankommen. Nachdem er sich also einen angetrunken hatte, begann »Petka« Golowkin, die Kompanien nach Betrunkenen abzusuchen, veranstaltete eine Razzia, obwohl er sich selbst kaum auf den Beinen halten konnte, und sperrte alle Betrunkenen in den Karzer. Und auf den Solowki in den Karzer zu kommen, war soviel wie ein Todesurteil. Man mußte eine robuste Natur haben, um den ganzen Tag auf der »Scherdotschka« zu sitzen (so hießen im Karzer die Bänke ohne Lehne, die schmal und sehr hoch waren – man kam mit den Füßen nicht auf den Boden).

»Petja« Golowkin polterte also in betrunkenem Zustand in die 3. Kompanie, wo die »wohlhabenden« Häftlinge saßen, die Geld hatten, um Wodka zu kaufen. Als der Vorgesetzte in die Kompanie kam, schrie der Wachhabende: »Stillgestanden« – die Zimmertüren hatten offen zu sein, und alle mußten mit den Händen an der Hosennaht dastehen. Und Bedrjaga liegt da! »Petja« Golowkin fragt den Wachhabenden: »Und wer ist der da?« – »Ein Kranker«, erwidert der Wachhabende unterwürfig. »Petja« Golowkin dachte sich, der »Kranke« würde ihm ja nicht davonlaufen, die anderen Betrunkenen könnten sich aber inzwischen verstecken, und so klapperte er schnell die übrigen Zimmer ab. Währenddessen schleppten Wolodja Rasdolski und ich den »toten Körper« von Bedrjaga quer über den Platz vor dem Preobraschenski sobor in die 7. Kompanie. Nachdem »Petja« Golowkin sämtliche Zimmer in den beiden Stockwerken inspiziert hatte, kam er dorthin zurück, wo Bedrjaga gelegen hatte, und fand ihn nicht. »Wo ist er hin?« – »Ich kann es nicht wissen«, erwiderte der Wachhabende, und in der Tat, wie sollte er auch, schließlich hatte er zusammen mit Golowkin den Rundgang gemacht. Als »Petja« Golowkin bemerkte, daß er geleimt worden war, bebte er vor Zorn und beeilte sich, den »toten Körper« zu schnappen. Zuerst ging er in die 7. Kompanie – die der Künstler und Musiker des Solteatr. Sie wurde von dem estnischen Offizier Alexandr Adolfowitsch Kunst angeführt (ein Kalauer der Verwaltungsabteilung, wo lustige Weißgardisten das Sagen hatten, bestand darin, die Aufgaben entsprechend der Nachnamen zu vergeben). Kunst war ein guter Kerl und mutig. »Petja« Golowkin rannte in die 7. Kompanie und stürzte sich auf Kunst: »Bei dir in der Kompanie geht es drunter und drüber, Saufereien!« Kunst war klar, daß es unmöglich war, Golowkin zu widersprechen, zumal er betrunken war, und so schlug er die Hacken zusammen und erstattete mutig Rapport: »Stimmt genau, Herr Vorgesetzter« – einen Vorgesetzten »Genosse« zu nennen, war den Häftlingen streng verboten – »es geht drunter und drüber: also alles in Ordnung!« Der betrunkene Golowkin blickte Kunst wie von Sinnen an, er merkte, daß er nicht mehr ganz folgen konnte, und sagte: »Alles in Ordnung, sagst du? Dann versuch mal, gerade auf einem Dielenbrett zu laufen« (das war seine Lieblingsmethode, Betrunkene zu erwischen). Kunst war nüchtern und lief schnell ein Dielenbrett entlang. »Petja« Golowkin polterte durch die Zimmer (es herrschte Kommando »Stillgestanden«, die Türen standen offen), und gleich im ersten Zimmer fand er Bedrjaga, der dalag wie ehedem. Wir hatten ihn nicht einmal mehr mit dem Mantel zudecken können. Bedrjaga wurde in den Karzer gesteckt, man begann ihn zu verhören: »Woher hast du den Wodka, wer schafft ihn her?« Man schlug ihn vor den Augen der anderen

Häftlinge im Karzer, aber Bedrjaga verriet nichts. Danach waren die Urki auf den Solowki voll tiefer Verehrung für Bedrjaga wie auch fürs Krimkab, und sie erzählten uns ohne Furcht von ihrem Leben; diese Berichte zeichnete ich auf, und ich lernte dadurch das schriftliche Erzählen (in der kalten Schule in Leningrad hatten wir nie Aufsätze geschrieben, vor Kälte konnten die Finger gar keinen Stift halten). Bedrjaga wurde von den Ärzten herausgeholt, die ihn wegen irgendeiner »schweren« Krankheit vom Karzer auf die Krankenstation überwiesen.

Im ganzen aber muß man sagen, daß die Lagerleitung großes »Verständnis« für Betrunkene zeigte und ihnen Streiche verzieh, für die einem Nüchternen im Lager die Erschießung gedroht hätte. Bedrjaga zum Beispiel wurden folgende Streiche verziehen: Einmal setzte er sich im Suff einen Feuerwehrhelm auf, zog sich die ganze Feuerwehruniform an, nahm ein Feuerwehrbeil, hängte sich die elektrische Lampe um (er kam an all das heran, weil es in der Feuerwehrmannschaft ebenfalls Trinkfreudige gab), dann platzte er während der Vorstellung in den überfüllten Saal des Solteatr und rief gellend: »Feuer!« Eine Panik brach aus, aber zum Glück kam niemand zu Schaden. Die Sache wurde vertuscht – die Lagerleitung lachte. Ein andermal kletterte er zur »Zarenglocke« hinauf, die in dem niedrigen Glockenturm im Garten vor dem Preobraschenski sobor hing, und schlug sie ziemlich laut. Wieder wurde die Sache vertuscht – die Lagerleitung lachte. Von den Streichen des betrunkenen Bedrjaga könnte man endlos erzählen. Unter ihm lebten wir immer recht freizügig. Er verstand sich bestens auf »Tufta« und konnte so tun, als sei unser Krimkab mit wichtigen Angelegenheiten beschäftigt. Alle mochten ihn. Er verstand sich auch auf Scherze, obwohl er bei weitem kein intelligenter Mensch war. Betrüblich, daß wir nach A.N. Kolosow keine ernsthafte Aufgabe mehr hatten. Die Arbeitskolonie lebte ihr eigenes Leben und wurde später nach Bolschewo verlegt.

Nach seiner Entlassung konnte Bedrjaga keine Arbeit finden. Nirgends wurde er genommen. Er fuhr ins Dmitrowlag bei Moskau, und dort brachte ihn Dmitri Pawlowitsch Kallistow bei sich als Hausangestellten unter. Er ließ ihn registrieren, eintragen. Auf der Miliz war man nicht wenig überrascht. Sie hatten Bedrjaga zum Schmarotzer abstempeln wollen, doch es gab einen Vertrag mit Kallistow, wie ihn dieser üblicherweise mit den Hausangestellten schloß, und Kallistow verteidigte ihn: »Steht etwa in unserer fortschrittlichen Arbeitsgesetzgebung irgendwo, daß Hausangestellte nur Frauen sein können?« Daran gab es nichts auszusetzen, und Bedrjaga, mit legalem Wohnsitz und in der »Position« eines Hausangestellten, trank weiter. Zum Schluß erhängte er sich im Schuppen von Kallistow. Dutzende Male pflegte er zu wiederholen: »Ich heirate Liska«, aber mit dem Trinken hörte er nicht auf. Seine Mutter wußte wohl, wem sie ihn zum Mann geben wollte, und »Liska« hätte ihn vielleicht vor diesem schrecklichen Tod bewahrt. Schade.

Und was wurde aus dem Assistenten des Lagerleiters, »Petja« Golowkin (»Petja« wurde er von den Häftlingen genannt, die ihm wegen seiner Trunksucht all seine Gemeinheiten nachsahen)? Er wurde noch während meiner Zeit auf die Insel nach Kem versetzt. Auch die Lagerzeitung verlegte man von den Solowki nach Kem. Einmal bog sich die ganze Insel vor Lachen. In einer auf die Solowki gelangten Nummer der Kemer Lagerzeitung lasen die Häftlinge einen Artikel von P. Golowkin über das Übel der Trinkerei. Es war ein Meisterstück der Zeitungskunst. Golowkin schrieb, daß man von der Trinkerei ins Schwanken komme, nervöse Bewegungen mache, hinfalle und sich das Bein oder den Arm brechen könne, schlecht arbeite, am nächsten Tag Kopfschmerzen habe usw. Die oberste Lagerleitung hatte Golowkin diesen Artikel schreiben lassen, in der Hoffnung, es sei ihm danach peinlich, weiter zu trinken. Geschrieben hat den Artikel freilich nicht der des Lesens und Schreibens kaum mächtige »Petja«, sondern einer von den gewitzteren Häftlingen.

Michail Iwanowitsch Chatschaturow

Man darf sich das Kriminologische Büro nicht nur als Zentrum für ernsthafte Philosophiererei vorstellen. Manchmal, wenn keine dringende Arbeit anstand, war es auch eine ganz eigene Art von Gastzimmer. Unsere Zimmer waren nur zum Schlafen da, zum Trinken von heißem Wasser und für private Dinge, um so mehr, als die flackernde Birne früh ausgeschaltet wurde (zehn Uhr). Zwischen den Kompanien oder Zimmern zu wandern, war verboten, im Gebäude der Lagerverwaltung beim Anlegesteg jedoch war es leicht, sich zu treffen. Natürlich fühlten sich die meisten aus der Intelligenzija vom Kriminologischen Büro angezogen.

Einer der häufigsten Besucher war der überaus scharfsinnig denkende Michail Iwanowitsch Chatschaturow. Michail Iwanowitsch hatte den glücklichen Strafparagraphen für Unterschlagung bekommen, obwohl in meinen Solowezker Notizen neben seinem Namen aus irgendeinem Grund »Theosoph« steht. Es bereitete ihm besonderes Vergnügen zu erzählen, wie er riesige Staatsgelder verjubelt hatte und dann beim Versuch, von Armenien über die Grenze in die Türkei zu kommen, erwischt worden war.

In jenen fernen Zeiten wurde die Lagerbevölkerung eingeteilt in »sozial Nahestehende« und »KRler« (Konterrevolutionäre – Häftlinge, die unter Paragraph 58 fielen; den Ausdruck »Kontrik« gab es da noch nicht). Die »sozial Nahestehenden« waren in allem bevorzugt. Sie konnten sich außerhalb der Klostermauern Quartier suchen, die besten Posten ergattern und wurden sogar zur Bewachung herangezogen. Formal war es so, doch die Lagerleitung sah ein, daß Dieben und Banditen nicht besonders zu trauen war: Wer stahl, mordete, betrog, die Disziplin verletzte, das waren sie. Darum blieb faktisch nur eine kleinere Gruppe übrig, der es tatsächlich besser ging. Trotzdem galt das Bestreben der günstigen Gelegenheit, der beruflichen Qualifikation, den Beziehungen,. Zu dieser Gruppe von Häftlingen, denen man eher als anderen vertraute, gehörten solche, die wegen Verletzung von Dienstvorschriften zu Lagerhaft verurteilt worden waren (zum Beispiel enttarnte Geheimdienstler, die unter den Paragraphen des Verrats von »Staatsgeheimnissen« fielen), Devisenspekulanten, Veruntreuer u.a.

Wegen Veruntreuung und Fluchtversuch ins Ausland war auch der stets lebhafte, scharfsinnige und geschickte Michail Iwanowitsch

Chatschaturow verhaftet worden. Zu jener Zeit war es noch nicht üblich, politische Prozesse als Strafprozesse zu kaschieren. Mit dieser Manier fing man erst nach dem Krieg und der Deklaration der Menschenrechte an, als unsere Regierung um jeden Preis die Prozentzahlen der politischen Prozesse und politischen Häftlinge senken mußte. Deshalb war für M.I. Chatschaturow die Situation im Lager einigermaßen erträglich. Wendig und gebildet, wie er war, bekam er irgendeinen vorteilhaften Posten und quartierte sich außerhalb des Kreml (irgendwo bei der Banja Nr. 2) in einem winzigen Zimmer mit Ofen und Strom ein. Innen war das Zimmer ordentlich ausgestattet, davor aber lag haufenweise Holz und sonstiger Kram herum. Jeder im Lager war bestrebt, unauffällig zu bleiben und insbesondere keinen Neid zu erwecken. Ich war einige wenige Male bei ihm, und immer fand ich dort beinahe normale Verhältnisse vor.

Er kam oft im Krimkab vorbei, erwies uns verschiedene kleinere Dienste und brachte stets Neuigkeiten, Späße, Witze mit. Wir freuten uns über ihn. Er war intelligent, reich an Erfahrung. Er vereinte in sich die besten Eigenschaften eines Armeniers vom Vater her und eines verwegenen Kosaken von der Mutter her.

Obwohl Michail Iwanowitsch als Nicht-Politischer zu zehn Jahren verurteilt worden war, entließ man ihn von den Solowki im Jahr 1929 oder 1930. Von seinem weiteren Leben im Lager auf dem Festland erfuhr ich aus den unveröffentlichten Erinnerungen von Nikolai Wasiljewitsch Schilow: »Chronik meines Lebens«. Ich erlaube mir, einen größeren Abschnitt anzuführen (bei Michail Iwanowitsch ist es mir um jede Kleinigkeit zu tun). Der Autor der »Chronik« schreibt: »Die Verwaltung der Abteilung [des Weißmeer-Ostsee-Lagers – D.L.] wurde am Wygosero in der Siedlung Maj-Guba aufgebaut, wo es die Siedlung, ein Sägewerk und eine kleine Experimentier-Fabrik [ich erkenne Michail Iwanowitsch wieder – er war mit einer »kleinen Fabrik« zufrieden – D.L.] für Bauspanplatten gab, die vom Sek*-Ingenieur Chatschaturow geleitet wurde. Chatschaturow schien dem Namen nach Armenier zu sein, doch dem Äußeren nach war er eher

* »zaključennyj« (Zek): Häftling

Jude. Silbergraues glattgekämmtes Haar umrahmte eine hohe edle Stirn. Ebenmäßige, vergeistigte feine Gesichtszüge, große graue, leicht hervorstehende Augen, kein Bart. Er sah aus wie ein Gelehrter und erinnerte irgendwie an ein Porträt des Kritikers und Publizisten N.K. Michailowski. Die kleine Fabrik, die Chatschaturow leitete, war ein fachmännisches Unternehmen. Was er unter primitiven Bedingungen zustandebrachte, bringt man bis heute in großem Maßstab noch nicht fertig. Aus den Spanplatten der Fabrik wurde ganz in der Nähe sogleich zum Test ein zweistöckiges Gebäude errichtet, in dem dann auch Chatschaturow und seine Frau wohnten. Und das war damals nicht das einzige Beispiel dafür, was einem Sek ›erlaubt‹ war.« Im weiteren werden in der »Chronik« die Annehmlichkeiten von Michail Iwanowitschs Wohnung geschildert. Wie gehabt: Exakt so – mit bequemer Wohnung, gestützt auf Beziehungen und Freunde – sieht meine Erinnerung an ihn aus. Da wir im Krimkab nicht im geringsten neidische Menschen waren, mochten wir ihn auch ob seiner Lebensfreude.

Von Michail Iwanowitsch konnte man viel fürs praktische Leben lernen, vor allem das Geschick, im Umgang mit Vorgesetzten die eigene Würde nicht zu verlieren. Mit Abstand betrachtet, wird offensichtlich, daß er über die »Vorgesetzten« lachte, sie verachtete.

Zu M.I. Chatschaturow wurde ich von S.O. Schmidt befragt. Ich schrieb ihm ungefähr das gleiche wie oben, und hier nun der unerwartete Brief von N.M. Pirumowa, der Tochter von Michail Iwanowitsch: »Nehmen Sie meinen aufrichtigen Dank entgegen für jene Zeilen über meinen Vater, Michail Iwanowitsch Chatschaturow, den Sie im Gedächtnis bewahrt haben. Es ist für mich die erste Stimme aus einer unbekannten Vergangenheit. Auf die Solowki kam er offenbar 1924 oder 1925. Ich war damals zwei Jahre alt und kann mich selbstverständlich nicht erinnern. Zurück kam er 1933, im Frühjahr. Erneut verhaftet wurde er im August 1935. Im Prinzip hat er ganze eineinhalb Jahre in Freiheit zugebracht. Er starb 1938 im Lager Ust-Tschibju.

Vorher Revolutionär, wandte er sich auf den Solowki einer religiösen Weltsicht zu. Ich erinnere mich an seine Erzählungen über bemerkenswerte Denker, denen er dort begegnet ist, doch Namen weiß ich keine. Deshalb sind die Namen, die Sie aufzählen, für mich von großer Bedeutung.«

Lada Mogiljanska

Die russisch-ukrainische Dichterin Lidija Michailowna Mogiljanskaja, die ukrainisch und russisch schrieb (ukrainisch unter dem Namen Lada Mogiljanska), kam ungefähr 1930 auf die Solowki. Sie stammte aus Tschernigow, aus dem Umkreis von Kozjubinski. In dessen Haus traf sich ein Kreis von jungen Leuten, was die Behörden natürlich als konterrevolutionäre Verschwörung ansehen mußten. Sie hatte zehn Jahre bekommen, obwohl sie sich, davon bin ich überzeugt, nur für Poesie interessierte. Sie war eine große schlanke Blondine, die die damals in Mode gekommene »Foxtrott«-Frisur und kurze Röcke trug. Ihre Sodelzy hatten kürzere Haftstrafen bekommen und waren überwiegend auf dem Festland geblieben (in jenen Jahren wurden nur Häftlinge mit voller Haftstrafe auf die Solowki geschafft – nach der zehnjährigen kam nur noch Erschießung). Von jungen Ukrainern waren die Maler Petrasch und Wowk auf den Solowki. L.M. Mogiljanskaja arbeitete als Schreibmaschinenkraft im Gebäude der Verwaltung des SLON, d.h. eben dort, wo sich auch das Krimkab befand. Die Verwaltung des SLON selbst war bereits nach Kem verlegt worden, aber das Gebäude war geblieben. Lebhaft, flink, geistreich, die Gefangenen mit Liedern unterhaltend, machte sie sofort großen Eindruck auf unsere Jugend. Es grassierte eine Krankheit, die wir die »Ladomanie« nannten. Irgendwelche ihrer russischen Gedichte wurden in den »Solowezkije ostrowa« veröffentlicht. Ich habe mir eines ihrer Lieder gemerkt: »Stoit frajer na fasone«* (wahrscheinlich »nafasonen«), auf die Melodie von »Pozabyt, pozabrosen«.**

* »Stoit fraer na fasone«: etwa »Steht so'n rausgeputzter Lackaff' da.«

** »Pozabyt, pozabrošen«: »Verlassen und vergessen« (bekanntes Straßenlied)

Ich stimmte dieses Lied gerne an, und jemand von den Jungen setzte eine Notiz in den »Solowezki listok«: »Ein Mitarbeiter des Kriminologischen Büros schreibt an einer Erzählung aus dem Räuberleben – ›Stoit frajer na fasone‹.« Die Notiz war ein Scherz. Ich habe auf den Solowki wohl versucht, künstlerische Prosa zu schreiben, aber herausgekommen ist dabei nichts. Lada Mogiljanskaja wurde im Dmitrowlag erschossen, nach dem Tod Gorkis (ihre Gedichte anläßlich von Gorkis Tod sind erhalten, abgedruckt in der Lagerzeitung).

Alexandr Petrowitsch Suchow

Die Lagerleitung war sehr erpicht auf die Einrichtung verschiedener Vorlesungen, in der Annahme, damit den Mythos stützen zu können, im Lager werde nicht bestraft, sondern gebessert. Der Inhalt der Vorlesungen und die Anzahl der Zuhörer interessierte sie weniger. Unerläßlich war für sie die Buchführung über die »Erziehungsarbeit«. Darum versammelten wir uns bisweilen im Foyer des Theaters zu Vorlesungen von erfahrenen Leuten – von Ananow aus Tbilisi und von Suchow aus Leningrad.

An den Inhalt einer Vorlesung von Alexandr Petrowitsch Suchow über die Beeinflußbarkeit kann ich mich erinnern. Im Kriminologischen Büro kontrollierte Suchow die Beeinflußbarkeit der Halbwüchsigen in der Arbeitskolonie. Sie war sehr stark, und er brachte das mit dem bei Halbwüchsigen vorhandenen »Herdentrieb« in Zusammenhang. Mit der verstärkten Beeinflußbarkeit erklärte Alexandr Petrowitsch (in etwas vernebelter Form) die vom Herdentrieb ausgelösten revolutionären Bewegungen, alle Arten von Kampagnen, ihre leichte Durchführbarkeit auf dem Land, die Gehorsamkeit gegenüber Ideologien u.ä. Ich entsinne mich eines Experiments zur Beeinflußbarkeit, das er sogleich im Auditorium durchführte. Er bat die Anwesenden, mit den Händen auf den Tisch zu schlagen, sobald auch er auf den Tisch geschlagen hätte, aber nur danach, nicht vorher. Zuerst schlug Alexandr Petrowitsch in unregelmäßigen Abständen, dann machte er in regelmäßigen Abständen weiter. Wir ließen uns in den Rhythmus hineinziehen, und als er plötzlich abbrach, schlugen viele von uns weiter mit den Händen auf den Tisch, beeinflußt vom Rhythmus. Besonders interessiert hat mich der Versuch Suchows, historische Ereignisse aus Eigenheiten der menschlichen Psychologie zu erklären.

Natürlich stellte sich die Frage nach Stalin. 1929/30 waren die ersten Jahre des irgendwie plötzlich aufgekommenen Stalin-Kults. Noch wußte niemand, wohin dieser Kult führen würde. Doch A.P. Suchow durchschaute irgendwie sofort das Stümperhafte – an Stalin selbst und an seinem Kult. Das Erlangen unbegrenzter Macht führte er nicht auf Stalins Begabungen zurück. Stalins Methoden waren seiner Ansicht nach alle von Lenin übernommen. Lenin hielt er für einen außerordentlich geschickten und klugen Machtmenschen, direkt nach Lenin zu kommen, sei überhaupt nicht schwer. Er betonte das »Nachmachertum« bei Stalin.

Alexandr Petrowitschs Urteil über Menschen war immer erstaunlich treffsicher. Einige Male unternahmen er und ich einen gemeinsamen Spaziergang. Er erzählte mir von unterschiedlichen menschlichen Charaktertypen und insbesondere vom Zusammenhang zwischen Charakter und Körperbau eines Menschen, von den Theorien Kretschmers und anderer. Auf einem Spaziergang schlug er mir folgendes Experiment vor: einen Schneemann zu bauen und zu beobachten, wie die Vorübergehenden darauf reagierten. Ein Mensch vom pyknischen Typ würde ihn nicht antasten, ein Astheniker würde ihn kaputtmachen. Das Experiment gelang. »Aber«, erklärte mir Alexandr Petrowitsch, »es sind ungebildete Leute am Schneemann vorbeigekommen«. Bei Angehörigen der Intelligenzija sei diese Abhängigkeit des Verhaltens vom Körperbau schwieriger festzustellen ... Obwohl, obwohl ... G.O. Gordon sei doch ein deutlicher Pykniker ... Freilich gebe ich seine Überlegungen nicht wortwörtlich wieder: Direkte Rede in Erinnerungen ist fast immer von den Verfassern erfunden.

Bei uns im Krimkab schaute auch öfters Wladimir Sergejewitsch Muromzew herein – der Sohn des ersten Vorsitzenden der Staatsduma. Ein sehr gutaussehender und repräsentabler Herr, allerdings äußerst langweilig und, wie mir schien, nichtssagend. Man interessierte sich für ihn allein wegen seines Vaters, doch A.P. Suchow interessierte er auch als psychologischer Typus.

Es ist kaum zu fassen, wie A.P. Suchow, all die Widrigkeiten des Solowezker Lebens überwindend, einen Roman schreiben und uns bereits fertige Kapitel daraus vorlesen konnte. Ohne Tisch und Stuhl, gekrümmt auf seiner Bettstatt sitzend, zugedeckt mit einem Pelzmantel, schrieb er die einzelnen Teile seiner Epopöe, die der russischen Jugend unseres Alters gewidmet war. (Ich weiß zuverlässig, daß Wolodja Rakow darin als Hauptfigur auftrat. Ich entsinne mich, daß in dieser Roman-Epopöe auch eine romantische Liebe vorkam, Wolodjas Subdiakonat und seine Aquarellalben, in denen er uns allen ein ganz anderes, zweites Leben zur Zeit Alexanders I. gab, sowie die Tragödie der Kirchenspaltung.)

A.P. Suchow wurde vor uns entlassen, er fuhr in seine »Minusy«* und hatte als seine erste Verbannungsstadt Barnaul gewählt.

Suchow war nicht der einzige, der die Schrecken des Lagers zu verdrängen suchte, indem er heimlich schöpferisch tätig war. Das war echter Widerstand, jedoch nicht mit der Waffe in der Hand, sondern Widerstand durch schöpferisches Tun, dessen man uns alle berauben wollte. Auch die Nachkommen der Bauern verlangte es danach, schöpferisch tätig zu sein. Mit welcher Liebe und Professionalität bauten sie die Baracken der Kinderkolonie, erneuerten die verbrannten Bretterdächer entlang den Mauern unweit der Nikolskije worota, kümmerten sich um das Vieh. Die Tschekisten taten so, als erzögen sie die Häftlinge zur Arbeit. In Wirklichkeit gewöhnten sie ihnen die Arbeit ab, impften ihnen einen Widerwillen gegen die Arbeit ein, zwangen sie, sich zu schützen, die Kräfte zu sparen, »etwas vorzumachen«: »filonit«. »Filonit, filon, filonstwo« – das waren gebräuchliche Ausdrücke unter den Häftlingen auf den Solowki, die nach und nach lernen mußten, ihre Kräfte zu sparen, indem sie bloß so taten, als ob sie arbeiteten. Selbst unser »Ältester« – Iwan Michailowitsch Andrejew-

* Lagerjargon; erklärt sich wahrscheinlich daraus, daß den Entlassenen keine freie Wahl des Wohnorts erlaubt war, »minus« einiger davon ausgenommener Verbannungsstädte.

ski erfand eine Arbeit nach dem »System Andrejewski«. Beim Bau der Filimonower Zweigstrecke, wo der gefrorene Erdboden mit Brechstangen aufgestemmt werden mußte, lehrte er uns: »Stoßt die Brechstange in die Erde und tut so, als gäbe die Erde unter euren Anstrengungen nicht nach.« Das taten wir auch – wir keuchten, wischten uns heuchlerisch den Schweiß vom Gesicht usw.

Ein richtiges Fest war es für uns, als man uns eines Tages zum Heidelbeersammeln in den Wald schaffte. Wir versuchten, so viele wie möglich zu essen, und ein braver Bauer riet uns, sie zusammen mit Brot zu »probieren«. Und da aßen wir tatsächlich, bis uns die Bäuche weh taten.

Es gibt ein interessantes Detail, charakteristisch für A.P. Suchow als Mensch. Im Jahr 1992, beim Durchsehen der Akten der Kosmischen Akademie, des Woskresenje-Kreises, A.A. Mejers und der »Bruderschaft des Serafim Sarowski« auf dem Liteiny, stieß ich auch auf A.P. Suchows »Akte«. Es stellte sich heraus, daß Alexandr Petrowitsch seine Haftstrafe (fünf Jahre) bekommen hatte, weil er nach unserer Gefangennahme Hilfe für uns organisiert hatte (Kleidung, Essen, Geld). Er hat das nie erwähnt, und wir haben ihn aufgrund der »Anstandsregeln unter Häftlingen« nie nach den Gründen für seine Gefangennahme gefragt.

Bezüglich der anderen, die in gleicher Sache wie wir eingesperrt waren, kann ich noch hinzufügen, daß Walja Morosowa, die 18 Jahre alt war, dem Untersuchungsbeamten gleich verkündete, sie werde nichts aussagen in der Sache »Bruderschaft des Serafim Sarowski«. Ljusja Suratowa, die ungefähr gleich alt war, weigerte sich ebenso hartnäckig, Angaben zu machen, und Borja Iwanow blieb einfach stumm. Von seinem Verhör sind interessante Zeilen erhalten. Der Untersuchungsbeamte schreibt ihm auf einen Zettel die Frage: »Werden Sie noch lange schweigen?« Daneben steht in Borja Iwanows Handschrift: »Ich weiß nicht.«

So waren sie eben.

Unter den Dichtern auf den Solowki fiel der damals noch ganz junge J.A. Kasarnowski auf, den wir schlicht Jurka riefen – nicht bloß wegen seiner Jugend, sondern auch wegen des einfachen Umgangs mit ihm. Er besaß kein eigenes poetisches Profil wie, sagen wir mal, Wolodja Kemezki-Sweschnikow. Er war oberflächlich, Gedichte aber schrieb er mit ungewöhnlicher, frappierender Leichtigkeit und mit Witz. In einer der Nummern der »Solowezkije ostrowa« finden sich seine Parodien auf Majakowski, Blok, Sewerjanin ... In einer anderen seine scherzhaften Aphorismen. Und alles auf den Solowezker Alltag gemünzt. Er hatte ein unerschöpfliches Gedächtnis was Gedichte anging. Er kannte so gut wie den gesamten Gumiljow, den damaligen Mandelschtam, Bely. Er hatte Geschmack, schätzte wirkliche Poesie und war ständig bemüht, seine dichterischen Freuden mitzuteilen. Nicht der geringste Anflug von Neid. Man bat ihn, seine Gedichte vorzutragen, und er rezitierte irgendjemand anderen, der ihm gefallen hatte. Einige Zeit lebte er in Kem und hatte dort Streit mit dem Marineoffizier Nikolai Nikolajewitsch Gorski – wegen Liebesdingen. Im Herbst 1929 wäre er aufgrund seiner Vertrautheit mit Dimka Schiptschinski beinahe hingerichtet worden.

Einige seiner Parodien wurden in »Ogonjok« gedruckt, und ich sollte klären, auf wen sie abzielen. Als Echo auf meine Anmerkung erhielt ich sieben Seiten mit Erinnerungen an Begegnungen mit J.A. Kasarnowski in Alma-Ata in den 50er Jahren, als er bereits leidenschaftlich Drogen konsumierte. Er war übrigens der letzte, der O.E. Mandelschtam im Lager in Sutschan gesehen hat. Nadeschda Jakowlewna Mandelschtam versuchte, etwas über ihren verstorbenen Mann aus ihm herauszubekommen, ganz egal was. Vergeblich! Juri Alexejewitsch konnte schon nicht mehr klar denken ...

Die Erinnerungen, die ich geschickt bekam, stammen von dem alten Mathematiker Gleb Kasimirowitsch Wasiljew, und sie sind glänzend geschrieben. Ich hoffe, er wird sie eines Tages veröffentlichen. Er schildert Begegnungen mit Kasarnowski in Alma-Ata.

Ich muß weit ausholen. Nur mit Mühe entsinne ich mich, wer von den Jüngeren gläubig war, und in welchem Maße. Alle, die mehr oder weniger dem sehr engen Kreis der »Bruderschaft des Serafim Sarowski« angehörten, waren gläubig. Von den neun Mitgliedern der Kosmischen Akademie waren Tolja Terechowko und Pjotr Pawlowitsch Maschkow keinesfalls gläubig. Eduard Karlowitsch Rosenberg (mein Freund Fedja) trat vom lutherischen zum orthodoxen Glauben über. Das unvollständige Taufzeremoniell (nur die Salbung) wurde in der Kirche auf dem Petrowski ostrow durch den heute von der Auslandskirche der Heiligenschar zugerechneten Vater Wiktorin Dobronrawow durchgeführt. Eduards Bruder Wladimir blieb »gleichgültiger Lutheraner«, freundete sich jedoch in der Gemeinschaftszelle in der Schpalernaja eng mit Vater Wladimir Pischtschulin an. Ebenso war auch der Atheist Tolja Terechowko auf den Solowki mit einem Priester befreundet. Vater Alexandr Filipenko, der auf den Solowki zusammen mit uns in der 13. Quarantäne-Kompanie lebte, hob von uns allen besonders Tolja Terechowko hervor und sprach zu uns: »Er ist ein Waisenkind.« In der Tat hatten Terechowkos Vater und Mutter Selbstmord begangen, als er noch sehr klein war. Seine Schwester beging viel später Selbstmord, während der Leningrader Blockade, und er selbst brachte sich durch Hungern um, nachdem er in den ersten Kriegsmonaten in Borowitschi ins Krankenhaus gekommen war. Vater Alexandr spürte förmlich diese Tragik in ihm. Wie ich schon sagte, liebte er ihn, er hatte Mitleid und versuchte gar nicht, ihn zum Glauben an Gott zu bekehren. Wäre Vater Alexandr diesbezüglich hartnäckig gewesen – er hätte sich von Tolja entfernt.

Es kam auch zu einem »besonderen Zwischenfall«. Borja Iwanow, Sohn ziemlich wohlhabender Eltern (so hieß es jedenfalls), der vom Untersuchungsbeamten in unsere Sache hineingezogen worden war, obgleich er an den Zirkeln nicht teilgenommen hatte, bekam auf den Solowki religiöse Wahnvorstellungen. Irgendein Dahergelaufener, der sich als Mönch und Priester ausgab, erlegte ihm »Buße« auf und »lehrte« Borja »Demut«: knöpfte ihm seine gute schwarze Felljacke ab und gab ihm dafür seine eigenen Lumpen, nahm ihm das Beste aus den Päckchen weg, die er von den Eltern erhielt, zwang ihn, ihm zu dienen, mit den Fingern zu schneuzen (was er trotzdem nicht gelernt hat) usw.

Als ihre Etappen getrennt wurden, ging Borja Iwanow als Sanitäter zu den Kranken mit »asiatischem Typhus«, steckte sich an und starb.

Die Geistlichkeit auf den Solowki teilte sich in »Sergianer«, die die Deklaration des Metropoliten Sergi zur Anerkennung der Kirche durch die Sowjetmacht akzeptierten, und in »Iosiflianer«, die mit dem Metropoliten Iosif konform gingen, der die Deklaration nicht anerkannte. Die Iosiflianer waren in der Mehrzahl, die gesamte gläubige Jugend war bei den Iosiflianern. Und hier handelte es sich nicht nur um den üblichen Radikalismus der Jugend, sondern auch darum, daß an der Spitze der Iosiflianer auf den Solowki ein bemerkenswert einnehmender Archipriester stand, Wiktor Wjatski (Ostrowidow). Er war sehr gebildet, hatte theologische Arbeiten veröffentlicht, glich äußerlich indes einem kleinen Dorfpopen. Er begegnete allen mit einem breiten Lächeln (anders habe ich ihn gar nicht in Erinnerung), trug einen fettigen Bart, hatte rote Backen und blaue Augen. Über der Kutte trug er eine Frauenstrickjacke, die ihm irgendwer aus seiner Gemeinde geschickt hatte. Er strahlte Güte und Frohsinn aus, war bemüht, allen zu helfen, und vermochte es auch zumeist, da alle in gutem Verhältnis zu ihm standen und ihm vertrauten. Er arbeitete als Buchhalter im Solowezker Sowchos. Gemeinsam mit Vater Nikolai Piskanowski hatte er schließlich auch A.N. Kolosow überredet, mich ins Kriminologische Büro zu nehmen, und als ich im Winter 1929 aus der »Flecktyphus-Genesungsmannschaft« wiederkam, ließ er mir über Fedja Rosenberg auch ein wenig Schnittlauch und Schmand zukommen. Wie unendlich köstlich war dieser Schnittlauch mit Schmand!

Einmal traf ich den Archipriester (untereinander nannten wir ihn »Wladytschka« – »Priesterchen«) in besonders heiterer und fröhlicher Stimmung an. Es war auf dem Platz beim Preobraschenski sobor. Man hatte den Befehl erlassen, alle Häftlinge zu scheren und das Tragen

Archipriester Wiktor Ostrowidow

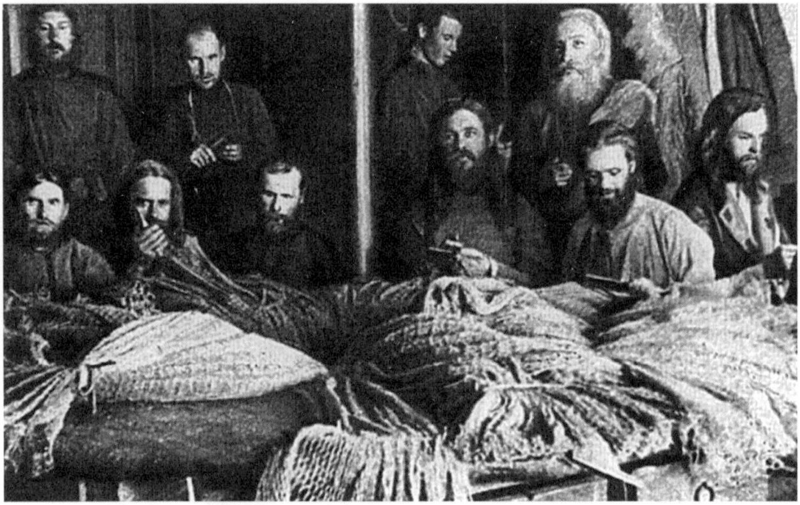

Die Netzflickerei, 1928

langer Gewänder zu verbieten. Archipriester Wiktor, der sich weigerte, dem Befehl Folge zu leisten, wurde in den Karzer geschafft; man rasierte ihn mit Gewalt, verletzte ihm dabei das Gesicht schwer und schnitt ihm die Kleidung unten schief ab. Mit einem Handtuch ums Gesicht kam er nun auf uns zu und erzählte mit einem Lächeln, wie sie ihn zum Haareschneiden in den Karzer geschleift und gefesselt hatten; er aber habe verlangt, daß zuerst der lange »Tschekisten«-Mantel (wie der, in dem Dzerschinski vor der Lubjanka dargestellt war) des Begleitmanns abgeschnitten gehöre, der ihn in den Karzer geschleift hatte. Ich denke, unser »Priesterchen« hat sich ohne Erbitterung gewehrt und sein Leiden als Gnade Gottes angesehen.

Übrigens war es das »Priesterchen«, das Michail Dmitrijewitsch Priselkow zu sich in die Landwirtschaft nahm, nachdem dieser von uns aus der Quarantänekompanie herausgeholt worden war und sich geweigert hatte, im Solowezker Museum zu arbeiten (»ich bin schon für Geschichtsunterricht eingesperrt worden ...«).

Gestorben ist der Archipriester kurz nach seiner »Entlassung« im Kreis Archangelsk, wohin sie ihn nach dem Lager verbannt hatten, qualvoll und in äußerster Armut.

Ein anderer heiterer Mensch war Vater Nikolai Piskanowski. Man konnte ihn nicht gerade fröhlich nennen, doch in den schwersten Momenten strahlte er stets innere Ruhe aus. Ich entsinne mich nicht, ihn je lachend oder lächelnd gesehen zu haben, doch war die Begegnung mit ihm immer irgendwie tröstend. Und nicht allein für mich. Ich erinnere mich, wie er meinem Freund, der sich schon ein Jahr lang wegen ausgebliebener Briefe von seinen Angehörigen zermürbte, zuredete, er solle noch ein wenig aushalten, bald würde Post kommen, sehr bald. Ich war nicht selbst dabei und kann deshalb Vater Nikolai nicht im genauen Wortlaut zitieren, aber am nächsten Tag kam ein Brief. Ich fragte Vater Nikolai – wie er von dem Brief habe wissen können? Und Vater Nikolai erwiderte mir, daß er gar nichts gewußt habe, er habe es irgendwie so »dahingesagt«. Aber solches »Dahingesagt« gab es ziemlich oft.

Vater Nikolai besaß ein Antiminsion, und in der 6. (»geistlichen«) Kompanie hielt er später flüsternd die Liturgie. Die Onufrijewskaja-

Vater Nikolai Piskanowski vor seiner Verhaftung,
Fotografie aus den 20er Jahren

Friedhofskirche gehörte den »Spezy«-Mönchen,* die eine Arbeitsvereinbarung mit dem Lager getroffen hatten, und sie war sergianisch. Die Geistlichkeit aus der 6. Kompanie ging dort nicht hin. Berichte, in der Klosterkirche hätten an die zwanzig Bischöfe den Gottesdienst abgehalten, treffen nicht zu. Eine Erlaubnis, außerhalb des Kreml die Kirche zu besuchen, bekamen die Häftlinge nicht öfter als zweimal im Jahr auf vorherige Anmeldung hin. Ich weiß nicht, wie es vor der Kirchenspaltung war, vielleicht hat es eine andere Besuchsregelung gegeben. Vater Nikolai war von vorangegangenen Verhaftungen und Verbannungen ausgemergelt, er war kraftlos und arbeitete einige Zeit in der Netzflickerei. Ganz selten lud er uns, die jungen Leute, zu sich in die Baracke ein, wenn er ein »Fischchen« bekommen hatte – einen der berühmten Solowezker Heringe, deretwegen im Kloster auch eine gewisse Anzahl von Fischer-Mönchen untergebracht war.

Vater Nikolai wußte, daß auch seine Frau verhaftet worden war, und er machte sich große Sorgen um seine Kinder: Was, wenn sie ins Kinderheim kämen und als Atheisten erzogen würden! Als er nun aus dem Lager fortgebracht werden sollte, stand er am Kemperpunkt in der Schlange der Männer um heißes Wasser an. Von der anderen Seite stand die Schlange der Frauen am selben Hahn an. Als Vater Nikolai an der Reihe war, sah er am Hahn seine Frau stehen. Die anderen Häftlinge verschafften ihnen Deckung (es war strengstens verboten, daß Männer und Frauen miteinander sprechen), und Vater Nikolai erfuhr zu seiner Freude – gläubige Bekannte hätten die Kinder bei sich aufgenommen. Vater Nikolais Tochter lebt noch, in Borisoglebsk (Tutajew). Der Sohn ist gestorben.

Vater Nikolais Leben war eine einzige Qual, möglicherweise auch ein Martyrium. Kürzlich erhielt ich von den Verwandten des Popen eine kurze Lebensbeschreibung, einfach und sachlich geschrieben. In den mitgeteilten Fakten sowie im Stil hat sie erstaunliche Ähnlichkeit mit der »Vita« des Protopopen Awwakum.

Die Lagerleitung machte keinen Unterschied zwischen Iosiflianern und Sergianern – alle wurden gleichermaßen gequält. Etwas

* »specialisty«: Fachleute; z.B. die Fischer-Mönche

anders verhielt es sich mit dem Schicksal der katholischen Geistlichen. Sie bekamen Unterstützung aus dem Ausland, und obgleich sie bis Mitte 1929 auch in der 6. Kompanie lebten, waren sie von der Arbeit freigestellt; später lebten sie unter üblen Bedingungen auf Anser, aber immerhin alle zusammen, ohne Urki. Junge Leute scharten sich nicht um sie.

Nikolai Nikolajewitsch Gorski

Auch der »Schönling« Nikolai Nikolajewitsch Gorski kam öfter im Krimkab vorbei – ein ehemaliger Marineoffizier, der in der Ziegelei arbeitete. Seinerzeit hatte er im Marinekorps gemeinsam mit den späteren Schriftstellern Kolbasjew und Sobolew studiert. Ersteren lobte er, letzteren schalt er. Wofür, weiß ich nicht mehr genau. Ich enthalte mich hier, um die Geschichte der Sowjetliteratur nicht durch ungenaue Angaben zu verkomplizieren, um so mehr, als auch Nikolai Nikolajewitsch sich täuschen konnte. Nachdem er das Korps absolviert hatte, diente Nikolai Nikolajewitsch auf einem der Dreadnoughts – der »Petropawlowsk« oder der »Sewastopol«. Beim Angriff von Judenitsch stand der Dreadnought von Gorski auf der Newa, es kam der Befehl, die Truppenstellungen von Judenitsch zu beschießen, die Koordinaten der Stellungen jedoch kamen mit Verspätung. Judenitsch, den die Esten im entscheidenden Moment im Stich gelassen hatten, war bereits auf dem Rückzug, und so landeten einige schwere Treffer auf den vorstoßenden Roten. Selbstverständlich wurde ein Komplott »aufgedeckt«. Ein Teil der Befehlsränge wurde erschossen, und N.N. Gorski, der zur Artillerie in keiner Beziehung stand, bekam zehn Jahre. Für die Richtigkeit dieser Angaben kann ich nicht bürgen: Es war im Lager nicht üblich, sich gegenseitig über seine »Strafverfahren« auszufragen.

Gorski war wohlerzogen, und zur Erziehung alter Schule gehörte, daß man eine angeregte Unterhaltung führen und geschliffene Briefe schreiben kann. Beides kam Nikolai Nikolajewitsch in seinem Leben sehr zugute. Wir alle im Krimkab nahmen Gorski herzlich auf und hörten ihm gerne zu, besonders wenn es um Themen ging, bei denen wir uns selbst nicht auskannten: Er war vielseitig gebildet, an allem interessiert.

In seiner Ziegelfabrik lebte Gorski mit einer, wie er sie nannte, »kleinen Gaunerin« zusammen. Als seine zehnjährige Haftstrafe auslief, nutzte er das große Vertrauen, das ihm die Lagerleitung entgegenbrachte, und er bekam das Kommando des kleinen Kutters »Pioner« übertragen. Sein Odnodelez Puaré bekam übrigens den großen Schlepper »Newa« und steuerte ihn auch nach der Entlassung weiter, bis die »Newa« bei hohem Wellengang kenterte und Puaré zusammen mit seinem geliebten riesigen Hund ertrank, der ihn immer vor der Mannschaft aus lauter Kriminellen beschützt hatte.

Gorski fuhr auf seiner »Pioner« oft nach Kem, und dort heiratete er die Schwägerin von Juri Michailowitsch Aisenschtok-Kambulow – des früheren Sekretärs von Maklakow in Paris, der in die Sowjetunion zurückgekehrt war. Kambulow wurde seinem Nachnamen angefügt, als er eine Kambulowa heiratete, sein richtiger Nachname ist einfach Aisenschtok. Er war getaufter Jude und, wie er behauptete, ein Adliger (der einzige Fall dieser Art), er sah außergewöhnlich gut aus. Bei seinem Anblick dachte man – das gibt es nicht. Ihm zuzuhören, wenn er von seinen Liebesabenteuern in Paris erzählte, war wegen seines extremen Zynismus schier unmöglich. Er verdient es nicht, eigens geschildert zu werden, darum kehre ich zurück zu Gorski.

Als er in Kem die Schwägerin von Aisenschtok geheiratet hatte, ließ Gorski das Schiff auslaufen und stellte es so an, daß er mit seiner Frau auf der »Pioner« irgendwo bei Muksalma im Eis steckenblieb. Auf diese Weise verlängerte er sich den Urlaub, der nach dem Lagerreglement allen Jungvermählten zustand. Danach schipperte er um die Kolsker Halbinsel herum nach Murmansk, und die Mannschaft aus Kriminellen meuterte gegen ihn: Man warf ihm vor, er wolle sein Schiff nach Norwegen schaffen. Gorski gelang es, sich zu rechtfertigen, was unter solchen Bedingungen gar nicht einfach war.

Kurz gesagt, es gab immer Gesprächsstoff, wenn er zu uns ins Krimkab kam. Später habe ich mich mit ihm weiterhin regelmäßig getroffen – vor dem Krieg und auch danach. [...]

Mein visuelles Gedächtnis hat Georgi Michailowitsch Osorgins Aussehen und seine Art, sich zu geben, gut bewahrt. Mittelgroß, blond, mit Vollbart, immer in militärischer Haltung: schön stramm, die runde Kappe ein wenig schief aufgesetzt (»drei Finger überm rechten Ohr, zwei überm linken«), immer frisch und munter, lächelnd, scharfsinnig – so werde ich ihn mein Lebtag in Erinnerung behalten. An ihn knüpft sich ein später im Lager kursierender Witz: Auf die Frage, »Wie geht es Ihnen?« erwiderte er: »A lager kom a lager« – in Abwandlung des bekannten französischen Spruchs: »à la guerre comme à la guerre«.* Er arbeitete als Schriftführer in der Sanitätsabteilung, und ich begegnete ihm oft auf dem schmalen Weg zwischen Kremlmauer und Graben, wenn er zwischen Sanitätsabteilung und dem Gebäude der Verwaltung des SLON beim Anlegesteg hin- und hereilte. Er tat viel, um körperlich schwächere Angehörige der Intelligenzija vor dem allgemeinen Arbeitsdienst zu bewahren. Bei den medizinischen Kommissionen vereinbarte er mit den Ärzten eine Verkleinerung der Gruppe der Arbeitsfähigen, schaffte viele ins Lazarett oder stellte sie als »Lekpomy«** ein (Hilfssanitäter, Feldscher), wofür man oft nur die lateinischen Buchstaben kennen oder Jod von Rizinusöl unterscheiden können mußte. Es mangelte im Lager an medizinischem Personal und an Medikamenten. Einmal passierte es sogar, daß ein »Lekpom«, der einen Häftling möglichst gut behandeln wollte, dessen ganzen Körper mit Jod einrieb, woraufhin dieser starb. Osorgin war ein tief religiöser Mensch, meldete sich für Weihnachten und Ostern in der »IST« an (Informations- und Untersuchungsabteilung), um einen Passierschein für den Gottesdienst in der Kirche zu bekommen (die Angemeldeten wurden in Reih und Glied zur Onufrijewskaja-Friedhofskirche geführt, die man einigen Fischer-Mönchen gelassen hatte). Die Kirche war sergianisch, und die

* »im Krieg wie im Krieg«: sinngemäß »Man muß sich ins Unvermeidliche fügen.«

** »lekarskij pomoščnik« (lekpom)

überwiegende Mehrheit der inhaftierten Geistlichen ging dort nicht hin, ließ sich nicht für den Kirchgang eintragen.

Im Herbst 1929, vor den bekannten Erschießungen des 28. Oktober, wurde er in den Karzer gesteckt, doch aufgrund des üblichen Durcheinanders im Lager konnte ihn seine Frau dort besuchen, und dieser Besuch war ihr in Kem erlaubt worden. Aber offenbar war die Initiative zur Verhaftung von Georgi Michailowitsch von der Lagerleitung auf der Insel ausgegangen – dort haßten sie ihn besonders, sie ärgerten sich über seine Unabhängigkeit, Munterkeit, Unbeugsamkeit. Die Lagerleitung auf der Insel hatte ihre Absicht, Georgi Michailowitsch erschießen zu lassen, mit der Lagerleitung auf dem Festland nicht abgestimmt.

Wir im Kriminologischen Büro waren alle äußerst beunruhigt über Georgi Michailowitschs Verhaftung – und da treffe ich ihn plötzlich auf dem Weg an der Kremlmauer wieder, untergehakt bei einer Dame, die etwas größer ist als er, einer eleganten Brünetten, und er stellt sie mir als seine Frau vor, eine geborene Golizyna. Nichts an ihm ließ erkennen, daß er eben erst aus dem Karzer kam – munter, fröhlich, ein wenig ironisch wie immer. Es stellte sich heraus, daß die Lagerleitung, in Verlegenheit wegen des von der übergeordneten Leitung erlaubten Besuchs seiner Frau, Osorgin auf Offiziersehrenwort rausgelassen hatte – für eine etwas kürzere Zeit, als bei Besuchen normalerweise vorgesehen (es blieben weniger Tage bis zur angesetzten Erschießung), und unter der Bedingung, daß er seiner Frau nichts von dem, was ihm bevorsteht, sagt. Und Georgi Michailowitsch hielt Wort! Sie wußte nichts davon, daß er von der Lagerleitung der Insel zum Tode verurteilt war. Sie kehrte nach Moskau zurück und reiste kurz darauf nach Paris ab (damals konnte sich noch jeder Sowjetbürger gegen Devisen einen Paß kaufen).

Von der Erschießung Georgi Michailowitschs erzählte ich seiner Schwester Sofja Michailowna 1967 in Oxford, wo ich die Ehrendoktorwürde der Universität Oxford verliehen bekam. Sofja Michailowna und Georgi Michailowitschs Witwe, die in Paris ein zweites Mal geheiratet hatte, waren überzeugt gewesen, Georgi Michailowitsch sei eines natürlichen Todes gestorben.

Sofja Michailowna gab mir in Oxford als Andenken die Kopie eines Briefes von Georgi Michailowitsch, den er seinen Verwandten zu Ostern aus dem Gefängnis geschrieben hatte. Meine Begegnung mit Sofja Michailowna in Oxford verlief nicht ganz ohne Peinlichkeiten. Ich erzählte ihr, daß Georgi Michailowitsch sogar von den Kriminellen verehrt worden war, und berichtete ihr von einem Zwischenfall, den mir Georgi Michailowitsch selbst erzählt hatte. In einer der Pausen zwischen seinen unzähligen Aufenthalten in Moskauer Gefängnissen habe er einmal in der Straßenbahn einen Taschendieb getroffen, mit dem er wohl schon zusammen im Gefängnis gesessen hatte. Dieser fragte ihn, wie es gehe. Georgi Michailowitsch erzählte, daß er geheiratet habe. Der Taschendieb gratulierte und umarmte ihn, und als Georgi Michailowitsch nach Hause kam, fand er in seiner Hosentasche eine goldene Uhr. Da ich um die Vorliebe von Kriminellen für jegliche Form von »Fors«* wußte, war ich keineswegs erstaunt über Georgi Michailowitschs Schilderung. Doch bei Sofja Michailowna in Oxford hinterließ diese Erzählung einen unangenehmen Eindruck. Sie protestierte: »Das kann nicht sein!« Vergeblich versuchte ich zu erklären, daß Georgi Michailowitsch keinerlei Schuld an dem Vorfall trug und daß er dieses »Geschenk« danach wohl sicherlich für irgendwelche wohltätigen Zwecke gespendet habe.

Alexandr Eleasarowitsch Makedonski

So nannte ihn seine Witwe, die ich erst vor einem Jahr kennengelernt habe. Von uns wurde er Alexandr Lasarewitsch Makedonski oder einfach nur Alexandr Makedonski gerufen. Er war ein bemerkenswerter Mensch und erzählte, er sei bei den schwarzen Husaren unter Koltschak gewesen, und dadurch, vielleicht auch wegen seines Namens,** wurde man sofort neugierig, er war »gezeichnet« für sein Leben.

* Umgangsspr. f. Angeberei, Hochmut, Dünkel

** Aleksandr Makedonskij ist auch die russ. Bezeichnung für Alexander den Großen.

Er fühlte sich weiterhin als schwarzer Husar, trug schwarze Gallifet-Reithosen und hohe stutzerhafte Stiefel. Immer sah er hinunter auf seine Stiefel, aber nicht, weil er sich etwa der polierten Schäfte und der bestens geschnittenen Gallifets erfreute, sondern weil er unglaublich kurzsichtig war und zu stolpern fürchtete. Gegen Ende seines Lebens, so erzählte mir seine Witwe, sei er vollständig erblindet. Wie er Husar werden konnte, ist unbegreiflich, trotzdem ist es eine Tatsache. Und immer sang er ein damals bekanntes Liedchen vor sich hin: »Vorwärts marsch, immer voraus, schwarze Husaren«* – damit hielt er sich bei Laune, was auch nötig war, denn er war ein großer Pessimist und erwartete immer nur das Schlechteste.

Übrigens verfaßte er auch Gedichte, und er fand Trost darin. Die Poesie war sein einziger Lebensinhalt. Man konnte sich gut mit ihm unterhalten. Nur manchmal unterbrach er mitten im Gespräch: »Und dort den Vorhang nur ein wenig gehoben ...« oder »Bloß ein Paar himmelblauer Augen ...«,** ohne jedoch den Gesprächsfaden zu verlieren. Ein seltsamer Mensch. Und wie war er an Koltschak geraten? Ich scheute mich, ihn danach zu fragen. Er liebte Pferde, immer sehnte er sich nach Pferden.

Eduard Karlowitsch Rosenberg

Mein bester und wohl auch einziger wirklicher Freund war Eduard Karlowitsch Rosenberg. Der lebenslustigste und fröhlichste Mensch, den ich je gekannt habe.

Er war mittelgroß, hatte einen großen Kopf und riesige Füße, an denen er als ein mir erinnerliches Detail spitze »Jimmy«-Schuhe trug, wie sie in den 20er Jahren modern waren. Im Lager gab es solche Schuhe selbstverständlich nicht, aber welche er dort trug – ich weiß es nicht mehr (ich merke mir immer nur das Charakteristische). Auf dem Gesicht mit der hohen Denkerstirn strahlte ein kaum verhohle-

* »Marš vpered, vsegda vpered, černye gusary«

** Zitate aus russ. Romanzen

nes Lächeln. Er lächelte nicht bloß mit den Lippen, sondern mit dem ganzen Gesicht, im Gegensatz dazu preßte er die Lippen zusammen, um das Lächeln zu verhindern, und so ergab sich der Eindruck, als lächle er mit vollem Mund – voll mit Gelächter, das drauf und dran ist herauszuplatzen. Er war ein großer Mystifizierer, der Schöpfer unseres Doppellebens in der Kosmischen Akademie – mit Hymne, Wappen, Spazierstöcken, Gummis unten am Hosenbein, gemeinsamen Spaziergängen, mit dem Kult des Puschkinschen Lyzeums. Einer unserer »Konferenzsäle« befand sich in der Lizeiskaja uliza, und um uns ewige Freundschaft zu schwören, stiegen wir auf den Parnaß im Alexandrowski Park in Zarskoje Selo, wo sich ganz oben auf dem Gipfel unser geheimer Baumstumpf einer hundertjährigen Eiche befand. Er brachte sich selbst Latein und Griechisch bei (Andrjucha Michankow half ihm dabei), schloß schnell Bekanntschaften, ertrug problemlos die Mühen seines ungeordneten Lebens, und der Mühen waren es viele, die allerschlimmste: seine zunehmende Taubheit. Taubheit! – Und das ihm, bei seiner Geselligkeit!

Er stammte aus Peterhof. Sein Vater war Direktor der kaiserlichen Apotheke, ein typischer Deutscher – dick, korrekt, ruhig wie so viele Apotheker. Die Mutter war Finnin, zuerst lutherisch, dann zum orthodoxen Glauben übergetreten. Eduard hatte keine Ähnlichkeit mit einem Deutschen – außer vielleicht in seiner ungewöhnlichen, rein deutschen Korrektheit. Dafür glich sein älterer Bruder Woldemar (Wolodja) sowohl äußerlich als auch in seinen Gewohnheiten einem Deutschen. Der Bruder war ein begeisterter Segler, weshalb er noch vor seiner Verhaftung an irgendeiner Hochschule für Schiffahrt Segellehrer geworden war.

Woldemar war der Liebling des Vaters. Fedja war vom Vater ungeliebt, und als nach 1917 aus der »kaiserlichen« Apotheke eine gewöhnliche Stadtapotheke geworden war und dem Vater das Gehalt gekürzt wurde, mußte Fedja schon während seiner Gymnasialzeit in Peterhof den Lebensunterhalt mit Nachtdiensten auf dem Telegraphenamt verdienen. Das Leben verkomplizierte sich noch durch Auseinandersetzungen zwischen Vater und Mutter, die zur Orthodoxie übergetreten war. Fedja (ich erkläre später noch, warum ich ihn Fedja nenne und nicht Edja) liebte seinen Vater, doch die Mutter liebte er noch mehr, er hatte Verständnis für ihren Kummer. Nach Abschluß des Gymnasiums, aus dem eine sowjetische »Allgemeinschule« geworden war, nahm sich Fedja zusammen mit seinem Bruder zwei Zimmer in der Swerinskaja uliza in Leningrad und begann in der Finanzverwaltung am Kanal Gribojedowa zu arbeiten (die genaue Bezeichnung des Instituts, das sich im Gebäude der ehemaligen Staatsbank befand, weiß ich nicht). In seiner Freizeit besuchte er Vorlesungen und Versammlungen im Institut für Kunstgeschichte an der Isaakijewskaja ploschtschad. Eben zu jener Zeit (um 1926) entstand auf seine Idee und Initiative hin die Kosmische Akademie der Wissenschaften – ein spaßiger Kreis von acht Freunden, denen ich mich bereits 1927 anschloß. Mit diesem Jahr lasse ich unsere Freundschaft beginnen.

Er selbst hatte in der KAN den »bescheidenen« Posten des byzantinischen Staatssekretärs inne, des Hüters der Chartas – des »chartofilax«. Es ist nicht auszuschließen, daß er damit die Staats- und Parteiorganisationen unserer Sowjetunion ironisch nachahmte. Bis zu unserer Verhaftung kam er selten bei mir vorbei, da wir im Haus der Ersten Staatlichen Druckerei wohnten (heute Petschatny dwor) und der Zugang mit dem Ausstellen eines Passierscheins verbunden war.

Lustige Menschen neigen oft zu Oberflächlichkeit. Fedja war nicht oberflächlich. Er hatte ein in höchstem Maße ernsthaftes Verhältnis zu seinem eigenen Leben wie dem Leben der anderen um ihn her, er half gern. Jede Kleinigkeit nahm er ernst. Insbesondere als ich mich verheiratete: Er hatte den großen Wunsch, wir sollten doch auf einer Datscha mit der Atmosphäre eines deutschen Hauses wohnen, und er suchte für uns eine Datscha unter den deutschen Häusern von Stary Peterhof im Lugowoi Park. Sina und ich fuhren hin, um uns eines dieser Angebote anzusehen: großes Gastzimmer, voller Stickereien, Gardinchen, Tellerchen mit Ansichten von Peterhof und von Deutschland; und ein hundertjähriger Papagei, der Deutsch sprach und den wir hätten behalten müssen. Ein andermal fuhren wir mit ihm und Michail Iwanowitsch Steblin-Kamenski nach Nowgorod. Auf dem Motorboot eines Bekannten von Fedja fuhren wir in Nowgorod zu Nikola Lipny, nach Chutyn, gingen in Wolotowo und im Jurjew-Kloster umher. Fedja besaß damals bereits einen Fotoapparat. Er knipste viel, inszenierte mit uns »Besäufnisszenen« (in Wirklichkeit war Milch in den Bechern). Ich träumte immer davon, daß er uns einmal auf der Yacht nach Peterhof mitnähme, aber irgendwie hat es bei ihm nicht geklappt.

Er kam zu Andrejewski und den Sitzungen von Chelfernak, später auch zwei-, dreimal zu den Sitzungen der »Bruderschaft des Serafim Sarowski«. In jener Zeit starb seine zur Orthodoxie übergetretene Mutter, und er litt sehr unter seinem Waisendasein. Auf der Beerdigung seiner Mutter kam es zum Streit zwischen dem orthodoxen Priester und dem lutherischen Pastor – wer die Zeremonie leiten dürfe. Formal hätte es der Priester nach orthodoxem Ritus machen müssen. So geschah es dann auch im Prinzip. Es ist klar, daß Fedja sich für Glaubensfragen interessierte, zumal in einer Zeit verstärkter Kirchenverfolgung. 1927 beschloß Fedja, den orthodoxen Glauben anzunehmen. Dafür mußte er sich nicht neu taufen lassen, es genügte, das Ritual der Salbung zu vollziehen. Ich sehe ihn noch deutlich in der Kirche des Altersheims für Künstler auf dem Petrowski ostrow, wo den Gottesdienst der von uns allen geliebte Vater Wiktorin hielt, der nach seinem qualvollen Tod in Sibirien von der Auslandskirche in die Schar der Heiligen aufgenommen wurde. Fedja war schrecklich aufgeregt, schaffte es nicht, seine Stiefel aufzuschnüren, um Vater Wiktorin ihm die Füße mit Salböl einreiben zu lassen.

Den Namen Fjodor bekam er per Zufall von Vater Wiktorin. Damals nannten wir ihn Edja, aber Vater Wiktorin hatte Fedja verstanden. Der Name Fjodor paßte unglaublich gut zu Eduard. Warum, weiß ich nicht. Fedja ging eifrig in den orthodoxen Gottesdienst, der ihm von Kindheit an vertraut war. Immer bis zum äußersten aufrichtig, verhehlte er am Arbeitsplatz seinen Übertritt zur Orthodoxie keineswegs. Sofja Markowna Lewina, seine Arbeitskollegin, tippte für die Bruderschaft bereitwillig alle religiösen Schriften ab – insbesondere auch das »Sendschreiben der Solowezker Bischöfe«, das gegen die liebedienerische Politik des Metropoliten Sergi gerichtet war.

Auf den Solowki lebten Fedja und ich gemeinsam im Solowezker Kreml, zuerst in denselben Kompanien (13., 14. und 3.), dann auch im selben Zimmer. Er ging früh zur Arbeit und kam spät zurück. Ich arbeitete ebenfalls viel. Es konnte passieren, daß wir uns mehrere Tage nicht sahen. Wir nutzten jede freie Minute zum Schlafen. Dann mußten wir schriftlich verkehren, und Fedja fiel immer irgendeine originelle Methode für den Schriftwechsel ein. Entweder schrieb er, entrüstet über meine Unordentlichkeit, direkt auf meinen ungespült stehengelassenen Emaillebecher, nämlich in den Belag von irgendeinem schlechten Tee: »Wird nur mit Tee gespült.« Oder ich erhielt eine an meine Decke geheftete Notiz in Versen. Den Anfang eines solchen Verses weiß ich noch: »Ganz abgemagert auf den Rippen, möcht' ich um einen Rubel bitten ...« Dann folgte irgendeine witzige Fortsetzung. Fedja arbeitete unter der Leitung des Chefbuchhalters der Solowezker Landwirtschaft, des Archipriesters Wiktor Ostrowidow, den er zärtlich »Priesterchen« nannte und der Fedja seinerseits mochte. Hin und wieder gelang es dem »Priesterchen«, für Fedja Schnittlauch zu besorgen oder etwas Schmand. Fedja teilte stets mit mir und einigen anderen Zimmerinsassen. Bis heute ist kleingeschnittener Schnittlauch mit Schmand ein fürstliches Essen für mich.

Bardygin

Ich kann mich weder an seinen Vornamen noch an seinen Vatersnamen erinnern. Er lebte in der 4. Kompanie, die über Eck zu meiner 7. lag. Er arbeitete auf irgendeinem Büroposten, der ihn viel Zeit kostete. Abends – im bevölkerten Zimmer – schrieb er auf seiner Bettstatt, die ihm nicht nur als Bett, sondern auch als Schreibtisch diente. Ich kann mich an seine graue Decke erinnern, an die vielen Manuskriptblätter. Von seinen philosophischen Gedanken begriff ich nichts, aber Mejer und Gordon verstanden. Sie hegten tiefe Verehrung für ihn, er war ihnen so etwas wie ein Sohn. Wohin und wann er aus der 4. Kompanie verschwand, weiß ich nicht, ich kann mich nicht erinnern. Er hatte ein sehr blasses Gesicht und einen ganz eigenen Blick. Für Politik interessierte er sich überhaupt nicht, beklagte sich nie, stritt sich mit niemandem. Was um ihn herum vorging, ließ ihn vollkommen gleichgültig. Wenn ich jetzt an die Solowki denke, komme ich zu dem Schluß, daß unter all den denkenden Leuten er am wenigsten von den äußeren Umständen abhängig war. Wenn ich diejenigen nennen sollte, die sich am hartnäckigsten nicht nur der Sowjetmacht, sondern auch dem »Geist der Zeit« widersetzten, so müßte ich vor allem Bardygin nennen. Alle waren wir mehr oder weniger gebrochene Menschen – Mejer wie Andrejewski, Suchow wie Kolosow. Gebrochen zumindest deshalb, weil wir einen wesentlichen Teil unseres Lebens mit der Verteidigung unseres Rechts auf eigene Gedanken zubrachten – wir widersprachen, wir lehnten uns auf usw. Wir waren die Dissidenten von damals. Bardygin focht das alles nicht an. Er war vollkommen abgetaucht in seine philosophische und religiöse Welt. Weder dem, was um ihn her vorging, noch denen, die ihn daran hinderten, in seiner inneren Welt zu leben, schenkte er irgendwelche Aufmerksamkeit.

Jeder, der für seine Unabhängigkeit kämpft, wird damit bereits abhängig. Für Bardygin gab es schlichtweg nichts, was nicht seine Forschungen betraf, und sein Kontakt mit den ihn umgebenden Philosophen und Geistlichen berührte nie die Grenzen seiner inneren Welt. Er war unbesiegbar und darum, wie mir scheint, für die Machthaber am gefährlichsten.

Wladimir Juljanowitsch Korolenko

1931 tauchte am Horizont des Krimkab Wladimir Juljanowitsch Korolenko auf. Ich sehe ein Gesicht vor mir – leicht ironisch, bereit sich mitzuteilen, allerdings keineswegs voll und ganz. Ein charakteristischer Mund, der mich an den Bug eines kleinen Kahns oder an den Schnabel einer Kanne erinnerte, kurz davor, interessante Geschichten auszugießen – Geschichten, nicht aber Gespräche oder offenherzige Gedanken. In ihm stand eine Art unsichtbare Mauer, hinter die er den Gesprächspartner nicht blicken ließ. Imgrunde wußten wir nur zwei Fakten über ihn: daß er der Neffe des Schriftstellers W.G. Korolenko und von Beruf Jurist war. An seiner linken Hand fehlte der Ringfinger, und dadurch war die ganze linke Hand sehr auffällig: eine Krebsschere? Wenn er irgendetwas aus seinem Anwaltsleben erzählte und gestikulierend die linke Hand senkte, so bedeutete das, daß er in seiner Schilderung einen Schlußpunkt erreicht hatte. Seine Erzählungen endeten immer in einer Schlußfolgerung – wahrscheinlich ist das bei Anwälten so. Im Krimkab lief er meistens zu Julija Nikolajewna Dansas. Diese beiden verschlossenen Menschen fanden gemeinsamen Gesprächsstoff auf einer Art höherer, »vornehmer« Ebene. J.N. Dansas war froh, denn in seiner Gegenwart konnte sie gelassen sein – er rührte bei ihr nicht an das, was sie einem Gesprächspartner nicht zeigen wollte und was Wolodja Rasdolski in seiner Unerzogenheit ständig herauszukitzeln versuchte.

Mir gegenüber hegte Wladimir Juljanowitsch freundschaftliche Gefühle. Wie ich besaß auch er einen Passierschein »für die ganze Insel«, und wir verabredeten uns oft zu gemeinsamen Spaziergängen. Meistens nahmen wir die Sawwatijewskaja doroga. Winters trug er eine graue Persianermütze in etwas ausgefallener Fasson. Niemand sonst, so schien es, hätte eine solche Ohrenmütze tragen können. Sie war Teil seiner Persönlichkeit. Komisch? Aber so war es.

Er liebte auch Jungenspiele. Ich entsann mich, daß ich in meiner Kindheit am Finnischen Meerbusen immer mit flachen Steinen »Bliny backen« gespielt hatte. Und so wetteiferten er und ich, wer am meisten backen konnte. Wer bei dem Spiel gewann, weiß ich nicht mehr. Er war mindestens um die fünfzig, aber trotzdem ziemlich geschickt bei diesem Wettspiel. Ich erinnere mich an einen Abend auf der Sawwatijewskaja doroga. Wir waren an einen nahen, durch dichten Wald vor Wind geschützten stillen See gelangt. Es war Spätherbst. Auf dem Wasser lag eine dünne Eisschicht. Es dämmerte. Die Eisschicht sah ganz schwarz aus. Ließ man Steinchen übers Eis flitzen, glitten sie unglaublich weit, bis sie spurlos verschwunden waren. Wir hatten unseren Spaß daran, und als es völlig dunkel geworden war, begannen wir die Steine hochzuwerfen. Senkrecht kamen sie wieder herab und durchschlugen das Eis. Unter dem Eis bildeten sich weiße Luftblasen, die vom Ufer wegwanderten, bis sie sich an dem offenen Loch auflösten. Es war wie ein Beruhigungszauber. Uns kam es vor, als entließen wir diese weißen Wesen, die sich unter der schwarzen Oberfläche des frischen Eises gebildet hatten, in die Freiheit. Wir kehrten sehr spät in den Kreml zurück, gegen alle Vorschriften, die mit dem Passierschein verbunden waren, doch der Wachhabende mit seinen schwarzen Ärmelaufschlägen, dem schwarzen Kragen am Uniformmantel und dem schwarzen Mützenrand war uns gnädig gestimmt. Der glückliche Spaziergang endete auch glücklich, uns drohte kein Karzer ...

Wladimir Juljanowitsch war zum Tod durch Erschießen verurteilt worden, bekam die Strafe jedoch in zehn Jahre Haft umgewandelt. Deshalb unterlag er den Abtransporten von den Solowki nicht. Ich jedoch wurde von Freunden in Medweschja Gora als »unersetzliche« Buchhaltungskraft angefordert, an denen immer großer Bedarf bestand.

Wir beschlossen, unseren Aufenthalt auf den Solowki irgendwo zu verewigen. Korolenko beschaffte Hammer und Meißel, und wir machten uns über die Muksalomskaja doroga auf in den Wald, um einen passenden Stein zu suchen, in den wir unsere Namen einmeißeln könnten. Wir fanden einen rechts des Weges. Die Stelle war hügelig. Zwischen den langgestreckten Hügeln zog sich ein langer schmaler See hin. Auf dem höchsten Punkt eines der Hügel lag ein Findling. Ich weiß noch, er war drei bis vier Meter lang (so ungefähr) und reichte uns bis zu den Schultern (ziemlich genau). Wir begannen, unsere Nachnamen einzumeißeln. Es war anstrengend. Wir mußten noch ein zweites Mal hin. Am Ende hatte wir eingemeißelt: oben »Korol« und darunter »Lichatsch«* – die Buchstaben ungefähr handtellergroß.

Als ich nach dem zweiten Mal in den Kreml zurückkam, erfuhr ich, daß ich zum Transport aufgerufen worden war. Diesmal hatte ich Glück: Ich wurde nach Kem verlegt. Ich hatte mir schon einen »Koffer« gebastelt – aus Sperrholz, mit einem geklauten Laken umwickelt und braun angemalt. Der Koffer erwies sich als sehr stabil. Er hat sogar die Blockade überlebt und diente meiner Mutter.

Ich bedauerte sehr, daß wir unsere Namen nicht vollständig eingemeißelt hatten, und beauftragte Wladimir Juljanowitsch, die Arbeit zu beenden. Später ließ er mir durch irgendwen auf der Medweschja Gora die Nachricht zukommen, die Inschrift sei fertig.

* Wörtl. »König« und »Draufgänger«

Auf der Medweschja Gora erzählte man mir, warum Wladimir Juljanowitsch keinen Ringfinger mehr hatte. Er habe ihn sich selbst aus Reue abgehackt, weil er irgendjemanden bei der Untersuchungsbehörde verleumdet oder irgendetwas unterschrieben oder sich auf irgendeine andere Weise unwürdig verhalten hatte. Darum also war er so verschlossen und äußerte oft, daß er nach der Entlassung eine Stelle als Leuchtturmwärter annehmen wolle, weitab von allen Menschen ... Was auch mit ihm gewesen sein mag, ich empfinde großes Mitgefühl für ihn und bin dankbar dafür, daß er in meiner Gesellschaft etwas Trost gefunden hat ...

Man darf nicht meinen, Krimkab, Museum und Solteatr seien die einzigen Orte gewesen, an denen sich die Solowezker Häftlinge trafen, um weltanschauliche Gespräche zu führen. Ich machte die Bekanntschaft eines Mannes (um die 25), Tschechowski (Vor- und Vatersname sind mir entfallen), der in der Sortenforschungsstation arbeitete (heute befindet sich an ihrer Stelle ein Flugplatz). Er lud mich zu sich ein. Das war im Sommer 1929. Ich stieg zu ihm hinauf in den ersten Stock, und beim Tee – aus irgendwelchen Blättern – fragte er mich plötzlich, wie ich zur Freimaurerei stehe. Ich erwiderte, daß ich darüber sehr wenig wisse. Er forderte mich auf wiederzukommen, um mehr darüber zu erfahren, doch zum Glück lehnte ich ab.

Im Herbst 1929, man hatte gerade alle Hände voll zu tun wegen einer angeblich auf den Solowki existierenden Verschwörung »mit dem Ziel der Eroberung der Solowki und der späteren Beseitigung der Sowjetmacht im Land« – da begegnete ich zwischen den Nikolskije worota und dem zweiten Tor einer Gruppe von »Verschwörern«, die im Laufschritt vom Verhör im Gebäude des USLON zurück in den Karzer gejagt wurden. Die Begleitsoldaten brüllten herum, rasselten mit den Waffen, befahlen allen Entgegenkommenden stillzustehen. Und plötzlich wurde ich von einem der Gejagten, dem man kaum ansah, wie jung er noch war, gegrüßt, nur mit den Augen. Da merkte ich – es war Tschechowski. Ich zog meine Studentenkappe und schickte ihm eine tiefe Verbeugung nach. Offensichtlich wurde das hinterbracht, denn diesem Vorfall schreibe ich den Eintrag in meiner Akte zu: »Hatte Kontakt zu den Aufständischen auf den Solowki.«

In den Notizen, die ich auf den Solowki zu führen begann, steht, daß sich irgendwo an jener Bucht, an der mich Degtjarew erwischt hat, die Gräber der »Operierten« befinden, d.h. nach der Solowezker Terminologie von damals, die Gräber der Opfer von Einzelerschießungen. Die »Operationen« fanden tagsüber statt, den Opfern

Die Sortenversuchsstation, 1928

wurden mit Draht die Hände auf den Rücken gefesselt, dann wurden sie schnell von zwei Wachmännern unter den Achseln zum Glockenturm geschleift (jegliches Herumlaufen im Hof des Kreml war währenddessen untersagt); zwei »Masliny«* (Kugeln) für jeden Delinquenten, dann kam ein Pferd mit einem Kistenwagen, die Toten wurden aufgeladen und Frauen abkommandiert, um die nach unten führende Treppe sowie alles übrige zu waschen. Mit hängendem Kopf brachte das Pferd die Leichen Richtung Peregoworny kamen. Und Schluß!

Ich habe mir den Namen des Kommandeurs jener Spezialeinheit gemerkt, die die Einzelerschießungen der Verschwörer durchführte – Tschernjawski, ein Mann mit tiefer Stimme und stutzerhaften Stiefeln. Von ihm wurde übrigens auch ein ungefähr 13jähriger Junge erschossen, mit dem die Wachmannschaft nicht klarkam.

In meinen Notizen ist noch vermerkt: »Sache ›Solowezkaja prompartija‹.** Fälschung von Bezugsscheinen für Trockennahrungsrationen. Zusatz zu Gessen: Erschießung. Meine Einkäufe von Trockennahrungsrationen mit Rasdolski. In der Kompanie versteckt. In Sonnenblumenöl gebratener Fisch. Ausgelost, ich ging den Fisch holen. Neugier in der Kompanie. Gestank bei der Kwaßbrauerei nach modrigem Fisch.« Heute kann ich schon nicht mehr genau dechiffrieren, was diese Notizen alles besagen, aber wir waren offenbar immer nahe daran, »in die Kiste« zu kommen. Ich weiß nicht mehr genau, ob unsere Bezugsscheine für Trockennahrungsrationen gefälscht waren oder echt. Aber der Hunger zwang uns zum Risiko. Zum »Gestank« des modrigen Fisches kann ich nur sagen, daß man uns meistens verdorbenen Kabeljau vorsetzte. Darüber gab es auch ein Lied in der »Solowezker Rundschau« von Boris Glubokowski:

* Wörtl. »Oliven«; Lagerjargon f. Kugeln

** In Anlehnung an den berüchtigten Moskauer Schauprozeß gegen die »Prompartija« (Industriepartei), in dem Ingenieure aus der Industrie wegen angeblicher Sabotage und Verschwörung angeklagt waren.

Den Arbeitskodex wohl beachtend,
bewacht uns die liebe Begleitmannschaft,
und nach zartem wohlduftenden Kabeljau
gibt es keine Sehnsucht auf den Solowki.

Das eintönige und schlechte Essen war wirklich nicht zu ertragen. Manchmal mußte man sich auch übergeben.

Neben den orthodoxen Geistlichen gab es in den Jahren 1928/29 in der 6. Kompanie auch ziemlich viele polnische katholische Geistliche. Im Unterschied zu den orthodoxen Priestern war es ihnen erlaubt, ihren Gottesdienst im Zimmer abzuhalten, später wurde ihnen dafür die German-Kapelle im Wald zur Verfügung gestellt. Viele von ihnen arbeiteten in der Wäscherei, wo sie das Kommando über die Waschfrauen hatten – hauptsächlich Prostituierte. Sie traten immer sehr würdevoll auf, und die Prostituierten verehrten sie. 1929 bekamen sie den Status von politischen Häftlingen und wurden von der Arbeit freigestellt. Den gleichen Status besaßen auch die Anarchisten auf der Insel Bolschaja Muksalma, die unter einigermaßen erträglichen Bedingungen lebten. Die polnischen katholischen Geistlichen hingegen schickte man »auf Troizkaja-Dienstreise«, also nach Anser. Ich bin auf Anser gewesen, als ich die Halbwüchsigen für die Arbeitskolonie einsammelte, bin auch an ihrer Behausung vorbeigekommen und begegnete einigen von ihnen, die ein Wasserfaß auf einem Wagen zogen. Sie waren Selbstversorger.

Über die polnischen katholischen Geistlichen in Rußland, in Sibirien und auf den Solowki läßt sich relativ viel in dem bereits erwähnten Buch des Diakons Wasili TschSW finden, gestützt auf die Aussagen von Julija Nikolajewna Dansas. Wegen ihres isolierten Lebens sind die katholischen Geistlichen für meine Erinnerungen von geringem Interesse. Ich möchte nur etwas anfügen, was Dansas nicht erwähnt: Es ging ihnen auf den Solowki bedeutend besser als den orthodoxen Priestern. Man denkt, die russischen Geistlichen hätten doch das Recht gehabt, die Onufrijewskaja-Klosterkirche zu besuchen – nach speziellen Anmeldungslisten, die vorher in der Verwaltung angelegt wurden. In die Onufrijewskaja-Kirche gingen aber nur jene Häftlinge, die sich in Kirchendingen nicht besonders auskannten, die einfach nicht ohne den Gottesdienst in einer Kirche auskamen. Zu diesen zählte übrigens auch Georgi Michailowitsch Osorgin, der im übrigen mit dem Archipriester Wiktor Ostrowidow befreundet war ...

Selbst unter den verhältnismäßig erträglichen Bedingungen im Kreml, in den uns von den Mönchen überlassenen Steinhäusern, waren wir dauernd in Unruhe. Die Informations- und Untersuchungsabteilung (»IST«) fabrizierte immer wieder neue Tatbestände, politische wie kriminelle. Die Leute waren wegen eines Stückchens Brot dran, wegen »Nichterscheinens bei der Arbeit«, oder wenn sie sich weigerten, die Kreuze auf dem Friedhof abzusägen, unter den Fanfaren des Blasorchesters des »musikalischen Kommandos« der 7. Kompanie. Wenn ich krank war (das passierte Gott sei Dank selten), wurde ich fast verrückt von den Militärmärschen, die ehemalige Offiziere der zaristischen Armee hingebungsvoll einübten.

Im Sommer gingen die Etappen ab – aufs Festland, tief in die Insel hinein oder hinüber auf die anderen Inseln: die Muksalomskije, die Bolschoi Sajazki, Anser. Ich hielt meine Sachen bereit, denn zum Packen ließ man uns keine Zeit. Sie schrien »Antanzen samt Krempel!«, und wer sich nicht beeilte, wurde mit »Dryny« (Schlagstöcken) geprügelt. Für alle Fälle lernte ich, mich schnell anzuziehen, indem ich beim Schlafengehen die Unterhosen in den Hosen, das Hemd in der Tolstowka steckenließ. Höchste Aufmerksamkeit erforderten die Fußlappen: Sie mußten richtig angelegt werden, ohne Falten, damit die Füße nicht aufscheuern.

Die permanente innere Unruhe, man könnte zur Etappe aufgerufen werden, ließ erst nach, wenn der Schiffsverkehr eingestellt wurde. Auch die Marschbewegungen auf der Insel ließen dann nach.

Abfahrt von den Solowki

Im Sommer 1931 begann der Abtransport der »Arbeitskräfte« von den Solowki zu dem nichtoffiziellen Bau des Weißmeer-Ostsee-Kanals. Bei der Verschickung wurde die verbleibende Haftzeit berücksichtigt. Wladimir Rakow, Fedja Rosenberg und viele andere verließen die Solowki. Ich kam nicht dran. A.A. Mejer, X.A. Polowzewa und auch A.P. Suchow waren zu dieser Zeit schon weg. Das Leben wurde sehr schwermütig. Sogar die Kolonie der minderjährigen Kriminellen wurde abtransportiert. Irgendwie verschwunden war Iwan Jakowlewitsch Komissarow – der König der Urki auf den Solowki, der später Erzieher in der bekannten Kolonie für minderjährige Kriminelle in Bolschewo wurde.

Fedja bekam in Medweschja Gora sofort einen guten Buchhalterposten, weil im Lager ständig ein extremer Mangel an qualifizierten Buchhaltern herrschte. Er schickte mir eine Anforderung nach der anderen, damit ich dort als »großer Buchhaltungsspezialist« die Hauptkartei des Belomorstroi führen sollte. Ich wurde zur Etappe aufgerufen. Unten im Musikertrupp wurde der Trompeter Wladimir Wladimirowitsch Olochow aufgerufen, um gemeinsam mit mir zu fahren – ein ehemaliger Oberst des Semjonowski-Regiments. Die Musiker bereiteten Olochow einen feierlichen Abschied. Reden wurden gehalten, der Marsch »Alte Freunde« gespielt (ich glaube, so hieß der Marsch, der unter einem anderen Titel einer der beliebtesten der alten Armee war). Das einzige Pferd der Solowki, das sonst die Leichen wegbrachte, wurde vor den Wagen gespannt und zog unsere Habseligkeiten (es wurden noch andere abtransportiert). Den Korb hatte ich zu dieser Zeit schon nicht mehr (geklaut), doch der Sperrholzkoffer war fertig. Er erwies sich als so stabil, daß er selbst dann nicht kaputtging, als er von ganz oben von der Fuhre fiel. Wir wurden in die Quarantäne geschafft, ausgezogen, nackt in die Banja Nr. 2 gesetzt, um zu warten, bis unsere Kleider wieder aus der

Entlausung kamen. Es dauerte mehrere Stunden. Die vom Musikertrupp brachten uns Essen. Gegen Abend hieß es plötzlich: »Zurück auf die Zimmer.« Zwei Wochen vergingen (ungefähr), und erneut der Aufruf, erneut Reden (allerdings schon kürzer) und erneut Märsche. Wieder Banja und wieder das Kommando: »Zurück auf die Zimmer.« – Die »IST« ließ uns nicht fort.

Ich habe bereits erzählt, daß ein Junge aus der »IST« mich eines Abends einlud und mir meine Akte zeigte, auf der der Vermerk stand: »Hatte Kontakt zu den Aufständischen auf den Solowki.« Nach dem dritten Aufruf, dem Wladimir Wladimirowitsch und ich nun ohne Reden und Märsche folgten, ließ man uns dann aufs Festland. Später begegnete ich Wladimir Wladimirowitsch Olochow in Leningrad auf dem Kamennoostrowski prospekt. Er wurde von einem jungen Mann geführt. Wladimir Wladimirowitsch war vollkommen blind, seine Frau gestorben, er lebte bei seinen Töchtern. Kurz vor dem Krieg, als sich die Einstellung zum russischen Militär änderte, hatten die Töchter die Flagge des Semjonowski-Regiments geflickt und aufbewahrt. Wladimir Wladimirowitsch hat sie dann 1917 beim Zerfall der Armee gerettet. Er habe sie sich umgebunden und von der Front mitgebracht – so hat er mir erzählt.

Wieder der Dampfer »Gleb Boki«, aber diesmal wurden wir nicht unter Deck gejagt. Wir waren relativ wenige an Bord. Vor mir lag das Panorama der Solowki mit der Sekirnaja gora. Wir fuhren an den Kusowyje vorbei, auf die ich sonst geblickt hatte, wenn ich beim Weg zur Arbeit auf der Höhe der Storoschewaja baschnja war. Zwei- oder dreimal habe ich Luftspiegelungen dieser Inseln gesehen. Sie standen über dem Horizont und erschienen näher als in Wirklichkeit.

In Kem mußte ich in der Wegeraksha nächtigen (wie man mir erklärte, bedeutet das auf finnisch »Hexenhaus«) – ein schrecklicher Ort, wegen der dort herrschenden Willkür. Am nächsten Morgen wurden wir in einen tollen Eisenbahnwaggon für Häftlinge gesteckt, mit dreistöckigen Pritschen. Ich kletterte auf die oberste, um zu schlafen ... Einen Tag später kamen wir morgens in Medgora an.

Medweschja Gora begrüßte uns mit Sonne, die wir auf den Solowki schon lange (seit dem Sommer) nicht mehr zu Gesicht bekom-

Dmitri S. Lichatschow, 1931

Einer der »Tschekisten« am Bau des Weißmeer-Ostsee-Kanals, 1932

men hatten, und mit weißem, frisch gefallenem Schnee. Ich war überglücklich. An jenem Tag hatte ich das Gefühl, entlassen zu werden. Dieses Gefühl stellte sich nicht mehr ein, als ich am 8. August 1932 dann tatsächlich entlassen wurde.

Wir wurden in das Lager beim Onega-See gebracht, mußten auf dem Platz zwischen den Baracken in Reih und Glied antreten, und plötzlich vernahm ich die freundlich grüßende Stimme einer Frau: »Dima Lichatschow!« Auf solche Weise im Lager aus der Etappe herausgerufen zu werden, dürfte, glaube ich, nur selten jemandem zuteil geworden sein. Sie war eine Untergebene von Fedja Rosenberg, der von der Bauverwaltung aus im Lager angerufen und angeordnet hatte, mich in eine Baracke zu bringen. Ich bekam die oberste der nach »verbessertem« Waggonsystem angeordneten Pritschen, direkt unter einem Ofenrohr. Dieser provisorische Ofen wurde in kalten Nächten so eingeheizt, daß das Rohr rot glühte; ich mußte mich mit meinem Fellmantel davor schützen und konnte nicht schlafen vor Hitze. Dafür konnte ich mich aber morgens herrlich waschen. Draußen gab es eiserne Waschbecken, in denen das Wasser manchmal über Nacht gefror. Ich machte meinen Oberkörper frei und genoß die Kälte, die Luft, das Licht.

Ich erhielt einen Passierschein, mit dem ich durch die »Freizone« von Medgora zum Verwaltungsgebäude gehen konnte. Dort erwartete mich Fedja, der mich an die Hauptkartei des Weißmeer-Kanalbaus setzte – doch mit der Auflage, nicht zu arbeiten. In den ersten Tagen tat er für mich die Arbeit und blieb bis in die Abendstunden, danach erlaubte er auch mir, ein paar Dinge zu tun, unter der Voraussetzung, die Buchführung nicht anzutasten, damit mich niemand als Neuling erkennt. »Für einen erfahrenen Buchhalter sind die Bücher ein Kinderspiel«, meinte Fedja zu mir. Fedja lebte unter vergleichsweise annehmbaren Bedingungen im Lager. Nicht weit vom Verwaltungsgebäude stand seine ordentliche Baracke mit richtigen Bettstellen. Ich ging immer mit Wolodja Rakow zum Mittagessen zu ihm. Und gewöhnlich kochte Rakow auch. Wir saßen auf Fedjas Bett und aßen gemeinsam aus einem Topf. Ich weiß noch, nicht weit weg stand das Bett des ehemaligen Buchhalters des Leningrader Michailowski-

Theaters, eines Deutschen namens Koppe. Er besaß sogar einen Fleischwolf. Fedja bat »Koppotschka«, wie er ihn nannte, oft um Haushaltsgegenstände. In der Baracke sah ich auch den Sänger Ksendsowski, den Minister der Provisorischen Regierung Nekrasow, den Geiger Cheifiz. Von letzterem hieß es, er sei der Bruder des in die USA ausgewanderten Pianisten.* Ich sehe ihn noch vor dem Eingang der Baracke stehen. Er sah arrogant aus, war groß und dürr. Ob er wirklich der Bruder des berühmten Pianisten war, habe ich nie in Erfahrung bringen können.

Zur Arbeit erschien ich gewöhnlich eine halbe Stunde früher. In den weitläufigen Räumlichkeiten der Verwaltung sang vor Arbeitsbeginn ein wundervoller Tenor. Es war so schön, wirkliche Musik zu hören, nach Jahren mit einem Militärorchester, das ausgerechnet unter meinem Fenster in der 7. Kompanie den immergleichen Marsch üben mußte.

Der Passierschein ermöglichte mir, in die »Freizone« von Medgora zu kommen, beim Buchverkaufsstand vorbeizuschauen und einmal sogar zusammen mit Fedja, Wolodja Rakow und dem ehemaligen Armeekommandeur Radsijewski in die Bierkneipe zu gehen, was Fedja später zum Thema ständiger Witzeleien machte. In Medgora traf ich Julija Nikolajewna Dansas wieder, befreundete mich mit Mosolow (aus gutem Adel), der mir anbot, zu ihm in die Hydrotechnik zu wechseln und im Zelt zu hausen (am Ende willigte ich natürlich nicht ein, aber ich war einige Male bei Arbeiten in der Hydrotechnik dabei). J.N. Dansas zeigte mir einen früheren Bäckereibesitzer, der erstaunliche Ähnlichkeit mit Nikolai II. hatte, sogar in der Stimme (der Monarch habe eine erstaunlich schöne Bariton-Stimme gehabt, wie mir Julija Nikolajewna versicherte). Der Bäcker war nur aufgrund dieser Ähnlichkeit verhaftet worden (in den 30er Jahren hätte man ihn deswegen kurzerhand erschossen – das war sicherer).

Als ich später einmal von Swanka her (darüber berichte ich noch) nach Medgora kam, sah ich am »Strand« des Onega-Sees den »Liedermacher« Alymow, der im Lager Texte zum Ruhm des Kanal-

* Evtl. verwechselt D.L. hier Geiger und Pianist.

Bau des Weißmeer-Ostsee-Kanals, 1932

baus schrieb. Keiner mochte ihn, und er wurde gehänselt: »Kanal – Ammonal, Soroka [die Stadt, die später in Belomorsk umbenannt wurde] – postroim do sroka«,* das war der gängigste Reim aus der munteren »Poesie« der »Kanaloarmeicy« (Kanalarmisten), wie sich die »umgeschmiedeten« Häftlinge selbst nannten.

Ich erinnere mich an die schwere Nacht auf den 1. Januar 1932. Die Buchführung unserer Kartei ging um einen Rubel nicht auf. Bei der Finanzabrechnung war man streng. Am 1. Januar mußte die Abrechnung fürs vergangene Jahr vorgelegt werden, aber es fehlte ein Rubel auf dem Papier! Wir suchten bis zum Morgen und fanden den Fehler letztendlich auch.

In Medgora kamen mich meine Eltern besuchen. Es war außerordentlich schwierig, ein Zimmer zu finden. Schließlich fanden wir einen Hauswirt, der uns bei sich auf dem Boden schlafen ließ. Medgora war grauenhaft überfüllt. Der Bruder des Hauswirts, ständig betrunken, belästigte meinen Vater: »Du bist Offizier. Sehe ich gleich. Solche Offiziere wie dich könnt' ich ...« Mein Vater und ich verließen nachts das Zimmer, aber er kam uns betrunken hinterher und stänkerte. Die Situation wurde etwas gefährlich. Meine Eltern mußten zwei bis drei Tage vor Ende der Besuchszeit abreisen.

* »... wird vor der Zeit fertiggebaut«

Swanka und Tichwin – Entlassung

Die zweite Hälfte meines Aufenthalts am Weißmeer-Ostsee-Kanal prägte Dmitri Pawlowitsch Kallistow. Er war in der Sache KAN zu fünf Jahren verurteilt worden, obwohl wir ihn gar nicht in die KAN aufgenommen hatten. Einmal hat er in der KAN einen Vortrag gehalten, doch von einer Einladung, regelmäßig zu den Sitzungen zu kommen, hatten wir Abstand genommen. Er war zwar gemeinsam mit uns auf die Solowki geschickt worden, aber nicht länger als eine Woche auf der Insel geblieben: Mit dem letzten Dampfer hatte man ihn nach Kem gebracht, wo er Arbeit in der Verwaltung der Solowki-Lager gefunden und bald die Erlaubnis bekommen hatte, in einem Privatquartier zu wohnen. Das war seiner Energie und seinem Geschick zuzuschreiben.

Als ich nach Medweschja Gora kam, arbeitete er bereits als Dispatcher des Belbaltlag auf der Bahnstation Swanka bei Leningrad. Zu den Pflichten eines Dispatchers zählte die Weiterleitung der für die Baustelle bestimmten Güterzüge (aber nicht der Züge mit Menschen!) zu jenen Bahnstationen, die in den schriftlichen Ordern der Bauverwaltung von Medweschja Gora angegeben waren. Der Dispatcher kontrollierte alle Begleitpapiere der Güterzüge und schrieb die Endstation auf jene, die nur den allgemeinen Vermerk »Weißmeer-Ostsee-Bau« trugen. Es handelte sich um Ammonal (starken Sprengstoff), Proviant, Viehfutter und – seltener – Baumaterial. Dmitri Pawlowitsch arbeitete auf Swanka mit einem zweiten Dispatcher zusammen – einem amerikanischen Staatsbürger, der zehn Jahre wegen Devisenvergehen bekommen hatte, Oskar Wladimirowitsch Gilinski.

Sehr selten kam Dmitri Pawlowitsch von Swanka nach Medgora in die Verwaltung, um Instruktionen und schriftliche Order abzuholen. Über Dritte ließ er bei mir anfragen, ob ich bereit sei, nach Swanka zu kommen, um dort zu arbeiten. Ich machte mir keine genauen Vorstellungen von der Art der Arbeit, aber mich verleitete die Nähe zu

Leningrad, zu den Eltern, die Möglichkeit, sie öfter zu sehen, und vor allem – die hier nicht gegebenen Lagervorschriften. Damals galt, je näher das Ende der Haftzeit eines Gefangenen, um so freizügiger seine »Verwahrung«. Ein Aufenthalt auf Swanka in relativer Freiheit schien mir damals durchaus realistisch.

Es war ziemlich viel Zeit vergangen (wahrscheinlich nicht weniger als ein Monat), als man mich plötzlich suchen kam und sagte, Kallistow sei von Swanka gekommen und bitte mich, so schnell wie möglich meine Sachen zu packen. Hastig rasierte ich mich noch und schnitt mich dabei vor Aufregung. Als Kallistow mich sah, lachte er: Er war zufrieden.

Auf Swanka brachte Dmitri Pawlowitsch mich dort unter, wo auch er wohnte: bei der einsamen alten Matrjona Kononowna in einer kleinen Holzhütte, nicht weit von Wolchow. Ich hatte ein weich gefedertes Bett und weiche Kissen. Es stand hinter einem Vorhang in dem Raum, der als Eßzimmer diente. Unser dritter Dispatcher – O.W. Gilinski – hatte für Dollars eine ganze Wohnung in der Nähe der Bahnstation gemietet. Ich bekam ihn selten zu Gesicht. Er fuhr des öfteren von Swanka aus nicht nur nach Leningrad, sondern auch nach Moskau. Den gesamten Dienst auf der Station versahen Dmitri Pawlowitsch und ich alleine. Das Dumme (für mich) war nur, daß Dmitri Pawlowitsch oft zu seiner Frau nach Leningrad fuhr, und dann mußte ich immer rund um die Uhr Dienst schieben. Und die Arbeit war anstrengend. Der Arbeitstisch befand sich im Raum des Rangierdispatchers. Swanka war ein großer Eisenbahnknotenpunkt, wo die Güterzüge neu zusammengestellt wurden. Der Rangierdispatcher hatte eine große Gleisanzeigetafel, auf der die Zugstände mit bestimmten Symbole dargestellt waren. Ununterbrochen platzten, dampfend vor Frost, bis zu den Augen vermummte »Oberschaffner« herein, die auf der offenen Plattform des letzten Waggons mitfuhren. Aus schweren Taschen zogen sie die Papiere für jeden einzelnen Waggon heraus, knallten sie auf den Tisch des Rangierdispatchers, und zusammen mit ihm, der uns dauernd antrieb, mußten wir alles durchsehen und die entsprechenden Lagerorder und Endstationen vermerken. Diese Arbeit erforderte außerordentliche Aufmerksamkeit, aber gegen 5 Uhr früh ließ die Aufmerksamkeit gewöhnlich nach; ich schlief nicht nur im Sitzen, sondern auch im Stehen ein. Einmal ließ ich einen ganzen Zug mit mehreren Waggons durch, die keine Adresse trugen. Mit diesem Fehler hätte ich mir eine erneute Haft einhandeln können. Doch es ging noch einmal gut ...

Nicht ohne Schrecken erinnere ich mich daran, wie ich unter den Waggons durchkroch, um den Weg zu einem irgendwo auf Gleis 21 stehenden Zug abzukürzen, in dessen Papieren sich irgendwelche Unklarheiten ergeben hatten. Die Züge wurden ständig in verschiedene Richtungen verschoben, und meine »Quergänge« unter den Waggons hindurch waren sehr gefährlich, doch ich entwickelte eine ganz eigenartige Tollkühnheit. Ich schrieb bereits, daß ich – nachdem ich nur zufällig der Erschießung entgangen war – begriffen hatte, wie wichtig es ist, »jeden neuen Tag als ein Geschenk Gottes anzunehmen«. Hier auf Swanka wurde ich jedoch meinem Schicksal gegenüber irgendwie gleichgültig: »Es kommt, wie es kommt.«

Zweimal fuhr ich nach Leningrad, und das eine Mal sah ich von der Loge des Mariinski-Theaters aus das Ballett. Am Alexandrowski sad traf ich meinen Kommilitonen Dmitri Lwowitsch Schtscherba, der, als er hörte, ich sei »aus dem Lager entflohen«, jäh vor mir zurückschreckte. Das andere Mal wurde ich direkt vor Leningrad von einer Patrouille angehalten. Ich gab eine Telefonnummer an, unter der man sich erkundigen konnte, ob ich wirklich Dispatcher auf Swanka bin und als solcher gewissermaßen das Recht habe, bis Leningrad zu fahren. Die Patrouille fragte nach, und irgendein netter Mensch am anderen Ende der Leitung bestätigte meine Auskunft (obgleich es natürlich nicht stimmte: Ohne Erlaubnis durfte keiner nach Leningrad fahren). Wer mich vor der Verhaftung (und damit vor einem neuen »Verfahren«) bewahrte, weiß ich nicht, aber ich habe ihn immer in dankbarer Erinnerung behalten. Inzwischen liebte ich das Risiko. Diese Wendung ging eindeutig nicht in die richtige Richtung, und es hat eine ganze Weile gedauert, bis ich mich wieder davon freimachen konnte.

Die Arbeit auf Swanka aber wurde immer härter. Eines Tages kam der Befehl, aus einem Häftlingstransport alle Rechnungsführer auszusortieren und nach Medgora zu schicken. Transporte mit Menschen umzuadressieren, fiel nicht in unsere Zuständigkeit. Sie fuhren stets ohne Kontrolle durch. Offenbar fehlte es dringend an Rechnungsführern. Dieser neue Umstand konnte einige Menschen vor der Arbeit als »Erdschaufler« retten. Ich lief zu dem Abstellgleis mit den Waggons, kletterte hinein und bekam in ganzer Schärfe diesen Geruch von Kummer zu spüren, der in allen Lagern herrschte. Ich erinnere mich an das intelligente Gesicht eines etwa gleichaltrigen Mannes, der auf meine Frage nach seinem Beruf antwortete: »Begleitpianist. Ich kann Deutsch, Englisch, Französisch.« Mit Nachdruck sagte ich zu ihm: »Ich trage Sie als Rechnungsführer ein. Denken Sie daran!« Aus irgendeinem Grund mußte ich später oft an diese Episode denken. Wer war er, wie verlief sein weiteres Schicksal? Zum Glück bekam ich nicht öfter den Auftrag, Menschen zu sortieren.

Im Frühjahr sagte Dmitri Pawlowitsch, der Dispatcherposten in Tichwin werde »verstärkt«, weil uns auf der Zweigstrecke von Tichwin her die Waggons bei der Einteilung entgingen. Ich hielt diesen Umzug für unnötig und war dagegen. Da gab er zu, daß er hier auf Swanka dienstlich in große Unannehmlichkeiten geraten war und hoffte, ihnen durch den Umzug zu entgehen. Wir zogen um. Dmitri Pawlowitsch hatte in Tichwin über die jüdische Gemeinde schnell ein Zimmer für uns gefunden. Zusammen mit uns sollte der Dispatcher Bakschtein umziehen. Bakschtein sprach ziemlich gut jiddisch, Dmitri Pawlowitsch gab sich als »Goischer«* aus Österreich aus und tat, in gnadenloser Verhunzung der deutschen Sprache, als spreche er einen »österreichischen Dialekt« des Jiddischen. Wir bekamen ein schönes Zimmer bei einer Weichenstellerin, die zwei Kinder hatte.

Wir zogen nach Tichwin um, wo damals alles Leben zum Stillstand gekommen war: kein einziges neugebautes Haus, eine nichtfunktionierende Tichwiner Wasserversorgung, die Bewohner – in überwältigender Mehrheit – Greise. Trotzdem war Tichwin schön, schön wie ein Wald im Spätherbst ...

Wir trafen dort einen Zahlmeister, der die ganze Familie Rimski-Korsakow sowie die Bewohner des Hauses Korsakow gekannt hat; wir

* Von jidd. »goi«: Nicht-Jude, Fremder

nahmen am Tichwiner Fest der Muttergottes teil und konnten die Erregung der Wallfahrer anläßlich einer sich vor ihnen vollziehenden Wunderheilung beobachten.

Im Sommer kamen meine Mutter und mein jüngerer Bruder. Mein Bruder konnte toll schwimmen, er sprang direkt von der Brücke in die Tichwinka und bekam von den ansässigen Jungen den Spitznamen »Prygalka«.*

Es gab dort auch eine frühere »Gutsbesitzer«-Familie: eine Mutter mit ihren beiden Töchtern. Der Vater war erschossen worden, die Töchter arbeiteten als Kontoristinnen auf der Bahnstation. Die Mutter war bemüht, den Erziehungsstandard ihrer Töchter zu halten, sie sprach mit ihnen nur deutsch (scheinbar war sie selbst Deutsche). Dmitri Pawlowitsch, der als Kind in Wien gelebt hatte, konnte zwei, drei Wörter zu ihnen sagen (später hat er dann noch richtig Deutsch gelernt).

Manchmal kam einen ganzen Tag lang kein Güterzug für den Belbaltstroi, und ich benutzte sogar das Ruderboot oder das Fahrrad meines Bruders. Einmal warf mich eine dahinrasende Droschke vom Fahrrad. Ich konnte gar nicht so schnell begreifen, was passiert, spürte nur den warmen Pferdeleib – eine Sekunde später lag ich schon im Sand. Der Sand bewahrte mich vor Knochenbrüchen und blauen Flecken. Solch eine unvorsichtige Fahrt unternahm ich auch in Leningrad. Mit großer Geschwindigkeit bog ich plötzlich von der Dworzowy most ab und wäre beinah unter ein Auto geraten. Diese Erfahrung war so schrecklich, daß ich kein Fahrrad mehr bestieg.

Dmitri Pawlowitsch war weitaus aktiver als ich. Sommers in Tichwin schlug er mir vor, nach Staraja Ladoga zu fahren – die Kirche aus dem 12. Jahrhundert und die Festung anschauen. Bakschtein sollte an unserer Stelle Dienst tun. Man mußte bis zur Bahnstation Wolchow fahren und von Wolchow mit dem Dampfer bis Staraja Ladoga. Man mußte sehr früh los, am besten mit dem Güterzug, der Sandballast transportierte. Sobald der Zug angefahren war, kam der Sand in Bewegung, wurde aufgewirbelt, wir hatten ihn in den Augen,

* Von »prygat'«: hüpfen, springen

in den Kleidern, in den Haaren, und vor allem – wir fürchteten, zusammen mit dem unter uns »wegrutschenden« Sand selbst abzurutschen. Aber natürlich konnten wir den Zug nicht anhalten, und so kamen wir verängstigt und über und über voll Sand gerade rechtzeitig zur Abfahrt des Dampfers in Wolchow an. Meinen allgemeinen Eindruck von Staraja Lagoda werde ich hier nicht schildern ...

Müde vom Herumlaufen traten wir in eine Teestube, und seltsamerweise hinterließ sie bei uns den nachhaltigsten Eindruck jenes Tages! Sie befand sich in einem zweigeschossigen Haus, nicht weit von Wolchow. Unten lagen die Küche und die Wirtschaftsräume. Über eine steile Stiege gelangten wir in den ersten Stock und in einen großen, sehr hellen Raum, in den von vier Seiten das Licht fiel. Die Tische waren mit weißen Tischtüchern gedeckt, auf jedem ein Berg aufgeschnittenes Schwarz- und Weißbrot. An den einzelnen Tischen saßen Leute, zu zweit und zu dritt, müde von der Arbeit. Sie aßen, unterhielten sich. Kein Wein, kein Bier. Alles gesittet, leise. Wir setzten uns an einen Fenstertisch mit Blick auf Wolchow. Man brachte jedem von uns ein »Teepärchen«, d.h. eine große Teekanne mit heißem Wasser und eine kleine mit frisch aufgebrühtem Tee, dazu eine Zuckerdose mit harten Zuckerstücken, die sich zum Abbeißen und Nachtrinken eigneten, falls wir den Tee auf diese Art zu trinken wünschten. Wie oft habe ich später daran denken müssen, daß es solche Teestuben einst überall bei uns gab. Und nicht zufällig wurden sie gewaltsam aufgelöst: Allzu angenehm konnte man sich dort unterhalten oder, besser gesagt, verschiedene Themen bereden. Und das war der Staatsmacht zu gefährlich. Arbeiten und schweigen, an alles Offizielle glauben – sonst nichts.

Als wir die wunderschöne saubere Teestube verließen, dämmerte es bereits, und unerwartet wurden wir Zeugen des ungewöhnlichen Fischfangs auf der Wolchowa. Lange Boote glitten lautlos übers Wasser. In ihnen standen die Fischer: einer mit dem Ruder – im Heck, ein anderer mit einem mehrzinkigen Fischspeer – im Bug. Die Boote wurden von der Strömung getrieben, die menschlichen Gestalten waren vollkommen reglos. Später begriffen wir, daß die Fischer mit dem Fischspeer nach großen Fischen stachen, die das Fackellicht zu den Booten

Dmitri S. Lichatschow, Frühling 1932

lockte. Gegen Morgen waren wir wieder in Tichwin, mit einem ganz frischen Fisch, den wir unserer Wirtin gaben. Wieviel Reisen ich später auch unternommen habe, an diese eine werde ich immer denken ...

Einmal war ich, noch auf Swanka, tagsüber nach Hause gekommen. Matrjona Kononowna bekochte mich wie immer, dann machte sie das Feuer im Ofen aus, und ich legte mich hinter meinem Vorhang schlafen. Ich fiel in tiefen, beinahe bewußtlosen Schlaf. Ich erwachte, weil jemand heftig an das Fenster zu meinen Füßen klopfte. Ich machte meine verklebten Augen auf und erblickte die panisch aufgerissenen Augen von Dmitri Pawlowitsch. Mit Gesten bedeutete er mir, die Tür zu öffnen, doch mir fehlte die Kraft zum Laufen. Ich weiß nicht mehr wie, aber Dmitri Pawlowitsch war plötzlich innen, riß die Fenster auf, kleidete mich an und schleifte mich ins Freie. Er zwang mich, zu laufen und zu laufen. Meine Beine knickten dauernd ein, mein Kopf platzte vor Schmerz, aber ich lief und lief ... Dmitri Pawlowitsch hat mich vor einer Kohlengasvergiftung gerettet. Es war mein Glück, daß er rechtzeitig gekommen war, es geschafft hatte, mich wachzuklopfen, hereinzukommen, und daß er wußte, was bei solch einer Vergiftung zu tun war. Das war einer von tausend Zufällen, dank derer ich am Leben geblieben bin.

Während meiner Zeit in Tichwin (zur Erinnerung – das war im Sommer 1932) war die Kollektivierung in der Landwirtschaft in vollem Gange. Es gab keine Zeitung, wir hatten keine engeren freundschaftlichen Kontakte in Tichwin, und so waren wir schlecht darüber informiert, was eigentlich vor sich ging. Die Information kam dann von selbst in Gestalt eines Menschen ...

Eines abends kam Dmitri Pawlowitsch mit zwei vollen Eimern Milch nach Haus, d.h. ins Haus der Weichenstellerin, bei der wir wohnten, bat sie um ein Gefäß, um ihr Milch für die Kinder zu geben, und um weitere Eimer für mich. Er hatte keine Zeit für große Erklärungen, nahm die Eimer der Wirtin, und dann eilten wir beide zur Bahnstation. Unterwegs meinte er zu mir: »Ein überlanger Transportzug mit Vieh ist gekommen; die Kühe sind nicht gemolken, die Mädchen, die sie begleiten, melken sie und verteilen Milch an alle, die welche wollen.«

In der Tat, an der Station stand ein Zug aus vielen Waggons. Die Kühe muhten: Sie wollten gemolken werden. Die Mädchen hetzten sich ab, sie zu melken. Doch es gab keine Gefäße, und alle Kühe zu melken, war sowieso nicht zu schaffen. Sie melkten in Eimer, die sie von den Bediensteten und Arbeitern des Bahnhofs bekamen, und verteilten dann die Milch. Es tat ihnen um die Kühe leid und um die Milch. Wir gaben die unter Ehrenwort ausgeliehenen Eimer zurück und hielten unsere eigenen hin, die man uns sogleich wieder füllte. »Nehmt, soviel ihr wollt!« Und da begriff ich: Die Landwirtschaft wird kaputtgemacht, die Bauern werden liquidiert, das Vieh ist dem Untergang geweiht. Die Regale in den Geschäften waren nicht zufällig leer.

Gleich Anfang August erhielt ich Order, nach Medgora zu fahren, um meine Entlassungspapiere abzuholen. Der Kanal wurde für fertig erklärt, und alle zu dieser Zeit Freigelassenen kamen in den Genuß einer vorzeitigen Entlassung ohne jegliche Beschränkung. Inwieweit sich das auf mich persönlich bezog oder nur auf meine Haftzeit, weiß ich nicht. Ich fuhr nach Medgora, blieb dort zwei, drei Tage und erhielt ein Ausweispapier, in dem vermerkt war, daß ich – als »Stoßarbeiter« beim Bau – mit dem uneingeschränkten Recht der Wohnortwahl auf dem ganzen Territorium der UdSSR vorzeitig entlassen sei, d.h. ich konnte zurück nach Leningrad zu meinen Eltern!

Zusammen mit mir wurden alle entlassen, die in unserer Verfahrenssache zu fünf Jahren verurteilt worden waren – ein halbes Jahr vor Ablauf der Haftzeit: Tolja Terechowko, Fedja Rosenberg, Wolodja Rakow und andere. Ich hatte also neun Monate in der Schpalernaja verbracht, drei Jahre auf der Insel und die restliche Zeit (neun Monate) am Weißmeer-Ostsee-Kanal: auf Medweschja Gora, auf Swanka und in Tichwin.

Das Leben in Tichwin hatte meiner Mutter und meinem Bruder so gut gefallen, daß sie mich baten, noch den ganzen August dort zu bleiben. Ich war dagegen: Ich mußte mich in Leningrad registrieren lassen und eine Arbeit finden. Ich glaubte nicht daran, daß die Entlassung von Stalins Gnaden von langer Dauer sein würde.

In der ersten Augusthälfte waren wir bereits in Leningrad. Mit der Registrierung lief alles glatt, mit dem Arbeitsplatz war es schwieriger. Leningrad war nicht mehr die Stadt, die sie in den 20er Jahren gewesen war: Nicht nur ehemaligen Strafgefangenen Arbeit zu geben, hatte man Angst, sondern auch deren Angehörigen.

Iwan M. Andrejewski (Andrejew), um 1950

Das Schicksal der Freunde nach den Solowki

Die wirkliche geistige Verarmung in Leningrad setzte erst nach den Lagern ein. Die Menschen waren übers Land verstreut. Der eine starb, den anderen verließ der Mut. Alle lebten einsam und verlassen, hatten Angst, etwas zu sagen oder gar zu denken. Auch die Gesundheit war dahin.

Ich möchte versuchen, mir das Schicksal all jener in Erinnerung zu rufen, die geistige Werte geschaffen haben. Das größte Glück hatten diejenigen, die es ins Ausland verschlug. Bereits Mitte der 20er Jahre war es dem aktiven Mitglied des Mejer-Kreises, Georgi Petrowitsch Fedotow, gelungen, ins Ausland zu gehen. Seine unzähligen Arbeiten zur russischen Kultur, zur russischen Orthodoxie sind weithin bekannt, weshalb ich über ihn nicht zu schreiben brauche. Die, die etwas älter waren und den Krieg im Ausland überlebt haben – Sergei Alexejewitsch Askoldow-Alexejew, Iwan Michailowitsch Andrejewski – brachten dort ihre Arbeiten heraus. Iwan Michailowitsch veröffentlichte vorwiegend seine Skripten zu Vorlesungen, die er im Priesterseminar in Jordanville hielt: über Theologie, russische Literatur, Psychologie, Kirchengeschichte. Er hat auch die Geschichte seines Zirkels erzählt, wobei er übrigens seine Rolle im geistigen Leben der 20er Jahre etwas übertrieb.

Spuren hinterlassen haben auch die philosophischen Erkenntnisse von A.A. Mejer: Wie ich schon schrieb, kam 1982 in Paris sein Buch »Philosophische Schriften« heraus. Es enthält Artikel aus unterschiedlichen Zeiten, unter anderem auch die, die er bei uns im Kriminologischen Büro entworfen, und jene, die er dann in der Verbannung in irgendeiner Stadt an der Wolga schrieb. Gesammelt und aufgehoben hat sie Xenija Anatolijewna Polowzewa, die mit ihm die Jahre nach dem Lager in der Verbannung verbrachte und später die Artikel dem Archiv übergab.

Unsere Schicksalswege verliefen unglaublich chaotisch. Die, die fünf Jahre bekommen hatten und durch das Belbaltlag gegangen waren, wurden entlassen und kehrten zumeist nach Leningrad zurück (übrigens nicht für sehr lange – bis zur Einführung der Pässe). Wer drei Jahre bekommen hatte, wurde entlassen und anschließend verbannt. Nach Leningrad kehrten zurück: E.K. Rosenberg, A.S. Terechowko, D.P. Kallistow. W.T. Rakow wurde ebenfalls endgültig entlassen, aber er konnte sich nirgends registrieren lassen, und so ging er nach Petrosawodsk arbeiten, kam aber zwischendurch oft nach Leningrad. Walja Morosowa, die zum Zeitpunkt ihrer Verhaftung 18 Jahre alt gewesen war und nun »gegen Bürgschaft des Vaters« entlassen worden war, blieb in Leningrad wohnen. Wir trafen uns, wenn auch nicht regelmäßig, versteht sich. Ich suchte erfolglos eine Arbeit. Auch alle anderen suchten. Nicht einmal als Rechnungsführer einer Möbelfabrik auf dem Kamennoostrowski prospekt beim Karpowka-Fluß wurde ich genommen. Das Gefühl, meinen nicht sehr wohlhabenden Eltern auf der Tasche zu liegen, war bedrückend. Schließlich brachte mich mein Vater als Korrektor in der Komintern-Druckerei unter. Ich bekam ein heftiges Geschwür. Lange lag ich in Krankenhäusern, aber so interessant ist das nicht. Der einzige, der sich nicht fürchtete, mich im Krankenhaus zu besuchen, war mein Kommilitone Dmitri Jewgenjewitsch Maximow, der sich damals mit der Literatur zu Beginn des 20. Jahrhunderts zu beschäftigen begann. Ich traf auch meinen anderen Kommilitonen, Wladimir Alexandrowitsch Pokrowski, der, enttäuscht von der Literaturwissenschaft, begonnen hatte, sich mit Mathematik zu beschäftigen, obgleich es ihm noch zur selben Zeit gelungen war, eine kleine, aber gründliche Arbeit über Bulgarin zu veröffentlichen.

Völlig verzweifelt wegen meiner erfolglosen Versuche, Arbeit zu bekommen, machte ich mich 1933 auf Einladung von Dmitri Pawlowitsch Kallistow ins Dmitrowlag auf, um dort als freiwillig Angestellter zu arbeiten; unterwegs dorthin schaute ich in Moskau bei Wladimir Sergejewitsch Rasdolski auf der Bolschaja Poljanka vorbei. Er wohnte in einem ehemaligen Geschäft, dessen Raum durch Vorhänge in einzelne Zellen unterteilt war, in denen Betten standen. Für einen Stuhl war kein Platz mehr, und so mußten wir beide auf Wolodjas Bett sitzen. Um der lästigen Aufmerksamkeit der Mitbewohner zu entfliehen, gingen wir zum Reden in ein nahelegenes Bierlokal. Unterwegs erzählte er mir, daß er als Rechnungsführer arbeite, daß die Chefin des »Geschäfts« ihn mit ihrer Tochter verheiraten wolle, daß er längst aufgehört habe zu denken, daß er in Moskau keine Freunde habe. Im Lokal konnte ich mich davon überzeugen, daß er eine Leidenschaft für Bier entwickelt hatte. Er wurde schnell betrunken, ich mußte mit meinem jämmerlich wenigen Geld für sein Bier aufkommen. Auf dem Rückweg aus dem Lokal begegneten wir dem völlig betrunkenen Solowezker Bildhauer Amosow, mit dem keine Unterhaltung mehr möglich war, obwohl er uns erkannt hatte.

In Dmitrow eine Arbeit zu bekommen, gelang mir zum Glück nicht. Ich hatte mich auch nicht wirklich bemüht, denn die Lageratmosphäre machte einen deprimierenden Eindruck auf mich, ich fühlte mich an die schlimmsten Seiten der Solowki erinnert. Aber ich sah dort A.A. Mejer, der auch in der Buchhaltung arbeitete, und nachdem ich bei meinem Bekannten von Medweschja Gora, Igor Swjatoslawitsch Delwig, auf Stühlen übernachtet hatte, fuhr ich zurück. Von Delwig erfuhr ich, daß er sich für Zigeunermusik begeisterte, daß man Zigeuner damals nur in der Wohnung von Verwandten des Malers Serow hören konnte, wo er sich auch fast jede Woche aufhielt. Ich traf auch sonst noch einige meiner alten Solowki-Gefährten, alle arbeiteten wie Verdammte, und niemand sprach mehr über allgemeinere Themen oder konnte sich entschließen sie anzuschneiden, um bloß keine neue Haftstrafe zu bekommen.

Erst kürzlich erfuhr ich von jemandem, der in den Archiven des KGB nach dem Schicksal verschiedener bemerkenswerter Lagerinsassen forscht, daß bei einer der Massenerschießungen in eben jenem Dmitrowlag Lada Mogiljanskaja umgekommen sei. Er zeigte mir ein letztes Foto von ihr aus diesem Archiv: abgestumpftes Gesicht, schmutziges kurzes Haar. Nichts erinnerte mehr an jene akkurate Lada, die auf der Insel eine Atmosphäre der »Ladomanie« um sich bewirkt hatte ...

Traurig war das Schicksal von Gawriil Osipowitsch Gordon. Er bekam eine zweite Haftstrafe aufgebrummt, weil er es nicht lassen konnte, eine »Entdeckung«, die er gemacht hatte, der Mitwelt zu verkünden. Als mit der allgemeinen Einführung von Pässen begonnen worden war, hatte er in dem Verlag, der die Reihe »Academia« herausbrachte, den von ihm verfaßten Artikel »Paß« für die »Sowetskaja enziklopedija« herumgezeigt, in dem es hieß, der Paß sei eine »Waffe zur Klassenunterdrückung« oder so ähnlich.

In einer Zeit allgemeiner Angst schrieb er mir auf die Solowki einen Brief aus Swerdlowsk, wohin er nach seiner ersten Inhaftierung auf den Solowki verbannt worden war. Nach Moskau zurückgekehrt, blieb er dort nicht sehr lange. Während seiner zweiten zehnjährigen Haftzeit schrieb er mir aus einem Lager an der Wolga, daß es ihm »hervorragend« gehe, daß er an der Geschichte irgendeines Stausees schreibe und dabei auch sein eigenes Leben beschreibe. Sein »hervorragendes« Leben endete indes im Lager – mit dem blanken Hungertod.

In der Zeit zwischen seiner Verbannung nach Swerdlowsk und seiner neuerlichen Verhaftung in Moskau kam er nach Leningrad, um seiner jüngeren Tochter Irina die Stadt zu zeigen. Er wohnte bei uns in der Lachtinskaja uliza, die Tochter brachte er bei seiner Tante unter, die auf dem Petrowski ostrow im Sawina-Heim für ältere Artisten lebte – in genau jenem Heim, in dessen Kirche seinerzeit Vater Wiktorin Gottesdienste gehalten und viele junge Leute um sich geschart hatte. Gottesdienste fanden in der Kirche noch statt, aber Vater Wiktorin war inhaftiert. Gawrila Osipowitsch verblüffte mich mit seinen Kenntnissen über den Gottesdienst. Doch als ich ein Jahr später Irina Gawrilowna in einem Moskauer Lebensmittelgeschäft auf der Bolschaja Poljanka traf, hatte sie Angst, vor allen Leuten mit mir zu sprechen, und dann trafen wir uns erst über ein halbes Jahrhundert später wieder, 1989 in Uskoje. Wie lange halten Verbindungen zwischen Menschen! Gawrila Osipowitsch schrieb unter den unglaublichen Zuständen im Dmitrowlag seine »Erzählung über mein Leben« – ungefähr 25 Autorenbögen* lang. Diese Erinnerungen enthalten nach Aussage seiner Tochter die Namen Hunderter Personen, denen er in seinem Leben begegnet ist, und dürften folglich außerordentlich interessant sein.

* In Rußland benutzte Einheit von 40 000 typografischen Zeichen

Ende 1933 kam J.N. Dansas zu mir und meinen Eltern in die Lachtinskaja uliza. Rüstig stieg sie bis in den vierten Stock hinauf und erzählte, daß sie als Schriftführerin in irgendeiner Garage arbeite und auf ihre Ausreise warte, aber auch den Vertrag über eine Rabelais-Übersetzung mit L.B. Kamenew geschlossen habe, der damals in Moskau den Verlag Chudoschestwennaja literatura leitete (ich weiß nicht mehr genau, wie der Verlag damals hieß). Sie hatte nach ihrer Entlassung aus dem Lager ein Treffen mit Gorki durchgesetzt, um dessen Entlassung aus der Peter-Paul-Festung sie sich einst bemüht hatte. Gorki fühlte sich offenbar verpflichtet, etwas für J.N. Dansas zu tun. Gleich nach der Oktoberrevolution hatte sie sogar bei ihm in der Kommission zur Verbesserung der Lage der Wissenschaftler (ZKBU) gearbeitet. Julija Nikolajewna erzählte uns, sie habe ein längeres Gespräch unter vier Augen mit Gorki geführt. Gorki sei es gelungen, seine Sekretäre mit verschiedenen Aufträgen fortzuschicken. Er habe versprochen, sich um ihre Ausreise zu bemühen – auf ihr Ehrenwort hin, nichts von ihren Leidensqualen zu erzählen oder zu schreiben. J.N. Dansas hat ihr Wort nicht gehalten. Wie man sagt, wurde sie von ihrem Versprechen gegenüber Gorki durch den Papst persönlich entbunden ...

Nach seiner Entlassung traf ich mich mit N.N. Gorski. Er unternahm Expeditionsfahrten für irgendein ozeanographisches Institut in Leningrad. Seine Frau, eine Kambulowa, wohnte nicht weit von uns auf der Petrograder Seite. Als sie im Auftrag ihres Mannes zu uns in die Lachtinskaja uliza kam, war ich berückt von ihrer Schönheit. Ich hätte mich kneifen können und fragen: »Ist es denn möglich?« Doch kurz nach ihrem Besuch erfuhr ich Schreckliches: Sie hatte die Nachricht von seiner neuerlichen Verhaftung auf der Expedition erhalten und war noch am selben Tag auf dem Bolschoi prospekt unter eine Straßenbahn geraten. Sie war sofort tot.

Nach seiner Entlassung kam mich Gorski besuchen, sowohl zu Hause als auch im Verlag der Akademie der Wissenschaften. Ich ermöglichte ihm die Veröffentlichung seines Büchleins »Dreißig Tage im Treibeis des kaspischen Meeres«. Das Buch kam an, brachte dem Verlag etwas ein und erfuhr eine zweite Auflage. Nach dem Krieg arbeitete er in Nowgorod. Dort heiratete er eine Studentin, die bei ihm als Praktikantin arbeitete. Er wurde noch einmal verhaftet und kam nach Sibirien. Aus Sibirien erhielt ich einen Brief. Im Wald hatte er sich ein Haus aus alten Eisenbahnschwellen gebaut. Dort lebte er allein, litt schreckliche Not und bat darum, ihm eine Schreibmaschine und Papier zu kaufen und zu schicken. Wir wohnten damals im Baskow pereulok. In der Nähe befand sich ein Kommissionsgeschäft, in dem ich eine winzige zusammenklappbare Schreibmaschine für ihn erstand. Sie ist bei ihm angekommen. Er begann zu tippen und hielt durch. Eines seiner Bücher handelt von den Meeren, ein anderes vom Wasser (»Wasser – Wunder der Natur«). Für letzteres hat er sogar irgendeinen Preis bekommen. Nach seiner vollständigen Rehabilitierung lebte er in Moskau gemeinsam mit seiner Frau, die er in Nowgorod geheiratet hatte. Über meinen älteren Bruder konnte ich seiner Frau eine Arbeit verschaffen. Ich schaute öfter bei ihm vorbei, doch es war schwierig: Er litt unter Verfolgungswahn, verdächtigte seine Frau, sie spioniere hinter ihm her (wer allerdings konnte sich schon für einen 90jährigen Greis interessieren?). Er starb, seine Frau verschwand aus meinem Blickfeld. Ich kann nur sagen: Sein hohes Alter verdankte er seiner außergewöhnlichen Lebensenergie. Ich habe immer gestaunt, wie seine Augen doch funkelten.

Für kurze Zeit war auch Alexandr Petrowitsch Suchow in Leningrad. Ich hatte zwei Eintrittskarten für »Der Wald«* in einer Inszenierung von Mejerchold ergattert. Dessen Theater gastierte im Gebäude des Konservatoriums, wo es einen herrlichen Opernsaal gab (ich glaube, dort war es, wo Delmas in der Oper »Carmen« sang, als Blok sich in sie verliebte). Ilinski spielte mit. Die Inszenierung war sehr luftig. Der Weg, über den Stschastliwzew und Nestschastliwzew gingen, hing an Seilen in der Luft. Den Fisch fing Ilinski aus der Luft. Die Liebeserklärung an Gurmyschskaja passierte in »Riesenschritten«. Suchow freute sich über jeden Einfall Mejercholds, und es war das reinste Vergnügen, ihn neben sich im Theater sitzen zu haben. Leider war er nach seiner Rückkehr aus Bisk, wohin er verbannt gewesen war, nur kurz in Leningrad. Er wurde

* Theaterstück von A.N. Ostrovskij (1823–1886)

erneut verjagt und starb kurz vor Kriegsbeginn in irgendeinem kleinen Städtchen an Krebs.

Besonders drängt es mich, vom Schicksal Fedja Rosenbergs zu erzählen. Nachdem wir beide vom Bau des Weißmeer-Ostsee-Kanals nach Leningrad zurückgekehrt waren, blieb ich in der kleinen Wohnung in der Lachtinskaja uliza (genauer in den drei Zimmern), in die meine Eltern während meiner Haftzeit umgezogen waren. Fedja besuchte uns dort sehr oft. Des öfteren kamen auch Walja Morosowa, Wolodja Rakow, Tolja Terechowkos Schwester Soja, Onkel Kolja, Onkel Wasja und viele andere Sodelzy. Fedja brachte Leben in das Ganze, er berichtete von Buch-Neuerscheinungen, las Gedichte vor, flirtete mit Soja und Walja. Das alles gefiel mir sehr, nur leider war es nicht von langer Dauer. Man begann mit der Ausgabe der Pässe. Fedja, Tolja Terechowko und Wolodja Rakow bekamen keinen Paß ausgestellt. Fedja ging nach Murmansk, wo Sofja Markowna Lewina ihm eine Arbeit verschaffte, Tolja Terechowko ging nach Borowitschi, Wolodja Rakow nach Petrosawodsk. Es wurde gefährlich, sich zu treffen, besonders für ehemalige Odnodelzy. [...] Bald indes kamen Fedja und Sofja Markowna zurück nach Leningrad. Während der Blockade fehlte uns schon die Kraft, uns gegenseitig zu besuchen. Ende Juni 1942 mußten wir nach Kasan. Wir konnten uns nicht voneinander verabschieden. Fedja wurde trotz seiner Taubheit zu irgendeinem »lettischen« Volkssturm eingezogen, aus dem er jedoch bald wieder freikam. Nach dem Krieg litten Sina und ich sehr unter Geldmangel und nahmen im Verlag jegliche Arbeit an: Wir bekamen Manuskripte zur »Montage«. Das bedeutete, daß wir die durch Korrekturen verunstalteten Stellen mit kleinen Papierschnipseln überkleben mußten, damit die Manuskripte wieder sauber und leserlich aussahen. Fedja, der irgendwie Zugang zu den Publikationen des Finanzinstituts hatte, unterstützte uns, indem er uns ermöglichte, durch Korrekturarbeiten hinzuzuverdienen.

Fedja vereinte in sich eine seltene Mischung: eine bisweilen an Leichtsinn grenzende Fröhlichkeit mit einem außerordentlichen Arbeitseifer und tiefem Pflichtgefühl. Er arbeitete manchmal bis spät in die Nacht und fand trotzdem immer noch Zeit für Späße. Er hatte eine Sammelleidenschaft. Vor seiner Verhaftung hatte er in der Steuerbehörde gearbeitet und dort Kopien der Steuerzahlungsbelege der bekanntesten Leningrader Schriftsteller gesammelt. Dem Untersuchungsbeamten war nicht klar (vielmehr hatte er keine präzise Idee), wie man aus diesen während der Haussuchung bei Fedja konfiszierten Belegen eine zusätzliche Anklage zimmern könnte. Von den Solowki brachte Fedja alle während unserer Zeit erschienenen Nummern der Zeitschrift »Solowezkije ostrowa« mit, Aquarelle der ukrainischen Maler Petrasch und Wowk, Zeichnungen von P.F. Smotrizki, Solowezker Geldquittungen und Solowezker Kopeken, verschiedene Blankoformulare – in der richtigen Annahme, daß all dies später einmal von großem Wert sein würde. Als man Fedja jedoch irgendwann nach dem Krieg erneut verbannte und ihn allein in den Bezirk Luga schickte, beschlossen er und Sofja Markowna, dieses gesamte Material zu vernichten. Nur ich besitze noch ein Aquarell von Wowk oder Petrasch, das den Blick aus dem Fenster von N.N. Winogradow auf den Solowki zeigt.

In Luga konnte sich Fedja für wenig Geld ein Haus bauen. Dort besuchten ihn Dmitri Pawlowitsch Kallistow und Arkascha Seliwanow (»Arkaschon«, wie wir ihn nannten), ich selbst habe es irgendwie nicht geschafft, was ich sehr bedauere. Fedja war nicht mehr der alte: Er war sehr reizbar wegen seiner Taubheit und freilich auch wegen allem, was er durchgemacht hatte. Er begann viel zu rauchen und bekam Lungenkrebs. Er mußte schrecklich leiden, und Sofja Markowna flehte die Ärzte an, sein Leiden nicht zu verlängern ...

Auf dem Serafimowskoje-Friedhof liegt er begraben. Ein zugrundegerichteter begabter und guter Mensch!

Heute hört oder liest man oft, die Bevölkerung des Landes habe nichts vom Ausmaß jenes Schreckens gewußt, den die Politik Stalins verbreitete. Als Einwohner Leningrads, der keine Kontakte hatte, Bekanntschaften vermied, wenig mit Arbeitskollegen sprach (ich saß über Fahnenkorrekturen, arbeitete im Akkord), kann ich bezeugen, daß mir doch sehr vieles bekannt war.

Wir kannten keine Einzelheiten, das stimmt, doch wir sahen, wie sich Anfang 1935 die Straßen Leningrads leerten (nach der Ermordung Kirows). Wir wußten, daß von den Bahnhöfen Zug um Zug mit Verbannten und Häftlingen abging ...

1932. Die Hungersnot ergriff Dörfer und Städte. Die Torgsiny* machten auf. Dorthin schaffte man alles Gold, das sich in einer normalen Stadtfamilie nur auftreiben ließ: Uhren, Ohrringe, Broschen, Eheringe, silberne Ikonenauflagen. Nur kleine Edelsteine wurden in den Torgsiny nicht angenommen, sie mußten zurückgegeben werden. Ich weiß noch, wie meine Mutter sich beklagte: Der Schätzer hatte die Rubine, Smaragde, kleinen Brillanten ausgebrochen und achtlos in eine daneben stehende Kiste geworfen. Es bestand der Verdacht (und wahrscheinlich war es wirklich so), daß die Schätzer sich ziemlich viele Edelsteine unter den Nagel rissen. Auch unsere Familie hat viel Gold drangegeben, besonders, als ich 1932 (im Herbst) und 1933 (im Winter) im Krankenhaus lag: Ich mußte nach fürchterlichen Magenblutungen wieder hochgepäppelt werden. Das heißt, auch in den Städten herrschte Hungersnot.

Von der Hungersnot auf dem Land erfuhren wir auf den Märkten. Die Bäuerinnen (immer nur die Frauen) mit ihren am Rockzipfel hängenden Kindern verkauften auf den Märkten bestickte Tücher

* »magaziny dlja torgovli s inostrancami« (torgsiny): Geschäfte für den Handel mit Ausländern (gegen Gold und fremde Währungen)

zu einem Spottpreis: das wertvollste Gut, »von Großmutter«, das sie auf der Flucht vor der Kollektivierung noch hatten retten können. Flüchtlinge! Ich wußte, was Flucht bedeutet, vom Ersten Weltkrieg und vom Bürgerkrieg her. Trotzdem war es nicht zu vergleichen. Um die Flüchtlinge von damals hatte man sich noch gekümmert ... Jemand von uns kaufte auf dem Markt (die Frau hatte so sehr darum gebettelt) zwei bestickte Tücher. Mit ihnen kehrte fremdes Leid in unser Haus ein ...

Von den Flüchtlingen kam eine Frau nach der anderen, um sich als Hausangestellte anzudienen. Ein Dienstmädchen anzustellen, war leicht und billig. Die Frau mußte nur einen Paß besitzen, damit man sie registrieren lassen konnte. Aber nur wenige hatten einen Paß. So kam Tamara Michailowa zu uns ins Haus, die sich um unsere Kinder kümmerte, gemeinsam mit uns die Blockade und die Evakuierung nach Kasan durchmachte, mit uns nach Leningrad zurückkehrte und uns bis zu ihrem Tod half. Sie war aus dem Dorf Sytschowka im Gouvernement Smolensk mit ihrem Vater geflüchtet, dem es gelang, in Leningrad eine Anstellung als Hausmeister zu finden. Tamara war unsere zweite Kinderfrau. Die erste hatte uns ziemlich schnell wieder verlassen, um zu heiraten. Doch ich greife vor. Zurück zur ersten Hälfte der 30er Jahre – zur Liquidierung der Bauern.

Die Flüchtlinge vom Land nächtigten im Winter 1933 mit ihren Kindern in den Stiegenhäusern. Bald bekamen die Hausmeister Anordnung, sie nicht mehr hereinzulassen, doch sie kamen immer spät, und jeder, der am Morgen zur Arbeit ging, sah die Spuren ihrer Anwesenheit über Nacht. Ich bemerkte, daß jemand auf dem obersten Treppenabsatz lebte, wo sich unsere Wohnung befand. Ein großes Fenster, ein großer Absatz, dort nächtigten mehrere Familien mit Kindern. Aber es kam eine neue Verordnung: am Abend alle Stiegenhäuser abzuschließen. Die Eingangstüren wurden repariert, Schlösser eingebaut, eine Klingelleitung zum Hausmeister gelegt, die Tür zum Hof abgesperrt (sofort leerten sich die Theater und Konzertsäle).

Einmal (es dürfte im Winter 1933/34 gewesen sein) kam ich von der Philharmonie zurück. Es herrschte starker Frost. Von der Trambahnplattform aus sah ich auf dem Bolschoi prospekt der Petrograder Seite ein Haus (Nr. 44) mit einer tiefen Einfahrt. Die zur Nacht abgeschlossene Tür lag ganz hinten (es gibt sie heute noch – jetzt hängt dort das Schild »Kindergarten«). Vorn an der Einfahrt, zur Straße hin, standen Bauersfrauen und hielten irgendwelche Tücher oder Decken hoch, mit denen sie die dahinter liegenden Kinder vor dem eisigen Wind schützten ... Ich kann diese Szene bis heute nicht vergessen. Wenn ich jetzt an diesem Haus vorüberkomme, mache ich mir jedesmal den Vorwurf: Warum bin ich damals nicht zurückgegangen und habe ihnen wenigstens ein bißchen zu Essen gebracht!

Die Bauern in den Städten zu übersehen, war schlicht unmöglich! Einmal brachte uns Tamara, die wir zu dieser Zeit gerade als Kinderfrau angestellt hatten, handgewebte Leinentücher mit, die sie zu einem Spottpreis erstanden hatte. Sie trugen ein rotes Muster und hatten offenbar, nach ländlicher Sitte, die Ikonen in einer Bauernhütte geschmückt. Wir haben sie lange verwendet, und ich sah ihnen immer den Kummer an. Ich sehe auch immer die halbverkohlten heizbaren Eisenbahnwaggons vor mir, in denen die frierenden entkulakisierten Bauern versucht hatten einzuheizen und dabei selbst verbrannt waren. Ich hörte erzählen, wie die in Güterwaggons eingesperrten Menschen an Bahnhöfen ihre kleinen Kinder aus den Fensteröffnungen warfen, mit Zetteln wie diesem: »Liebe Menschen, erbarmt euch, rettet dieses Kind, es heißt Marija.« Später, in den 50er Jahren, haben ich und Mitarbeiter der Abteilung für Altrussische Literatur, mit denen ich nach Wologda gefahren war, um »Tage der altrussischen Literatur« zu veranstalten, dort eine Kirche gesehen, die seinerzeit als Durchgangsstelle für bei der Umsiedelung entkulakisierte Familien gedient hatte. In ihr befanden sich Fresken, und keine einzige der Fresken war von den Familien – weder von den Kindern noch von den Erwachsenen – irgendwie beschädigt worden. Diese Bauern waren Menschen mit hoher Moral.

Ein Zeichen dafür, daß das Volk von Stalins Untaten wußte, waren die Witze. Ich führe hier nur einen an, dem die Zeit einen ganz eigenen »Stempel« aufgedrückt hat. Kommt eine Bauersfrau aus der Stadt zurück und erzählt. »Dort hängt ein großer schrecklicher Bärtiger und über ihm steht: ›Zajem pjatiletku w tschetyre goda!‹«* Man hatte wirklich Stalin-Porträts mit dem Aufruf aufgehängt, eine Anleihe für den »Fünfjahresplan in vier Jahren« zu zeichnen. Wieso dazu aufgerufen wurde? – keine Ahnung. Die Zeichnung der Anleihen war zwingend. Systematisch aufgeschrieben hat die politischen Witze Kornei Tschukowski. Als jedoch Anfang der Dreißiger die Haussuchungen einsetzten, hat er das dicke Buch mit diesen Witzen vernichtet. Davon hat mir Dmitri Jewgenjewitsch Maximow berichtet, der bei Tschukowski ein und aus ging.

Von den Massenverhaftungen wußte man bereits Ende der 20er Jahre. Als ich verhaftet wurde, erhielten meine Eltern Hunderte von Ratschlägen – was die Hilfspakete enthalten, was man im Fall der Verbannung kaufen sollte, wie man sich im Gefängnis vor Läusen schützt, wo und wie man sich einsetzen kann. Jedermann in Leningrad war auf eine plötzliche Verhaftung vorbereitet, denn an ihrer Willkürlichkeit bestand kein Zweifel. Darum waren auch die Beteuerungen, es werde »dort alles geklärt und man könne wieder gehen«, nichts als leere Worte. Meistens beschwichtigten die Verhafteten selbst ihre Familien mit diesen Worten. Und die Angehörigen der Verhafteten taten, als glaubten sie daran. Es war pure Verstellung auf beiden Seiten. Nur ein sehr kleiner Teil derer, die »geschnappt« worden waren, hegte die schwache Hoffnung, zur Familie zurückzukehren.

Zu Massenverhaftungen kam es auch im Verlag der Akademie der Wissenschaften, wo ich als wissenschaftlicher Korrektor arbeitete. Gerade in unserer Korrekturabteilung, wo fast nur »Ehemalige« arbeiteten, wurden besonders viele verhaftet. Einen Fall möchte ich erzählen: Nach der Ermordung von Kirow lief einmal im Flur des Verlags die Leiterin der Kaderabteilung an mir vorbei, eine junge Frau, die alle nur Rorka nannten. Im Gehen ließ Rorka den Satz fallen: »Ich stelle eine Liste der Adligen zusammen. Ich habe Sie eingetragen.« Mir war sofort klar, daß dies nichts Gutes verheißt, und meinte

* Das Substantiv »zaem« (Anleihe) und die 1. Pers. Sing. des Verbs »zaest'« (zerfleischen) sind orthografisch identisch.

gleich: »Nein, ich bin nicht adlig, streichen Sie mich!« Rorka erwiderte, ich hätte in meinem Antrag selbst geschrieben: »Sohn eines persönlich Adligen«. Ich hielt ihr entgegen, mein Vater sei »persönlich« gemeint gewesen, das heißt, er sei in den Amtsadel erhoben worden, und dieser gehe, anders als der »Erbadel«, nicht auf die Kinder über. Rorka antwortete darauf ungefähr so: »Die Liste ist lang, die Namen sind durchnumeriert. Du glaubst doch nicht, ich mache mir die Mühe und schreibe alles um.« Ich sagte ihr, ich würde die Schreibkraft für das Umschreiben aus eigener Tasche bezahlen. Sie willigte ein. Es vergingen zwei oder drei Wochen, da komme ich eines Morgens in die Korrekturabteilung, beginne die Korrekturfahnen zu lesen, und nach ungefähr einer Stunde merke ich – die Abteilung ist leer, es sind nur zwei, drei Leute da: der leitende Korrektor Schturz und der technische Redakteur Lew Alexandrowitsch Fjodorow, die ebenfalls über den Korrekturfahnen sitzen. Ich gehe zu Fjodorow und frage: »Wieso ist niemand sonst da? Findet womöglich eine Betriebsversammlung statt?« Ohne von der Arbeit aufzusehen, erwiderte Fjodorow leise: »Aber, begreifen Sie denn nicht, alle sind verhaftet!« Ich sank auf meinen Platz ...

Eine Dame in unserem Verlag meinte: »Wenn morgen die Isaak-Kathedrale nicht mehr an ihrem Platz steht, werden alle so tun, als sei nichts geschehen.« Und es stimmte! Niemand hat sich irgendwie geäußert (laut, natürlich).

Verhaftet wurden Baron Filejzen, Baron Tippol'd (mit dem Spitznamen »Die zwei Barone« – er war zwar nicht dick, aber sehr breit), der Lyzeumsschüler Tschernjawski und noch viele andere. Nicht nur Adlige wurden verhaftet und verbannt. Ich wußte zum Beispiel, daß man aus Leningrad und vor allem aus den Adelsvororten der Stadt alle ehemaligen Lakaien und Dienstboten des Adels fortschaffte. Einige von ihnen hatten auch unter der Sowjetmacht treu weitergedient und waren zu zuverlässigen Bewahrern von allerlei Dingen aus Adelshäusern sowie von historischen Überlieferungen geworden. Die Verbannung und Verhaftung dieser Menschen erwies sich dann für die Unversehrtheit des Adelsbesitzes als kolossaler Schaden und Verlust.

Heute werden nur noch 1936 und 1937 als »besondere« Jahre bezeichnet. Die Massenverhaftungen setzten 1918 mit der Verkündung des »roten Terrors« ein und verstärkten sich dann in Schüben – 1928, 1930, 1934 usw., von denen nicht einzelne, sondern ganze Bevölkerungsschichten betroffen waren, manchmal auch Stadtviertel, in denen man den »Arbeitern« Wohnungen verschaffen wollte (in Leningrad z.B. in der Gegend um den »Bolschoi dom«).

Wie konnte man nichts wissen vom Terror? Mit diesem »Nichtwissen« versuchte – und versucht – man, die Stimme des eigenen Gewissens zu ersticken.

Ich kann mich entsinnen, welch düsteren Eindruck bei uns allen der Befehl hinterließ, die Tafeln mit den Namen der Hausbewohner an den Eingängen zu entfernen (früher gab es in jedem Haus die Hinweistafel, wer in welcher Wohnung wohnt). Es wurden so viele verhaftet, daß diese Tafeln beinahe täglich geändert werden mußten: An ihnen war leicht zu erkennen, wer über Nacht »abgeholt« worden war.

Einmal wurde sogar verboten, die Fahrgäste in der Straßenbahn, die Besucher von Behörden, die Kunden in den Geschäften, die Passanten (als Milizionär) mit »Genosse« anzusprechen. Alle sollten mit »Bürger« angesprochen werden: Jeder war verdächtig – und da sprichst du plötzlich einen »Volksfeind« mit »Genosse« an? Aber wer weiß heute überhaupt noch von diesem Verbot?

Und wie sich die Denunzianten vermehrten! Der eine denunzierte aus Angst, der andere aus hysterischer Veranlagung. Viele bekräftigten mit Denunziation ihre Treue zum Regime. Prahlten sogar damit!

Die Blockade Leningrads

... es gibt nur das, was nicht mehr ist.
Die Zukunft gibt es womöglich nicht;
die Gegenwart kann und muß sich ändern;
allein die Vergangenheit ist der Veränderlichkeit nicht unterworfen:
die Erinnerung bewahrt sie auf ...

Schukowski

Ich glaube daran, daß nichts verschwindet, alles bleibt erhalten, auch außerhalb unseres Bewußtseins. Die Zeit, in der Form, wie wir sie wahrnehmen, gibt es nicht. Dieses Heft ist – für unsere Kinder – für meine.

Am 26. Juni 1957, einem Mittwoch, beschlossen Mutter* und ich, nicht den üblichen Weg von Selenogorsk zurück in die Stadt zu nehmen (mit dem Zug oder dem Bus), sondern vom Solotoi pljasch aus mit dem Motorschiff zu fahren. Die Motorschiffe von Selenogorsk nach Leningrad hatten eben erst ihren Betrieb wieder aufgenommen, und wir hatten Lust, den Finnischen Meerbusen vom Wasser aus anzuschauen. Seit meiner Kindheit lebe ich am Finnischen Meerbusen, doch auf dem Meer war ich nur im Ruderboot (und auch das sehr selten) oder auf dem Dampfer von Leningrad nach Peterhof (wohl zwei-, dreimal). So machten wir uns also auf zur Anlegestelle am Solotoi pljasch und kamen dabei ausgerechnet an jenen Datschas vorüber, in deren einer wir Anfang Frühjahr 1941 (oder genauer: im Spätwinter, denn es hatte noch Schnee gelegen) im ersten Stock ein Zimmer für den Sommer hatten mieten wollen. Wir wollten, haben

* Da sich diese Aufzeichnungen ausdrücklich an die Kinder der Lichačevs richten, bezeichnet D.L. seine Frau hier als »Mutter«, und umgekehrt seine Frau ihn als »Vater«.

es aber nicht getan ... Gemietet hat es P. Schirjajewa. Mutter und ich, wir fragten uns: »Und was, wenn wir diese Datscha gemietet hätten – wären wir dann am Leben geblieben?« So kamen wir auf den Gedanken, für unsere Kinder nach Möglichkeit alles aufzuschreiben, was unser Gedächtnis von den Ereignissen der Jahre 1941/42 behalten hat.

Wir werden es aufschreiben, ohne Anspruch auf Systematik oder auf besonderen literarischen Stil. Falls ich etwas vergessen sollte – Mutter wird es korrigieren. Unsere Mutter hat ein besseres und genaueres Gedächtnis als ich, besonders was Zahlen angeht.

Samstag, 29. Juni 1957

So haben wir also 1941 die Datscha in Terioki* nicht gemietet. Wir nahmen eine Datscha in Wyriza. Zu ihr gelangte man über die schnurgerade und breite Straße, die direkt vom Bahnhof abging. Diese Straße kreuzten rechtwinklig andere Straßen mit den Namen russischer Schriftsteller. Einer dieser Schriftsteller war I.A. Krylow, der uns in seiner mit jungen Fichten bestandenen Straße in einem neuen Haus Unterkunft finden ließ, nicht weit vom Flüßchen Oredesch.

Die Datscha steht angeblich noch. Sie war billig. Und darum ging es schließlich, denn ich hatte eine Anstellung als jüngerer wissenschaftlicher Mitarbeiter im Puschkin-Haus und verdiente nur wenig. Zwar nahmen wir im Verlag auch noch Manuskripte zur Montage an und trugen sogar zu einer gewissen Vervollkommnung dieser Tätigkeit bei (statt die gestrichenen Buchstaben und Abschnitte mit kleinen Papierschnipseln zu überkleben, überpinselten wir sie mit Gouache, was die Arbeit beschleunigte), doch unser Gehalt wurde dadurch kaum aufgebessert. Ich entsinne mich, daß unsere billige Datscha ein Zimmer mit Balkon hatte. In dem Haus, das gerade erst fertiggebaut worden war, wohnten noch irgendwelche Datschniki. Am 11. Juni hatte ich mein Rigorosum, ich wurde aber erst im August zum höheren wissenschaftlichen Mitarbeiter befördert – daraufhin bekam ich ein deutlich höheres Gehalt. Unsere Kinderfrau hieß

* Später umbenannt in Zelenogorsk

Tamara Michailowa. Ich fuhr oft auf die Datscha hinaus und blieb manchmal sogar für ein, zwei Tage dort, nahm einen Teil der Arbeit mit.

Es war ein schöner Sommer. Wir gingen oft zum Fluß hinunter, suchten eine Stelle mit einem kleinen »Strand«, auf dem nur für unsere Familie Platz war, und schwammen und bräunten uns. Das Ufer war steil, und oberhalb unseres winzigen Strands verlief der Fußpfad. Da bekamen wir eines Tages vom Strand aus einzelne Fetzen eines schrecklichen Gesprächs mit. Irgendwelche Datschniki hasteten den Pfad entlang und sprachen von Bombenangriffen auf Kronstadt, von irgendwelchen Fliegern. Zuerst dachten wir: Vielleicht meinen sie die finnische Kampagne von 1939, doch ihre aufgeregten Stimmen versetzten auch uns in Unruhe. Nachdem wir auf unsere Datscha zurückgekehrt waren, erzählte man uns, es sei Krieg. Abends hörten wir im Garten des Erholungsheims Radio. Der Schalltrichter hing an einem hohen Pfosten, und auf dem Platz davor stand eine Menge Volk. Die Menschen waren trübsinnig und schweigsam. Am nächsten Morgen fuhr ich in die Stadt. Mutter und Jura* hatten zu Haus aus dem Radio vom Krieg erfahren. Jura, so erzählte Mutter, sei ganz bleich geworden. Auch in der Stadt bemerkte ich Trübsinn und Schweigen. Nach den blitzartigen Erfolgen Hitlers in Europa hatte niemand Gutes erwartet. Alle hatten sich gewundert, daß buchstäblich ein paar Tage vor Kriegsbeginn noch sehr viel Getreide nach Finnland geschickt worden war, wie die Zeitungen berichteten. Etwas gesprächiger waren die Leute im Puschkin-Haus, aber immer vorsichtig. Am meisten redete A.I. Gruschkin: Er konstruierte die phantastischsten Vermutungen, aber ausschließlich »patriotische«.

Was in den ersten Kriegstagen war, weiß ich nicht mehr. Dann kamen die »Direktiven«: Die wissenschaftlichen Einrichtungen der AN** sollten den Betrieb vorübergehend einstellen, man begann die Gelder zu kürzen, was sich bis ins Frühjahr 1943 fortsetzte, die Mitarbeiter meldeten sich freiwillig zum Wehrdienst, es kursierten Gerüchte

* D. Lichačevs Bruder

** »Akademija Nauk« (AN): Akademie der Wissenschaften

über eine Evakuierung. Bezüglich der Evakuierung des Puschkin-Hauses wechselten die Gerüchte mehrmals pro Woche.

Die Zeitungen berichteten nur ungenau von der Lage an der Front, und die Menschen lebten von Gerüchten, die überall kursierten: in der Kantine, auf den Straßen; aber man glaubte ihnen nur ungern – zu düster klangen sie. Dann bestätigten sie sich.

Angst machten die Gerüchte über eine Evakuierung der Kinder. Tatsächlich wurden entsprechende Befehle erteilt. Frauen wurden zusammengeholt, die die Kinder begleiten sollten. Da ein eigenmächtiges Verlassen der Stadt verboten war, versuchten alle, die fliehen wollten, irgendwie bei den Kindertransporten mitzukommen. Wir entschieden, die Kinder nicht zu verschicken, uns nicht von ihnen zu trennen. Es war klar, daß die Verschickung der Kinder in völligem Chaos verlaufen würde. Und tatsächlich, später erfuhren wir, daß man die meisten Kinder in die Nähe von Nowgorod gebracht hatte – den Deutschen entgegen. Man erzählte sich, wie in Ljuban die Begleit-»Damen« ihre eigenen Kinder geschnappt hätten und davongerannt seien, die fremden Kinder einfach zurücklassend. Die Kinder seien nackt herumgelaufen, hätten geweint. Die ganz Kleinen konnten ihre Namen nicht sagen, als man sie irgendwie wieder einsammelte, und hatten für immer ihre Eltern verloren. Später, 1945, erhoben viele unglückliche Eltern offen die Forderung, den Organisatoren der Evakuierung den Prozeß zu machen – darunter auch den »Stadtvätern«.

Die »Evakuierung« war eine Zwangsmaßnahme, und wir versteckten uns in Wyriza, wo wir bis zum letztmöglichen Moment auszuharren beschlossen. In Wyriza wohnte neben uns auch M.P. Barmanski mit den Familien seiner Söhne. Wir berieten uns mit ihm und versteckten unsere Kinder gemeinsam vor der Evakuierung: wir die Töchter, er die Enkel.

Doch die Deutschen rückten schnell vor. Über die Stadt stiegen Dutzende von Aerostaten für die Luftabwehr auf. Im Turm des Puschkin-Hauses richteten wir rund um die Uhr einen Wachposten ein, und auf die Datscha zu fahren, wurde immer schwieriger. Zum letzten Mal fuhr ich von Wyriza aus in einem Zug, der ganz aus Erste-Klasse-

Waggons bestand (sie waren von irgendwoher »beschafft« worden). Die Zugfenster waren zersplittert: Deutsche Flieger hatten den Zug nahe bei Wyriza bombardiert. In Wyriza waren die ohrenbetäubenden Detonationen des unter Bombardement liegenden Siwerski-Flughafens zu hören. Zweimal flogen deutsche »Messerschmitts« im Tiefflug über die Datscha. Urplötzlich tauchten sie über den Baumwipfeln auf, ließen die Motoren schrecklich aufheulen und waren ebenso plötzlich wieder verschwunden.

Als ich einmal nach dem Nachtdienst im Puschkin-Haus nach Hause in die Lachtinskaja uliza zurückkehrte, fand ich dort Sina und die Kinder vor. M.P. Barmanski hatte sie von der Datscha hergebracht. Er hatte entschieden, daß es mit dem Wohnen in Wyriza »reiche«, brachte zuerst seine eigene Familie zurück und fuhr dann extra noch einmal, um meine samt all ihren Sachen zu holen: Auf der Datscha blieben nur die Pendeluhr, der Trog, die Kinderbetten, die Chaiselongue und noch irgendetwas.

Nur in Rußland gab es derartig viele Sonderlinge und Originale. Zu ihnen zählte auch Michail Petrowitsch Barmanski, der für unsere Familie eine solch große Rolle gespielt hat. Im Ersten Weltkrieg war er Offizier und behielt aus dieser Zeit seine stramme Soldatenhaltung, seinen Schnurrbart sowie die Strenge sich selbst wie seinen Untergebenen gegenüber. Er lief herum wie ein Hilfsarbeiter: wattierte Jacke, billiges Schuhwerk und dann noch – der alte Soldatenmantel seines Sohnes, der im Großen Vaterländischen Krieg[*] fiel. Früher war er wohl einmal rotblond, doch ich erinnere mich an ihn nur als vollkommen ergrauten Mann. Er hielt es für unzulässig, seinen »Sack mit Knochen« zu verwöhnen, aß rohes Gemüse oder Kascha, ging in seinen verschossenen Stiefeln immer zu Fuß, kam auch zu uns auf die Datscha, aß gern irgendetwas Vegetarisches mit, und nachdem er zwei, drei »prinzipielle« weltanschauliche Fragen gestellt hatte, ging er wieder.

Er starb, als er schon lange in Rente war; er dürfte weit über achtzig gewesen sein, und die letzten Jahre meinte er immer: »Ich möchte

* Russ. Terminus für den Zweiten Weltkrieg

noch länger leben: sehen, was aus dem Kinematographen wird.« Unter »Kinematograph« verstand er die russische Zeitgeschichte. Er war äußerst interessiert an allem, was vor sich ging, und konnte sich einfach nicht vorstellen – »Womit denn das alles endet?«

Er arbeitete viel, verdiente wenig und gab für sich selbst so wenig wie möglich aus: das war seine Lebensregel. Er half seinen Verwandten, den Armen, lieh seinen Untergebenen Geld (die letzten Jahre leitete er die Korrekturabteilung im Verlag der Akademie der Wissenschaften) und forderte es nie zurück. Die Menschen betrachtete er streng und oft mißtrauisch, doch wenn er lächelte, dann so aufrichtig und freundlich, daß die, denen sein Lächeln gegolten hatte, noch lange danach ein Gefühl tiefer Fröhlichkeit im Herzen bewahrten.

Als wir 1941 auf der Datscha in Wyriza lebten und er erfuhr, daß die Deutschen ganz nah waren (die Zeitungen meldeten dagegen, daß »die Kämpfe im Gebiet Pskow stattfinden«), kam er nach Wyriza gefahren (ich war in der Stadt und ahnte nichts), um meine ganze Familie zu holen – Sinaida Alexandrowna, die Kinder und die Hausangestellte Tamara. Er wollte keine Zeit damit verlieren, mich zuerst ausfindig zu machen (die Telefone waren abgestellt), er erledigte alles gleich selbst. Ein Vorbild an gelebter Güte. Er starb, wie er gelebt hatte: ohne jemanden zu behelligen.

W.L. Komarowitsch und seine Familie jedoch blieben auf Siwerskaja und kamen erst eineinhalb Wochen später. Die Deutschen standen schon kurz vor Siwerskaja. Diese eineinhalb Wochen wurden den Komarowitschs zum Verhängnis: Sie konnten sich keinerlei Vorräte mehr anlegen ...

Zum Zeitpunkt unserer Rückkehr aus Wyriza nach Leningrad waren bereits Lebensmittelmarken eingeführt. Die Regale in den Geschäften leerten sich allmählich. Von den Lebensmitteln, die man auf Marken kaufen konnte, gab es immer weniger: Konserven, teures Essen waren verschwunden. Nur Brot wurde in der ersten Zeit auf Marken viel ausgegeben. Wir brauchten es nicht ganz auf, weil die Kinder sehr wenig Brot aßen. Sina wollte die Marken nicht einmal ganz einlösen, aber ich bestand darauf: Es zeichnete sich bereits ab, daß es zu einer Hungersnot kommen würde. Das Durcheinander nahm immer mehr zu. Deshalb legten wir das Brot zum Trocknen auf die Fensterbretter in die Sonne. Bis zum Herbst hatten wir eine große Menge Schwarzbrotzwieback beisammen. Wir hängten ihn an die Wand, der Mäuse wegen. Später, im Winter, verhungerten die Mäuse dann. Als der Frost kam und wir bereits die meiste Zeit in unseren Betten verbrachten, konnten wir in der morgendlichen Stille hören, wie eine sterbende Maus irgendwo am Fenster konvulsivisch herumhüpfte und dann verendete: Nicht einen Krümel hatte sie in unserer Wohnung finden können. Im Juli und August also wiederholte ich immer wieder: Es kommt eine Hungersnot, es kommt eine Hungersnot! Und wir taten alles, um einen kleinen Vorrat für den Winter anzulegen. Sina stellte sich vor dunklen Läden an, vor deren Fenstern Bretterschutzwände emporwuchsen, zusammengezimmert aus hohen Kisten, die mit Erde gefüllt wurden.

Was konnten wir in diesen ersten Wochen noch kaufen? Ich entsinne mich, daß wir Kaffee hatten, ganz wenig Gebäck. Wie sehr habe ich später zurückdenken müssen an diese Wochen, als wir unsere Vorräte anlegten! Im Winter lag ich im Bett, quälte mich in fürchterlichem inneren Zorn und konnte immer nur an das eine denken, bis ich Kopfschmerzen davon bekam: In den Regalen der Geschäfte hatte es doch noch Fischkonserven gegeben – warum bloß habe ich sie nicht gekauft! Warum habe ich im April nur elf Flaschen Fischtran gekauft und mich geschämt, ein fünftes Mal in die Apotheke zu gehen, um noch drei weitere Flaschen zu holen! Warum habe ich nicht noch ein paar Tafeln Traubenzucker mit Vitamin C gekauft! Ich quälte mich schrecklich mit diesen »Warums«. Ich dachte an jeden nicht aufgegessenen Teller Suppe, an jeden weggeworfenen Brotkanten und jede Kartoffelschale – mit solcher Reue, mit solcher Verzweiflung, als wäre ich der Mörder meiner Kinder. Trotzdem hatten wir, ohne den beschwichtigenden Radiomeldungen Glauben zu schenken, das Maximum dessen getan, was uns möglich war.

Das, was Vater geschrieben hat, werde ich ergänzen. In jenem Jahr sind wir spät auf die Datscha gefahren, da Vater am 11. Juni 1941 sein Rigorosum hatte. Auf die Datscha fuhren wir am 19. Juni. Wir nahmen ein Lastentaxi und transportierten all unsere Sachen hin. Wir hatten dort ein schönes Zimmer mit Veranda: beides nicht sehr groß, aber quadratisch. Tamara schlief oben, vor dem Dachboden. Das Wetter war herrlich, und die Kinder nahmen schnell zu. Alles in allem waren es neun Tage, die wir dort glücklich und zufrieden verbrachten: Wir gingen zum Baden an den Fluß, machten Spaziergänge im Wald, lagen im Gras vor unserer Veranda. Beim Baden legten sich die Mädchen auf meinen Rücken, und ich schwamm. Nachdem der Krieg erklärt worden war, blieb ich ohne Tamara dort, da sie in die Fabrik ging, aber sie wohnte noch in unserer Wohnung in der Lachtinskaja uliza (Haus 9, Wohnung 12).

Wir wohnten bis zum 18. Juli in Wyriza. Großmutter kam für einige Tage zu uns. Zurückgebracht hat uns M.P. Barmanski. Es war an einem Sonntag, am frühen Abend. Er half mir beim Packen der Sachen, und wir fuhren mit den Kindern in die Stadt zurück. Wie wir alles transportiert haben, weiß ich nicht mehr. Ich kann mich nur erinnern, daß ich irgendwann vorher zwei schwere Koffer in die Stadt geschafft hatte, vielleicht mit Tamaras Hilfe. Auf der Datscha ließen wir die Kinderbetten, das Geschirr, die Chaiselongue. Während der ganzen Blockade schliefen die Mädchen bereits in Erwachsenenbetten. Eines bekamen wir von Nina Urwatschewa. In der Stadt war es schwer, an Milch zu kommen. Ich stand sehr früh auf und stellte mich in die Menschenmenge vor das Markttor. Wurde es endlich aufgemacht, stürzten alle zu den Milchständen. Anfangs ergatterte ich zwei Liter, dann immer weniger und weniger. Einen Teil der Milch gab ich Großmutter, die immer bei den Kindern blieb. Ich mußte aber auch mit den Kindern Schlange stehen, weil vor der Einführung der Marken Lebensmittel auf Kinder ausgegeben wurden: ein zusätzliches Kilogramm Getreidekörner. Dann kamen die Marken, wir begannen Brot und Weißbrot in unserer Napfkuchenform zu trocknen, auf dem Spirituskocher. Nur weil Mitja dazu riet, alle Marken für Brot und

Weißbrot einzulösen und es mit Blick auf die drohende Hungersnot zu trocknen, hatten wir genug Vorrat an Zwieback. Dieser Vorrat hat uns gerettet, nachdem die Brotration pro Person nur noch 250 und 125 Gramm betrug. Als die Marken eingeführt wurden, lag die Norm bei 600 Gramm für Arbeitende und 400 Gramm für Kinder und solche, die von Unterstützung lebten. Ich erinnere mich, daß wir einen Vorrat an Kartoffeln und Butter besaßen. Die Kartoffeln bewahrten wir in der Küche auf, die Butter vor der Tür. Ich bemerkte, daß diese Vorräte Stück für Stück weniger wurden, obgleich wir sie nicht antasteten. Wir waren der Meinung, daß unsere Nachbarn, die Kesarews, dahintersteckten, und holten die Lebensmittel zur Aufbewahrung ins Zimmer. Wir hatten einige Flaschen Fischtran auf Vorrat. Das war wichtig für die Kinder.

Ich fahre fort

Die elf Hundert-Gramm-Flaschen Fischtran hatte ich in der Apotheke auf dem Bolschoi Ecke Wwedenskaja uliza gekauft – sie befand sich damals in einem alten zweistöckigen Haus.

Das Leben nahm immer phantastischere Formen an. Die Evakuierung wurde nach und nach auf Null heruntergefahren. Wir mußten die Kinder nicht länger verstecken. Die Bombenangriffe begannen. Man sprach nur noch davon. Sie begannen jeden Tag um die gleiche Uhrzeit, aber da der Feind so nah war und keine Zeit blieb, vor den nahenden Flugzeugen zu warnen, hörte man den Fliegeralarm immer erst dann, wenn die Bomben bereits auf die Stadt fielen.

Ich erinnere mich an einen der ersten nächtlichen Bombenangriffe. Bomben pfiffen über unser viertes Stockwerk hinweg. Wir lagen in den Betten. Kurz nach dem Pfeifen der Bomben wurde unser Haus erschüttert, irgendetwas auf dem Dachboden knarzte, und wir hörten die Detonation. Am nächsten Tag sahen wir, daß die Bomben auf der Kreuzung von Geislerowskaja und Rybazkaja eingeschlagen hatten – also nicht ganz so nah. Ein Wachposten der Miliz war umgekommen. Eine Bombe hatte das ganze Eck des Hauses weggerissen, in dem sich früher ein kleines Restaurant befunden hatte; dort pflegte Blok zu speisen. Die Bombe hatte den Luftschutzkeller verschüttet und die Wasserleitung aufgerissen, so daß die Menschen, die sich dorthin gerettet hatten, ertranken. Damit stand für uns endgültig fest, daß wir nicht in unseren Luftschutzkeller gehen würden. Erstens war es sinnlos, zweitens kostete das in den vierten Stock Hinauf- und wieder Hinuntergehen viel Kraft. Als erster hörte Großvater (mein Vater) auf, die Treppen zu steigen. Er blieb im Bett liegen, während die Kesarews stur in den Luftschutzkeller gingen, wobei sie jedesmal irgendwelche Koffer mitschleppten (die Eheleute Kesarew waren unsere Wohnungsnachbarn). Dennoch machten wir ein Zimmer im Erdgeschoß mit Fenstern zum Hof ausfindig und gingen einige Zeit zum Übernachten dorthin. Die Zimmerwirtin – eine einsame Frau – arbeitete in Kronstadt und hatte uns liebenswürdigerweise den Schlüssel zu ihrem Zimmer überlassen. So schien es uns sicherer. Wann immer es möglich war, versuchten wir, ein normales Leben zu führen. Wir gingen sogar in den Botanischen Garten. Es gibt noch Fotos – die Kinder und wir im Botanischen Garten. Geknipst hat mein Bruder Jura. Ein paar Minuten nachdem wir die Fotos gemacht hatten, kam Fliegeralarm. Aber im Botanischen Garten waren wir vollkommen gelassen, sogar während der Bombenangriffe. Ich bin auf dem Foto in einem grauen Mantel zu sehen. Dieses grauen Mantels wegen hielt man mich fast einmal für einen Spion, weil helle Kleidung in unserem Land noch nicht üblich war und Ausländer erkennen ließ. Das war auf dem Witebsker Bahnhof, als ich nach Wyriza auf die Datscha fahren wollte. Kleine Jungs liefen mir hinterher und gingen dann, irgend jemandem Bescheid zu sagen. Zum Glück fuhr mein Zug gleich ab, sonst hätte ich mich hübsch verspätet bei meiner Familie. Übrigens, was Spione betrifft: Die Spion-Manie nahm in der Stadt unwahrscheinliche Ausmaße an. Überall suchte man nach Spionen. Es mußte einer nur mit einem Koffer in die Banja gehen, schon wurde er angehalten und »überprüft«. So geschehen zum Beispiel mit M.A. Pantschenko (unserem wissenschaftlichen Sekretär). Es gab viele Geschichten über Spione. Man erzählte sich von Signalen, die den deutschen Fliegern von den Dächern aus zugeschickt würden. Es gäbe irgendwelche gleichsam automatische Leuchttürme, die genau zum Zeitpunkt der Fliegerangriffe Signale aussendeten. Solche

Sinaida A. Lichatschowa und Dmitri S. Lichatschow
mit den Kindern Mila und Wera
während eines der ersten Bombardements
im Herbst 1941 im Botanischen Garten

Leuchttürme befänden sich, so die Gerüchte, in den Kaminen der Häuser (so wären sie nur von oben zu sehen), auf dem Marsfeld usw. Irgendein Körnchen Wahrheit mag daran gewesen sein an diesen Geschichten: Die Deutschen wußten wirklich über alles Bescheid, was in der Stadt vor sich ging.

Am 8. September kamen wir von unserer Poliklinik auf dem Kamennoostrowski. Es war Abend, und über der Stadt stand eine Wolke von überwältigender Schönheit. Sie war ganz weiß, türmte sich in dichten, irgendwie besonders »festen« Ballen wie steifgeschlagene Sahne. Sie wuchs, wurde in den Strahlen des Sonnenuntergangs zunehmend rosa und hatte schließlich gigantische, furchterregende Ausmaße angenommen. Später erfuhren wir: Bei einem der ersten Fliegerangriffe hatten die Deutschen die Badajewer Lebensmittellager zerbombt. Die Wolke war Rauch von verbranntem Fett. Die Deutschen bombardierten verstärkt alle Lebensmittellager. Sie trafen damals bereits Vorkehrungen für die Blockade. Unterdessen wurden aus Leningrad die Lebensmittel beschleunigt abgezogen, und man unternahm keinerlei Anstrengung, sie zu dezentralisieren, wie es die Engländer in London machten. Die Deutschen bereiteten die Blockade der Stadt vor, und wir – ihre Übergabe an die Deutschen. Der Abtransport der Lebensmittel aus Leningrad hörte erst auf, als die Deutschen alle Eisenbahnverbindungen unterbrochen hatten; das war Ende August.

Die Übergabe Leningrads bereitete man auch noch anders vor: Man verbrannte die Archive. Durch die Straßen schwebte die Asche. Papierasche ist besonders leicht. Als ich einmal an einem klaren Herbsttag aus dem Puschkin-Haus kam, geriet ich auf dem Bolschoi in einen wahren Regen aus Papierasche. Diesmal brannten Bücher: Die Deutschen hatten das Bücherlager des Petschatny dwor zerbombt. Die Asche verdunkelte die Sonne, es wurde trübe. Und diese Asche wie auch der weiße Rauch, der sich als böse Wolke über der Stadt türmte, schienen die Banner der fortschreitenden Katastrophe zu sein. Unterdessen füllte sich die Stadt mit Menschen: flüchtende Bewohner der Vorstädte, flüchtende Bauern. Die Fuhrwerke der Bauern standen wie ein Ring um Leningrad. Man ließ sie nicht in die

Stadt. Sie kampierten in Feldlagern mit ihrem Vieh, ihren weinenden Kindern, die in den kalten Nächten zu erfrieren begannen. In der ersten Zeit fuhren die Leute wegen Milch und Fleisch von Leningrad aus zu ihnen hinaus: Vieh wurde geschlachtet. Gegen Ende 1941 waren alle in diesen Bauerntrossen erfroren. Erfroren waren auch jene Flüchtlinge, die man auf Schulen und andere öffentliche Gebäude verteilt hatte. Ich erinnere mich an eines dieser überfüllten Gebäude in der Ligowka. Heute weiß wahrscheinlich keiner der dort Arbeitenden mehr, wie viele Menschen hier umgekommen sind. Schließlich starben vor allem auch die, die unter die »innere Evakuierung« aus den südlichen Stadtvierteln gefallen waren: Sie waren ebenfalls ohne Hab und Gut, ohne Vorräte. Wenn man sie sah, war einem der ganze Schrecken der Evakuierung sofort klar.

In die leergewordenen Wohnungen unseres Hauses wurden die Familien von Putilow-Arbeitern einquartiert. Als ich eines Tages aus dem Puschkin-Haus zurückkam, bemerkte ich in der Lachtinskaja uliza mehrere Autobusse. Aus ihnen stiegen Frauen und einige wenige Männer. Sehr viele Kinder waren dabei. Es war so, daß die Deutschen plötzlich bis zur Putilow-Fabrik* vorgestoßen waren. Sie hatten das Viertel mit Granatwerfern beschossen. Die Bewohner wurden sofort weggebracht. Später kamen die aus den südlichen Vierteln Leningrads evakuierten Familien alle um. Sie begannen früh, Hunger zu leiden. Von einer solchen umgekommenen Familie – den Kolosowskis, die auf demselben Stockwerk in der Nachbarwohnung lebten – berichte ich später. Als sich die »Front« bei der Putilow-Fabrik stabilisierte, begannen die Leningrader, dort hinauszufahren und unter dem Beschuß der Deutschen das Gemüse aus den Datschagärten zu holen. Auch die Komarowitschs fuhren hin, um Kohlstrünke zu sammeln. Das gab ihnen die Möglichkeit, sich ein wenig mit Nahrungsmitteln einzudecken.

W.L. Komarowitsch war der einzige unter unseren Bekannten in Leningrad, der bei uns vorbeischaute. Ansonsten kamen damals nur

* Der ehemalige Besitzer der großen Waffenfabrik vor der Revolution hieß Putilov.

unsere Verwandten. Es kam Onkel Wasja, der früh Hunger litt. Wir gaben sowohl Komarowitsch als auch Onkel Wasja von dem Schwarzbrotzwieback. Onkel Wasja brachte den Mädchen Puppen mit, die er für teures Geld erstanden hatte. Puppen konnte man kaufen, Essen aber – um keinen Preis der Welt. Onkel Wasja erzählte uns, er leide derart Hunger, daß er zu seinem Neffen Schura Kudrjawzew gegangen und vor ihm auf die Knie gefallen sei, um wenigstens ein bißchen Essen zu erbitten. Schura habe ihm nichts gegeben, obwohl er Vorräte besaß. Später sind sowohl Onkel Wasja als auch Schura Kudrjawzew gestorben – letzterer nicht an Hunger, aber sein Tod war nicht weniger grausam. Ich werde davon noch erzählen.

Komarowitsch gab immer gern Prognosen ab. Er liebte es, sich über das künftige Schicksal der Welt Gedanken zu machen. Seine Überlegungen waren sehr interessant. Ich sehe ihn noch: Es war vor dem Krieg auf dem Kronwerkski prospekt (heute Prospekt Gorkowo). Er las eine Wandzeitung mit der Meldung vom Untergang irgendeines großen englischen Kriegsschiffes. Alle waren damals überzeugt, daß Deutschland gewinnen würde, aber W.L. meinte angesichts der Zeitung: »Der britische Löwe ist alt und erfahren. Den kriegt man nicht so leicht. Ich denke, am Ende gewinnt England doch.« Mir sind diese Worte in Erinnerung geblieben, weil ich seit jenem Tag auch so zu denken begann. Es kam auch der ständig panische Petja Obnowlenski bei uns vorbei. Er sprach die ganze Zeit nur davon, wie man Essen beschaffen könne. Ihr Haus war zerbombt worden. Während des Bombenangriffs war seine Familie in den Luftschutzkeller gegangen, er selbst aber hatte sich unter die Treppe gestellt. Die Bombe war genau in den Treppenschacht gefallen. Die Stufen brachen über ihm ein, doch wie durch ein Wunder wurde er gerettet: Die herabstürzenden Stufen hatten ein Gewölbe über ihm gebildet. Nur der Brustkasten war ihm stark eingedrückt worden. Man grub ihn aus. Auch die Familie im Luftschutzkeller grub man aus. Es war ihnen nichts geschehen; Petja kam ins Krankenhaus und wurde nach einigen Tagen wieder entlassen. Aber dank eines anderen Umstands blieben sie alle am Leben, und das kam so: Petja »ahnte« etwas. Er erklärte den Behörden, daß er beim Angriff seinen Paß verloren habe. Mit der neuen Adresse, unter der sie registriert wurden, bekamen sie auch neue Pässe. Von da ab bekam er sowohl auf die alten wie auf die neuen Pässe Lebensmittelmarken. Solche Fälle häuften sich in der Stadt. Leute bekamen Lebensmittelmarken für Evakuierte, für Eingezogene, für Umgekommene und Hungertote. Die Zahl der letzteren nahm immer mehr zu.

Ich entsinne mich noch: Aus irgendeinem Grund war ich in der privaten Poliklinik auf dem Bolschoi prospekt der Petrograder Seite. In der Anmeldung lagen einige Menschen auf dem Boden, die man auf der Straße aufgelesen hatte. Man hatte ihnen Wärmflaschen auf Hände und Füße gelegt. Aber inzwischen brauchten sie schlicht etwas zu essen, doch es gab nichts. Ich fragte, was aus ihnen wird, und bekam zur Antwort: »Sie werden sterben.« – »Kann man sie denn nicht ins Krankenhaus verlegen?« – »Geht nicht, außerdem haben sie dort auch nichts zu essen. Sie müßten sehr viel zu essen bekommen, denn sie sind hochgradig ausgezehrt.« Die Sanitätsschwestern schleiften die Toten in den Keller. Ich kann mich erinnern – einer war noch ganz jung. Sein Gesicht war ganz schwarz: Bei den Hungernden dunkelten die Gesichter stark. Die Sanitätsschwester erklärte mir, daß man die Leichen hinunterschaffen müsse, solange sie noch warm sind. Ist eine Leiche erst erkaltet, so kommen die Läuse heraus. In der Stadt herrschte eine Läuseplage: Wer Hunger leidet, kümmert sich nicht um »Hygiene«.

Was ich in der Poliklinik auf dem Bolschoi prospekt gesehen hatte, das waren die ersten Paroxysmen des Hungers. Es hungerte, wer keine Lebensmittelmarken beziehen konnte: die Flüchtlinge aus den Vororten und aus anderen Städten. Sie starben als erste. Sie hausten in Bahnhöfen und Schulen dicht nebeneinander auf dem Boden. Die einen hatten zwei Lebensmittelmarken, andere gar keine. Solche Flüchtlinge ohne Marken gab es in unendlich großer Zahl, aber auch die mit mehreren Marken waren nicht gerade selten zu finden.

Besonders viele Marken sammelten sich in den Händen der Hausmeister. Sie nahmen die Marken von den Sterbenden, bekamen sie für die Evakuierten, holten sich aus den verlassenen Wohnungen

Sachen, die sie gegen Nahrung tauschen konnten, solange es noch möglich war. Mutter tauschte ihre Kleider gegen Leinkuchen. Der Leinkuchen* rettete Leningrad ein zweites Mal. Das erste Mal hatten ihn die Petrograder zwischen 1918 und 1920 gegessen, als in Petrograd Hungersnot herrschte. Doch wie ließe sich jene Hungersnot mit derjenigen vergleichen, die nun auszubrechen drohte!

Die Straßenbahnen fuhren noch in der Stadt. Im August oder Anfang September sah ich, wie mit der Straßenbahn Truppen aus dem Süden der Stadt in den Norden verlegt wurden: Die Finnen hatten die Front durchbrochen und rückten im Eiltempo auf Leningrad vor, waren nicht mehr aufzuhalten. Doch dann machten sie an ihrer alten Grenze halt, gingen nicht weiter. Von finnischer Seite wurde in der Folge nicht ein einziger Schuß auf Leningrad abgegeben. Von dort kamen auch keine Flieger. Trotzdem hatte Polja Schirjajewa mit ihren Kindern am ersten Tag des Krieges aus Terioki fliehen müssen. Die Kinder mußte sie alleine schicken, und mit einem Transport der Akademie wurden sie nach Tetjuscha bei Kasan gebracht. Ebenso hätten auch wir uns von den Kindern trennen müssen, wenn wir eine Datscha in Terioki genommen hätten.

Nun möchte ich erzählen, was im Puschkin-Haus alles passierte: Im August und September hatten dort das Buffet und die Kantine der Akademie geöffnet. Diese beiden Orte waren Anziehungspunkte, Zentren für Treffen und Gespräche. Dort wurden die Neuigkeiten verbreitet, dort traf man sich und ... traf sich nicht mehr.

Bereits im Juli begann die Registrierung der Freiwilligen für den Kriegsdienst. Registriert wurden alle Männer. Sie wurden nacheinander ins Büro des Direktors zitiert, wo L.A. Plotkin zusammen mit dem Parteisekretär A. I. Perepetsch »tagte«. Ich weiß noch, wie M.A. Pantschenko bleich und mit zitternden Lippen aus dem Büro kam: Er hatte sich geweigert. Er sagte, er wolle nicht als Freiwilliger gehen, er würde eingezogen und wolle in der regulären Armee kämpfen. Später saß er im Amtszimmer und meinte: »Ich fühle, daß ich sterben

* »duranda«, »žmychi«: eigentl. ein Futtermittel aus Rückständen beim Ölpressen

muß.« Ich habe es selbst gehört. Man stempelte ihn zum Feigling, bezeichnete ihn als Schandmal. Doch einige Wochen später wurde er einberufen, wie er gesagt hatte. Er kämpfte bei den Partisanen und fiel irgendwo in den Wäldern der Kalininskaja oblast. L.A. Plotkin indes, der alle registriert hatte, erreichte für sich eine Befreiung aufgrund seines Gesundheitszustands und floh im Winter per Flugzeug aus Leningrad, nachdem er ein paar Stunden vor seinem Abflug noch schnell seine »gute Bekannte«, eine Englischlehrerin, in die Institutsbelegschaft aufgenommen und sie auch noch in seinem für das Institut reservierten Flugzeug untergebracht hatte.

Wir, die »Untauglichen«, kamen zur Selbstverteidigungstruppe des Instituts, erhielten doppelläufige Jagdflinten und mußten vor der historischen Fakultät exerzieren. Ich sehe noch B.P. Gorodezki und W.W. Gippius unter den Marschierenden. Letzterer lief irgendwie lustig auf den Fußspitzen und legte sich dabei mit dem ganzem Rumpf nach vorn. Der, der uns exerzieren ließ, und wir alle lachten insgeheim, wenn wir die eifrig auf Zehenspitzen exerzierende Gestalt von W.W. Gippius sahen. Das Schicksal dessen, über den wir lachten, war indes schon besiegelt ...

Im Hof des Physiologischen Instituts jaulten jämmerlich die hungernden Hunde (später wurden sie gegessen und retteten damit vielen Physiologen das Leben). Im Bibliotheksinstitut wurden sofort Pritschen für uns alle aufgestellt, um Kasernenordnung einzuführen. W.W. Gippius und uns wurden sogar bestimmte Pritschen zugewiesen. Wir gingen hin, sahen es uns an und ... gingen wieder. Es herrschte ein völliges Durcheinander, und es war klar, daß es keinen Sinn hatte dazubleiben und auf den Pritschen zu nächtigen. Bald hatte auch das Exerzieren ein Ende: Die Leute waren ausgezehrt, kamen nicht mehr zu den Übungen und starben einer nach dem anderen »ungedrillt«. Ein Teil fuhr los, um außerhalb von Leningrad Verteidigungsanlagen zu bauen. Hier, in der Stadt wurde Sinnvolleres gemacht. Man entdeckte Talente: W.F. Pokrowskaja behandelte S.D. Baluchaty mit Heilkräutern und bewahrte ihn vor dem Tod. M.O. Skripil war für die ganze Mannschaft der Smutje. Von Bauern, die mit ihrem Vieh vorbeikamen, konnte man ein Kalb ergattern. Irgendwer vermochte es zu schlachten. Doch man fuhr auch mit anderen Zielen vor die Stadt. T.P. Den fuhr mit einer Gruppe Frauen, um auf den abgeernteten Kohlfeldern die Strünke zu schneiden. Sie gruben die Kartoffeläcker ein zweites Mal um und sammelten in den Wäldern verschiedene eßbare Kleinigkeiten.

Das Schlimmste war, daß nach und nach immer mehr Mitarbeiter entlassen wurden. Auf Anordnung des Präsidiums – auf Einflüsterung unseres Direktors P.I. Lebedew-Poljanski, der in Moskau lebte und keine Ahnung hatte, was in Leningrad vor sich ging – wurde eine »Reduzierung der Belegschaft« vorgenommen. Jede Woche wurden Entlassungsbescheide ausgehängt. In unserem Bereich entließ man W.F. Pokrowskaja, danach M.O. Skripil. Man entließ alle Büroangestellten und versetzte mich ins Büro. Eine Entlassung war schrecklich, sie kam einem Todesurteil gleich: Der Entlassene bekam keine Lebensmittelmarken und keine Arbeit mehr. W.F. Pokrowskaja rettete sich, indem sie als Krankenschwester ging. Skripil verließ mitten im Winter die Stadt.

Später in Kasan erfuhren wir etwas über die Entlassenen und freiwillig Eingerückten. Viele wissenschaftliche Mitarbeiter ohne militärische Ausbildung und ohne Waffen starben sinnlos in der Kirower Freiwilligen-Division. Noch mehr Opfer forderten die sinnlosen Entlassungen. An Entlassene wurden keine Lebensmittelmarken ausgegeben. Alle Ethnographen kamen um. Die Bibliothekare litten sehr, viele Mathematiker starben – jung und talentiert. Die Zoologen hingegen hielten sich: Viele von ihnen wußten, wie man jagen geht.

Doch »kehren wir zurück zum Vorliegenden«.* Im Buffet versammelten sich die »Feuerwehrleute«, die »Fernmelder«, bewaffnet mit doppelläufigen Jagdflinten, sie tranken Aufguß, bekamen ihre Portion Suppe mit grünen Krautblättern (nicht vom Kohlkopf, sondern die äußeren, die harten) und führten endlose Unterhaltungen. Besonders viel redete G.A. Gukowski. Dabei stellte sich heraus, daß er, von der Mutter her Russe aus der Familie Nowosadski, orthodox war, aus Odessa stammte, in Venedig gewesen war. Gukowski war in Panik.

* Formelhafte Wendung in altruss. Erzähltexten

In Panik war auch Alexandr Israilewitsch Gruschkin. An dem Tag, als die Deutschen dicht an Leningrad heranrückten, tauchte er im Buffet auf – die Kappe schief aufgesetzt, einen kaukasischen Gürtel ums Hemd – und salutierte beim Grüßen. Unter dem Siegel der Verschwiegenheit teilte er uns mit, er werde sich, wenn die Deutschen kämen, als Armenier ausgeben.

Der Direktor des Puschkin-Hauses kam nicht herunter. Seine Familie war evakuiert, er war ins Institut umgezogen und verlangte in seinem Büro ab und zu nach einem Teller Suppe oder einer Portion Kascha. Am Ende bekam er einen kranken Magen, fragte mich über die Anzeichen bei Geschwüren aus und bat, einen Arzt zu holen. Der Arzt kam aus der Universitäts-Poliklinik, trat ins Zimmer, wo der Direktor mit aufgeblähtem Bauch lag, sog die widerliche Luft im Zimmer durch die Nase und verzog das Gesicht; beim Gehen schimpfte er entrüstet: Der hungernde Arzt war zu einem Direktor gerufen worden, der sich überfressen hatte!

An die Universitäts-Poliklinik kann ich mich gut erinnern, dort bekam ich immer Bezugsscheine für Weißbrot. Das hat uns geholfen. Im September fingen meine Geschwürschmerzen an, aber sie waren bald vorbei. Die Fenster der Poliklinik waren bereits verbarrikadiert, die Ärzte in der Aufnahme arbeiteten bei elektrischem Licht. Dann wurde die Aufnahme geschlossen, es gab kein elektrisches Licht mehr. Verbarrikadiert waren die Fenster auch in der Kantine der Akademie neben dem Museum für Anthropologie und Ethnographie der AN. In dieser Kantine wurde das Essen auf bestimmte Marken ausgegeben. Viele Mitarbeiter bekamen diese Marken nicht und kamen – Teller auslecken. Auch ein freundlicher Alter leckte Teller aus, Jakow Maximowitsch Kaplan, Übersetzer aus dem Französischen sowie ins Französische. Offiziell war er nirgendwo angestellt, er nahm Übersetzungen vom Verlag an, aber Essensmarken bekam er keine. In der ersten Zeit gelang es W.L. Komarowitsch noch, Essensmarken für die Akademie-Kantine zu bekommen, doch dann wurden sie ihm gestrichen (im Oktober), er war zu dem Zeitpunkt bereits aufgedunsen vom Hunger. Ich weiß noch, wie er danach zu mir kam (ich aß an einem Tischchen, auf dem eine Petroleumfunzel brannte) und mich in fürchterlicher

Erregung fast schon anschrie: »Dmitri Sergejewitsch, geben Sie mir ein Stück Brot – sonst schaffe ich es nicht mehr bis nach Haus!« Ich gab ihm meine Ration. Später ging ich zu ihm in die Wohnung (auf dem Kirowski) und brachte ihm eine Tafel Traubenzucker mit Hagebuttenpulver (die ich zuvor in der Apotheke erstanden hatte). Zu Haus hatte er eine zornige Auseinandersetzung mit seiner Frau (Jewgenija Konstantinowna). Sie war aus dem Litfond* gekommen, wo man ihnen die Essensausgabe ebenfalls verweigert hatte, weil sie keine Mitglieder des Schriftstellerverbandes seien. Wasili Leonidowitschs Frau machte ihm Vorwürfe, weil er nicht früher in den Schriftstellerverband eingetreten war. Wasili Leonidowitsch zog seinen Mantel an, um persönlich in die Kantine zu gehen, doch die schwachen Finger wollten nicht gehorchen, und er schaffte es nicht, den Mantel zuzuknöpfen. Als erstes starben die Muskeln ab, die nicht oder nur wenig benützt wurden. Deshalb waren die letzten, die den Dienst versagten, immer die Muskeln in den Beinen. Wenn man erst anfing sich hinzulegen, kam man schon nicht mehr hoch. Ich war zuvor auch zu W.L. Komarowitsch gegangen, hatte ihm beim Holzhacken geholfen. Schließlich mußte man an Brennmaterial denken. Brennholz wurde in die Stadt keines mehr geliefert.

Obwohl die Bombenangriffe aufgehört hatten, trafen die Menschen Vorsorge gegen sie. Sie legten Furnierstreifen für die Fenster bereit, beklebten die Fenster über Kreuz mit Papier. Auch ich brachte einige Streifen Furnierholz mit nach Haus, zurechtgeschnitten nach der Größe unserer Scheiben. Sie nützten uns 1945. Ich beklebte die Scheiben nicht mit Papier, sondern mit Mullbinden, angeblich sollte das besser sein. Der Fotokleber war so fest, daß wir ihn dann 1945 nur mit Mühe ablösen konnten.

Oft mußte ich im Institut übernachten. Wir hatten Dienst, schliefen in Kleidern auf den »Gedenk«-Diwans (ich entsinne mich, daß ich meistens auf den bequemen großen grünen Plüschdiwans von I.S. Turgenjew aus Spasskoje-Lutowinowo schlief). Zusammen mit uns hatten auch die »Lexikanten« Dienst (der Katalog der altrussischen Lexika befand sich im Puschkin-Haus über uns und war zur Aufbe-

* Hilfsorganisation für die Mitglieder des Schriftstellerverbandes

Nach einem Bombenangriff

wahrung zu uns heruntergeschafft worden). Ich erinnere mich an Gejermans, Lawrow, Filippow u.a. Eines Morgens, als ich in das Zimmer kam, in dem Filippow schlief, sah ich, daß er betete. Er war schrecklich verlegen und tat, als mache er Gymnastikübungen.

Im Institut Dienst zu haben war für mich besonders in jenen Minuten unangenehm, in denen die Deutschen die Petrograder Seite bombardierten. Die Telefone waren wohl gleich im Juli 1941 abgestellt worden, und so war es unmöglich zu erfahren, ob die Meinen noch lebten. Ich mußte bis Dienstschluß warten. Bei jeder Bombe schien mir, als sei sie genau auf unser Haus gefallen. Erst wenn ich um die Ecke in die Lachtinskaja uliza einbog und sah, daß unser Haus noch stand, wurde ich ruhiger, aber ich mußte dann noch bis zum Haus und hoch in den vierten Stock, um zu erfahren, wie sie die Tage verbracht hatten, die so unendlich lang erschienen waren.

Das Gehen fiel mir immer schwerer. In meiner Rolle als »Fernmelder« mußte ich hin und wieder zu Angestellten in die Wohnung gehen, um sie zu irgendeiner dringenden Arbeit zu holen. Ich besaß eine Ausgangserlaubnis für die Nacht, die mir mein Bruder Jura beschafft hatte; er war bei uns ausgezogen und hatte sich mit seiner Frau ein Zimmer genommen, das er auf dem Kirowski prospekt in der Wohnung des Leiters der »Notarztwagen«, Messel, bekommen hatte. Ich sah die Stadt bei Tag und bei Nacht, frühmorgens und abends, während des Fliegeralarms, in nächtlicher Finsternis – beinahe ohne Menschen, denen auch gar nicht daran gelegen war, ihre Wohnungen zu verlassen.

Vater ging weiterhin zur Arbeit. Er arbeitete in der Druckerei »Komintern« in der Krasnaja uliza Nr. 1. Er löschte Brände im benachbarten Archiv, schob Dienst, aß wenig. Zu Haus hackte er immer auf der Herdplatte Holz für unsere kleinen »Kanonenöfen« (ihm kam die Erfahrung der ersten Petrograder Hungersnot 1918/19 zugute).

Einmal traf ich Vater in der Nähe der Admiralität. Wir gingen gemeinsam nach Haus (Straßenbahnen gab es nicht mehr). Als wir gerade über den Dworzowy most liefen, setzte Beschuß ein. Die Granaten schlugen ganz nah ein, mit ohrenbetäubendem Lärm. Vater lief, ohne sich umzusehen und ohne den Schritt zu beschleunigen. Wir hakten uns nur fester einer beim anderen ein. Die Spuren der

Einschläge »jener« Granaten sind noch heute am Granitkai nahe dem Dworzowy most zu sehen. Ich hatte immer gewußt, daß Vater kein Feigling war, doch damals konnte ich mich davon überzeugen, wie sehr er sich zu beherrschen wußte, er – der unbeherrschteste und reizbarste Mensch, den ich je gekannt habe.

Übergebe die Feder an Sina

Alle Hausfrauen hatten Wachdienst auf der Straße und saßen dann vor den Eingangstüren. Nachts mußte darauf geachtet werden, daß die Fenster richtig verdunkelt sind. Durch die Wachdienste lernten die Hausbewohner einander kennen und unterhielten sich darüber, wo man Lebensmittel beschaffen kann. Beim Wachdienst lernte ich eine Frau kennen, die mir anbot, ich könne mit den Kindern in einem Zimmer im Erdgeschoß mit Fenstern zum Hof schlafen. Das war Ende September. Ich erinnere mich an die schreckliche Detonation in der Geislerowskaja, von der Vater schreibt. Ich schlief auf einem Klappbett, das in der Mitte des Zimmers stand. Als diese Bombe explodierte, hatte ich das Gefühl, in der Luft zu liegen, ringsum nichts als Leere. Wir gingen nicht in den Luftschutzkeller, ich war während des ganzen Krieges nicht ein einziges Mal dort. Drei Wochen lang gingen wir hinunter ins Erdgeschoß, aber dann ließen wir auch das bleiben. Ich erinnere mich, wie ich versuchte, die Lebensmittelmarken »einzulösen«. Man bekam zwar Marken, aber Lebensmittel gab es kaum, und so mußte man stundenlang, tagelang während der Fliegerangriffe anstehen, um Lebensmittel zu bekommen. Ich erhielt sie für die ganze Familie sowie für Großmutter und Großvater. Einmal, Ende Oktober kam ich glücklich, die Lebensmittel erhalten zu haben, nach Hause. Statt Butter hatte ich holländischen Käse bekommen. Sergei Michailowitsch küßte mir die Hand, bedankte sich und meinte, wenn es mich nicht gäbe, würde er überhaupt keine Lebensmittel bekommen. So löste ich alle Marken ein, außer diejenigen für Dezember. Auf sie hatten wir keine Butter bekommen. Ich stand um zwei Uhr nachts auf, während alle schliefen, zog Vaters Filzstiefel an, ein großes Kopftuch [es ist weiß und existiert noch heute, ich hatte es in Pjatigorsk gekauft –

D.L.] und Fäustlinge, die Vater selbst angefertigt hatte, legte mir ein Wolltuch um, zog mir ein wollenes Kinderkleid über. Michail Iwanowitsch und Olga Sergejewna hatten versprochen, für uns Leinkuchen zu besorgen, der teuer war, und wir hatten doch kein Geld. Mein Vater gab mir das Geld, den Leinkuchen haben wir trotzdem nicht bekommen. Wir tauschten Sachen ein. Daß man unbedingt tauschen müsse und den Sachen nicht hinterhertrauern solle, machte uns Wasili Leonidowitsch Komarowitsch klar. Er war bei uns, wir bewirteten ihn mit Tee und Brot. Er sagte: »Brot ist inzwischen wie Lebkuchen.« Vater und ich waren in bedrückter Stimmung. Er versuchte uns aufzumuntern und meinte: »Nicht den Kopf hängen lassen, Dmitri Sergejewitsch, Sie und ich, wir werden noch große Dinge vollbringen.« Und dann wurde er selbst kurz darauf krank, und im Februar starb er. W.L. Komarowitsch riet uns, vor allem Frauenkleider zu tauschen. Ich ging auf den Sytny-Markt, wo es einen Altkleiderstand gab, und nahm meine Kleider mit. Das blaue Crêpe-de-Chine-Kleid tauschte ich gegen ein Kilogramm Brot. Das war wenig vorteilhaft, aber für das graue Kleid bekam ich 1 Kilo und 200 Gramm Leinkuchen. Das war schon besser. Wir dämpften den Leinkuchen, drehten ihn durch den Fleischwolf und backten dann kleine Fladen.

Wie haben wir Suppe gekocht? Wir hatten 300 Gramm Fleisch. Vater schnitt es klein, die Knochen zerstampften wir im Mörser und kochten dann einen großen Topf Suppe.

Der Winter setzte sehr früh ein und war sehr streng. Brennholz hatten wir, dank der Mühe Sergei Michailowitschs. Der Hausmeister weigerte sich, uns jedesmal welches zu bringen, und riet uns, das ganze Holz mit in die Wohnung zu nehmen.

Ich fahre an Sinas Stelle fort

Auch ich entsinne mich, daß Wasili Leonidowitsch uns den Rat gab, Frauenkleider zu tauschen. Er sagte: »Schura hat endlich begriffen, in welcher Lage wir uns befinden: Sie hat erlaubt, ihre guten Schuhe zu tauschen.« Schura war seine Tochter, die bereits am Theaterinstitut studierte. Wasili Leonidowitsch beklagte sich bisweilen über ihren

Egoismus (ich erinnere mich an seine Aussage: »Sie wissen nicht, was es heißt, eine Gymnasiumsabgängerin im Haus zu haben!«). Modische Frauenkleider waren das einzige, was sich tauschen ließ: Lebensmittel gab es nur bei Kellnerinnen, Verkäuferinnen, Köchinnen.

Wenn man wissen möchte, was Leinkuchen ist, so braucht man nur in einen Laden zu gehen, in dem Viehfutter verkauft wird. Der Leinkuchen hat die Leningrader in beiden Hungersnöten gerettet.

Im übrigen aßen wir nicht nur Leinkuchen. Wir aßen auch Tischlerleim. Wir kochten ihn, gaben stark riechende Kräuter dazu und machten Sülze daraus. Großvater (mein Vater) mochte diese Sülze sehr. Den Tischlerleim hatte ich im Institut ergattert – acht Tafeln. Eine behielt ich als Vorrat: Am Ende blieb sie übrig. Wenn der Leim kochte, stank es ganz schrecklich.

Übergebe die Feder an Sina

In den Leim legten wir getrocknete Wurzeln und aßen ihn mit Essig und Senf. So konnte man ihn einigermaßen schlucken. Es ist schon erstaunlich, ich kochte den Leim wie Sülze, leerte ihn in eine Schüssel, in der er erkaltete. Dann aßen wir noch Grießkascha. Mit dem Grieß hatten wir immer die weißen Kinderpelzmäntel gereinigt, es waren noch Pelzhärchen darin, er war dunkelgrau vor Schmutz, aber alle waren glücklich, daß wir überhaupt Grieß hatten. Zu Beginn des Krieges hatten wir einige Flaschen Essig gekauft und mehrere Packungen Senf. Interessant, daß Essig zu der Zeit, als wir evakuiert wurden und Sachen verkauften, für 150 Rubel die Flasche verkauft wurde. Er war genauso viel wert wie Schreibutensilien.

Wie wir einheizten? Sergei Michailowitsch hatte bereits im Frühjahr Brennholz gekauft, aber wir waren nicht dazu gekommen, es zu zersägen und zu hacken, und nachdem der Krieg begonnen hatte, weigerte sich der Hausmeister, es zu tun. Man fing an, das Brennholz zu entwenden, darum beschlossen wir, es in den vierten Stock zu holen. Ich weiß noch, wie Sergei Michailowitsch, ich, Jura und Tamara schleppten. Wir stapelten es in der Küche unter dem Fenster. Dann zersägten wir es in der Küche, und Sergei Michailowitsch hackte es klein für den Kanonenofen, auf dem wir kochten. Im Zimmer heizten wir anfangs mit einem Kachelofen. Zu allem Unglück ging er kaputt, wir mußten einen Ofensetzer holen und ihn mit Wein entlohnen, den es auf Karten gab und den wir gegen Brot hätten tauschen können. Als Jura und Ninotschka evakuiert wurden, überließen sie uns ihren herrlichen Kanonenofen. Wir stellten ihn im Zimmer auf, kochten dann auch im Zimmer und wärmten uns dabei. Bei Ninotschkas Bekanntem Ronka tauschten wir die goldene Uhr gegen 750 Gramm Reis. Die Uhr war aus Gold, ausländisches Fabrikat, ganz flach, sie ging aber nicht. Großmutter tauschte ein Goldarmband gegen 3 Kilogramm Butter und gab uns ein Kilo ab, ohne daß es Großvater erfuhr (Großvater entwickelte einen krankhaften Geiz – eine Folge der Dystrophie).

So, nun schreibe ich

Unser Bericht gleicht einem kindlichen Spiel: Jeder schreibt abwechselnd die Fortsetzung, ohne zu wissen, was der andere zuvor geschrieben hat; heraus kommt Unsinn, der sich dann lustig liest. Aber an dem, worüber wir schreiben, ist nichts Lustiges. Es war ein derartiges Grauen, daß es heute schwerfällt, sich zu erinnern, denn um sich zu schützen, wirft das Gedächtnis das Allerschrecklichste hinaus.

Ich entsinne mich, daß einmal zwei Spekulanten zu uns kamen. Ich lag im Bett, die Kinder ebenfalls. Im Zimmer war es dunkel. Licht machten wir mit Batterien und elektrischen Birnchen von Taschenlampen. Zwei junge Männer kamen herein und begannen schnell haspelnd zu fragen: »Kristall, Reißzeug, Photoapparate, habt ihr sowas?« Sie fragten noch irgendetwas. Am Ende kauften sie uns etwas ab. Das war bereits im Februar oder März. Sie waren schrecklich, wie Aaswürmer. Wir rührten uns noch in unserer finsteren Gruft, und sie machten sich schon daran, uns zu fressen.

Zuvor – im Herbst – war Dmitri Pawlowitsch Kallistow gekommen. Scherzend fragte er, ob wir keine »Sobatschki«* zu verkaufen hätten, ob wir keine Bekannten hätten, die ihre Hündchen »zu treuen Händen« geben wollten. Die Kallistows hatten damals schon einmal Hun-

* »Hündchen«, siehe dazu S. 160

defleisch gegessen, sie hatten es eingesalzen. Geschlachtet hatte die Hunde nicht Dmitri Pawlowitsch selbst – das hatte man im Physiologischen Institut für ihn gemacht. Übrigens gab es zu dem Zeitpunkt, als D.P. uns besuchen kam, in der Stadt keine Hunde, keine Katzen, keine Tauben oder Spatzen mehr. Und in der Lachtinskaja uliza hatte es früher viele Spatzen gegeben. Wir haben gesehen, wie sie gefangen wurden. Die Pawlowschen Hunde im Physiologischen Institut wurden auch alle aufgegessen. Auch Dmitri Pawlowitsch hatte Fleisch von ihnen ergattert. Ich weiß noch, als ich ihn traf, trug er einen Hund aus dem Physiologischen Institut bei sich. Er hatte es eilig: Hundefleisch enthält angeblich viele Eiweißstoffe.

Einmal gelang es mir, Marken für die Diätkantine zu ergattern. Sie lag hinter der Wwedenskaja, ich glaube in der Pawlowskaja uliza, nicht weit vom Bolschoi prospekt. In der Kantine war es dunkel; die Fenster waren »furniert«. Auf einigen Tischen brannten Petroleumfunzeln. Vor einem Tisch mit solch einer Funzel sammelten sich die »Essensgäste« und schnitten die erforderlichen Kupons ab. Es kam zu einem Überfall: Jemand löschte plötzlich die Funzel aus, und Diebe schnappten sich die abgeschnittenen Kupons und Marken auf dem Tisch. Einmal wurden auch mir Kupons gestohlen. Es kam zu schrecklichen Szenen. Einige Hungernde kamen buchstäblich zur Kantine gekrochen, andere mußten in den ersten Stock die Treppe hinaufgeschleift werden, wo sich die Kantine befand, denn selber schafften sie es nicht mehr. Wieder andere konnten ihren Mund nicht mehr schließen, es lief ihnen der Speichel auf die Kleider. Manche Gesichter waren von einer Art bläulichem Wasser wie aufgedunsen und bleich, andere sahen schrecklich hager und dunkel aus. Und erst die Kleidung! Die Hungernden plagte weniger der Hunger als die Kälte – eine Kälte, die von innen kam, unbezwingbar und unglaublich qualvoll. Deshalb zogen sie sich so warm wie möglich an. Die Frauen trugen die Hosen ihrer toten Männer, Söhne und Brüder (die Männer starben als erste), wickelten sich noch Tücher um die Mäntel. Das Essen nahmen die Frauen mit – sie aßen nicht in den Kantinen. Sie brachten es ihren Kindern oder denen, die nicht mehr laufen konnten. Sie hatten eine Blechkanne an einem Strick um die

Schulter hängen, und in diese Kanne kam alles: Suppe und Hauptspeise, zwei Kellen Kascha, die Suppe – blankes Wasser. Trotzdem hielt man es für besser, das Essen auf die Lebensmittelmarken in der Kantine zu holen, sie auf andere Art »einzulösen« war fast unmöglich.

Als ich eines Tages aus dieser Kantine kam, bot sich mir ein grauenvolles Bild. Am Bolschoi Ecke Wwedenskaja befand sich eine Armeeschule für Jugendliche. Wie überall hungerten auch dort die Schüler. Und starben. Schließlich wurde beschlossen, die Schule aufzulösen. Und wer konnte – ging. Einige wurden von Müttern und Schwestern gestützt, sie schwankten, verhedderten sich in ihren Mänteln, die an ihnen wie an Kleiderhaken hingen, sie fielen hin, wurden weitergeschleift. Es lag bereits Schnee, den natürlich niemand mehr räumte, es herrschte schrecklicher Frost. Unter der Schule lag ein Gastronom.* Dort wurde Brot ausgeteilt. Wer dran war, verlangte immer ein Dowesotschek.** Diese Dowesotschki wurden sofort aufgegessen. Eifersüchtig achtete man beim Licht der Petroleumfunzel auf das Gewicht (in den Geschäften war es besonders dunkel – vor den Fenstern standen Barrikaden aus Brettern und Erde). Es kam zu den spezifischen Blockade-Diebstählen. Die Jugendlichen, die besonders großen Hunger litten (Heranwachsende brauchen mehr zu essen), stürzten sich auf das Brot und begannen, es sofort aufzuessen. Sie versuchten gar nicht zu fliehen: Nur in sich hineinstopfen, bevor es einem entrissen wird. Sie stellten schon vorsorglich ihre Krägen hoch, waren auf Prügel gefaßt, warfen sich auf das Brot und aßen, aßen, aßen. In den Stiegenhäusern warteten andere Diebe, die den Geschwächten Lebensmittel, Marken, Pässe wegnahmen. Besonders schwer hatten es alte Menschen. Wem die Marken gestohlen worden waren, der konnte sie sich nicht wiederbeschaffen. Es reichte, wenn diese Entkräfteten ein oder zwei Tage nichts zu essen hatten, und schon konnten sie nicht mehr laufen, und wenn die Beine den Dienst versagten – war das Ende nah. Gewöhnlich starben Familien nicht so

* Lebensmittelladen

** Zusatzstückchen zum Erreichen des erforderlichen Gewichts schnell. Solange es noch einen in der Familie gab, der gehen und die Marken gegen Brot einlösen konnte, blieben die übrigen, die schon daniederlagen, am Leben. Doch es reichte, wenn auch dieser letzte nicht mehr gehen konnte oder irgendwo auf der Straße, im Stiegenhaus zusammenbrach (besonders schwer hatte es, wer in den oberen Etagen wohnte), dann war das Ende für die ganze Familie gekommen.

In den Straßen lagen Leichen. Niemand schaffte sie weg. Wer waren sie? Vielleicht hatte diese Frau noch ein Kind, das lebte und in einer kalten, dunklen Wohnung auf sie wartete? Es gab sehr viele Frauen, die ihre Kinder ernährten, indem sie sich das eigene dringend nötige Stückchen absparten. Diese Mütter starben als erste, und die Kinder blieben alleine zurück. Auf diese Weise starb auch unsere Arbeitskollegin im Verlag, O.G. Dawidowitsch. Sie hatte alles ihrem Kind gegeben. Man fand sie tot in ihrem Zimmer. Sie lag auf dem Bett. Das Kind lag bei ihr unter der Decke, zog die Mutter an der Nase, um sie »aufzuwecken«. Und einige Tage später kamen »reiche« Verwandte in Dawidowitschs Zimmer, um ... nein, nicht, um das Kind mitzunehmen, sondern wegen einiger Ringe und Broschen. Das Kind starb später in einem Kindergarten.

Den auf der Straße herumliegenden Leichen wurden die Weichteile abgeschnitten. Es begann die Menschenfresserei! Zuerst wurden die Leichen ausgezogen, dann das Fleisch bis auf die Knochen abgelöst: Es war kaum mehr welches an ihnen dran, die zerschnittenen nackten Leichen sahen grauenhaft aus.

Diese Menschenfresserei darf man nicht kurzerhand verurteilen. Größtenteils geschah sie unwillkürlich. Wer eine Leiche zerschnitt, aß selten selbst das Fleisch. Er verkaufte es entweder, indem er den Käufer anschwindelte, oder gab es seinen nahen Verwandten zu essen, um sie am Leben zu erhalten. Denn das Wichtigste an der Nahrung waren die Eiweißstoffe. Sie waren nirgendwoher zu bekommen. Wenn ein Kind zu sterben droht, und du weißt, nur Fleisch kann es retten – dann schneidest du es auch von Leichen ab ...

Allerdings gab es auch Schufte, die Leute umbrachten, um dann das Fleisch zu verkaufen. In dem riesigen roten Gebäude der ehemaligen Gesellschaft für Humanität (Selenina Ecke Geislerowski) entdeckte man folgendes: Jemand gab vor, mit Kartoffeln zu handeln. Er ließ den Käufer unter ein Sofa schauen, wo angeblich die Kartoffeln lagen, und als der sich hinunterbeugte, bekam er mit der Axt einen Schlag auf den Hinterkopf. Das Verbrechen wurde von einem der Käufer aufgedeckt, der auf dem Boden nicht weggewischtes Blut bemerkt hatte. Man fand die Knochen vieler Menschen.

So wurde eine der Angestellten des Verlags der AN der UdSSR, Wawilowa, aufgegessen. Sie war Fleisch holen gegangen (man hatte ihr eine Adresse genannt, wo man Kleider gegen Fleisch eintauschen könne) und nicht zurückgekehrt. Sie war irgendwo am Sytny-Markt umgekommen. Sie hatte ziemlich gut ausgesehen. Wir fürchteten uns sogar, tagsüber mit den Kindern auf die Straße zu gehen.

Es gab kein Licht, kein Wasser, keine Zeitung (die erste Zeitung wurde erst im Frühjahr an Zäune geklebt – ein kleiner Bogen, ich glaube zweimal die Woche), kein Telefon, kein Radio! Trotzdem blieb der Informationsaustausch untereinander erhalten. Die Menschen erwarteten einen gewissen General Kulik, der angeblich zur Befreiung Leningrads anmarschierte. Voll heimlicher Hoffnung hieß es immer wieder: »Kulik kommt.« Es war ein Mythos.

In den Straßen lag hoher Schnee, nur in der Mitte blieben schmale Wege frei. Alle waren unglaublich gereizt. Ich erinnere mich, wie ich einmal in der Mitte der Lachtinskaja uliza lief, vor mir eine charakteristische Blockade-Gestalt: über dem Mantel ein Tuch oder eine Decke, darunten schlabbernde Hosen. Die Person (Mann oder Frau – nicht zu erkennen) läuft langsam und schlurfend (die Füße zu heben ist schwer, aber schlurfen geht). Ich dahinter in einem grünen Filzumhang, meinem »Romanow«-Schafspelz, den ich noch von den Solowki hatte. Ich laufe langsam, mit dem Stock, den mir S.D. Baluchaty aus der Sammlung von A.S. Orlow besorgt hatte (Orlow fertigte gern Stöcke aus Wacholderstecken, und Baluchaty wohnte nach Orlows Abreise in dessen Wohnung und verteilte dessen Stöcke an »Bedürftige«). Plötzlich bleibt die Person vor mir stehen, dreht sich um und schreit hysterisch (eher einem heiseren Zischen gleich): »Na, gehen Sie schon endlich vorbei!« Die Person regte sich auf, daß ich nicht überholte, aber wie sollte ich, bei dem engen Weg und den vielen Schneewehen.

Obwohl es kein Licht gab, kein Wasser, kein Radio, keine Zeitungen, stand man »unter Beobachtung« des Staatsapparats. G.A. Gukowski wurde verhaftet. In der Haft zwang man ihn, etwas zu unterschreiben,* und dann verhaftete man B.I. Koplan und A.I. Nikiforow. Auch W.M. Schirmunski wurde verhaftet. Schirmunski und Gukowski wurden bald wieder freigelassen und verließen per Flugzeug die Stadt. Koplan verhungerte im Gefängnis. Zu Hause starb seine Frau, die Tochter von A.A. Schachmatow. A.I. Nikiforow wurde freigelassen, doch er war so ausgezehrt, daß er kurz darauf zu Hause starb (dabei war er ein Riese, ein rotwangiger russischer Kraftmensch, der im Winter immer gegenüber der Börse an der Strelka zum Eisschwimmen ging). Es starb W.W. Gippius. Es starben N.P. Andrejew, S.W. Ewald,

* Schon mehrmals mußte ich es erklären: Beim Verhör wurden die Menschen gezwungen, auch etwas zu unterschreiben, was sie gar nicht ausgesagt, geschrieben, behauptet hatten, oder etwas, das sie für vollkommen nebensächlich hielten. Zu der Zeit, als die Staatsmacht die Übergabe Leningrads plante, galt die einfache Unterhaltung zweier Leute darüber, was sie machen, wie sie sich verstecken sollten, wenn die Deutschen Leningrad nähmen, schon fast als Vaterlandsverrat. Deshalb ist es mir nie in den Sinn gekommen, Grigori Alexandrowitsch wie auch vielen anderen irgendetwas zum Vorwurf zu machen, weil sie unter »großem« Druck unterschrieben hatten, was der Untersuchungsbeamte, der Henker, verlangte. Ich konnte nur mitfühlen. Grigori Alexandrowitsch war zum ersten Mal in Haft und wußte offenbar nicht, daß man auf die Fragen des Untersuchungsbeamten entweder die Antwort verweigern oder so wenig wie möglich sagen mußte. Ich stelle mir folgendes Gespräch zwischen Gukowski und dem Untersuchungsbeamten vor: U.: »Ist Ihnen bekannt, daß B.I. Koplan auf die Deutschen wartet?« G.: »Was für ein Unsinn, er hat eine Sterbensangst vor ihnen.« U.: (sich naiv stellend) »Wieso?« G.: »Er ist Jude.« U.: »Aber er ist doch orthodoxen Glaubens.« G.: »Wenn die Gestapoleute Grips im Kopf hätten, würden sie kapieren, daß er kein Zionist sein kann.« U.: »Ich danke Ihnen, daß Sie einen Genossen verteidigt haben. Unterschreiben Sie das Protokoll.« G.:

J.I. Jasinski (der Sohn des Schriftstellers), M.G. Uspenskaja (die Tochter des Schriftstellers) – sämtlich Mitarbeiter des Puschkin-Hauses. Aber alle lassen sich nicht aufzählen.

Ich kann mich noch an den Tod von J.I. Jasinski erinnern. Er war ein hochgewachsener, hagerer und sehr gutaussehender alter Mann, er sah aus wie Don Quichotte. Er lebte in der Bibliothek des Puschkin-Hauses. Hinter den Bücherregalen stand sein Feldbett – ein Klappbett. Zu Hause hatte er niemanden, und er konnte auch nicht mehr nach Hause laufen. Er lag hinter seinen Büchern und kam nur selten ins Vestibül. Sein Mund stand immer offen, Speichel lief ihm herunter, das Gesicht war schwarz, das Haar vollkommen ergraut und lang gewachsen, im gruseligen Kontrast zu seiner schwarzen Gesichtsfarbe. Die Haut spannte sich um die Knochen. Besonders grauenhaft sah das um den Mund herum aus. Dort war die Haut ganz dünn und verdeckte die Zähne nicht, die herausstanden und den Kopf wie einen Totenschädel aussehen ließen. Einmal kam er schlurfend, mit einer Decke um die Schultern, hinter seinen Regalen hervor und fragte: »Wie spät ist es?« Man gab ihm Antwort. Er fragte nach (die Stimme von Dystrophiekranken wird dumpf, weil auch die Stimmbandmuskeln atrophieren): »Tag oder Nacht?« Er fragte das im Vestibül, aber es gab ja keine Fenster – sie waren »furniert« –, und er konnte nicht sehen, ob es draußen hell oder dunkel war. Ein oder

»Das Protokoll ist ungenau. Ich habe nicht gesagt, daß die Gestapo Grips im Kopf hat. Ich sagte — wenn ...« U.: »Streiten wir uns nicht um vier Buchstaben. Wichtig ist, daß Sie einen Genossen gegen Gerüchte verteidigt haben.« Gukowski unterschreibt und wird weggebracht, zufrieden, daß er einen Genossen verteidigt hat.
Aber das Protokoll enthält drei mögliche Anklagepunkte, zwei gegen Koplan: panisch und bereit, sich ideologisch dem Feind zu ergeben, die Ideologie des Sowjetmenschen zu verraten und sich politisch auf die Religion zu stützen. Gegen Gukowski: findet, die Gestapo habe »Grips im Hirn«, zumindest hält er es für möglich.
Das soll kein Witz sein. Genau so verliefen die Verhöre, genau solche Anschuldigungen wurden vorgebracht. (Anm. D.L.)

zwei Tage später jagte ihn unser stellvertretender Verwaltungsdirektor Kanailow aus dem Puschkin-Haus. Kanailow (auch noch dieser Name!) verjagte alle, die sich im Puschkin-Haus einrichten und sterben wollten: um keine Leichen wegschaffen zu müssen. Es kamen einige Arbeiter, Hausmeister und Putzfrauen zu Tode, die kaserniert, ihren Familien entrissen worden waren, und jetzt, als es viele nicht mehr bis nach Hause schafften, warf man sie bei dreißig Grad Kälte zum Sterben hinaus. Kanailow war unablässig hinter allen her, die schwächer wurden. Im Puschkin-Haus selbst starb kein einziger Mensch.

Einmal war ich bei solch einer Szene dabei. Eine der Putzfrauen war noch recht kräftig und nahm den Sterbenden die Lebensmittelmarken weg, für sich und Kanailow. Ich war bei Kanailow im Büro. Da kommt ein sterbender Arbeiter herein (Kanailow und die Putzfrau hatten gedacht, er käme schon nicht mehr von seinem Bett hoch), er sieht schrecklich aus (Speichel läuft ihm aus dem Mund, die Augen sind hervorgetreten, die Zähne auch). Er erscheint im Türrahmen des Büros wie ein Geist, wie eine halbverweste Leiche, und sagt mit dumpfer Stimme nur ein einziges Wort: »Die Marken, die Marken!« Kanailow versteht ihn nicht gleich, doch als er begreift, daß der Arbeiter seine Marken wiederhaben will, gerät er fürchterlich in Wut, beschimpft ihn und stößt ihn hinaus. Der Arbeiter fällt hin. Was weiter passierte, weiß ich nicht mehr. Wahrscheinlich haben sie ihn auf die Straße gejagt.

Der Volkskundler N.P. Andrejew starb genauso. Zuerst versah er im Institut seinen Dienst sowohl für sich als auch für M.K. Asadowski. Asadowski ging es sehr schlecht, und er hatte ihn gebeten, seinen Dienst zu übernehmen. N.P. kam seinem Kollegen zu Hilfe (zumal M.K. Asadowski gerade ein Sohn geboren worden war – direkt im Luftschutzkeller) und trat den Dienst an. Der doppelte Dienst erschöpfte N.P. Andrejew sehr; seine Tochter war als Krankenschwester ins Hospital gegangen (auch ein Weg, zu überleben) und konnte ihrem Vater nicht helfen. Eines Tages kam N.P. Andrejew auf dem Nachhauseweg vom Herzen-Institut im Puschkin-Haus vorbei und bat, jemand möge ihn nach Hause begleiten: Er schaffte es nicht mehr allein. Er wohnte in der Wwedenskaja uliza in dem Haus, in dem einst B.M. Kustodijew gewohnt hatte. A.M. Astachowa begleitete ihn. Sie waren unendlich lange unterwegs, machten zwischendurch zweimal in fremden Wohnungen halt, um auszuruhen. In einer Wohnung gab man N.P. Andrejew Zucker zu essen. Das gab ihm die Kraft, bis nach Hause zu kommen. Es gab noch Menschen, die es schafften, vor sich selbst und ihrer Familie Zuckerstücke zurückzuhalten – kleine Stücke Leben. Sie hatten eine unglaubliche Wirkung: Es genügte, ein kleines Stückchen Zucker zu essen, und sofort fühlte man die Kräfte zurückkehren. Sie stiegen einem zu Kopf und machten Mut. Es war fast ein Wunder! Einige Tage später ging ich zu N.P. Andrejew, um ihm ein Flugticket zu bringen. Irgendjemand aus dem Institut (von denen, die in der Gunst der Vorgesetzten standen) war nicht geflogen, und Andrejew mußte das Ticket einige Stunden vor dem Abflug in Händen haben. Es war Nacht, als ich zu ihm ging. Ich erinnere mich, wie ich durch völlig leere Straßen lief, auf dem Weg in der Mitte der Fahrbahn, in meinem Romanow-Pelz und mit dem Stock von Orlow. In der Bolschaja Puschkarskaja fiel ich hin und stieß mir ziemlich die Knie auf, aber ich stand wieder auf (wer stark geschwächt war, konnte nicht aufstehen – nur kriechen). Ich schaffte es bis zu ihm und konnte ihn sogar herausklopfen (was nicht leicht war), aber fliegen konnte er nicht mehr. Kurze Zeit später starb er. Und nach seinem Tod kam seine Frau vom Staro-Newski (seine junge Frau lebte von ihm getrennt) und suchte das Sparbuch, auf dem er ziemlich viel Geld deponiert hatte ...

Einen irgendwie mystischen, grauenvollen Tod fand der Literaturwissenschaftler B.M. Engelgardt. Ich weiß noch, daß ich die Geschichte von seinem Tod in Kasan sehr oft erzählt habe, aber inzwischen ist sie mir entfallen (wie ich bereits sagte, entledigt, erleichtert sich das Gedächtnis selbst allzu grauenhafter Erinnerungen).

Leichen lagen auf der Straße gegenüber dem Literatur-Institut – mehr zum Birschewoi most hin (zwei Monate lag dort die Leiche einer Frau), im ausgebrannten Gebäude des Mytninski-Wohnheims der Universität (ich weiß noch, daß im Erdgeschoß die Leichen zweier Kinder lagen), auf dem Kronwerkski – gegenüber dem Narodny dom, wo im Frühjahr ein Leichenschauhaus eingerichtet wurde, in das wir Anfang März auf einem Kinderschlitten die Leiche meines Vaters schafften

Im Institut ernährte ich mich zu dieser Zeit von Hefesuppe. Auf diese Hefesuppe hatten wir über einen Monat gewartet, die Gerüchte davon hatten den Leningradern den ganzen Herbst über Mut gemacht. Die Suppe war eine neue Erfindung und hat tatsächlich sehr vielen geholfen. Sie wurde folgendermaßen zubereitet: Man brachte eine Menge Wasser mit Sägespänen zum Kochen, und das ergab eine stinkende Flüssigkeit, die jedoch rettende Eiweißstoffe enthielt. Man brachte es sogar fertig, zwei Teller von dieser stinkenden Flüssigkeit zu essen. Zwei Teller! An diesem Essen sparte man nicht. Uns war noch Schwarzbrotzwieback geblieben. Ich entsinne mich, daß ich der Bibliothekarin, Sofja Jemeljanowna, eine Schachtel Schwarzbrotzwieback schenkte. Ihr Mann und zwei ihrer Kinder waren an Auszehrung gestorben. Sofja Jemeljanowna arbeitet noch heute in der Bibliothek des Instituts, und einer ihrer Söhne ist schon Ingenieur.

Bald konnte auch ich nicht mehr laufen. Ich ging nur noch das Gehalt und die Lebensmittelmarken abholen. Einmal ging mein Vater für mich. Er lief zu Fuß in seine Druckerei, um seine eigenen Marken abzuholen, und im Vorbeigehen nahm er meine mit. Wie habe ich es später bereut, daß ich ihn gehen ließ! Jede derartige »Reise« kostete sehr viel Kraft, brachte einen dem Tod näher.

Gerettet wurde unsere ganze Familie von Sina. Sie stand ab zwei Uhr nachts im Hauseingang, um unsere Lebensmittelmarken »einzulösen« (nur sehr wenige bekamen in den Geschäften das, was ihnen nach Marken zustand), sie fuhr mit dem Schlitten zur Newa, um Wasser zu holen. Wir versuchten, aus dem Schnee vom Dach Wasser zu gewinnen, doch man verbrauchte viel zu viel Brennstoff für ein kleines bißchen Wasser. Das Wasserholen sah folgendermaßen aus: Auf den Kinderschlitten wurde eine Kinderbadewanne gestellt. In die Wanne kamen Stecken, die dazu dienten, nicht so viel Wasser herausschwappen zu lassen. Die Stecken schwammen in der Wanne und ließen das Wasser nicht so sehr hin und her schwanken. Zum Wasserholen fuhren Sina und Tamara Michailowa (sie wohnte bei uns in der Küche im Zwischengeschoß). Sie holten das Wasser am Krestowski most. Die »Trasse«, auf der die Leningrader zum Wasserholen fuhren, war ganz vereist: Das überschwappende Wasser gefror bei dreißig Grad minus sofort. Die Schlitten kamen oft von der Mitte des Wegs ab, und viele verloren ihr ganzes Wasser. Alle hatte die gleichen Wannen und Stecken oder Eimer mit Stecken: Diese Stecken waren *die* Erfindung damals! Am schwersten aber war es, das Wasser zu schöpfen und es dann von der Newa zum Kai hinaufzuschaffen. Die Leute krabbelten auf allen Vieren, krallten sich im glatten Eis fest. Stufen einzuhauen, dazu besaß keiner die Kraft. Im Februar wurden übrigens einige Stellen eingerichtet, wo man Wasser bekommen konnte: auf dem Bolschoi prospekt bei der Feuerwehrwache zum Beispiel. Dort wurde ein Deckel im Boden aufgemacht, und aus dem Loch konnte man Wasser entnehmen. Auch um den Deckel herum gefror immer mehr Eis. Die Leute kletterten tänzelnd auf den Eishügel und ließen die Eimer wie in einen Brunnen hinab. Dann rutschten sie wieder herunter, den Eimer fest im Arm.

Im Dezember (wenn ich nicht irre) gab es die Möglichkeit, sich auf Lastern über den Ladogasee evakuieren zu lassen. Diese Eisstraße nannte man die »Straße des Todes« (keineswegs »Straße des Lebens«, wie sie unsere Schriftsteller später sentimental genannt haben). Sie lag unter Beschuß der Deutschen, schneite zu, und die Wagen fuhren in Eislöcher (denn sie fuhren nachts). Es wurde erzählt, daß eine Mutter den Verstand verloren hat: Sie fuhr auf dem zweiten Wagen, auf dem ersten fuhren ihre Kinder, und dieser erste versank vor ihren Augen in einem Eisloch. Ihr Wagen wich dem Eisloch, in dem unter Wasser die Kinder strampelten, schnell aus und raste weiter, ohne anzuhalten. Wie viele sind auf dieser Straße an Auszehrung gestorben, getötet worden, unters Eis geraten, erfroren oder spurlos verschwunden! Das weiß nur Gott! A.N. Losanowa (eine Volkskundlerin) verlor auf dieser Straße ihren Mann. Sie hatte ihn auf einem Kinderschlitten gezogen, weil er nicht mehr laufen konnte. Sie ließ ihn diesseits des Ladoga samt Koffern auf dem Schlitten zurück, um Brot zu holen. Als sie wiederkam,

Wasserbeschaffung aus einem Granattrichter

waren Schlitten, Mann und Koffer weg. Die Leute stahlen, nahmen den Ausgezehrten, die sie unters Eis warfen, die Koffer weg. Es gab sehr viele Überfälle. Auf Schritt und Tritt – Niedertracht und Edelmut, Selbstaufopferung und extremer Egoismus, Diebstahl und Ehrlichkeit.

Über diese Straße verschwand auch unser Schuft Kanailow. Er nahm einige noch gesunde Männer in die Institutsbelegschaft auf und bot ihnen an, sich zusammen mit ihm evakuieren zu lassen, unter der Bedingung, daß sie kein eigenes Gepäck mitnähmen, sondern seine Koffer schleppten. Die Koffer waren übrigens nicht seine, sondern stammten aus dem Besitz Onegins (eines illegitimen Sohnes Alexanders III., der Puschkin schätzte und Sammler war), der uns auf Anordnung Onegins übergeben worden war. Die Onegin-Koffer waren aus gelbem Leder. In diesen Koffern befanden sich Antiquitäten aus dem Puschkin-Haus, zusammengerollte herrliche Teppiche (z.B. hatten wir einen französischen Teppich vom Ende des 18. Jahrhunderts – einen hellblauen). Kanailow fuhr zusammen mit seinem Gehilfen – Jechalow, einem Oberschuft. Zuerst war er Gewerkschafter (Gewerkschaftsführer), trat auf Versammlungen auf, agitierte, hielt »flammende« Reden. Dann war er bei uns Verwalter und klaute. Die ganze Gesellschaft kam wohlbehalten über den Ladoga-See.

Drüben, an irgendeinem Eisenbahnknotenpunkt, stiftete Jechalow die Arbeiter dazu an, mit ihm und allen Teppichen einen anderen Zug zu nehmen (nicht den, mit dem Kanailow fahren wollte), und dann winkte er Kanailow zu und fuhr davon. Der konnte nichts machen. Heute arbeitet Kanailow in Saratow, angeblich als Mitglied des Stadtrats, er bekleidet also ein »Amt«. Nach Leningrad will er nicht mehr zurück. Aber Jechalow wollte. Er wollte sogar gleich nach dem Krieg seine Dienste dem Puschkin-Haus anbieten, doch man zitierte ihn in die LAChU* und sagte ihm, daß er von der Kriminalpolizei gesucht wird. Er verschwand aus der Akademie, fand aber dennoch einen Posten bei der Wohnraumvermittlung irgendwo auf

* »Leningradskoe administrativno-chozjajstvennoe upravlenie« (LAChU): Leningrader Verwaltungs- und Wirtschaftsbehörde (der Akademie der Wissenschaften)

dem Wasiljewski ostrow. Als Zuständiger für Wohnungen verschaffte er sich selbst einige, nahm Schmiergelder und wurde schließlich verhaftet. Zuvor war er noch in Kasan aufgetaucht; war in Militäruniform herumgelaufen (er hatte nie in der Armee gedient), mit Stock, und tat, als sei er Kriegsinvalide.

Nach Kanailows Abfahrt leitete M.M. Kalauschin das Institut. Die Entlassungen hörten auf. Im Gegenteil, es wurden sogar einige Leute eingestellt – darunter auch unsere Tamara Michailowa. M.M. Kalauschin war zuvor selbst als einer der ersten aus dem Institut entlassen worden. Er hatte als Sanitäter gearbeitet, und als er vor Kanailows Abreise ins Institut kam, um bei uns Arbeit anzunehmen, hätte ich ihn beinahe nicht wiedererkannt. Sein Gesicht war aufgedunsen, fleckig und vollkommen entstellt. Im Institut organisierte er irgendetwas mit den Lebensmittelmarken, holte W.M. Glinka, gewann W.A. Manuilow, und später holte er auch noch M.I. Steblin-Kamenski. Diese vier haben das Institut bis ins Jahr 1945 hinübergerettet. Übrigens fuhr auch Kalauschin weg und ließ W.A. Manuilow als Leiter zurück.

Sooft ich zu Kalauschin ins Büro kam, immer aß er. Er aß Brot, das er in Pflanzenöl tunkte. Offenbar waren Marken übriggeblieben von denen, die weggeflogen oder über die »Straße des Todes« fortgefahren waren.

Noch vor der Abreise von Kanailow und Jechalow hatte man Matrosen von den U-Booten, die in der Kleinen Newa direkt gegenüber unserem Institut lagen, ins Institut gelassen. Die Überreste unserer Flotte, Eisbrecher, das Turboelektroschiff »Wjatscheslaw Molotow« – sie alle waren in die Newa dirigiert worden und lagen am linken Ufer im Schutz der umliegenden Gebäude. Die »Wjatscheslaw Molotow« lag im Schutz der Admiralität, der Eisbrecher »Jermak« im Schutz der Eremitage usw. Für die wertvollsten Gebäude der Stadt war diese Nachbarschaft nicht ganz ungefährlich. Unsere U-Boote waren auch keine angenehmen Nachbarn, aber nicht bloß deshalb, weil sie die deutschen Fliegerangriffe auf uns lenken konnten.

Die Schiffsbesatzungen wurden auf das Versprechen hin, daß unsere Vorgesetzten jeweils einen Teller Suppe erhielten, zu uns ins

Museum gelassen. Dafür stattete man ihre Zimmer mit den besten Möbeln aus. Turgenjews Diwan, Batjuschkows Sessel, Tschaadajews Uhr u.a. – all das bekamen die Matrosen für einen Teller Linsensuppe. Damals aß man tatsächlich meistens Linsensuppe, sie kam einem außerordentlich wohlschmeckend vor. Außerdem war es den Matrosen gestattet, die Bibliothek zu benutzen u.a. Sie blieben nichts schuldig. Sie legten ein Kabel zu den U-Booten und verschafften sich und unseren Vorgesetzten elektrisches Licht! Und dann ging es los ... Nachts schlichen irgendwelche Schatten durchs Museum, brachen Schränke auf, suchten nach Schätzen. Die Albensammlung der Adligen mußte sehr darunter leiden, ebenso viele Schränke in der Bibliothek. Und im Frühjahr, als die Newa wieder eisfrei war, verließen die Matrosen eines schönen Tages das Institut und nahmen mit, was nur ging. Hinterher fand ich auf dem Boden einen kleinen vergoldeten Deckel: Tschaadajews Uhr. Die Uhr selbst war weg. Auf welchem Meeresgrund mag sie jetzt liegen?

Die Dystrophie förderte auch bei den Mitarbeitern des Instituts die Kleptomanie. Eine Büroangestellte (Walentina ..., Vaters- und Nachname habe ich vergessen) ließ im Institut sogar eine Wanduhr mitgehen, ein gewebtes Tischtuch vom Versammlungstisch und noch irgendetwas. Sie ging später zum Arbeiten ins Hospital, im Institut habe ich sie nicht mehr gesehen. Sie war eine Bekannte von Kanailow.

Im Winter bekämpfte man die Brände. Die Häuser brannten wochenlang. Es gab nichts, um sie zu löschen. Die entkräfteten Menschen konnten nicht mehr richtig auf ihre »Kanonenöfen« aufpassen. In jedem Haus gab es Ausgezehrte, die sich nicht mehr rühren konnten – sie verbrannten bei lebendigem Leib. Zu einem schrecklichen Vorfall kam es in dem großen neuen Gebäude auf dem Suworowski (das Haus steht noch heute – gegenüber den Fenstern von Achmatowa). Eine Bombe fiel darauf, das Haus war in ein Hospital umfunktioniert worden. Es war eine Mehrzweckbombe, eine Spreng-Brand-Bombe. Sie durchschlug alle Stockwerke und zerstörte das Treppenhaus. Der Brand begann unten, und man kam nicht mehr aus dem Gebäude heraus. Die Verwundeten stürzten sich aus den Fenstern: besser zu Tode stürzen als verbrennen.

Im Botanischen Garten gingen die tausendjährigen Farne zugrunde und die berühmten Palmen (entsinnen Sie sich der Erzählung von Garschin über die Palme, die das Glas der Orangerie durchbrach, in die Freiheit strebte und erfror?*).

In unserem Haus starb eine Putilower Arbeiterfamilie. Unser Hausmeister Trofim Kondratjewitsch bekam ihre Marken und lief anfangs ganz gesund umher. Wie wir später erfuhren, war auf unserem Treppenabsatz, in der Wohnung der Kolosowskis, folgendes passiert: Eine Frau (Sina kannte sie) hatte die Kinder der gestorbenen Putilow-Arbeiter zu sich ins Zimmer genommen und löste ihre Lebensmittelmarken ein, doch ... sie gab den Kindern nichts davon zu essen. Sie sperrte sie ein. Die geschwächten Kinder kamen nicht mehr aus dem Bett; sie lagen still da und starben still. Die Leichen blieben bis zum nächsten Monatsanfang liegen, solange noch Marken für sie zu kriegen waren. Im Frühjahr fuhr die Frau nach Archangelsk. Das war auch eine Form von Menschenfresserei, aber von der übelsten Sorte.

Die Leichen der an Auszehrung Gestorbenen verwesten fast nicht: Sie waren so ausgetrocknet, daß sie lange liegen konnten. Die Familien begruben ihre Toten nicht, sie bezogen die Lebensmittelmarken für sie. Man hatte keine Angst vor Leichen, man beweinte die Toten nicht – man hatte keine Tränen mehr. Die Türen der Wohnungen wurden nicht abgesperrt: Wie auf den Straßen wurde auch im gesamten Stiegenhaus das Eis immer dicker (das Wasser wurde ja in Eimern geschleppt, schwappte über, die entkräfteten Menschen verschütteten es oft, und es gefror dann sofort). Die Kälte zog durch die Wohnungen. So starb der Volkskundler Kalezki. Er wohnte irgendwo beim Kirowski prospekt. Als jemand zu ihm kam, stand die Wohnungstür halb offen. Man sah, daß die letzten Bewohner versucht hatten, das Eis wegzuhacken, um die Tür zu schließen, doch vergeblich. In den kalten Zimmern, unter Decken, Pelzmänteln, Teppichen lagen die Leichen: trocken, nicht verwest. Wann waren diese Menschen gestorben?

* V.M. Garšin: *Attalea princeps*

Auf dem Bolschoi prospekt bei der Gattschinskaja uliza wurde ein Brotgeschäft geplündert. Wie war das möglich? Schließlich wurde jede Verkäuferin (keine von ihnen war besonders ausgezehrt) leicht mit einem ganzen Haufen ausgezehrter Menschen fertig. Doch der städtische Machtapparat war zu Kräften gekommen: Für die alten ausgezehrten Milizionäre hatte man über die »Straße des Todes« neue geschickt – kräftige. Aus dem Gebiet von Wologda, so hieß es.

Die Menschen hofften beim Schlangestehen noch immer: Nach Kulik warteten sie auf den nächsten, der bereits im Anmarsch auf Leningrad sei. Was außerhalb Leningrads vor sich ging, wußten wir nicht. Wir wußten nur, daß die Deutschen nicht überall waren. Es gab Rußland noch. Dorthin, nach Rußland, führte die »Straße des Todes«, dorthin flogen die Fugzeuge, doch Nahrung kam von dort kaum, jedenfalls nicht für uns. Jura und Ninotschka (seine zweite Frau) fuhren über die »Straße des Todes« mit einem Wagen, der auch zum Wohnen ausgebaut war. Vor seiner Abreise versprach Jura, uns Essen zu schicken. Vater wartete mit schrecklicher Ungeduld darauf; die ganze Zeit dachte er, Jura schickt Räucherwurst. Ständig sprach er vom Essen, erinnerte sich an die Mahlzeiten auf den Wolgadampfern, und wenn er Suppe aß (besser gesagt das, was wir Suppe nannten), schnaufte er schwer. Ich war auch schon gereizt von der Dystrophie und regte mich über dieses Schnaufen auf (ich begriff nicht, daß es an seinem Herzen lag und an dieser Räucherwurst, an die er dachte) ...

Nun möchte ich erzählen, wie wir in unserer Wohnung in der Lachtinskaja gelebt haben. Wir versuchten soweit wie möglich, im Bett zu bleiben, deckten uns zu mit allen warmen Sachen zu, die wir hatten. Zum Glück waren unsere Fensterscheiben heil. Die Scheiben waren mit Furnier abgedeckt (einige), mit Mullbinden über Kreuz zugeklebt. Dennoch war es tagsüber hell. Gegen sechs Uhr abends legten wir uns hin. Wir lasen noch ein wenig beim Licht von batteriegespeisten elektrischen Birnchen und Petroleumfunzeln (ich wußte noch, wie ich 1919 und 1920 Petroleumfunzeln gebaut hatte – das kam uns zugute). Aber zu schlafen war ganz schwer. Die Kälte kam irgendwie von innen. Sie ging durch und durch. Der Körper produzierte zu wenig Wärme. Die Kälte war schlimmer als der Hunger. Sie führte zu innerer Gereiztheit, als ob man von innen gekitzelt würde. Das Jucken erfaßte den ganzen Körper, man mußte sich hin und her wälzen. Man dachte nur ans Essen. Dabei kamen einem die dümmsten Gedanken: Hätte ich bloß früher gewußt, daß eine Hungersnot kommt! Hätte ich mich bloß mit Konserven eingedeckt, mit Mehl, Zucker, Räucherwurst!

Sina und ich rechneten aus, wie viele Tage wir von unseren Vorräten noch würden leben können. Wenn wir alle zwei Tage eine Tafel Tischlerleim verbrauchen, dann reicht es soundso viele Tage, wenn wir nur alle drei Tage eine Tafel verbrauchen – dann reicht es soundso viele Tage. Und sofort fingen wir wieder zu jammern an: Warum habe ich dann und dann meine Portion nicht aufgegessen? Jetzt könnten wir sie brauchen! Warum habe ich im Juli kein Gebäck gekauft? Ich wußte doch schon, daß eine Hungersnot droht. Warum habe ich nur elf Flaschen Fischtran gekauft? Man hätte noch einmal in die Apotheke gehen sollen, Sina schicken. Und immer so weiter, ohne Ende, mit schrecklicher Wut auf sich selbst, und wieder das innerliche Jucken, und wieder von einer Seite auf die andere gewälzt.

Morgens wurde der Kanonenofen angeheizt. Wir heizten mit Büchern. In die Ofenklappe wanderten die dicken Bände mit Sitzungsprotokollen der Staatsduma. Ich verbrannte sie alle, außer den Korrekturfahnen der letzten Sitzungen: die waren eine außerordentliche Rarität. Ganze Bücher konnte man nicht in den Ofen werfen, sie hätten nicht gebrannt. Man mußte Blatt für Blatt herausreißen und in den kleinen Ofen stecken. Dabei mußte man das Blatt zerknüllen und zudem von Zeit zu Zeit die Asche auskehren: Das Papier enthielt viel zu viel Kreide. Am Morgen sprachen wir ein Gebet, die Kinder auch. Mit den Kindern lernten wir Gedichte auswendig. Sie konnten den Traum Tatjanas aufsagen, den Ball bei den Larins,* Gedichte von Pleschtschejew: »Is schkoly deti worotilis, kak rasrumjanil ich moros ...«; sie lernten Gedichte von Achmatowa: »Mne ot babuschki tatarki ...« u.a. Die Kinder waren vier Jahre alt, sie wußten bereits viel. Nach Essen verlangten sie nicht. Nur wenn wir zu Tisch

* A.S. Puškin: *Evgenij Onegin – Eugen Onegin*

saßen, achteten sie eifersüchtig darauf, daß jeder gleich viel bekommt. Die Kinder setzten sich bereits eine oder eineinhalb Stunden vorher an den Tisch – sobald Mutter anfing zu kochen. Ich zerstieß die Knochen im Mörser. Wir kochten sie mehrmals. Die Kascha, die wir machten, war fett, fetter als normale Suppe, und zum Andicken fügten wir Kartoffelmehl hinzu – Stärke, die wir zusammen mit dem »verarbeiteten« Grieß entdeckten, mit dem wir früher die weißen Karnickelfellmäntel der Kinder gesäubert hatten. Die Kinder deckten selbst den Tisch und setzten sich schweigend. Stumm saßen sie da und verfolgten die Zubereitung des »Essens«. Nicht ein einziges Mal haben sie geweint oder nach mehr verlangt, schließlich bekam jeder gleich viel.

Vom Einheizen des Öfchens wurde es sofort warm im Zimmer. Manchmal glühte der Ofen vor Hitze. Ach, war das schön!

Alle liefen dreckig herum, wir aber wuschen uns, nahmen dazu ungefähr zwei Glas Wasser und gossen es danach nicht weg – wuschen uns so lange die Hände damit, bis es schwarz war. Die Toilette funktionierte nicht. Anfangs konnte man noch spülen, doch dann war irgendwo unten zugefroren. Wir gingen über die Küche auf den Dachboden. Andere wickelten die Fäkalien in Papier und warfen sie auf die Straße. Deshalb mußte man beim Laufen um die Häuser herum aufpassen, aber die Trampelpfade verliefen sowieso in der Mitte der Fahrbahn. Zum Glück mußten wir nur einmal pro Woche ein großes Geschäft verrichten, sogar nur alle zehn Tage. Es war klar: Der Körper verarbeitete alles, und außerdem gab es viel zu wenig zu verarbeiten. Trotzdem gut, daß wir im vierten Stock wohnten. So kam man bequem auf den Dachboden ... Im Frühjahr, als es wärmer wurde, traten an der Decke im Korridor (wir gingen immer an eine bestimmte Stelle) braune Flecken auf.

Von dem verheizten Papier verschmutzte der Ofen. Darüber hat Sina bereits geschrieben. Zum Glück fanden wir einen Ofensetzer, der ein Loch in den Kachelofen schlug und die Abzugsrohre verband, so daß wir wieder heizen konnten.

Mein Text enthält eine Lücke von ungefähr drei Wochen. Jetzt, auf unserer Datscha in Selenogorsk (Listwennaja 16, Datscha 132), herrscht große Hitze, die von den Gedanken an die Blockade ablenkt. Sonne, Baden, die glückliche Luft eines erfüllten Lebens! Und plötzlich bringt sich die Blockade wieder in Erinnerung. Neben uns, hinter einem kleinen Zaun, lebt eine Familie: ein Kind, drei bis vier Monate alt, Vater, Mutter und zwei Großmütter. Wie sich herausstellt, ist eine der Großmütter die Frau jenes Kulik, von dem ich bereits schrieb, auf den Millionen sterbender Leningrader in der Kälte, in der Finsternis warteten, über den in den Warteschlangen Gerüchte kursierten: »Kulik kommt! Kulik formiert sich!« Kulik selbst ist auf Kumyskur* (er hat Tuberkulose). Er wird bald hier sein, ich werde ihn sehen, seine lustige Frau versichert allen, daß er ein großer Charmeur sei, groß und stattlich. Mein Gott! Begreift er überhaupt – wer er ist, was er den Leningradern bedeutete?

Nein! Der Hunger läßt sich mit einer anderen Wirklichkeit, mit einem satten Leben nicht zusammenbringen. Sie können nicht nebeneinander bestehen. Eines von beidem muß ein Trugbild sein: entweder der Hunger oder das satte Leben. Ich glaube, das wahre Leben ist – der Hunger, alles andere sind Trugbilder. Im Hunger haben die Menschen sich offenbart, entblößt, sich frei gemacht von jeglichem Flitter: Die einen erwiesen sich als bemerkenswerte, unvergleichliche Helden, die anderen als Bösewichter, Schufte, Mörder, Menschenfresser. Dazwischen gab es nichts. Alles war wirklich. Der Himmel hatte sich aufgetan, und im Himmel sah man Gott. Die Guten sahen ihn klar vor sich. Es geschahen Wunder.

Gott sprach: »So du aber weder heiß noch kalt bist, will ich dich aus meinem Munde ausspeien« (so steht es wohl in der Apokalypse).

Das Gehirn starb zuletzt. Wenn die Arme und Beine versagten, die Finger die Knöpfe nicht mehr zubrachten, die Kraft fehlte, den Mund zu schließen, die Haut schwarz wurde und die Zähne freigab und im Gesicht deutlich der Knochenschädel mit den entblößten, lachenden Zähnen hervortrat, dann arbeitete das Gehirn noch weiter. Die Menschen schrieben Tagebücher, philosophische Werke, wissenschaftliche Untersuchungen, sie dachten aufrichtig nach, »mit

* Kumys ist ein Getränk aus Stutenmilch.

dem Herzen«, zeigten außerordentliche Standhaftigkeit, gaben dem Druck nicht nach, fielen weder Eitelkeit und Hochmut anheim.

Der Maler Tschupjatow und seine Frau verhungerten. Sterbend zeichnete, malte er noch Bilder. Als er keine Leinwand mehr hatte, malte er auf Furnierholz und Karton. Er war ein »linker« Künstler, aus einer alten Aristokratenfamilie, die Anitschows kannten ihn. Sie gaben uns zwei seiner Skizzen, die er vor seinem Tod gemacht hat: ein rotgesichtiger apokalyptischer Engel, erfüllt von ruhigem Haß auf die Gemeinheit der Bösen, und ein Christus – der etwas von den Leningrader Dystrophikern mit ihrer hohen Stirn hat. Sein bestes Gemälde besaßen die Anitschkows: ein dunkler Leningrader Hinterhofschacht, unten dunkle Fenster, nicht das geringste Licht darin; dort hat der Tod das Leben besiegt; obwohl das Leben vielleicht noch lebt, doch es hat nicht mehr die Kraft, eine Lampe anzuzünden. Über dem Hof vor einem dunklen Nachthimmel – Marias Schutz und Fürbitte. Sie hat den Kopf gesenkt, blickt mit Schrecken nach unten, als könne sie alles sehen, was in den dunklen Leningrader Wohnungen geschieht, und sie breitet ihren Mantel darüber; auf dem Mantel – die Darstellung einer altrussischen Kirche (vielleicht ist es der Chram Pokrowa-na-Nerli* – die erste Maria-Schutz-Kirche). Dieses Gemälde darf nicht verlorengehen. Der Geist der Blockade spiegelt sich ihm besser als irgendwo sonst.

Es starb W.L. Komarowitsch. Man konnte es kaum fassen. Im September war er bei uns gewesen, so rüstig und aktiv, hatte uns erklärt, wie man Kleider gegen Lebensmittel tauscht, und tröstende Prognosen abgegeben.

Vom Tod W.L. Komarowitschs erfuhr ich durch T.N. Krjukowa (einer seiner Schülerinnen von der Nischegorodski-Universität) und I.N. Tomaschewskaja. Es passierte folgendermaßen: W.L. lag bereits danieder, als das Theater-Institut evakuiert werden sollte. Es wurde beschlossen, daß Schura (Wassili Leonidowitschs Tochter, die eben dort im Theater-Institut studierte) und Jewgenija Konstantinowna (seine Frau) fahren sollten. Den Vater ließen sie zurück: Er hätte es nicht geschafft. Sie wollten ihn eigentlich in der eben erst eröffneten

* Bei Bogoljubovo in der Nähe von Vladimir

stationären Einrichtung für Dystrophiker des Schriftstellerverbandes lassen. Die Lage in Leningrad war etwas besser geworden, und man begann, für verhungernde Schriftsteller und Wissenschaftler »stationäre Einrichtungen« zu eröffnen, wo sie »getrennt von der Familie« (alle kriegt man nicht satt!) etwas mehr zu essen bekamen. Im Dom pisatelja* wurde bereits für sterbende Schriftsteller Raum geschaffen. I.N. Tomaschewskaja sollte dort Ernährungsschwester werden. Die Eröffnung wurde verschoben, und der Trupp über die »Straße des Todes« sollte bereits abgehen. Da trugen Schura (die Tochter) und Jewgenija Konstantinowna (die Frau) Wassili Leonidowitsch aus der Wohnung, banden ihn auf einen finnischen Schlitten und zogen ihn über die Newa in die uliza Woinowa. In der dortigen stationären Einrichtung trafen sie I.N. Tomaschewskaja und flehten sie an, Wassili Leonidowitsch aufzunehmen. Sie weigerte sich entschieden: Die Einrichtung sollte erst in einigen Tagen öffnen, und was sollte man ihm inzwischen zu essen geben? Und da ließen Frau und Tochter Wassili Leonidowitsch zurück. Sie ließen ihn unten – im Souterrain, wo heute die Garderobe ist, und gingen. Dann kamen sie zurück, warfen heimlich einen Blick auf ihn, sahen ihn – dem Tod ausgesetzt. Was haben sie, was hat er durchgemacht! Als Tanja Krjukowa ihn in der inzwischen eröffneten stationären Einrichtung besuchte, sagte er zu ihr: »Verstehst du, Tanja, diese Biester haben heimlich geguckt, haben sich vor mir versteckt!« Irina Nikolajewna Tomaschewskaja hatte Wassili Leonidowitsch gefunden. Sie zweigte etwas von dem Brot ihres Mannes und ihres Sohnes für Wassili Leonidowitsch ab, und als in der stationären Einrichtung die Verpflegung eingeteilt wurde, tat sie alles, um sein Leben zu retten, doch er befand sich schon im letzten Stadium der Dystrophie. Das letzte Stadium ist jenes des Verhungerns, wenn ein Mensch schon nichts mehr essen will, und auch nicht mehr essen kann: Sein Organismus frißt sich selbst auf. Dieser Mensch stirbt an Auszehrung, egal wieviel man ihm zu essen gibt. Wassili Leonidowitsch starb, als es für ihn bereits wieder etwas zu essen gab. Tanja kam ihn besuchen: Er glich einem

* Haus des Schriftstellers

uralten Greis, seine Stimme war dumpf, er war gänzlich ergraut. Doch das Gehirn stirbt zuletzt – er arbeitete. Er schrieb an seiner Habilitation! Er hatte eine Mappe mit Manuskripten bei sich. Eines der Kapitel daraus (dasjenige über Nikola Sarasski) habe ich später in den »Studien der Abteilung für altrussische Literatur« gedruckt (im V. Band, 1947). Dieses Kapitel wirkt ganz »normal«, niemand würde glauben, daß es ein Sterbender schrieb, der kaum noch Kraft hatte, den Stift zu halten, ein Verhungernder! Doch er fühlte, daß er sterben würde: Jeder Eintrag ist mit Datum versehen! Er zählte die Tage. Und er hat Gott geschaut: Seine Einträge sind nicht nur mit Datum versehen, auch die christlichen Feiertage sind vermerkt. Heute liegen die Blätter im Archiv des Puschkin-Hauses. Ich gab sie dorthin, nachdem ich sie von T.N. Krjukowa erhalten hatte, und ich entnahm ihnen das Kapitel über Nikola Sarasski. T.N. Krjukowa hatte ihm zweimal Fleisch gebracht – Fleisch, das sie selbst dringend nötig gehabt hätte – wie ihr Mann. Ihr Mann ist dann auch gestorben. Der Februar, in dem Wassili Leonidowitsch sowie ihr Mann starben, war der Monat, in dem die Männer starben. Die Frauen begannen im März zu sterben. Im Februar lebte sie noch, und im März fuhr sie fort.

Was wurde danach aus Schura und Jewgenija Konstantinowna? Konnten sie nach all dem weiterleben? Zuerst gelangten sie nach Samara oder auch Saratow. Sie waren im Theater und trafen dort B.M. Eichenbaum, dem es einige Wochen nach ihnen gelungen war, aus Leningrad herauszukommen. Sie stürzten auf ihn zu (im Theater!) und fragten sofort: »Was ist mit Wassili Leonidowitsch?« Er hat sie danach nie mehr gesehen, er hatte ihnen nichts sagen können. Es hieß, sie seien im Nordkaukasus (in Pjatigorsk oder auch Kislowodsk). Sie wurden von den Deutschen aufgegriffen und mitgenommen. Ich war sicher, daß sie nicht mehr unter den Lebenden weilen.*

* Nein, sie sind doch noch am Leben. Sie wohnen in New York. Schura hat reich geheiratet, reist durch Europa, singt selbstverfaßte Lieder unter dem Namen Komaro (vom russischen Namen Komarowitsch fühlte sie sich behindert). Ihre Gewissensbisse können nicht besonders groß gewesen sein. (Anm. aus dem Jahr 1958, D.L.)

Fälle wie Wassili Leonidowitschs gab es viele. Die Modsalewskis verließen Leningrad und ließen ihr sterbendes Töchterchen im Krankenhaus. Dadurch konnten sie das Leben ihrer anderen Kinder retten. Die Eichenbaums gaben nur einer Tochter zu essen, sonst wären beide gestorben. Die Saltykows, die im Frühjahr aus Leningrad wegfuhren, ließen ihre Mutter auf dem Bahnsteig des Finnischen Bahnhofs, festgebunden auf einem Schlitten, denn die Gesundheitsaufsicht hatte sie nicht passieren lassen. Man ließ die Sterbenden zurück: Mütter, Väter, Ehefrauen, Kinder; man hörte auf, jenen zu essen zu geben, bei denen es »sinnlos« war; man wählte, welches der Kinder man retten wollte; man ließ sie zurück in stationären Heimen, Krankenhäusern, auf Bahnsteigen, in eiskalten Wohnungen, um sich selbst zu retten; man plünderte die Toten, suchte bei ihnen nach Gold; riß ihnen die Goldzähne aus; schnitt ihnen die Finger ab, um an die Eheringe der Toten zu kommen – des Ehemanns oder der Ehefrau; zog die auf der Straße liegenden Leichen aus, um warme Sachen für die Lebenden zu haben; schnitt Reste vertrockneter Haut von den Leichen, um daraus Suppe für die Kinder zu kochen; man war bereit, sich selbst ein Stück Fleisch herauszuschneiden für die eigenen Kinder. Die Zurückgelassenen blieben stumm, sie führten Tagebuch und machten Notizen, damit später wenigstens irgendwer erführe, wie Millionen Menschen umgekommen sind. War der neu einsetzende Beschuß, waren die Angriffe der deutschen Luftwaffe etwa schlimm? Wen hätten sie noch erschrecken können? Satte gab es keine mehr. Nur ein Verhungernder lebt das wahre Leben, vermag die größten Gemeinheiten und die größten Selbstaufopferungen zu vollbringen, ohne den Tod zu fürchten. Und das Gehirn stirbt zuletzt: dann, wenn bei den einen Gewissen, Angst, die Fähigkeit sich zu bewegen, zu fühlen, gestorben sind und bei den anderen – Egoismus, Selbsterhaltungstrieb, Feigheit und Schmerz.

Die Wahrheit über die Leningrader Blockade wird niemals veröffentlicht werden. Man macht lauter »Rührseligkeiten« daraus. Der »Pulkowski meridian«* von Wera Inber – eine Rührseligkeit aus Odes-

* Poem von 1943

sa. Manches, was der Wahrheit ziemlich nahe kommt, läßt sich in den Aufzeichnungen des Leiters der Sezierklinik, Erisman, gedruckt in »Swesda« (1944 oder 1945), finden oder steckt in einigen »geheimen« medizinischen Artikeln über Dystrophie. Allerdings nur wenig und nur, was nicht »anstößig« ist ...

Wiktor Karamsin behauptet in seinem Artikel »Wer zählt zusammen ... (Leningrad. Die Blockade. Die Kinder)« (in »Nasch sowremennik« 1986, Nr. 8, S. 170): »Während der Blockade sind 632 253 Leningrader umgekommen.« Was für ein Unfug! Bis auf die letzte Stelle zu rechnen! Wer hat da zusammengezählt und aufgrund welcher Unterlagen?

Hier das wahre »Wer zählt ...« – wer zählt die, die unter dem Eis ertranken, die auf den Straßen eingesammelt und sofort ins Leichenschauhaus und in die langen Gräben auf den Friedhöfen geschafft wurden? Wer zählt die nach Leningrad geflüchteten Bewohner der Vororte, der Dörfer des Leningrader Gebiets? Und wie viele Rettungsuchende kamen aus den Gebieten von Pskow und Nowgorod? Und alle anderen – geflüchtet oft ohne Papiere und gestorben ohne Lebensmittelmarken in ungeheizten Räumen, die man ihnen zur Verfügung gestellt hatte – in Schulen, höheren Lehranstalten, Technischen Hochschulen, Kinos?

Wozu die Zahlen verkleinern, und zwar merklich – bei diesen gigantischen Größenordnungen –, um das Zwei- und Dreifache. G. Schukow wies in der ersten Ausgabe seiner »Erinnerungen« ungefähr eine Million Hungertote aus, in den folgenden Ausgaben jedoch ist diese Ziffer gestrichen, nach wütenden Forderungen des ehemaligen Leiters der Leningrader Lebensmittelversorgung.

Im August 1942 wurde während einer Versammlung des Gorispolkom,* nach Aussage von Professor N.N. Petrow, der dabeigewesen ist, festgestellt, daß allein nach amtlichen Dokumenten (die bei der Registrierung ausgestellt wurden) bis zum August 1942 etwa 1,2 Millionen Menschen umgekommen waren ...

* »Gorodskoj ispolnitel'nyj komitet« (Gorispolkom): Städtisches Exekutivkomitee

Was das betrifft, so besitze ich Dokumente zu dem Buch dieses Schufts von der Lebensmittelversorgung.

Im Februar und März erreichte die Sterberate ihren Höhepunkt, obgleich die Brotrationen etwas erhöht worden waren. Ich ging nicht zur Arbeit, selten zum Brotholen. Lebensmittel und Brot brachte Sina mit, die das schreckliche Schlangestehen aushalten mußte. Es gab zwei Sorten Brot: dunkleres und helleres. Ich war der Meinung, man sollte mehr von dem helleren holen. Das taten wir auch. Es war mit Papiermasse gemacht! Wir wollten unbedingt Brotrinde haben. Achteten eifersüchtig auf die Dowesotschki. Viele baten die Verkäuferinnen um Doweski und aßen sie unterwegs gleich auf. Wenn Sina für Vater Brot mitbrachte, achtete er eifersüchtig darauf, daß auch Doweski dabei waren. Er fürchtete, Sina könnte sie unterwegs gegessen haben. Doch wie immer versuchte Sina, für sich selbst am wenigsten zu nehmen. Die Steblin-Kamenskis aßen auf dem Nachhauseweg schon die Hälfte von dem, was sie bekommen hatten. Die Menschen kauten Getreidekörner, aßen rohes Fleisch, weil sie nicht bis zu Hause warten konnten. Jeder Krümel auf dem Tisch wurde mit den Fingerspitzen eingesammelt. Es entwickelte sich eine spezielle Art, die Finger zu bewegen, an der Leningrader sich gegenseitig unter anderen Evakuierten erkannten: Man drückte den Finger auf die Brotkrümel, damit sie klebenbleiben, und schob diese winzigen Nahrungsteilchen in den Mund. Es war undenkbar, Brotkrümel liegenzulassen. Die Teller wurden ausgeschleckt, obwohl die »Suppe«, die man daraus aß, auch ohne Fett ganz »fettig« war: Man hatte Angst, es könne eine Schirinka* zurückbleiben (Schirinka ist ein Leningrader Ausdruck aus jener Zeit, genau wie Dowesotschek). Damals ist auf unserem Fensterbrett eine Maus an Auszehrung gestorben ...

Vater lag im Februar bereits danieder, war aufgedunsen und stand nur zu den Mahlzeiten auf. Seinen Ofen heizten entweder Sina oder ich. Sein Zimmer kühlte aus – im Stockwerk darunter wurde nicht geheizt. Wenn wir heizten, liefen lange Rinnsale von den zugefrorenen Fensterscheiben. Vater dachte an die Restaurants auf den

* Kleines Stückchen Fett

Wolgadampfern (einige Male hatte er allein auf der Wolga Urlaub gemacht) und an die Wurst, die Jura schicken würde. Er bekam Herzbeschwerden. Ende Februar bekam er in der linken Schulter und am Herzen schreckliche Schmerzen. Wir konnten einen alten Arzt überreden zu kommen, er wohnte ihm Haus gegenüber. Wir boten ihm Lebensmittel. Der Alte schaffte es kaum bis zu uns in den vierten Stock. Doch Vater weigerte sich, sich untersuchen zu lassen (Vater ließ sich nicht gern kurieren, er mochte keine Ärzte). Der alte Arzt ging, ohne das Brot zu nehmen, das wir ihm in die Hand gedrückt hatten. Kurze Zeit später starben auch dieser Arzt und seine Frau. Er hatte uns geraten, Wasser warm zu halten und Vaters Hände hineinzutauchen. Einige Male haben wir es auch gemacht. Medikamente gab es keine: Es war niemand da, sie herzustellen. Die Apotheken (einige) hatten trotzdem geöffnet, und es gab dort stark riechendes Toilettenwasser (das Eau de Cologne hatten die Leute weggetrunken). Wir gingen immer in die Apotheke auf dem Geislerowski gegenüber der Lachtinskaja und kauften einige Fläschchen Toilettenwasser. Vater lag da und stöhnte vor Schmerzen. Übrigens stöhnte er selten, er war sehr duldsam. Er starb am Morgen des ersten März, gegen acht Uhr. Er lag auf dem Sofa in Mutters Zimmer (die letzten Tage hatte er Angst, allein zu sein, er fürchtete den Monat März), und es ging ihm ganz schlecht, als ich frühmorgens zu ihm hineinkam. Neben ihm brannte ein kleines elektrisches Lämpchen im Finstern – es hing an der Batterie des Weckers. Hin und wieder beugte sich Vater vor, legte die Hand auf die Batterie, und das kleine Lämpchen erlosch oder glühte auf. Dann ging ich in die Küche, um meinen Kaffee zu Ende zu trinken. Er klopfte gegen die Wand. Als ich wieder hineinkam, ging es ihm ganz schlecht. Trotzdem stand er auf, um aufs Klo zu gehen, und ich konnte ihn nicht dazu bringen liegenzubleiben. Er schaffte es kaum hin und zurück. Mit dem Nachtgeschirr wollte er nicht. Er sagte nur immer wieder: »Heilige Mutter Gottes!« Die Kinder im Zimmer nebenan verstanden nicht, daß ihr Großvater starb. Er tat den letzten Atemzug. Ich schloß ihm die Augen mit zwei alten großen Rubelstücken aus dem 18. Jahrhundert – das einzige Andenken an seine Mutter (Praskowija Alexejewna – als sie starb, war

Leichengang zum Friedhof

Vater fünf). Der Brust des Toten entrang sich ein Seufzer: damit entwich die Luft aus seinen Lungen.

Das Grauen ging noch weiter. Wie ihn beerdigen? Für ein Grab mußte man mehrere Laibe Brot geben. Särge wurden gar nicht mehr gemacht, aber mit Gräbern wurde gehandelt. Bei dem gefrorenen Boden die Gräber für immer neue und neue Leichen der Tausende von Verstorbenen zu graben war schwer. Und so handelten die Totengräber mit bereits »benützten« Gräbern, sie begruben den Toten, gruben ihn wieder aus und bestatteten den nächsten in demselben Grab, dann den dritten, vierten usw., und die vorangegangenen warfen sie in ein Massengrab. So wurde Onkel Wasja bestattet (der Bruder meines Vaters), und im Frühjahr fanden wir auch schon die Grube nicht mehr, in der er für ein oder zwei Tage seine »ewige Ruhe« gefunden hatte. Brot dafür aufzuwenden fanden wir schrecklich. Wir machten es wie alle. Wir wuschen Vater mit Toilettenwasser, nähten ihn in ein Laken ein, verschnürten ihn mit weißen Schnüren (nicht aus Hanf, irgendwelche andere) und bemühten uns um den Totenschein. In unserer Poliklinik am Kamennoostrowski Ecke reka Karpowka standen unten Tische, an ihnen saßen Frauen, die den Paß des Verstorbenen nahmen und dafür einen Totenschein ausstellten. Vor den Tischen bildeten sich lange Schlangen. Die Diagnose »Hungertod« trugen sie nicht ein, sie dachten sich irgendetwas anderes aus. So lautete der Befehl! Auch bei Vater trugen sie irgendeine Krankheit ein und stellten, ohne ihn gesehen zu haben, den Totenschein aus. In der Schlange ging es schnell voran, sie nahm dennoch nicht ab ...

Sina, Tamara und ich trugen Vaters Leiche die vier Stockwerke hinab, legten ihn auf zwei Kinderschlitten, die mit einem Stück Furnierholz verbunden waren, banden Vater mit weißen Schnüren auf dem Schlitten fest und brachten ihn zum Narodny dom. Hier, im Garten des Narodny dom, wo sonst die Sommerbühne stand, die Vater im Sommer so gern besuchte, legten wir ihn zu Tausend anderen Leichen, die ebenfalls in Laken eingenäht waren oder auch nicht, angezogen oder nackt. Das war das Leichenschauhaus. Den Trauergottesdienst hatten wir zuvor im Wladimirski sobor gehalten. Die Erde warfen wir auf das Laken – eine Handvoll für ihn, eine auf Bitten irgendeiner Frau für ihren unbekannt verstorbenen Sohn. So übergaben wir ihn der Erde. Von Zeit zu Zeit kamen Lastwagen, die die Leichen stapelweise aufluden und auf den Nowoderewenskoje-Friedhof schafften. So liegt er also in einem Massengrab, in welchem – wir wissen es nicht.

Vaters Totenschein ist auf den 2. März ausgestellt. »Begraben« haben wir ihn am 3. oder 4. März.

Ich weiß noch, wie ein Lastwagen zum Leichenschauhaus gefahren kam, als wir Vater hinbrachten. Wir baten darum, Vater gleich auf den Laster zu laden, doch die Arbeiter wollten Geld, und wir hatten in diesem Moment keines dabei. Wir fürchteten, daß man Vater, solange er da liegt, die Kleider auszieht, das Leintuch zerschneidet und die Goldzähne ausbricht. Der Laster nahm Vater nicht mit ...

Später sah ich noch einige Male Laster mit Leichen durch die Straßen fahren. Diese Laster, allerdings mit Brot und Trockennahrung beladen, waren die einzigen Fahrzeuge, die sich in unserer still gewordenen Stadt bewegten. Die Leichen wurden »bergeweise« auf die Laster geladen. Damit mehr Leichen draufpaßten, wurde ein Teil von ihnen an den Ladeklappen aufrecht hingestellt: So hatte man früher unzersägtes Brennholz transportiert. Der Laster, an den ich mich erinnere, war mit Leichen beladen, die in ganz phantastischen Positionen starr geworden waren. Sie schienen inmitten einer Rede, beim Schreien, Grimassenziehen, mitten im Hüpfen erstarrt zu sein. Erhobene Arme, aufgerissene gläserne Augen. Einige waren nackt. Mir ist die Leiche einer Frau im Gedächtnis geblieben, sie war nackt, braun, mager, stand aufrecht auf dem Laster, hielt andere Leichen und ließ sie nicht vom Laster rutschen. Der Laster fuhr in vollem Tempo, und das Haar der Frau flatterte im Wind, und die Leichen hinter ihr wackelten und hüpften beim Fahren über die Schlaglöcher. Die Frau hielt eine Ansprache, rief zu etwas auf, fuchtelte mit den Armen: eine grauenhafte, schmutzige Leiche mit glasig gewordenen aufgerissenen Augen!

Ich weinte nicht um Vater. Damals weinten die Menschen nicht. Doch als Vater noch lebte, war er mir immer eine Art Schutz, so geschwächt er auch gewesen sein mag. Er war mir immer ein Vater, selbst wenn ich mich mit ihm gestritten hatte, wütend auf ihn war – immer spürte ich, daß er der Stärkere war. Seit meines Vaters Tod hatte ich Angst vor dem Leben. Was würde aus uns werden? Obwohl Vater längst nichts mehr hatte tun können, nicht einmal mehr über einen Ausweg aus der Lage nachdenken, fühlte ich mich immer an zweiter Stelle hinter ihm. Jetzt fühlte ich mich an der ersten, in noch höherem Maße verantwortlich für das Leben der Familie als zuvor: Sina, die Kinder, Mutter. Vaters Zimmer blieb leer, leer sein kleines rotes Sofa, auf dem er immer geschlafen hatte. Verwaist die Möbel, die er einst fürsorglich für die Familie gekauft hatte.

Noch zwei, drei Jahre vor seinem Tod hatte er für seine Arbeitskollegen Geld für den Leichenschmaus zurückgelegt. Er meinte zu mir, seine Freunde sollten sich nach seinem Tod unbedingt amüsieren, und er erwähnte dabei die fröhliche Begräbnisfeier eines seiner Freunde aus der Druckerei. Die Leute mochten Vater wegen seiner temperamentvollen Fröhlichkeit, seines hitzigen Charakters. Man erzählte sich viele Geschichten über ihn, von denen ich die meisten erst nach dem Krieg erfahren habe. Aber jetzt war er tot – und niemand wußte davon, außer uns und ein paar gleichgültigen gequälten Menschen, die seinen Paß genommen, den Totenschein ausgestellt hatten, und den Arbeitern, die sich geweigert hatten, seine Leiche auf den Laster zu laden.

Später dann, als wir nach Kasan evakuiert worden waren, kam es mir oft so vor, als erblicke ich Vaters Rücken oder seine Mütze unter irgendwelchen Passanten. Noch heute träume ich oft von ihm, insbesondere, wenn etwas Unangenehmes bevorsteht. Er bedauert mich, und ich weine vor Mitleid mit ihm. Im Traum weine ich um ihn, umarme ihn und drücke ihn an mich. Im März war mein Herz noch erstarrt, aufgetaut ist es in Kasan, wo ich besonders viel über Vater nachdachte und ihn verstand ...

Wieder eine Lücke in meinen Aufzeichnungen. Es fällt schwer, sich an die Beschreibung immer neuer und neuer Todesfälle zu machen.

Es starb Alexandr Alexejewitsch Makarow, Sinas Vater. Wohl zweimal hatte Sina zu Fuß den Weg zu ihm unternommen, als er noch lebte. Beim letzten Mal war er schon nicht mehr unter den Lebenden. Die Nachbarn sagten, er habe die letzten Tage nichts mehr gewollt und aufgehört zu essen. In seiner Anrichte fanden sich eine Tafel Schokolade und noch irgendetwas anderes zum Essen. Er hatte es offenbar aufgehoben bis zuletzt ...

Es starb mein Onkel Wasja. In seiner Familie waren alle zerstritten, und jeder aß auf seine eigenen Marken. Ihm reichte es nicht, und zum Brotholen gehen konnte er nicht mehr. Er starb in demselben Zimmer, in dem auch Tochter und Frau wohnten. Sie blieben am Leben, er war mit ihnen zerstritten. Es hieß, kurz vor seinem Tod habe er nicht mehr richtig begriffen, was vor sich geht, habe herumgeschimpft. Es gibt kein Grab, wie bei den anderen auch.

Im März nahm die stationäre Einrichtung für Dystrophiker im Dom utschonych* den Betrieb auf. Der Vorteil dieser Einrichtung war, daß man dort ohne Lebensmittelmarken aufgenommen wurde. Die Marken blieben der Familie. Das offizielle Papier für diese Einrichtung bekam ich von Kalauschin und Manuilow aus dem Literaturinstitut. Sina begleitete mich mit dem Schlitten. Auf dem Schlitten war das Bettzeug: Kissen, Decke – es war schrecklich wegzugehen. Der Beschuß begann, die Bombardierungen, die Brände nahmen stark zu, es gab immer noch kein Telefon. Obwohl ich nur für zwei Wochen gehen mußte, aber es konnte alles mögliche passieren. Plötzlich ist es ein Abschied für immer? Im Dom utschonych wurde der Raum für die Dystrophiker ein wenig geheizt, trotzdem war es noch ziemlich kalt. Die Zimmer lagen oben, aber zum Essen mußte man in die Kantine hinunter, und dieses Rauf und Runter über die dunkle Treppe war sehr kraftraubend. Gegessen wurde in der dunklen Kantine beim Schein von Petroleumfunzeln. Was man uns in die Teller schöpfte, konnten wir nicht sehen. Schemenhaft sahen wir nur die Teller, und daß etwas hineingeschöpft oder -gelegt war. Das Essen war nahrhaft. Erst im Dom utschonych begriff ich, was es heißt, wenn man essen will. Ich wollte wie noch nie: Das belebte den Körper! Und besonders

* Haus der Wissenschaftler

Leichen auf den Straßen

wollte ich nach dem Essen essen. In den Pausen zwischen den Essen lag ich im Bett unter der Decke und dachte krampfhaft an neues Essen, ging, aß und wartete wieder auf das nächste Essen.

Einige Male lagen wir unter Beschuß. Die Granaten schlugen in die Newa ein, ins Eis. Aus den Fenstern der stationären Einrichtung war die Newa gut zu sehen, da die venezianischen Fenster noch ganz waren. Erstaunlich, daß die großen, in einem Stück gefertigten venezianischen Fenster bei einem Beschuß nicht so leicht kaputtgingen wie einfaches Glas. Einmal mußte ich über die Newa, weil ich wegen irgendetwas ins Puschkin-Haus kommen sollte. Ich sah eine beim Beschuß getötete Frau. Sie lag gleich neben dem Weg, halb von Schnee bedeckt, mit offenen wirren Haaren. Sie lag bereits einige Tage da, und ihr Blut war schwarz. Einige starben in der stationären Einrichtung: Sie waren schon im letzten Stadium der Dystrophie. Sie wollten nicht mehr essen, lagen da, schwarz, mit Lippen dünn wie Papier, die die Zähne umspannten und entblößten. Einige Wissenschaftler klauten oder fälschten die Kupons, auf die man uns Frühstück, Mittagessen und Abendessen ausgab. Diese Kupons zu fälschen, war gar nicht besonders schwer. Bei dieser »Sache« wurde ein Habilitierter erwischt – er war Astronom oder Chemiker.

Endlich war die kurze Zeit meines stationären Aufenthalts vorüber. Sina kam mich mit dem Schlitten abholen. Wir zogen ihn durch Pfützen: Es war Frühling.

Zu Hause begann ich nicht nur, Material zur mittelalterlichen Poetik zu sammeln (ich habe die Hefte noch), sondern auch zu schreiben. Die Sache war die, daß man M.A. Tichanowa in den Smolny gerufen und ihr vorgeschlagen hatte, eine Brigade zur schnellstmöglichen Abfassung eines Buches über die Verteidigung der russischen Städte zu organisieren. M.A. Tichanowa schlug mich als Kompagnon vor. Ich ging zusammen mit ihr in den Smolny (das war kein leichter Ausflug für mich). Vom Platz des Smolny bis zum Hauptgebäude war alles mit Tarnnetzen abgedeckt. Im Smolny roch es stark nach Kantine. Die Leute sahen satt aus. Wir wurden von einer Frau empfangen (ihren Namen habe ich vergessen). Sie war dick und gesund. Und mir zitterten die Beine vom Treppensteigen. Sie gab das

Buch mit einer phänomenal kurzen Frist bei uns in Auftrag. Sagte, daß bereits jemand an dem Thema arbeite, es ginge jedoch nur langsam voran, und sie (!) wolle, daß das Buch schnell fertig wird. Wir waren einverstanden. Und im Mai war unser Buch »Die Verteidigung der altrussischen Städte« fertig. Es kam im Herbst 1942 heraus. Ich habe darin die Kapitel »Asow – die feste Stadt«, »Pskow« und andere verfaßt. Mehr als die Hälfte der Kapitel sind von mir. Von M.A. Tichanowa stammen das Kapitel über die Troiza-Sergijewa lawra, die Einführung und der Schluß. Wir gaben das Manuskript in den Gospolitisdat* – zu Peterson (der später im Gefängnis starb – wegen der »Leningrader Sache«). Das Schreiben ging, wie ich mich entsinne, gut von der Hand – auf die Kopfarbeit wirkte sich die Dystrophie nicht aus.

Im Frühjahr begann die Zeitung »Leningradskaja prawda« zu erscheinen (nicht täglich) – im verkleinerten Format. Man ergatterte sie immer nur zufällig. Aus der Zeitung erfuhr ich von der Zerstörung des Pawlowsker Schlosses und der Wolotowskaja-Kirche. Die Zerstörung beider Baudenkmäler wurde geschildert, ihre Namen jedoch nicht genannt. Pawlowsk wurde von unseren Fliegerbomben zerstört (dort saß ein deutscher Stab), und in Wolotowo befand sich unser Artillerie-Beobachtungsposten, die Kirche hat die deutsche Artillerie zerschossen. Als ich später, 1944, in Nowgorod war, sah ich, daß Nikola Lipny ebenso zerstört war – dort lagen unsere Truppenverbände. In dem Buch »Russische Kulturdenkmäler, von den Faschisten zerstört« – (später wurde es aus irgendeinem Grund verboten) sind bei Nikola Lipny deutlich Schützengräben zu sehen: das waren unsere. Die Zerstörung der Schlösser von Leningrad (insbesondere des Jelagin, das aufgrund der provisorischen Öfen der dort einquartierten Verbände vor unseren Augen abbrannte), von Nowgorod, Pskow machte mich ganz niedergeschlagen.

Zu Hause wurde es merklich besser. Mutter (Großmutter) und Sina gingen zu dem Schwarzhändler Ronka, bei dem sie Fleisch, Reis

* »Gosudarstvennoe političeskoe izdatel'stvo« (Gospolitizdat): Staatlicher Verlag für Politik

und anderes gegen Gold bekamen. Die Butter hat uns sehr geholfen. Großmutter gab uns einen Teil der eingetauschten Lebensmittel, sie gab den Kindern etwas ab. Wir lernten mit den Kindern Gedichte – »Tschto pirujet zar weliki w Peterburge gorodke« (Puschkin). Sie ratterten sie mit Vergnügen herunter, mir gefiel besonders die Begnadigung der Feinde durch Peter. Das waren noch andere Kriege und auch andere Staatsmänner.

Es gingen Gerüchte um, die Deutschen hätten Tichwin eingenommen. Auf dem Bolschoi prospekt hatte die Menge ein Brotgeschäft gestürmt. Neue Milizionäre erschienen: satte, aus Wologda oder von anderswo her.

Ich traf Kolja Gurjew, er half in einem Brotgeschäft bei der Anlieferung des Brots und bekam dafür etwas Brot über seine Marken hinaus. Kurz darauf verließ er Leningrad auf der »Straße des Todes« und kam mit Tausenden von anderen um. Es hieß, er sei aus dem Zug ausgestiegen und verschwunden. Wann seine Mutter, seine Brüder, seine Frau starben, weiß ich nicht.

Tamara Michailowa fuhr zum Ausheben von Schützengräben in die Nähe der Ortschaft Peri. Sie blieb lange dort. Über die Arbeitsstellen wurden Samen für die Gemüsegärten ausgegeben. Ich erinnere mich, daß wir eine kleine Menge Radieschensamen erhielten. Wir legten unseren Gemüsegarten in der Wohnung an, drehten den Eßtisch um, schraubten die Tischbeine ab, schütteten Erde darauf, die wir von dem kleinen Platz in der Lachtinskaja hatten, schoben ihn ans Fenster und setzten die Radieschen. Später aßen wir das Grünzeug dieser Radieschen als Salat; wegen der Vitamine. Bereits im Mai aßen wir Melde und staunten, wie gut dieses Kraut schmeckt. Melde wurde von altersher in den hungernden russischen Dörfern gegessen, und unsere Situation war bedeutend schlimmer. Deshalb schmeckte uns die Melde wohl auch. Die Leute gruben Löwenzahnwurzeln auf den Plätzen aus, schälten die Rinde von den Eichen, um damit Zahnfleischbluten zu stoppen (wie viele Eichen sind in Leningrad kaputtgegangen!), sie aßen Blätterknospen, kochten ein Gemisch aus Gräsern. Was hat man nicht alles gemacht! Und erstaunlicherweise kam es im Frühjahr zu keiner Epidemie. Es gab nur dystrophische Diarrhöe, von der fast alle mitgenommen waren (wir blieben verschont).

Ich bekam Kupons für kräftigere Nahrung. Sie wurde in der Kantine der Akademie ausgegeben (dort, wo sie sich auch heute noch befindet – neben dem Institut für Ethnographie). Zweimal mußte man zum Essen dorthin gehen. Viele gingen trotzdem nicht, blieben in der Kantine in der Nabereschnaja sitzen, um keine Kraft zu verbrauchen. Ich entsinne mich, daß es Traubenzucker in Stücken gab. Kaum hatte man ihn gegessen, fühlte man sich kräftiger. Es war verblüffend, beinahe ein Wunder. Zu jener Zeit begannen wieder einige Straßenbahnen zu verkehren. Das Heizmaterial fürs Kraftwerk kam von zerlegten Holzhäusern (so wurde ganz Nowaja Derewnja zerlegt). Die Straßenbahn der Linie 1 fuhr über den Bolschoi prospekt der Petrograder Seite, die Uniwersitetskaja nabereschnaja entlang, über den Dworzowy most und den Newski. Andere Linien fuhren noch nicht. Einmal bin ich beim Einsteigen in die Straßenbahn schwer gestürzt. Ich hatte schon den Fuß gehoben, um aufs Trittbrett zu steigen, als die Straßenbahn losfuhr. Das Einsteigen war schwierig, weil die Straßenbahnen sehr selten verkehrten, aber ich wollte unbedingt mit. Ich ließ den Haltegriff nicht los, und die Straßenbahn wurde immer schneller. Schließlich machte ich den Versuch aufzuspringen, doch mir fehlte die Kraft, ich stürzte, und die Straßenbahn schleifte mich ein Stück mit. Ich hatte gleich einen schrecklichen Schwächeanfall, und lange Zeit (einige Wochen) konnte ich nur mühsam einen Fuß vor den anderen setzen, die Knie zitterten.

Wenn ich in der Kantine bekannte Gesichter traf, dachte ich jedesmal: »Der lebt noch.« In der Kantine begrüßten sich die Menschen mit den Worten: »Sie leben noch! Wie mich das freut!« Unruhig brachte man bei den anderen in Erfahrung: Dieser ist gestorben, jener ist abgefahren. Man zählte untereinander durch, zählte die Übriggebliebenen, wie beim Appell im Lager.

Dann passierte etwas Unvorhergesehenes: Ich wurde zur Miliz zitiert, an den Armeeschalter, jedoch nicht in militärischer Angelegenheit. Sie begannen mich zu verhören, kamen mit Forderungen. Das belagerte Leningrad nahm Ähnlichkeit mit den nördlichen Solowki an. Einige Male wurde ich auf den Staro-Newski zitiert, dorthin, wo früher das Waisenhaus gelegen hatte. Als Drohungen nichts halfen (und es waren ernste Drohungen), zitierte man mich zur Miliz in der Petrosawodskaja uliza, strich mit Tusche die Wohnberechtigung für Leningrad durch und legte mir nahe, samt meiner Familie binnen weniger Tage die Stadt zu verlassen. Der Untersuchungsbeamte begleitete mich bis auf den Milizvorplatz, um zu sehen, wie ich wegging, und schrie mir drohend nach: »Was auszusetzen?« Ich werde all diese Verhöre, Drohungen, »trügerischen« Angebote, Versprechungen usw. nicht schildern.

Kaum ein Leser der »Verteidigung der altrussischen Städte« dürfte geahnt haben, in welcher Lage sich ihr Autor befand. Und er dürfte sich auch kaum Gedanken über die unterschiedlichen Situationen der Belagerten gemacht haben. Wir wurden doppelt belagert: von einem zweifachen Belagerungsring – einem inneren und einem äußeren. Gelesen wurde unser Buch in den Schützengräben vor Leningrad. Davon hat mir Arkascha erzählt, der sich im Oranienbaumski pjatatschok* befand.

Ich erinnere mich an einen besonders unangenehmen »Besuch«. Ich kam gerade mit einem Packen Bücher aus der Wohnung (man konnte im Haus des Buches bereits Bücher verkaufen; wir verkauften damals alles, was möglich war) und traf auf einen Untersuchungsbeamten. Er zitierte mich auf den Staro-Newski, weil ich auf die Vorladungen hin nicht erschienen war. Ich brauchte lange bis zum Staro-Newski, verbrachte den ganzen Tag dort, und zu Hause waren sie in großer Unruhe. Man übte massiven, entschlossenen Druck auf mich aus. Der Untersuchungsbeamte spielte mir damals vor, ich sei verhaftet, und rief einen Rotarmisten, der mich in den Keller brachte. Zum Glück nahm ich die Drohungen nicht ernst und blieb bei meinem Entschluß. Wer das Grauen der Blockade überlebt hatte, den konnte nichts mehr schrecken. Uns war schwerlich noch Angst zu machen.

Wir begannen hastig alles zu verkaufen, was möglich war. Ich entschied: Wir müssen leben, alles andere läßt sich wieder beschaffen.

* Ein kleines Stück russ. Territorium gegenüber von Kronstadt

Wir klebten Zettel an die Zäune, daß wir Sachen verkaufen. Pausenlos kamen Kunden zu uns. Für einen Spottpreis erstanden sie die Lüster, Teppiche, die Schreibutensilien aus Bronze, die Malachitschatullen, die Ledersessel, das Sofa, Vaters Wintermantel und Mütze, minderwertige Gemälde, die Stehlampe mit dem Onyxfuß, Bücher, Postkarten mit Stadtansichten – alles, alles, was Vater und Mutter noch vor der Revolution angehäuft hatten. Nur einen Teil der Bücher (die vollständige Sammlung der russischen Chroniken – Einzelbände und noch einige andere) brachte ich zur Aufbewahrung ins Puschkin-Haus. Wir holten uns dazu den Hausmeister von gegenüber – »Onkel Wanja«. Für einen Laib Brot schaffte er uns die Bücher auf einem Karren hin.

Wegen der Ledersessel gab es sogar einen kleinen Skandal auf den Stufen vor dem Hauseingang. Irgendeine uns nicht bekannte Parteifrau hatte sie für 600 Rubel gekauft und eine Anzahlung geleistet, aber dann kam ein Käufer, der mehr bot. Wir verkauften sie an den zweiten und wollten der Parteifrau ihre Anzahlung zurückgeben. Aber die Parteifrau kam ausgerechnet in dem Augenblick, als die Sessel abgeholt wurden. Sie veranstaltete ein derartiges Geschrei und Gekreische, daß sowohl der neue Käufer als auch wir einen Rückzieher machten. Wir begegneten der Parteifrau wieder, als wir später nach Leningrad zurückkehrten. Wir hätten ihr die Sessel gegen Rückgabe des Geldes wieder wegnehmen können, denn es war damals (1944/45) ein Dekret erlassen worden, wonach Käufe zu räuberischen Preisen während der Blockade rückgängig gemacht werden konnten. Doch ... angesichts ihrer kreischenden Art forderten wir unsere denkwürdigen Sessel (mein Vater hatte so gern darin gesessen) nicht zurück.

Das Gemälde »Winter«, wahrscheinlich von dem italienischen Maler Massegne, entdeckte ich 1944 in einem Kommissionsgeschäft in der Sadowaja in der Nähe der Öffentlichen Bibliothek. Der Rahmen war erneuert, das Gemälde selbst überlackiert, mit der riesigen schwungvollen Signatur: »Krschizki«. Angeblich gab es während der Blockade eine ganze Werkstatt, die alte Gemälde auffrischte, Signaturen berühmter Maler daruntersetzte und die Bilder wieder zum

Verkauf anbot. Auf Kosten leerer Leningrader Bäuche sind ganze Vermögen zusammengerafft worden. Unser Anwalt und stellvertretender Direktor des Instituts, Schargorodski, riet mir damals, das Gemälde per Gerichtsbeschluß zurückzuholen, aber auch in diesem Fall habe ich es nicht gemacht, obgleich mir das Gemälde seit meiner Kindheit unvergeßlich war; aber ich war müde und hatte keine Lust auf ein Gerichtsverfahren. Das Gemälde zeigt einen winterlichen Sonnenuntergang. Eine Schlittenspur verschwindet am blauen Horizont, der halb mit Schneewolken überzogen ist. Im Vordergrund ein Holzhaus, über dessen Tür ein kleines Faß hängt – ein Wirtshaus, davor mehrere Schlitten mit angespannten Pferden: Sie warten auf die Männer, die im Wirtshaus sind. Über dem Gemälde liegt eine ziemlich pessimistische Stimmung ...

Übergebe die Feder an Mutter

Als wir beschlossen hatten zu fahren – und ohne Geld konnten wir nicht fahren –, fingen wir an, die Sachen zu verkaufen. Wir hatten das Gefühl, daß wir nie mehr nach Leningrad zurückkämen und alles verlorenginge, darum verkauften wir gleich alles, selbst zu Spottpreisen. Wir schrieben Anzeigen (hängten sie an Zäune), daß wir Sachen verkaufen, und es kamen ständig Leute und kauften, wie in einem Geschäft. Wenn die Stadt unter Beschuß lag, kam niemand. Einmal kam ein junger Mann und kaufte mir die bronzenen Schreibutensilien für 150 Rubel ab, und da standen zwei Flaschen Essig, die kaufte er auch gleich noch für 150 Rubel. So wertvoll waren Lebensmittel, selbst Essig! Ich hatte zu Beginn der Blockade mehrere Flaschen Essig gekauft. Die Geschäfte waren leer, es gab nur Senf, Essig und Soda – da kaufte ich eben. Der Essig und der Senf halfen uns, die Sülze aus Tischlerleim hinunterzubringen. Für den Geschmack fügte ich beim Kochen Selleriekraut hinzu, das ich für den Winter getrocknet hatte, die Wurzeln gab es nämlich nicht vor dem Winter. Ich erinnere mich an einige Preise, zu denen wir unsere Sachen verkauften, oder besser, die von Mitjas Vater und Mutter. Der Spiegelschrank aus Nußbaum – 1000 Rubel. Der Toilettentisch – ebensoviel. Das war sehr gut, die übrigen Sachen jedoch verkauften wir weitaus schlechter. Großva-

Evakuierung

ter hatte in seinem Zimmer eine teppichbezogene Liege. Die verkauften wir gegen Lebensmittel, allerdings Miniportionen: so um die 300 Gramm Sojabonbons, ein Kilo Reis, ein halbes Kilo Zucker usw. Zwei Bürosessel, solche, wie sie Vater im Büro hatte (nur bessere – weichere), verkauften wir für 600 Rubel das Paar, das heißt für 300 Rubel pro Stück. Die Plüschliege – für 450 Rubel, und später kauften wir uns eine schlechtere für 1700 Rubel. Insgesamt dürfte der Erlös aus dem Verkauf unserer Habe neun- bis zehntausend Rubel betragen haben. Als wir nach Kasan kamen, reichte dieses Geld für ungefähr drei Monate. Für einen Teil des Geldes kauften wir Kartoffeln bei Basewitsch, einem Bekannten von Mitjas Bruder. Er verkaufte uns sechs Säcke, wir bezahlten 2000 Rubel. Als wir abfuhren, nahmen wir nur weiche Sachen mit, die wir in Ballen einnähten, mit Wachstuch drumherum. Wir verwendeten das Wachstuch von den Tischen – erstaunlich, daß unsere Ballen nicht abhandenkamen. Tamara und ich suchten sie unter den vielen Ballen heraus, die alle am anderen Ufer des Ladoga-Sees auf der Erde lagen. Was haben wir sie geschleppt und auf die Güterwaggons gewuchtet, mit denen wir nach Kasan fuhren!

Habe Sina Platz gelassen und fahre fort

Die Verbindung zur »Großen Erde« stellte sich allmählich wieder her, auch der Kontakt untereinander. Von Mischa kam die Anfrage, ob wir noch lebten. Er schickte sie über seine Behörde. Von dort kam jemand und versprach uns einen Wagen, damit wir die Sachen zum Bahnhof schaffen könnten. Das war eine große Sache! Wir setzten Mischa von Großvaters Tod in Kenntnis. Im großen Saal der Akademie lief die Einschreibung zur Evakuierung. Dort traf ich mich mit Dmitri Pawlowitsch Kallistow, er wollte auch fahren. Wir ließen uns alle eintragen, auch Tamara Sergejewna Michailowa (die Kinderfrau). Sie arbeitete damals bereits im Literaturinstitut (M.M. Kalauschin hatte sie als Präparatorin eingestellt). Man konnte nur eine begrenzte Menge an Habseligkeiten mitnehmen (ich habe vergessen, wieviel Kilo), und nur weich verpackt, sprich in Säcken. Man fuhr vom Finnischen Bahnhof bis zur Station Borisowa Griwa und von dort auf Dampfern oder Kähnen über den Ladoga-See. Die Stadt entleerte sich nach und nach. Die Miliz trieb uns zur Eile an, aber der Transport wurde verschoben. Von der Miliz gedrängt, lief ich zum Staatsanwalt und verwies auf die Ungesetzlichkeit der Verschickung. Der Staatsanwalt befand sich in der Panteleimonowskaja. All das hat mich sehr viel Nerven gekostet. Noch dazu begegneten wir auf dem Bolschoi prospekt Ljubotschka, der Frau meines Vetters Schura (Alexandr Petrowitsch) Kudrjawzew. Schura war bereits Doktor habil. der technischen Wissenschaften – Spezialist in irgendeinem seltenen Schiffahrtsberuf (der Ausbildung nach war er Elektroingenieur). Die Blockade hatten sie irgendwie überstanden (Schura war geizig, umsichtig und auf Vorsorge bedacht), seit dem Frühjahr ging er zum Essen in den Dom utschonych, und dort in der Kantine hat er sich »verplappert«: sprach davon, daß die Wissenschaftler ihre Qualifikation verlören. Er wurde vorgeladen, wie ich, man machte ihm Angst wegen dieses Gesprächs über die Qualifikation und legte ihm nahe, in ihre »Dienste« zu treten. Scheinbar hat ihn der Mut verlassen und er willigte ein, dann ging er in seine alte Wohnung, die bei einem Bombenangriff beschädigt worden war und in der sie nicht mehr wohnten, und erhängte sich dort. Der Untersuchungsbeamte, der ihm die Angst eingejagt hatte, bekam selbst einen großen Schrecken, weil Schura ein Armeespezialist war und somit gebraucht wurde; er kam zu Ljubotschka nach Haus, versuchte sie zu überreden, nichts weiterzuerzählen u.ä. So viel also war das Leben eines Verteidigers der Stadt wert.

Vor unserer Abreise, im Mai und im Juni, lagen wir unter verstärktem Beschuß. Einmal bebte unsere ganze Wohnung, dann gab es einen Knall, und wir hörten, wie Glas auf der Straße splitterte. Das Geräusch splitternden Glases ist sehr charakteristisch für den Beschuß Leningrads. Die Straßen waren dicht mit Splittern übersät, in Galoschen zu laufen, war völlig unmöglich, man zerschnitt sie sich. Jenes eine Mal war die Detonation sehr heftig. Großmutter schnappte mit einem Schrei die Kinder und rannte mit ihnen in den Flur. Doch es war klar – da wir die Detonation bereits gehört hatten, hieß das, daß wir nicht getroffen waren. Dann rannte Großmutter die Treppe hinunter, es kam aber kein zweiter Einschlag; doch diese eine einzige schwere Granate hatte schon Unglück genug angerichtet. Sie war auf dem Bolschoi prospekt in ein kleines zweistöckiges Haus an der Ecke zur uliza Lenina eingeschlagen. Das Haus gibt es heute nicht mehr. Unten befand sich eine Bäckerei. Die Granate durchschlug das Haus von oben bis unten und explodierte in der Bäckerei. Einige Dutzend Menschen kamen um. Alles war voller Blut.

Wenn wir auf der Straße liefen, nahmen wir immer jene Seite in der Richtung, von der der Beschuß kam – die westliche –, versteckten uns aber nicht während des Beschusses. Jeder Schuß von deutscher Seite war deutlich zu hören: dann bis elf zählen – Detonation. Wenn ich einen Schuß hörte, zählte ich immer, und bei elf angekommen, betete ich für die, die durch die Detonation umkamen. Der Frau des Kantinenleiters Sergeitschuk wurde der Kopf abgerissen: Sie war in der Straßenbahn gefahren. Mit der Straßenbahn zu fahren, war besonders gefährlich. Die alten Leningrader Straßenbahnwaggons hatten Bänke entlang der Fenster. Eine Detonation ließ die Scheiben zerspringen, und die Sitzenden wurden geköpft. Als ich später nach Leningrad zurückkehrte (1944 auf einer Dienstreise von Kasan aus), hörte ich viele Geschichten über solche Straßenbahntragödien. Gegenüber dem Arbeitsamt stand noch 1945 eine Straßenbahn mit vollkommen herausgeschlagenen Scheiben. Eine Granate war unter ihr auf die Schienen gefallen, die Gleise bogen sich auf, die Straßenbahn legte sich schief. Sie stand noch ziemlich lange so da. Der Beschuß Leningrads ist in den Erinnerungen der Malerin A.P. Ostroumowa-Lebedewa gut geschildert.

Bis zu unserer Abreise hatten wir so gut wie alles verkauft. Nur einige Bücher und Kinderspielsachen waren übriggeblieben. Sina nähte schwarze Rucksäcke für die Mädchen, in die ihre Puppen kommen sollten (ihre Lieblingspuppen), die restlichen wollten wir dem Kindergarten geben (es hatte einer unten in unserem Haus aufgemacht). Was für eine Tragödie, als die Leiterin des Kindergartens kam und die Puppen holte! Die Kinder weinten, fielen auf die Knie, rannten der Frau noch auf der Treppe hinterher und konnten sich lange nicht beruhigen.

Wasja Makarow (Sinas Bruder) kam und brachte uns eines Tages schwarzen Quark aus den Lebensmittellagern auf der Kuscheljowka.

Diese Lager waren bereits 1939 während der Finnischen Kampagne abgebrannt (es hieß, ein finnischer Flieger habe sie in Brand geschossen). Es waren Nahrungsmittellager gewesen, und im Frühjahr 1942 fing nun das Volk an, in den Ruinen zu graben und unter den verkohlten Trümmern Reste von Lebensmitteln hervorzuholen. Den Quark hatte Wasja für 200 Rubel gekauft: Es war schwarze schillernde Erde, die auch so roch und schmerzhaft in der Kehle klebte. Danach hatte ich Leibschmerzen (das einzige Mal während des Krieges). Wasja kaufte uns die Arbeitszimmermöbel ab (den Rest – ohne die weichen Sessel) und noch irgendetwas. Wir baten ihn, die restlichen Bücher zu verkaufen.

Die Reservierung für die Wohnung gab ich ins »Schakt«,* aber ein Siegel konnten wir nicht mehr anbringen, es war keine Zeit mehr. Wir durften den Wagen nicht warten lassen. Unsere weichen Ballen schickten wir mit ihm zum Bahnhof – das Gepäck wurde auf dem Moskauer Bahnhof angenommen. Dann übernachteten wir noch einmal in der leeren Wohnung, und am nächsten Tag machten wir uns mit unseren kleinen Rucksäcken zum Finnischen Bahnhof auf, das Wetter war schön. Es war der 24. Juni. Wir verließen unsere Wohnung in dem Glauben, daß wir ganz bestimmt nie zurückkehren würden, es schien unmöglich, in eine Stadt zurückzukommen, in der wir ringsum so viel Grauen gesehen hatten. Vielleicht hatten wir deshalb die Wohnung nicht einmal versiegelt, wir machten uns keine Gedanken mehr darüber. Wasja begleitete uns. Die Kinder hatten ihre grauen Mäntel an (sie tragen sie auf dem Photo im Botanischen Garten vom Herbst 1941) und ihre Rucksäcke auf dem Rücken. Tamara hatte zuvor noch eine Nähmaschine bei Großmutter Obnowlenskaja gekauft, sie trug sie in eine Decke eingewickelt, aber ohne Abdeckhaube (hartes Gepäck war verboten!). Wir fuhren mit der Straßenbahn und warfen einen letzten Blick auf die leidgeprüfte Stadt.

Am Finnischen Bahnhof bekamen wir zum ersten Mal ausgiebig zu essen: Hirsekascha mit einem großen Stück Wurst. Man wollte uns

* »Žiliščno-arendnoe kooperativnoe tovariščestvo« (Žakt): Wohnungsgenossenschaft

stärken für unterwegs. Uns stand eine anstrengende Reise bevor, auf der die geschwächten Leningrader zu Tausenden starben. Wir aßen im Freien, dann wurden wir in die Waggons eines Vorortzuges verfrachtet. Es war grauenhaft eng. Zusammen mit uns hatte es auch Stratanowski hierher verschlagen. Er hatte seine Frau verloren (sie war relativ früh gestorben, im Winter) und war allein. Mit verstörtem Gesicht flehte er uns an, ihn zu uns in den Waggon zu lassen. Der Zug fuhr tödlich langsam, hielt lange an den Bahnstationen, ein Teil der Menschen saß, ein Teil stand dichtgedrängt, die Ausstiegsplattformen waren alle überfüllt.

Nachts, in einer Weißen Nacht, kamen wir in Borisowa Griwa an. Wir bekamen Suppe: Sie war fett, und es gab viel. Gierig verschlangen wir dieses anständige Essen. Die Mücken stachen uns wie verrückt, wir bekamen Natur zu sehen. Das war wundervoll. Wir schliefen nicht. Wir unterhielten uns mit dem Hebraisten Borisow, der später unterwegs an dystrophischer Diarrhöe starb. Dmitri Pawlowitsch Kallistow, Olimpiada Wasiljewna, Olimpiada Wasiljewnas Schwester Ljalja und Bobik waren zufälligerweise im selben Zug. Dmitri Pawlowitsch witzelte: »Ich wollte schon immer jenen Boris sehen, der eine solche Mähne hat.«* Wir beschlossen zusammenzubleiben.

In Borisowa Griwa erhielten wir unser Gepäck. Wir suchten unsere gekennzeichneten Ballen selbst heraus und stapelten sie alle unter freiem Himmel. Dann begann die Verladung auf den Dampfer. Auf den Dampfer wurde man nur ein einziges Mal gelassen, nach der Paßkontrolle, doch was konnten unsere geschwächten Arme schon auf ein einziges Mal tragen? Mit Mühe gelang es Dmitri Pawlowitsch, Sina und Tamara, die Wachposten bei der Kontrolle unserer Papiere zu überreden, uns noch mal zurückgehen zu lassen, und so gingen wir ungefähr dreimal und schleppten unsere Ballen über die Mole zum Dampfer. Als wir mit den letzten Ballen zum Dampfer zurückkamen, legte er bereits ab, und auf ihm waren doch die Kinder, Großmutter, Sina, Tamara. Dmitri Pawlowitsch und ich sprangen, riskierten, ins

* Wortspiel mit dem Ortsnamen Borisova Griva, was soviel heißt wie »Mähne des Boris«.

Wasser zu fallen, schafften es aber wohlbehalten an Bord des vollkommen überladenen Dampfers zu kommen. Eine Minute später, und wir wären am Ufer zurückgeblieben. Weiß Gott, wann wir uns dann wiedergefunden hätten! Ich kann gar nicht beschreiben, wie aufgelöst Sina war.

Es war ein klarer Tag, und wir wären für Flieger gut zu sehen gewesen, Gott sei Dank kamen aber keine. Erst als wir am anderen Ufer angelegt hatten, fühlten wir uns relativ sicher – da kam Fliegeralarm. Der Anlegeplatz leerte sich augenblicklich, doch es handelte sich nur um Aufklärungsflugzeuge: Die Deutschen warfen keine Bomben ab.

Man teilte uns eine Bauernhütte zu, wo wir nächtigen sollten. Aber wir schliefen auch die zweite Nacht nicht; in dem Holzhaus lebten Bauern, einer der Söhne des Hausbesitzers hustete schrecklich und bekam dabei Atemnot. Offensichtlich hatte er Keuchhusten. Großmutter ließ ihn nicht näher herankommen, er wurde zornig, zeigte mit dem Finger auf Großmutter und rief: »Die sagt, ich hätte ›kaschljusch‹!«*

Wir erhielten Brot für mehrere Tage, aßen wieder aus unseren Aluminiumnäpfen und wiederum viel, das Hungergefühl ließ allerdings kein bißchen nach.

Ich weiß noch, daß wir wieder unsere Ballen suchen mußten. Sämtliche Gepäckstücke lagen dicht beieinander auf dem Sand. Alle liefen wir (Hunderte von Passagieren) um diese aufgereihten Sachen herum, jeder auf der Suche nach den eigenen Ballen mit den Kerbhölzern, auf denen der Name und die Arbeitsstelle standen. Wir suchten sehr lange, weil jeder mehrere Ballen hatte, aber nichts kam abhanden.

Dann wurden wir auf Güterwaggons mit Pritschen verladen. Es gab nicht genug Bretter für Pritschen, und man mußte sich welche besorgen. Bretter konnten Dmitri Pawlowitsch, Stratanowski und ich beschaffen, aber es waren immer noch zu wenige; die Pritschen hatten breite Ritzen, es schlief sich sehr unbequem. Wir schliefen oben,

* »kokljuš«: Keuchhusten; »kašel'«: Husten

Tamara und Stratanowski unten. Am anderen Ende des beheizbaren Waggons, ganz oben, schliefen die Kallistows. Unsere Ballen hatten wir unter die Pritschen und in die Mitte des Waggons gepackt. Der Transport setzte sich in Bewegung. Der erste große Halt war Tichwin. Wieder aßen wir Kascha mit viel Fett und konnten sogar noch aussteigen, um die Stadt anzuschauen, in der ich mit Dmitri Pawlowitsch 1932 gelebt hatte. Die Stadt war schwer in Mitleidenschaft gezogen. Die Bewohner fehlten, und seltsamerweise hatten die Deutschen die Leninstatue auf dem Platz gegenüber dem Gostiny dwor nicht angetastet.

Unterwegs kauften wir von Einheimischen wildgewachsene Zwiebeln, an den Stationen holten wir uns heißes Wasser, Verpflegung. Wir bekamen überall viel zu essen, und wir aßen und aßen und wurden nicht satt.

Auf der Reise kam es zu vielen Komplikationen, doch ich verzichte darauf, sie zu schildern. In Kasan war es auch nicht leicht. Aber all das gehört zu einem anderen Bericht, zu einer anderen »Epoche«. Davon müßte man gesondert erzählen.

Waren die Leningrader Helden? Sie waren mehr als das: Sie waren Märtyrer ...

»Prorabotki«*

Aufgabe dieses Kapitels meiner Erinnerungen ist es nicht, die Geschichte der »Prorabotki«, die drei Jahrzehnte umspannt und eine Vor- sowie eine Nachgeschichte hat, zu rekonstruieren. Das würde eine Auseinandersetzung mit dokumentarischem Material erfordern (möglicherweise mit erhalten gebliebenen Stenogrammen und anderem), mit Zeitungen und Zeitschriften aus jener Zeit. Meine Aufgabe kann es auch nicht sein, den tieferen Sinn der Prorabotki zu klären, ihre ideologische Grundlage: Meines Erachtens war da viel Unsinn mit im Spiel, verursacht vom ausschließlichen Bestreben der Parteiorgane, ihre Macht zu beweisen, ihre Entschlossenheit und Bereitschaft, selbst etwas in die Hand zu nehmen, wovon sie im wesentlichen nichts verstanden.

In diesem Kapitel werde ich vor allem die Techniken der Prorabotki berühren, ihre psychologische Wirkung auf die »unorganisierten Massen« der Wissenschaftler und Nichtwissenschaftler, der Schüler und Lehrer. Die Prorabotki waren reinstes Denunziantentum, sie gaben Mißgunst und Neid freien Lauf, waren ein Sabbat des Bösen, ein Triumph der Niedertracht, in dem die Menschen (jedenfalls ein Teil von ihnen) sogar bestrebt waren, als Schufte zu gelten, und den Rausch im Schrecken suchten, den sie den anderen einflößten. Es war eine Art Massenpsychose, die nach und nach das ganze Land erfaßte. Die Menschen schämten sich nicht, Spitzel zu sein. Ließen ihre besondere Machtstellung sogar durchblicken.

Die Prorabotki der 30er bis 60er Jahre gehörten zu einer bestimmten systematischen Zerstörung des Guten, sie waren – in gewissem Maße – ein Nachhall der Schauprozesse vom Ende der 30er Jahre, deren »Er-

* »Durcharbeitungen« – im Sinne einer ideologischen Kampagne, bei der angebliche ideologische Abweichler abgekanzelt, entlarvt, vernichtend kritisiert wurden.

fahrungen« sie sich zunutze machten. Sie waren eine Form der Abrechnung mit Wissenschaftlern, Schriftstellern, Künstlern, Restauratoren, Theaterschaffenden und anderen Angehörigen der Intelligenzija.

Aus den Opfern der Prorabotki mußte um jeden Preis ein Schuldeingeständnis »herausgeprügelt« werden – und sei es nur ein Teilgeständnis. Beweise waren nach einem Geständnis (wie nach den Geständnissen der Angeklagten in den Prozessen während der Zeit des großen Terrors) nicht mehr nötig, und wodurch und wie diese Geständnisse zustandekamen, war nicht weiter wichtig. Das war eine »juristische« Entdeckung des »Akademiemitglieds« Wyschinski. Deshalb mußte auf den öffentlichen Prorabotki der Intelligenzija jeder Gepeinigte demoralisiert und in eine Verfassung gebracht werden, in der ihm bereits alles gleichgültig war und er nur noch so schnell wie möglich von der Bühne abtreten wollte, sonst gar nichts mehr.

Deshalb lag die Anwesenheit der Volksmasse im Saal oder im Auditorium, wo die Prorabotka stattfand, im Interesse der Henker. Selbst wenn die Menge auf der Seite des Gepeinigten stand, die Anschuldigungen nicht akzeptierte, Unwillen äußerte, Mitleid – es war dennoch extrem belastend, zum »Objekt« dieses Schauspiels zu werden. Die Prorabotki zogen Hunderte von Studenten an, einfach aus Neugier: Schließlich wurden doch bekannte Leute »ausgepeitscht«, die viele Bücher verfaßt hatten und von Zuhörern und Lesern Dankbarkeit gewohnt waren. War einer der Auftretenden bemüht, die Anschuldigungen zu mildern, sich auf die Aussagen zu beschränken, die schon geäußert worden waren – so spielte das bereits keine Rolle mehr. Allein die Tatsache ihrer Teilnahme demoralisierte die Beschuldigten.

Ich erinnere mich an folgenden Fall: Der bekannte Ethnograph und Kenner der russischen Volkskunst Mark Konstantinowitsch Asadowski wurde im Puschkin-Haus einer Prorabotka unterzogen. Eine neben mir sitzende bekannte Volkskundlerin war außer sich. Es trat der bekannte Prorabotschik und Dozent der LGU* I.P. Lapizki auf und verlas einen privaten Brief M.K. Asadowskis, den eine seiner

* »Leningradskij gosudarstvennyj universitet« (LGU): Leningrader staatliche Universität

Schülerinnen, P.G. Schirjajewa, entwendet und abgetippt hatte. Meine Nachbarin entrüstete sich: »Was für ein Schuft! Was für ein Schuft!« Nach Lapizki ruft der Vorsitzende meine Nachbarin auf. Energisch tritt sie vor und – ich traue meinen Ohren nicht! – beschuldigt Asadowski. Danach setzt sie sich wieder auf ihren Platz und fragt mich: »Na, wie war ich?« Ich sage: »Ich dachte, Sie würden Mark Konstantinowitsch verteidigen!« Ungläubig erwidert sie: »Verteidigen ist zwecklos – es steht schon alles fest. Aber ich habe nichts Neues gesagt, nur wiederholt, was schon gesagt worden war.«

Genau das war es, was die Prorabotschiki wollten: Sollen sie aussagen, was sie wollen, wenn sie nur die Anklage ein wenig stützen. Das ist die »Stimme des Volkes«, eine Art Chor wie in der griechisch-antiken Tragödie.

Es wurde alles dafür getan, daß bei den Prozessen möglichst dem Beschuldigten nahestehende Personen auftreten: Freunde, Schüler, Assistenten, Studenten; das war für die, die einer Prorabotka unterzogen wurden, am schmerzlichsten. Die Anwesenden flüsterten untereinander: »Wie, der auch?«, »Der doch nicht etwa auch?« u.ä. Und der Saal war voller Spitzel. Eines der Ziele solcher öffentlicher Prorabotki war es, die Ungefügigen in der Masse zu brechen. Fast so, wie es in den Lagern beim Empfang der Etappen geschah.

Selten hielt ein Beschuldigter dem Druck stand. Nur eine entschiedene Zurückweisung der Anschuldigungen konnte, wenn auch nicht zum Sieg, so doch immerhin dazu führen, daß die Anschuldigungen in sich zusammenbrachen und die Ankläger blamiert wurden. Deshalb hatten die Organisatoren der Prorabotki immer große Angst, der Beschuldigte könnte sich nicht schuldig bekennen. Oft wurden mit denjenigen, die als Beschuldigte vorgesehen waren, Gespräche im Parteibüro geführt: Man forderte sie auf, sich »selbstkritisch« zu ihren Arbeiten und Vorlesungen zu äußern, um das Institut nicht einer Rüge des Obkom* auszusetzen. Noch wußte keiner genau, worin die Anklage eigentlich bestehen würde, aber man wurde bereits aufgefordert zu gestehen, mit der Aussicht auf »Gnade

* »Oblastnoj komitet« (Obkom): Gebietskomitee der Partei

dem Gefallnen«.* Das Problem der Verteidiger war, daß ihnen ganz real das Schicksal der »Opfer« drohte. Vernichtet wurden nicht bloß Einzelpersonen, die es gewagt hatten, aus der allgemeinen Masse hervorzutreten, sondern auch ganze »Schulen«, ganze Richtungen (so begrenzt und streng spezialisiert sie auch gewesen sein mögen).

Aus eigener Erfahrung, durch meine Kontakte mit den »KRlern« Ende der 20er Jahre, wußte ich, was ein solches Schuldeingeständnis bedeutet. Im Grunde hatte A.J. Wyschinski mit seiner Theorie von der Hinlänglichkeit eines öffentlichen Schuldeingeständnisses nichts Neues entdeckt: Er hat nur theoretisch begründet, was es in der Praxis bereits gab. Die Prorabotschiki haben Geständnisse aus den Geistesarbeitern »herausgeprügelt«, wie es (in Anwendung anderer Mittel) die Untersuchungsbeamten der Tscheka, OGPU, NKWD seit langem machten.

Wenn das Opfer einer Prorabotka es ablehnte, sich als Kosmopolit zu bekennen (Antipatriot, Formalist, Anhänger bourgeoiser Methoden in der Wissenschaft u.ä.), sollte es als »bösartiger Gegner der Parteilinie« gelten und nur im glimpflichsten Fall als – einfach nicht selbstkritisch. Doch selbst wenn das Opfer sich schuldig bekannte, und sei es nur teilweise (sich vollständig schuldig zu bekennen war schlicht unmöglich, denn das wäre dem Geständnis eines Vaterlandsverrats gleichgekommen), so blieb doch die Anklage »mangelnder Selbstkritik« bestehen und damit eine Teilschuld an ihm haften, wenn auch nicht genug, es von allen Posten zu verjagen und nichts mehr von ihm zu drucken.

B.M. Eichenbaum, der zur »Erörterung« seiner Arbeiten einfach nicht erschienen war, wurde entlassen und war damit auf gutwillige Spenden seiner Freunde angewiesen. Sie kamen ihn besuchen, brachten einen großen Kuchen mit, eine Torte oder sonst irgendetwas Eßbares und fütterten Boris Michailowitsch damit durch.

A. Achmatowas Scherbengericht zog sich in die Länge, sie bekam einfach regelmäßig Essen von den Tomaschewskis – sogar Suppe in einer Milchkanne.

* »milost' padšimu« (aus A.S. Puškins Gedicht »Ja pamjatnik sebe vozdvig ...«)

Doch wenden wir uns der Prozedur (besser: dem Ritual) der Prorabotki selbst zu. Die Methoden der Ankläger waren hinsichtlich Kosmopolitismus (Indoeuropäismus, dann Marrismus u.ä.) bis in die Wortwahl hinein identisch. Wie in den Untersuchungsfällen der OGPU wurde ein Faktum, ein Zitat herausgegriffen und so ausgelegt, wie es dem Ankläger paßte. Beweise waren selbstverständlich nicht nötig, denn es gab ja die »Schuld« gar nicht, deren der Wissenschaftler bezichtigt wurde. Die Anschuldigungen wurden in der Regel so formuliert: »Nicht zufällig behauptet ...«; »NN verstieg sich zu der Bemerkung ...«; »Verständlich, daß für NN ...«; »Ungewollt plauderte NN aus, daß ...«; »NN kann nicht verhehlen, daß ...« Selten verlangte einer der Anwesenden, die aus dem Kontext gerissenen Äußerungen vollständig zu zitieren, die Umstände, das Thema, die Zeit zu berücksichtigen. Das kam schon einer Solidaritätsbekundung für die Beschuldigten gleich. Oft führten die Ankläger Zitate an, die NN selbst kritisiert hatte, und schrieben sie NN zu. Dafür gaben sie andererseits der »Exaktheit« halber die Seitenzahl des Artikels oder des Buches an.

In der aufgeheizten Atmosphäre des Saals war es für den Beschuldigten schwer, sich alles Gesagte zu merken und zu überprüfen. Gewöhnlich wurde ihm das Wort nach allen anderen Reden erteilt, ohne das Recht, auf jede Rede einzeln zu antworten. Man versuchte, den Beschuldigten durch Ausrufe vom Platz aus, durch Schreie der »Empörung« u.ä. zu verwirren. Der Vorsitzende unterbrach nur den Beschuldigten. Und wenn der Beschuldigte schließlich irgendetwas eingestand (aber nicht alles), um seine Henker zu besänftigen, so wurde dieses Teilgeständnis als volles Eingeständnis gewertet, und der Vorsitzende erklärte in seinem Schlußwort, NN habe »bekannt«, »gestanden«, »zugestimmt«, »eingestanden« u.ä., wobei er alles wiederholte, was die anderen gesagt hatten – immer unter Berücksichtigung dessen, was zuvor auf Versammlungen der »Zellen«, des »Büros«, der »Kommission« usw. vorbereitet worden war.

Damit die Anschuldigungen der Prorabotki nicht in Vergessenheit gerieten, wurden spezielle Wandzeitungen herausgebracht. Diese »Wandliteratur« war von immenser Bedeutung. Der Inhalt ihrer Artikel wurde von den Parteiorganisationen kontrolliert. Hier konnten sich die Prorabotschiki so richtig auslassen, mehr noch als auf den Versammlungen oder in den Organen der Regional- oder Zentralpresse. Die Opfer der Prorabotki waren beleidigendem Spott ausgesetzt. Karikaturen und Losungen durchzogen die ganze Zeitung: »Mit Stumpf und Stiel ausrotten!«; »Schlußmachen mit ...!«; »Samt der Wurzel ausreißen!« u.ä. Besonders übel wurden Schüler, Freunde oder einfach ehrliche Wissenschaftler gerügt, die versucht hatten, für die Verfolgten einzutreten.

Einmal trat ich mit B.W. Tomaschewski vor unsere Instituts-Wandzeitung, auf der in Großbuchstaben der Aufruf stand: »Den Formalismus mit Stumpf und Stiel ausrotten« (oder so ähnlich). Nachdem er mit seinen kurzsichtigen Augen kurz über den Inhalt der Meldungen und über die Losung gestreift war, stieß Boris Wiktorowitsch einen Seufzer aus und meinte vernehmbar: »Früher klang es einfacher: ›Schlag die Juden, rette Rußland!‹« Bei den Wandzeitungen (gleich nach ihrem Erscheinen) trieben sich Spitzel herum: Sie registrierten die Reaktionen der Leser, und selbstverständlich war sich Boris Wiktorowitsch dessen bewußt ... Man wartete auf jede neu erscheinende Wandzeitung: Dort wurde die Richtung festgelegt, in die die »Treibjagd« weitergehen sollte.

Die obersten Prorabotschiki im Puschkin-Haus, bekannt auch über dessen Grenzen hinaus, waren L.A. Plotkin und B.S. Meilach, P. Schirjajewa sowie der Dozent des LGU I.P. Lapizki.

Nun denn, Plotkin hatte sich in einem Artikel in der »Leningradskaja prawda« über M.M. Soschtschenko ausgelassen, und nun erwartete Michail Michailowitsch unter Anspannung seine Verhaftung. Er packte eine Tasche mit dem Nötigsten und ging nach Mitternacht vor das große Tor seines Hauses, um nicht in Anwesenheit seiner Frau verhaftet zu werden ...

B.S. Meilach plazierte auf der Wandzeitung des Puschkin-Hauses einen riesigen Hetzartikel gegen B.M. Eichenbaum, in dem immer wieder ein und derselbe Satz aus »Mein Jahrbuch«* aufgekocht wur-

* B.M. Ejchenbaum: *Moj vremennik* (Leningrad 1929)

de, mit dem sich Eichenbaum andeutungsweise als Jude bekannt hatte (ich will ihn mir jetzt gar nicht mehr in Erinnerung rufen). Die Wandzeitung mit diesem Artikel hing im ersten Stock des Puschkin-Hauses im Flur, als B.M. Eichenbaum während einer Ehrung für A. Mariengof im Dom pisatelja unerwartet starb und dann im Schriftstellerverband aufgebahrt wurde. Niemand kam es in den Sinn, diese Wandzeitung abzunehmen, und dank des Nekrologs* von R.O. Jakobson wurde dieser Umstand in der ganzen Welt bekannt. Allerdings irrte sich letzterer mit seiner Behauptung, die Wandzeitung habe in demselben Gebäude gehangen, in dem auch Eichenbaums Sarg stand. Im Puschkin-Haus hätten sie nicht einmal den Sarg genommen – dort war man noch »sauberer« als im Schriftstellerverband ...

Und wie ging es bei den Prorabotki gewöhnlich im Saal zu? Die Teilnehmer verteilten sich in der Regel folgendermaßen: Hinter dem Tisch des Präsidiums saßen »feierlich« die »ehrwürdigen« Wissenschaftler, die regionale Riege der Führer aus Partei und gesellschaftlichen Organisationen mit tief nachdenklichen Mienen. Die ersten Reihen im Saal belegten jene »Wissenschaftler«, denen es oblag, sich beifällig zu äußern oder mit Beschuldigungen vorzutreten. Weiter hinten: der Rest des Saals, der in angstvoller Erwartung dasaß, mit den Leidtragenden fühlte, sich leise – manchmal aber auch laut – entrüstete. Und die »Spitzel« hatten ihre Augen und Ohren überall.

Haben sich Leute zu Aussagen durchgerungen, die den Parteierlassen widersprachen? Ja, auch das kam vor. Meistens sagte man aus, um die Anklage zu mildern. Es gab jedoch auch entschlossenen Widerspruch gegen die Anschuldigungen. Allen erinnerlich ist zum Beispiel der Auftritt N.I. Mordowtschenkos zur Verteidigung von G.A. Gukowski in der Leningrader Universität. Mordowtschenko erklärte, er glaube nicht an eine böswillige Absicht Gukowskis und weigere sich ausdrücklich, ihn zu verurteilen. Es erfolgte keine sofortige Strafe. Nur wartete N.F. Beltschikow über ein Jahr lang mit seinem

* Zuerst erschienen in »International Journal of Slavic Linguistics and Poetics«, Vol. 6, 1963

Plazet zur Habilitation. Mordowtschenko war sehr niedergeschlagen: Den Studenten ließ sich kaum erklären, weshalb die Oberste Prüfungskommission (WAK) ihm die Habilitation verweigerte. Ich begreife selbst nicht ganz, inwieweit das ein persönlicher Racheakt von N.F. Beltschikow war, der in der WAK bei den philologischen Wissenschaften das Sagen hatte, oder das Resultat einer Anordnung aus der Partei. Es hatte auch Gerüchte von einer bevorstehenden Verhaftung gegeben. In Folge seines depressiven Zustands erkrankte N.I. Mordowtschenko an Krebs. Er kam in die Onkologische Klinik in der Berjosowaja alleja des Kamenny ostrow. Zusammen mit P.N. Berkow lag ich damals im Magensanatorium, nicht weit von der Onkologischen Klinik. Ich konnte mich nicht dazu entschließen, Nikolai Iwanowitsch zu besuchen (seine Frau, Jelena Dmitrijewna, saß dort ständig bei ihm am Bett), doch ich erkundigte mich täglich am Informationsschalter nach seinem Zustand. Eines Morgens wurde mir statt der üblichen beruhigenden Antwort die Frage entgegengebrüllt: »Als wer kommen Sie?« Ich verstand die Bedeutung dieser Frage und wollte wissen: »Gestorben?« Die Frage wurde bejaht ...

Die Verteidigung von G.A. Gukowski hat N.I. Mordowtschenko das Leben gekostet. Und Gukowski seinerseits wurde nach der Prorabotka, die in seiner Abwesenheit stattgefunden hatte (er war auf Urlaub), verhaftet und erschossen (nach offizieller Version war er »verstorben«).

Auch ich mußte einmal für die Verteidigung von Gepeinigten eintreten. Es ging um folgendes: Direktor des Puschkin-Hauses war N.F. Beltschikow, der, ausgestattet mit besonderen Vollmachten, das Institut von Kosmopoliten säubern sollte. Gewöhnlich kam er für zwei, drei Tage aus Moskau angereist, wo er seinen Wohnsitz hatte, stieg in seinem Zimmer im Hof des Hauptgebäudes der Akademie der Wissenschaften ab, in jenem Teil, wo sich heute die zahnärztliche Abteilung der Poliklinik der Akademie der Wissenschaften befindet. Dort traf sich das gesamte Institutsgesindel zu »vertraulichen« Gesprächen mit ihm ... Er pendelte immer zwischen Moskau und Leningrad hin und her und war hauptsächlich mit der sorgsamen Überwachung der Literaturwissenschaft und mit der Diffamierung von Literaturwissenschaftlern beschäftigt, wodurch sich seine pathologische Neigung zum Lügen noch verstärkte. Der direkte und jähzornige P.N. Berkow warf ihm plötzlich einmal alles an den Kopf, was er dachte (und er dachte wie die Mehrzahl der Mitarbeiter des Puschkin-Hauses). Die böseste und knappste Charakterisierung Beltschikows stammt zweifellos von B.W. Tomaschewski:»Das einzig Aufrichtige an N.F. Beltschikow ist – sein Mastdarm. Und der wurde ihm herausoperiert!«* (N.F. war tatsächlich wegen Krebs am Mastdarm operiert worden.) Freilich hat P.N. Berkow diese Bosheit vor Beltschikow nicht wiederholt, doch was er von seinen »wissenschaftlichen Verdiensten« hielt, das hat er ihm ins Gesicht gesagt. Beltschikow hörte sich alles, was Pawel Naumowitsch zu sagen hatte, schweigend an und konnte sich nicht dazu entschließen, sofort eine Prorabotka zu veranlassen: Er war eben doch ein Feigling. Beltschikow (oder wie B.M. Eichenbaum ihn nannte – »Beltschitschikow«**) haßte P.N. Berkow und veranlaßte, obgleich keine Anordnung des Obkom vorlag, einen großen Artikel gegen den Wissenschaftler in der »Leningradskaja prawda«, der aus der Feder zweier Parteifritzen von der Philfak der LGU stammte – von Jelkin und einem zweiten, dessen Name mir entfallen ist, da ich ihn, in Anlehnung an die bekannte russische Redewendung, immer »Palkin«*** genannt habe.

Als dieser widerliche Artikel erschienen war, wurde eine Aussprache dazu im Puschkin-Haus angesetzt (so geziemte es sich), wobei Beltschikow dabei wohl »sauber« blieb. Der Wissenschaftsrat wurde zu einer Sitzung einberufen. B.W. Tomaschewski und ich beschlossen, P.N. Berkow zu verteidigen, und arbeiteten folgende Taktik aus: Ich sollte kurz vor Ende der Sitzung das Wort ergreifen, und B.W. Tomaschewski als allerletzter (es war immer sehr wichtig, wer als letzter auftrat). Und so machten wir es. Als P.N. Berkow bereits das Wort zum »Bereuen« erteilt werden sollte, bat ich darum und legte

* »prjamoj«: aufrichtig; »prjamaja kiška«: Mastdarm

** Čičikov heißt die Hauptfigur in N. Gogol's *Mertvye duši.*

*** »ëlki-palki«: euphemistischer Ausdruck für ein verbreitetes wüstes russ. Schimpfwort

haarklein dar, daß in dem Artikel von »Jelkin-Palkin« Lenin gerade das Gegenteil von dem zugeschrieben wird, was dieser eigentlich geschrieben hat, und daß es Unfug ist, P.N. Berkow der »bibliographischen Methode« zu bezichtigen, weil die Bibliographie eine Wissenschaft und keine Methode ist. Mein Auftritt hätte kaum etwas bewirken können, wäre da nicht die Anspielung auf Lenin gewesen. Ich wußte das und trat daher sehr entschlossen auf. N.F. Beltschikow erklärte, die Sitzung könne angesichts ihrer Wichtigkeit nicht abgeschlossen werden, und schlug vor, sie auf die nächste Woche zu vertagen. An die zweite Sitzung erinnere ich mich kaum mehr, obwohl auf ihr »kurz vor dem Vorhang« B.W. Tomaschewski auftrat, mit ziemlich gewichtigen Argumenten (und wie immer glänzend). N.F. Beltschikow war gezwungen, eine dritte Sitzung des Wissenschaftsrats anzusetzen. Was sich Beltschikow erhoffte – ich weiß es nicht. Die Autoren des Artikels traten nicht in Erscheinung: Sie besaßen zu wenig Autorität für eine öffentliche Denunziation (Autoren wie diesen wurde nur in Briefen und Artikeln »Aufmerksamkeit entgegengebracht«).

Ich weiß noch, wie ich in den wie üblich schmutzigen Toilettenräumen des Instituts im Erdgeschoß B.W. Tomaschewski traf, der meinte: »Der einzige Ort im Puschkin-Haus, wo sich frei atmen läßt!«

Nun also die dritte Sitzung zur Erörterung der Arbeiten von P.N. Berkow ... Ob Pawel Naumowitschs Nerven nicht mitgemacht haben oder ob ihn ein »Wohlmeinender« überredet hatte, jedenfalls trat P.N. Berkow, ohne mich oder Tomaschewski vorgewarnt zu haben, mit einem halben Eingeständnis seiner Fehler auf. Tomaschewski kochte, und als die Menschen im überfüllten Saal, die auf den Sieg der Wahrheit gewartet hatten, enttäuscht auseinandergingen, rief Tomaschewski mir über die Köpfe der Hinausgehenden laut zu: »Dmitri Sergejewitsch, wozu haben wir uns bloß solche Mühe gegeben?!« Ich entsinne mich noch genau dieser Worte.

N.F. Beltschikow haßte mich jetzt nur um so mehr und gab sich nun seinerseits »Mühe«, allerdings mit anderen Methoden. Beltschikow frönte der krankhaften Leidenschaft, Zwietracht zu säen. In Moskau beteuerte er gegenüber Nikolai Kalinnikowitsch Gudsi, daß

Lichatschow ihn hasse, ihm irgendetwas vorwerfe, und in Leningrad sagte er zu mir, daß es Nikolai Kalinnikowitsch in bezug auf mich genauso ginge. Zum Glück kannte ich Gudsi zu gut, wie auch Gudsi mich, als daß das die von Beltschikow erhofften Folgen gehabt hätte. Ich wußte, daß N.K. Gudsi ein sehr direkter Mensch war und niemals geheuchelt hätte. Als N.F. Beltschikow aus Moskau kam und mir gegenüber beteuerte, daß Gudsi auf mich schimpfe und etwas gegen mich im Schilde führe, sagte ich ihm gleich, dies könne nicht sein. Entsprechend hatte in Moskau N.K. Gudsi reagiert.

Weil er die Parteileute im Institut gegen mich aufbringen wollte, fing N.F. Beltschikow bei ihnen immer wieder an: »Lichatschow ist der Sohn eines in Petersburg bekannten Hausbesitzers und Millionärs. Da seht ihr, was für Leute bei uns arbeiten!« Als ich Beltschikow danach traf, meinte ich zu ihm: »Wer mein Vater war, können Sie in meiner Akte nachlesen, und zur Bestätigung – im Nachschlagewerk ›Ganz Petersburg‹.« N.F. Beltschikow sagte nur: »Aber ich dachte ...«

Die Arbeit gestaltete sich immer schwieriger. Am Ende beschlossen M.P. Alexejew und ich, die Entlassung Beltschikows als Leiter des Puschkin-Hauses beim Akademiemitglied und Sekretär der Abteilung für Literatur und Sprache, W.W. Winogradow, zur Sprache zu bringen: Wenn alle gegen alle kämpfen, bleibt die Arbeit liegen. Wir beschlossen, zu W.W. Winogradow nach Moskau zu fahren. Uns eine Dienstreise zu genehmigen, weigerte sich Beltschikow. Trotzdem besorgten wir uns Fahrkarten (obwohl es nicht leicht war) und begaben uns auf »eigenmächtige Abwesenheit«. Ich hatte W.W. Winogradow unser Kommen telefonisch angekündigt.

Die Erinnerung an einige Details hat die Zeit gelöscht, und ich kann mich nicht mehr entsinnen, ob M.P. Alexejew mit mir in Moskau in der Abteilung für Literatur und Sprache war. Oder ich bin zweimal nach Moskau gefahren, einmal mit M.P. Alexejew, einmal allein (doch womit hatte dann die erste Unterredung geendet? Erinnerungslücke!). Jedenfalls komme ich in die Abteilung und erfahre, daß in Wiktor Wladimirowitschs Büro bereits ... N.F. Beltschikow sitzt. Er war mir also zuvorgekommen. Ich bitte, mich zu empfangen. Wiktor Wladimirowitsch sagt: »Aber Nikolai Fjodorowitsch ist hier bei mir.« Ich erwidere: »Sehr gut! Es wäre mir schwergefallen, meine ihm geltenden Vorwürfe hinter seinem Rücken zu äußern.« Wiktor Wladimirowitsch: »Ja, und hier in der Abteilung ist auch noch der Sekretär der Parteiorganisationen – Barchudarow.« Ich erwidere: »Noch besser: Dann können wir alle Fragen sofort klären.« Wir nehmen Platz, und ich erzähle vor allen dreien, in Anwesenheit N.F. Beltschikows, wie dieser die Arbeit im Institut »organisiert«, Zwietracht unter den Mitarbeitern sät (ich führe konkrete Beispiele an). W.W. Winogradow ruft in unserem Beisein in der Kaderabteilung des Präsidiums der Akademie der Wissenschaften an und sagt: »D.S. Lichatschow ist zu mir gekommen und erläutert in Anwesenheit des Institutsdirektors, warum er nicht mehr mit ihm zusammenarbeiten kann. Meiner Ansicht nach hat er recht!« Mit einem Wort, die Frage Beltschikow wurde beinahe unverzüglich entschieden: Er wurde als Direktor entlassen. Im Institut setzte man übergangsweise eine Kollektivführung ein, zu der auch W.P. Adrianowa-Peretz in der Eigenschaft einer stellvertretenden Direktorin gehörte.

Ich selbst war mehrmals einer Prorabotka ausgesetzt. Ich war zu keiner Zeit Formalist, Antipatriot oder Kosmopolit und gehörte keiner der Richtungen an, die einer Prorabotka unterzogen wurden. In meinen Arbeiten ließ sich schwerlich etwas Antisowjetisches finden. Und dennoch war ich ganz deutlich keiner der »ihren«: Ich zitierte fast nie Stalin oder Lenin. Als mein Buch »Die Entstehung der russischen Literatur«* erschien, richtete man besonderes Augenmerk darauf. Man zwang mich, eine Einführung und ein Nachwort zu schreiben, worin die »Koryphäen aller Wissenschaften« entsprechend zitiert würden. Nachdem Jakow Solomonowitsch Lurje Mitarbeiter in der Abteilung** geworden war, kam es zu den unglaublichsten Kritteleien. Als Chefankläger trat weiterhin der Dozent der Philfak der Universität I.P. Lapizki auf, und für die historische Fakultät, an der ich unterrichtete (in die philologische hatte man mich schlicht nicht

* *Vozniknovenie russkoj literatury*

** Gemeint ist die Abteilung für altruss. Literatur.

gelassen), spielten diese Rolle: Stepanischtschew, Urodkow und Karnatowski.

Ich werde nun von einigen Prorabotki berichten, bei denen ich selbst den Beschuldigten abgeben mußte. Im Frühjahr 1952 oder 1953 war im Institut eine spezielle Diskussion der »Sendschreiben Iwans des Schrecklichen«* angesetzt. Ich erinnere daran, daß das Buch eine simple Ausgabe der Texte von Iwan dem Schrecklichen darstellt, mit meinem Artikel über Iwan als Schriftsteller und J.S. Lurjes Kommentar im Anhang. Vor der Diskussion – ungefähr eine Woche davor – geschah etwas, das die Karten all meiner Widersacher hätte durcheinanderbringen müssen: Ich erhielt den Stalinpreis zweiter Klasse für meine Mitarbeit an der Ausgabe »Kulturgeschichte der alten Rus«.** Nach den Regeln der Partei machte mich das zumindest für einige Zeit »unantastbar«. Doch wurde in meinem Fall die Diskussion über das Buch nicht von der Tagesordnung abgesetzt.

Für unser Puschkin-Haus war im Obkom die Instrukteurin Worobjewa-Smirnowa zuständig (später Redakteurin der Leningrader Filiale des Verlags Chudoschestwennaja literatura) – eine Schülerin von M.O. Skripil, die diesem altehrwürdigen Menschen alles über mich zu hinterbringen pflegte. Worobjewa-Smirnowa befahl nicht nur, die Diskussion abzuhalten, sondern trat auch noch als erste auf (entgegen allen Regeln – die Mitarbeiter des Obkom traten bei den Prorabotki nicht auf), warf dem Buch »Objektivismus« vor und noch irgendetwas. Die Parteiorganisation hatte unter den Wissenschaftlern entsprechend »vorgearbeitet«, und einige solide (oder wen man für solide hielt) Kollegen waren bereit, die Anschuldigungen zu stützen. Der kleine Saal des Puschkin-Hauses war überfüllt, viele standen. Die Originalität dieser Beglückwünschung zum Stalinpreis ließ viele aus Neugier kommen.

Es begann wie gehabt. Der Vorsitzende machte mir zuerst einige Komplimente (Lurje wurde nicht erwähnt), dann rief er die Anwe-

* *Poslanija Ivana Groznogo*

** *Istorija kul'tury Drevnej Rusi*

senden dazu auf, »nicht dem Zauber verdienter Leistungen zu erliegen« und um so kritischer aufzutreten, je mehr die Arbeiten Lichatschows den Leser beeinflussen. Was bedeute – alles geschehe im Interesse meiner Arbeiten! Der Angelpunkt der Prorabotka war der Auftritt von M.O. Skripil. Entgegen seiner Gewohnheit las er ab, er las sanft und schmeichelnd, mit beinah zärtlicher Stimme. Unter den Anschuldigungen war auch eine, die er ganz schnell herunterratterte: »Nicht zufällig zeigt Dmitri Sergejewitsch Mitgefühl mit einem Vaterlandsverräter – dem Fürsten Andrei Kurbski.« Nachdem er seine Anschuldigungen verlesen hatte, übergab M.O. Skripil den Text der Stenographin. Unter den damaligen Umständen konnte ein solcher Auftritt durchaus zur Verhaftung führen. Ich begriff, daß der Auftritt eine Kurzfassung der Unterredungen zwischen Skripil und Worobjewa-Smirnowa im Obkom darstellte, und daß ich meine Antwort unbedingt darauf konzentrieren mußte. Das tat ich dann auch. Ich legte ausführlich dar, wie Kurbskis Flucht von mir behandelt wurde, und zeigte zugleich deutlich, daß der »Rückzug in die Textologie angesichts der wesentlichen politischen Aufgaben der Gegenwart« reinste Erfindung sei, die um so seltsamer anmute, als M.O. Skripil selbst ein tiefgreifendes Interesse für Fragen der Textologie hege. Die Diskussion endete ergebnislos, und selbst J.S. Lurje blieb unbehelligt und wurde nicht aus dem Institut entlassen (ich hatte ihn gebeten, weder im Schriftstellerverband noch im Puschkin-Haus aufzutreten).

Im September oder Oktober 1950 wurde ich krank: Ich hatte ein blutendes Geschwür und mußte liegen. Im Dom pisatelja fand die massenweise öffentliche »Geißelung« von Schriftstellern statt. Ich war eben erst auf Empfehlung W.M. Schirmunskis und W.N. Orlows in den Verband aufgenommen worden und kam nicht im geringsten auf den Gedanken, die Prorabotka könnte auch mich treffen. Aber sie tat es! In seinem großen hetzerischen Auftritt unterzog I.P. Lapizki meine Arbeiten der »Kritik«. Ich entschloß mich zu einer Erwiderung und erschien zur Fortsetzung auf einer Schriftstellerversammlung, die im großen Saal unter einem massenhaften Zustrom des Publikums stattfand. Ich war gut vorbereitet.

Lapizki trat erneut auf, nun in meinem Beisein, wobei er diesmal auch J.S. Lurje »vernichtete«. In der Pause vor Lapizkis zweitem Auftritt (mit dem er wieder wegen des Erscheinens der »Sendschreiben Iwans des Schrecklichen« in den »Literaturnyje pamjatniki« über uns herfiel) kam J.S. Lurje hinter mir her und meinte: »Alles dahin, alles dahin!« Und hinter Jakow Solomonowitsch kam der nicht ganz unbekannte »Vernichter«, Komsar Grigorjan, und lauschte. Ich wollte nicht, daß Lapizki von unserem »Gespräch« erfährt, und ging schließlich zu den Toiletten, um mich zu verstecken, doch auch dorthin kam mir Lurje hinterher, und ihm auf dem Fuß folgte – Grigorjan ...

Nach der Pause trat ich auf, und konnte, wie mir schien, Lapizki in allen Punkten angemessen entgegentreten, indem ich auf die Fehlerhaftigkeit seiner Zitierweise hinwies – nicht nur, was mich und Lurje betraf, sondern auch bezüglich der »Klassiker des Marxismus«. Die Sache schien klar, und man gratulierte mir zum Sieg, doch der den Vorsitz führende Obkom-Mitarbeiter formulierte sein Schlußwort ungefähr folgendermaßen: »Ein Sonderfall, man muß Ordnung hineinbringen, es kann nicht sein, daß Lapizkis Anschuldigungen angeblich keine einzige richtige Behauptung enthalten.« Ich rief von meinem Platz aus: »Keine einzige!« – und die Sitzung war geschlossen.

Freilich änderte das nichts an der Haltung der Institutsleitung und des Obkom mir gegenüber (wie hätte es auch), doch kamen die Angriffe gegen mich jetzt hauptsächlich von der historischen Fakultät der Universität und hielten recht lange an – solange ich unterrichtete. Auf jeder Sitzung des Lehrstuhls für Geschichte der UdSSR trat jemand gegen mich auf, Lapizki begann zu diesen Sitzungen zu erscheinen, obwohl er doch formell in keinerlei Verbindung damit stand; er kam mit einem einzigen Ziel – irgendeinen Schwachpunkt an mir zu finden. Ich ging daraufhin nicht mehr zu den Sitzungen des Lehrstuhls ...

Einmal, als ich zur Universitätskasse kam, fiel mir auf, daß ich ein ungewöhnlich niedriges Gehalt ausgezahlt bekam. Als ich die Kassiererin danach fragte, gab sie mir zur Antwort: »Das übliche Gehalt eines Assistenten« (ich war zu dieser Zeit bereits korrespondierendes Mitglied der AN). Folglich hatte man mich zurückgestuft und mir

Dmitri S. Lichatschow, 1985

nicht einmal Mitteilung davon gemacht. Ganz offensichtlich versuchte man, mich aus der historischen Fakultät »auszustoßen«. Ich weigerte mich, Assistentengehalt zu beziehen, und stellte, ohne nun meinerseits den Lehrstuhl zu informieren, meinen Unterricht an der Fakultät ein ...

Im »Westnik LGU« schickte mir I.Lapizki einen Artikel »hinterher«, in dem er mich aller Todsünden bezichtigte: Ich sei Monarchist und SRler* und Trotzkist und was weiß ich noch was. Mein Telefonat mit dem damaligen Rektor der Universität, A.D. Alexandrow, brachte nichts. Alexandrow ließ Lapizki das Recht »auf eine eigene Meinung« ...

Im Frühjahr 1994 war ich auf einer Versammlung zu Ehren von I.P. Jeremin in der philologischen Fakultät der Universität. An der Garderobe erinnerte mich W. Cholschewnikow daran, wie ich zusammen mit I.P. Jeremin in eben diesem Gebäude des Lehrstuhls für russische Literatur einer Prorabotka unterzogen worden war – von einer gewissen Roschdestwenskaja, von I. Lapizki und F.A. Abramow; letzterer hatte sich in der »staatlichen Ideologie« noch nicht so gut ausgekannt. Als ich später mit ihm gemeinsam auf dem Dampfer »Tatarija« von Archangelsk aus auf die Solowki fuhr, kam er zu mir und meinte plötzlich, mitten in einem Gespräch über die Schönheiten des Nordens: »Und ich dachte, Sie würden mit mir nicht sprechen« – und erinnerte von sich aus an seinen Auftritt bei der Prorabotka in der Universität. Dabei hatte ich seinen Auftritt längst vergessen – so oft waren damals die »Porki« (»Auspeitschungen«) an der Tagesordnung. Übrigens, zu den Erörterungen unserer Arbeiten war ich damals ausschließlich aus Solidarität gegangen. Ich hätte gut fernbleiben können, weil ich nicht an der philologischen Fakultät unterrichtete: Man ließ mich nicht.

Besonders widerlich war während der Prorabotka die Roschdestwenskaja. Sie war eine außerordentlich dürre (vor Bosheit?) und häßliche, schlampig gekleidete Jungfer. Sie unterzog alle einer Prorabotka, hatte aber selbst noch nicht einmal den Doktor geschafft. Wie mir W.J. Cholschewnikow in Erinnerung brachte, begann sie ihre Anspra-

* Abk. f. Sozialrevolutionär

che immer so: »Ganze drei Wochen habe ich die alte russische Literatur studiert, und ich bin zu der Überzeugung gelangt, daß weder Lichatschow noch Jeremin auch nur das Geringste davon begriffen haben ...« Möglich, daß W.J. Cholschewnikow ein wenig »verdichtet« hat, doch den eigentlichen Sinn der Rede trifft er genau. Über Roschdestwenskajas Auftritt wunderte sich niemand. Man war daran gewöhnt, auch an die Verhöhnungen des während seiner Auftritte sich gequält windenden Lapizki.

Zu Zeiten Romanows* nahmen die Prorabotki andere Formen an. Im Oktober 1975 sollte im Festsaal der Philfak mein Vortrag über das »Lied von der Heerfahrt Igors« stattfinden. Als ich eine Stunde vor meinem Auftritt aus meiner Wohnung trat, fiel auf dem Treppenabsatz ein Mann mittlerer Größe mit sichtlich angeklebtem großem schwarzem Schnurrbart (»vorgetäuschtes Merkmal«) über mich her und schlug mir die Faust in die Eingeweide. Doch ich trug einen neuen zweireihigen Mantel aus dickem Drapé, und der Hieb zeigte nicht die gebührende Wirkung. Daraufhin schlug mir der Unbekannte aufs Herz, doch in der Brusttasche steckte in einem Pappordner mein Vortrag (das »Lied von der Heerfahrt Igors« schützte mein Herz), und der Schlag erwies sich wieder als wirkungslos. Ich stürzte zurück in die Wohnung und rief die Miliz an. Dann ging ich hinunter, wo ein Chauffeur auf mich wartete (ganz offensichtlich von derselben Organisation), und da lief ich selbst los, um den Angreifer in den umliegenden Straßen und Nebengassen zu suchen. Aber der hatte natürlich bereits sein Sportkäppi ausgetauscht und sich den angeklebten Bart abgerissen. Da fuhr ich zu meinem Vortrag ... Meine Anzeige beim Untersuchungsbeamten bei der Miliz zeitigte das gleiche Resultat wie die Anzeige wegen des Einbruchs in meine Wohnung 1976.

Diese Zeit – 1976 – war in Leningrad die Zeit der in Brand gesteckten Wohnungen von Dissidenten und linken Künstlern. Über die Maifeiertage waren wir auf die Datscha gefahren. Bei der Rückkehr trafen wir in unserer Wohnung auf einen umherspazierenden Milizionär. Die Scheibe der Balkontür war eingeschlagen. Der Mili-

* Leiter des Leningrader Obkom in den 70er und 80er Jahren

zionär bat uns, wir sollten uns nicht aufregen, er habe extra gewartet, bis wir zurück sind. Es stellte sich heraus, daß gegen drei Uhr nachts des Vortags die Alarmanlage angegangen war: Das ganze Haus war von der Sirene aufgewacht. Aber nur ein einziger war ins Treppenhaus hinausgesprungen – ein wissenschaftlicher Angestellter, der unter uns wohnte –, alle anderen hatten sich gefürchtet. Die Brandstifter (und genau das waren sie) hatten ein Faß mit leicht entflammbarer Flüssigkeit an die Wohnungstür gehängt und versucht, diese über einen Gummischlauch in die Wohnung zu leiten. Doch die Flüssigkeit lief nicht richtig: Der Spalt war zu eng. Da begannen sie, ihn mit einer Brechstange zu vergrößern, und rüttelten dabei an der Tür. Die Alarmanlage, von der sie nichts wußten (sie war auf den Namen meines Schwiegersohns installiert worden), fing wie wild zu heulen an, und die Brandstifter flüchteten; dabei ließen sie vor der Tür sowohl den Kanister mit Flüssigkeit als auch die Zündschnüre aus Plastik zurück, mit denen sie versucht hatten, die Ritzen dicht zu machen, damit die Flüssigkeit nicht zurückfließt, sowie anderen »technischen Kleinkram«.

Die Untersuchung nahm einen eigenartigen Verlauf: Der Kanister mit der Flüssigkeit wurde vernichtet, die Zusammensetzung der Flüssigkeit nicht festgestellt (mein jüngerer Bruder, der Ingenieur war, meinte, daß es dem Geruch nach eine Mischung aus Kerosin und Aceton gewesen sei), die Fingerabdrücke (die Brandstifter waren bei ihrer Flucht mit den Händen an den gestrichenen Wänden des Treppenhauses entlanggefahren) wurden weggewaschen. Die Sache wurde vom einen zum nächsten weitergereicht, bis schließlich und endlich eine Untersuchungsbeamtin wohlmeinend riet: »Forschen Sie nicht nach!«

Übrigens waren Fäuste und Brandstiftung nicht nur letzte Argumente bei den Versuchen, mich einer Prorabotka zu unterziehen, sondern auch Rache für Sacharow und Solschenizyn.

Der Überfall auf dem Treppenabsatz vor der Wohnung geschah genau an dem Tag, als M.B. Chraptschenko, der auf nicht ganz ehrlichem Weg W.W. Winogradow auf dem Posten des Akademischen Sekretärs abgelöst hatte, mich aus Moskau anrief und mir nahelegte,

Dmitri S. Lichatschow in der Robe
eines Ehrendoktors der Universität Oxford

zusammen mit den Mitgliedern des Präsidiums der AN den berühmten Brief der Akademiemitglieder zu unterzeichnen, in dem A.D. Sacharow verurteilt wurde. »Damit würden Sie sich aller Anschuldigungen und Mißbilligung entledigen.« Ich antwortete, daß ich den Brief nicht unterschreiben wolle, geschweige denn lesen. Chraptschenko schloß mit folgenden Worten: »Nun ja, wo nichts ist, ist auch kein Richter!« Er sollte nicht recht behalten: Es fand sich ein Richter – besser gesagt, ein »Selbstrichter«. Was die Brandstiftung im Mai angeht, so spielte dabei wahrscheinlich meine Mitwirkung beim Entwurf des Kapitels über die Solowki im »Archipel GULAG« eine Rolle. Ich werde nicht alles erzählen, was ich durchmachen mußte, weil ich für den Erhalt des Putewoi dworez auf der Srednaja Rogatka eintrat, für die Kirche auf der Sennaja, die Kirche in Murino, weil ich gegen das Abholzen des Parks von Zarskoje Selo war, gegen die »Rekonstruktion« des Newski prospekts, gegen die Verschmutzung des Finnischen Meerbusens usw. usw. Es genügt, sich die Liste meiner Artikel in Zeitungen und Zeitschriften anzusehen, um zu verstehen, wieviel Kraft und Zeit mir für die Wissenschaft im Kampf für die russische Kultur verlorenging.

Dokumente

Solowezker Aufzeichnungen 1928 bis 1930

Geschrieben teils auf den Solowki, teils sofort nach der Entlassung und in einem gesonderten Heft verschlüsselt, das ich nicht mehr fortsetzen wollte. Das Heft schmuggelten meine Eltern von den Solowki, als sie zu Besuch bei mir waren. (Die ersten Seiten des Heftes sind herausgerissen, um die dort erwähnten Personen nicht in Schwierigkeiten zu bringen.)

... Ich besitze noch Notizen, die für Nichteingeweihte kaum zu verstehen sind und die ich hier entschlüssele. Runde Klammern stammen aus meinem Text, eckige Klammern bezeichnen Entschlüsselungen und nötige Erklärungen. Wo etwas nicht zu entziffern, nicht mehr erinnerlich war, schreibe ich in eckigen Klammern: [unleserl.]. Zuerst kommen die auf den Solowki binnen kurzem gemachten Aufzeichnungen, danach verschiedene Ergänzungen.

Diese Aufzeichnungen geben alles so wieder, wie es war.

Die ersten Seiten des Hefts sind herausgerissen.

Der Morgen mit unerwarteter Bel[euchtung] vom Schnee. Derart frisch – wie die neue Seite eines Romans. »Los rauskommen!« [der Ruf der Konvoibegleiter auf der Station Kem Ende Oktober / Anfang November 1928]

Konnte mich nicht mehr waschen. (Ein Stolypin-Waggon, Sechser-Abteil mit Gitter zum Gang, auf dem die Begleitmannschaft auf und ab ging und auf uns aufpaßte, auf den sie einen aber zum Waschen hinausließen u.a.; im Abteil – ich, Awenir Petrowitsch Obnowlenski, Pjotr Pawlowitsch Maschkow, Tolja Terechowko, Fedja Rosenberg. Andrejewski scheinbar in anderem Abteil mit D.P. Kallistow, Arkascha Seliwanow, Kolja Speranski ...)

Es hat geheißen: »Langsam machen« (jemand hat uns diesen Rat gegeben). Ich dachte – »Wirklich! Denn wir sind angekommen.«

»Kutscher, hetz die Pferde nicht!«* – Ich lachte über die gemeinen Witze (im DPS in der Schpalernaja haben wir gelacht über das unnatürliche Bedürfnis der Häftlinge zu witzeln).

Ich stieg nicht als erster aus.

Mich verblüffte das Hin- und Hergerenne (der Begleittrupp bei den Waggons; der Begleittrupp war »nervös«, gab sich »streng«).

Das durchdringende Gebrüll des Begleittrupps.

In Empfang genommen von einem neuen [Begleittrupp – aus dem Lager].

[Wir] rannten in russischen Stiefeln durch aufgetauten Dreck (ungewohntes Gefühl – ich hatte direkt vor dem Abtransport zum DPS gute russische »gefütterte« Stiefel angezogen).

Ein Begleitmann stieß mir den Korb [von der Waggonplattform herab] direkt ins Gesicht. Hoher Waggon (die Eltern haben mir einen hervorragenden leichten Reisekorb mit Hängeschloß, das an einem Draht hängt, gepackt. Und mit Henkeln. Innen haben sie ihn mit Wachstuch ausgeschlagen, damit die Nässe nicht eindringt. Als ich aus dem Waggon ausstieg, trieb mich der Begleitmann an und stieß mir den Korb ins Gesicht, und aus meiner Nase kam Blut).

Nahm Schnee [auf die Nase] und kam zu mir: »Muß mich beeilen«, »schnell«. [Unruhe:] »Was ist mit den übrigen Sachen?«

Wind, Schnee, flache Gebäude [Kemperpunkt].

Sonne verschwindet mal, springt dann wieder hervor hinter schnell ziehenden Wolken. Iw[an] M[ichailowitsch Andrejewski] ist gestolpert. [Der Begleitmann brüllt:] »Zurück, was soll das?« (Hätte am liebsten selbst in die Fresse?)

[Iwan Michailowitsch:] »Ich bin Arzt« (doch man merkte, daß er große Angst hatte vor dem hysterischen Begleitmann).

Kommando: »In Fünferreihe.«

Fuhrwerk [eines fürs Gepäck der gesamte Etappe]. »Wer wenig [Sachen] hat, der trägt!« [Ruf der Begleitmänner]

Wir gehen los. Weg überflutet.

Seltsames Land – kein Erdreich. Steine und Holzspäne.

* Zitat aus einer russ. Romanze

Iwan Michailowitsch voraus, I[gor] J[ewgenjewitsch] [Anitschkow] auch voraus – ruhig (er bewahrte immer erstaunliche Ruhe). P[jotr] P[awlowitsch] Maschkow war mit seinen Sachen nicht klargekommen, Leidensausdruck im Blick.

A[natoli] Sem[jonowitsch] [Terechowko] versucht zu lächeln und zu scherzen (erinnerte mich – »den Humor [muß man behalten]« –, wie bei der Abfahrt aus dem DPS, als wir versprachen, das Vermächtnis der KAN [Kosmische Akademie der Wissenschaften, wegen unserer Mitgliedschaft hatte uns das OGPU zu fünf und drei Jahren verurteilt] zu bewahren). [Das Vermächtnis bestand darin, stets Humor zu bewahren und das Leben möglichst in ein Spiel zu verwandeln.]

Erstaunt von der Landschaft: riesig, ein riesiger grauer Himmel, bleierne Wolken, Wind, Kälte.

Es schien: Die Natur ist unvergleichlich stärker als der Mensch.

Mystik, Asketentum. Angesichts dieses Himmels der Wunsch zu verbrennen, wie die Altgläubigen (der »Antichrist« [beherrscht die Welt]).

Das Schnappen der Schlösser [an den Gewehren der Begleitmänner – um Angst zu machen].

Heisere Stimmen: »Wollt uns nervös machen?!« Einfach so zur Eile angetrieben.

Uniformmäntel klatschen gegen die Stiefelschäfte [der Begleitmänner].

Mal rennen sie, mal warten sie auf die Zurückbleibenden.

Fast die ganze Zeit im Laufschritt.

Dreck. (Gedanke: bloß schaffen.) Gebet (im Geiste, es beruhigt).

Tor im Draht [Zaun des Kemer Verschickungslagers]. Durchzählen [sechs Buchstaben unleserl.].

[Ruf der Begleitmänner]: »Los in Fünfer!« [d.h. »aufstellen in Fünferreihen«]

Gehen durchs Tor der Verschickung.

Riesiger Felsbrocken – Insel [soviel zum Kemperpunkt].

Flache Häuser [Baracken] – wie die Menschen zu Haufen zusammengetrieben. (Hinter dem Zaun viele Häftlinge – eine richtige Menge zwischen den Baracken.) Das erbärmliche und dreiste Verhalten der eingewöhnten, eingelebten Menschen [Häftlinge].

Gewisse Neugier und Stolz von seiten der »Ansässigen«: »Haben wir auch alles durchgemacht.«

Stück weitergeführt [offensichtlich zu einer freien Stelle hinter den Baracken].

»Empfang« [der Etappe] durch Beloborodow und noch einen.

[Beloborodow] schwankt [bald Feiertag], d.h. besoffen, trägt einen Tschekistenmantel, unglaublich lang, eine Kappe mit breitem Aufsatz und Schirm [Mützenrand, Kragen und Ärmelaufschläge des Mantels schwarz – so sieht auch die Uniform der aus Häftlingen rekrutierten Lagerwache aus]. Hier gibt es weder noch. [Ich weiß es noch wie heute: »Hier herrscht nicht die ›Wlast sowetskaja‹, sondern die ›Wlast solowezkaja‹.* Hierher hat noch kein Staatsanwalt seinen Fuß gesetzt« u.a.] Hier ist L... [unleserl.]. Bald geht er auf Distanz [zu den in Reih und Glied Stehenden], bald auf sie los, würde sie am liebsten zerquetschen, fühlt seine Größe vor der Erbärmlichkeit der vor ihm Stehenden [typischer Sadist; es gab noch so einen, der die Etappen in Empfang nahm – den ehemaligen Gardeoffizier Kurilka].

»In den Briefen wird geschrieben: ›Lebe, bin gesund, mit allem zufrieden.‹«

Und noch was: »Wenn ich sage aufstehen – stehst du auf! Wenn ich sage hinlegen – legst du dich hin. Und sagst Sch...« – dann ein dreistöckiger Fluch – alles gereimt.

Ton eines Gardeleutnants. Rollte das r nicht, redete mit Kurilka französisch; das waren Reste von Weißgardisten, die noch im Petrominsk-Lager saßen.**

* Siehe Fußnote S. 49

** In die Aufzeichnungen hat sich ein ärgerlicher Fehler eingeschlichen, offenbar aufgrund von Gesprächen zwischen den Häftlingen, die nicht immer genau Bescheid wußten über ihre Vorgesetzten. Wie ich bereits schrieb, nahm unsere Etappe nicht »Beloborodow« in Empfang, sondern Beloosérow. Weder der eine noch der andere – Kurilka – waren je Gardeoffiziere.

Laufen im Kreis. Das durchdringende Gebrüll von Beloborodow: »Füße höher!«

Die Sachen auf einem Haufen.

»Alle Urki, Hand heben!«

»Ich lass' euch den Rotz der Krepierten schlucken.«

Und ich muß fast lachen: Alles so unwirklich.

[Beloborodow droht mir:] »Lachen werden wir später noch!«

Ich stellte mich ins erste Glied – Neugier.

I[gor] Jew[genjewitsch] versteckte sich [in den hinteren Reihen]. Durchzählen [d.h. Kommando zum Durchzählen].

Begrüßt die Etappe und lehrt uns, lauter zu antworten mit »Sdra!« (Wir schreien es, aber Kurilka: »Ich hör' nichts, ich hör' nichts, ich hör' nichts. Das muß auf den Solowki zu hören sein! 200 Leute schreien – da müssen die Wände einstürzen.« Und deutet auf das Haus.)

Die Masten für den Sport – wie Galgen.

Und wieder dieser mit seiner Langeweile, seinen Wolken, seiner Weite und unerträglichen Gleichgültigkeit bedrückende Himmel.

Die Sachen auf einem Haufen. Habe Hunger. Holte Kekse aus der Tasche [der Romanow-Schaffelljacke, die mir meine Eltern gekauft haben], teilte mit den anderen.

Ich dachte: In solch einer Lage bleibt nur gegenseitiges Mitleid. Und wirklich, ein schrecklicher Impuls ließ uns alle zusammenrücken [obwohl schon im DPS erste Unstimmigkeiten aufgetaucht waren].

Transportierten auftauenden Schnee auf Schlitten. [Glück gehabt, daß wir Schnee transportierten. Später erzählte mir ein Junge, der Dichter Smelski, in der 7. Kompanie auf den Solowki:]

Kurilka kam aus Moskau, aus einer Offiziersfamilie. Im Bürgerkrieg hatte er in der Roten Armee gedient und nur einen Monat in der Weißen (er beging Verrat). Gab sich aber als Gardeoffizier aus und konnte einige Sätze Französisch. Es muß betont werden, daß moralisch am meisten gefestigt waren – die Geistlichkeit und die Berufssoldaten. Unter ihnen gab es weder Seksoty (informelle Mitarbeiter der Geheimpolizei) noch aus Häftlingen rekrutierte Wachmänner. (Anm. D.L.)

[Bericht Smelskis, wie sie gefrorene] Leichen mit Gekreische auf Schienen transportierten und Spaß hatten und [die Leichen] in Gruben warfen: Eine Kiste [mit Leichen] rutscht gut [über die Schienen]. In der Grube Wasser. Ingenieur, unter die Matratze gesteckt [?]. Steinchen. [Was diese Notiz bedeutet – weiß ich nicht mehr. Offenbar irgendein schreckliches Detail.]

Die Frauenkompanie am Kemperpunkt.

Doppelfenster. Gesichter, an die Scheiben gedrückt. Gesichter – mit plattgedrückten Nasen (offenbar suchten sie in unserer Etappe nach möglichen Bekannten und Verwandten – die Frauen wurden nicht aus den Baracken gelassen).

Von der Arbeit abgehauen, die sehr schwer war, nur weil sie müde waren, streiften umher auf der Suche nach einer Kooperative [wenig Geld, man wollte essen].

Die »Straße« quillt über vor Unrat – die Abflüsse.

Die grauen, dreist herumstreunenden Figuren der Häftlinge.

Ich in der Romanow-Schaffelljacke, mit [Studenten-] Mütze (absichtlich) [ich hatte beschlossen, die blaue Universitätsmütze aufzusetzen, damit man mich nicht für einen Urka hielt] und Stiefeln (an die ich noch nicht gewöhnt war). I[gor] J[ewgenjewitsch] in grauem kurzen Mantel (offensichtlich ein umgearbeiteter Offiziersmantel).

Iwan Michailowitsch Andrejewski und Awenir Petrowitsch Obnowlenski – in Felljacken.

Anatoli Semjonowitsch Terechowko in grauem Mantel, aus Flicken zusammengenäht.

F[jodor] K[arlowitsch Rosenberg] in grauem halblangen Mantel, aber schlechter als der von I[gor] J[ewgenjewitsch Anitschkow].

Mit uns [im Häftlingswaggon] fuhr [die sympathische] Marija Kasim[irowna], doch wir sahen sie nicht [mehr], nur flüchtig in der 3. Kompanie der Fr[auen].

P[jotr] P[awlowitsch] Maschkow trug einen grauen Hut mit Krempe.

Der Dieb [der Domuschnik Owtschinnikow – er fuhr mit uns im Waggon] wurde, wie wir dann erfuhren, in den Karzer gesperrt. Er flüchtete dreimal. Herunterhängende Unterlippe, erzählte [im

Waggon] von der »Sekirka«. Dachte, ich bringe ihm was in den Karzer.

Später traf ich ihn schrecklich abgemagert im Solowezker Lazarett. [Ins Lazarett kam er zusammengeschlagen von der Begleitmannschaft.]

Die Kooperative war geschlossen.

Wir gingen zurück. Die Neugier hatten wir uns noch bewahrt, und die rettete uns auch nach der Eintönigkeit des DPS [Untersuchungsgefängnis in der Schpalernaja].

Es stellte sich heraus: Wir mußten ins Theatergebäude zur medizinischen Musterung [zur Einteilung der Gruppen bezüglich physischer Arbeitstauglichkeit]. Das Theater – ein düsterer Schuppen, damit man sich an diesem düsteren Ort amüsiert, und nicht woanders!

Leer, kalt, feucht.

Wir standen Schlange zu den Ärzten.

Zwei Ärztinnen – junge Frauen – und ein männlicher Arzt.

Mit den Angehörigen der Intelligenzija zeigte man heimliches Mitleid.

Wurden [von jemandem] nach dem Beruf gefragt. Sagte aus unerfindlichem Grund: »Bibliothekar«, aber zu den Ärzten – »Lehrer«.

Ich sah verstohlen in die Kategorie [d.h. ich versuchte zu sehen, in welche Kategorie von Arbeitstauglichkeit man mich eingeteilt hatte].

I[gor] J[ewgenjewitsch] konnte einen kurzen Blick hineinwerfen: mich in die zweite für drei Monate [das hieß, ich konnte physisch arbeiten].

Später stellte sich was anderes heraus.

I[wan] M[ichailowitsch] [Andrejewski] kam in die dritte und I[gor] J[ewgenjewitsch] ebenfalls.

Es war peinlich, das Hemd auszuziehen [trug ein Goldkreuz; interessierte die Ärzte nicht].

Ging wieder hinaus – hatte Hunger. Die Sonne sank zum Horizont.

Ich wollte zu den Sachen, aber man ließ mich nicht hin.

Wurden zusammengeholt. Einzeln aufgerufen. Einer fehlte.

Sie schrien uns an, stampften mit den Füßen [bereits im Dunkeln].

Es stellte sich heraus – Owtschinnikow [fehlte], der Dieb und Älteste.* Er saß im Karzer, wurde als Entlaufener angesehen und schrecklich geprügelt (war unserem Konvoi aber nicht mitgeteilt worden, sie kamen einfach nicht auf die vollständige Zahl).

Schließlich brüllten sie: »Sachen holen!«

Einzeln gingen wir zum Haufen und zogen unsere Sachen heraus. Viele konnten sie nicht finden unter dem Haufen Säcke und Koffer.

Wieder antreten, doch in Zehnerreihen.

Durchgezählt [mehrmals]. Gingen durchs Tor.

Kommando an die Urki [an jene, die keine Sachen hatten], unsere Sachen zu nehmen. Entsinne mich, gab sie einem Urka in Unterwäsche und versprach, ihm ein Fünfzigkopekenstück zu zahlen.

Durchdringender Schrei [der Wache]: »Das strapaziert meine Nerven!« [daß wir nicht schnell genug gehen] Wir gingen fast im Laufschritt.

Die Rufe der Begleitmänner: »Einen Schritt nach links oder rechts sehe ich als Fluchtversuch an! In der Gruppe bleibt niemand zurück! Ich schieße ohne Vorwarnung! Beim Kommando ›Hinlegen‹ – alle sofort runter!«

Unbemerkt in der Dunkelheit, mitten im Laufen, warfen die Urki Körbe in den Straßengraben.

Fühlte, daß ich keine Kraft mehr habe (war schließlich neun Monate im Gefängnis, ohne Bewegung, in schrecklich stickiger Luft, das wirkte sich aus).

Meinen Korb trug der Urka immer noch, dem ich den halben Rubel versprochen hatte.

Gräßliche Kälte.

Wieder der gleiche Weg, Brücke und Quarantäne [auf dem Popow ostrow – heute »Ostrow trudjaschtschichsja«: Insel der Werktätigen].

[Begrüßung]: »Tag, 1. Quarantäne-Kompanie!«

Durchzählen und Ablegen auf den Pritschen.

* Gemeint ist wohl der Baracken-Älteste.

Der Truppenführer und noch einer vom Trupp nahmen [Häftlinge] an Händen und Füßen und pferchten auf jede Pritsche einen (wie Sardinen in der Dose; nur auf die Seite).

[Wir legten uns nicht hin.]

Finster, kaum zu sehen das Tor des Pferdestalls (wo die Pritschen für die Etappen aufgestellt waren) und die beiden schmalen, sicher verhängten Fenster.

Standen fünf Stunden, die Reihen dicht zusammenrückend (vor Kälte). Die Urki tanzten (vor Kälte, in Unterwäsche; wer keine Kleider hatte, bekam nur Unterwäsche ausgeteilt). Ein Leuchtturm blinkte, die Sekirka blinkte nicht.

Der Nordosten ist dem All näher. Dort, an der Nahtstelle von Europa und Asien, entsteht das Wetter, [befinden sich] meteorologische Stationen, [kommt es zu] Eisgang. Die kosmische Kälte – Vorposten der Menschheit. Die Sterne scheinen näher, und die Schleier des Nordlichts lüften ein wenig das Geheimnis der Schöpfung, um den Seelen der Menschen tödliche Kälte, Leere und Angst vor der Gewaltigkeit des Universums einzuflößen.

Ein Wachmann in langem Mantel und Filzstiefeln läuft mit unhörbaren Schritten am Drahtzaun entlang auf und ab, genau wie das Pendel einer unsichtbaren Uhr, wie der Kolben einer riesigen Maschine. Kein Wind, sondern ein ganzer Orkan pfiff in unseren Ohren, kalt, eisig, und blähte die Schöße meiner Felljacke.

Der Frost wurde strenger, der angetaute Schnee gefror, der Wachmann lief immer schneller, immer schneller ging die geheimnisvolle Maschine – nur die Sterne über sich.

Leitsterne?

In der Morgendämmerung wurde die Mole erkennbar, und von dort, wo die Insel liegen mußte, kam ein Dampfer – »Gleb Boki« ([seinen Namen habe ich] später erfahren).

In die Kompanie gestoßen. Nichts zum Sitzen. Schleppte meine Sachen und schob sie unter die Pritsche. Später lange gesucht – ich wußte, daß die Sachen das letzte sind, was mit zu Hause verbindet (in diesem Augenblick war das Wichtigste – die Fürsorge der Eltern zu spüren).

Nichts zum Sitzen. Alles nur von einer trüben Lampe erleuchtet. Beißender Geruch. Der Kopf heiß, aber die Füße [unleserl.] kalt. [Die Anführer unter den Häftlingen] schlugen einen kleinen Bengel auf den zweiten [oberen] Pritschen mit Gürteln auf die Beine, wegen eines verschwundenen Teekessels. (Endlich segelte der Teekessel über die Köpfe, und sie hörten auf, den Bengel auf die nackten Beine zu schlagen.) Ein dicker polnischer Truppenführer [einer von den Häftlingen] hatte Andrjucha [Michankow] schwer beleidigt, wollte, daß er den Durchgang frei macht (wohin ausweichen? standen Schulter an Schulter), und entschuldigte sich später bei I[wan] M[ichailowitsch] Andrejewski: »Wir sind wenige – die Bengel sind viele; Sie müssen auf unserer Seite stehen.«

Die Wanzen krochen (auf die Schlafenden auf den Pritschen) wie eine geschlossene Wand. V[ater] Alexandr und einer aus Kuban [entsinne mich seiner: ein schöner Mann im Tscherkessenrock], ein Mulla (der zwei Plätze einnahm), auf einer einzigen Pritsche, ließen [uns] nacheinander ausruhen (der Kabardiner aus Kuban beschützte uns, die Liegenden, lediglich vor den jungen Bengeln; die Plätze traten der Mulla und der Priester Alexandr ab).

Man holte [aus den Baracken] der Reihe nach alle zur Arbeit, die in der Nähe standen (zu den hinteren war kein Durchkommen). Die Bengel spuckten uns an und warfen und schnippten gezielt mit Läusen.

Nachts [in der darauffolgenden Nacht] bei Lampenlicht [Kerosinlaternen, versteht sich, die »Fledermäuse«] schrieb unsere ganze Truppe die Tätowierungen [»Nakolki«] eines Bengels auf kleine Kärtchen ab [als Kennzeichnungen]. Schlugen [ungewollt] einen herrischen Ton an (I[wan] M[ichailowitsch Andrejewski]). Und sofort standen wir auf der Seite der Minderheit (wie es der polnische Truppenführer von uns wollte). Der Dichter Jaroslawski schlich sich an, um die Tätowierungen abzuschreiben. Jaroslawski flüsterte [dem Truppenführer] irgendetwas ins Ohr. [Der Pole schlug bös mit der Faust auf den Tisch und sagte:] »Warst geheim – jetzt kommt's raus.«

Bekam Linsen in den Becher (die Eltern hatten mir auf den Rat erfahrener Leute hin einen großen Aluminiumbecher mitgegeben – ein sehr guter Rat). Die Linsen kamen mir köstlich vor. Der Tee schmeckte [später] noch lang nach Linsen. Den Becher hatte ich bei mir in meiner [großen] Jackentasche. Der Abort – draußen. Vereiste hohe Latrineneimer hinter einer Trennwand und pfeifender Wind. Die Latrineneimer aus Eisen.

Beim Raustragen kippte einer (ich weiß noch – ein Ingenieur) sie sich drüber (zwei trugen die Eimer an einer Stange, die durch die Henkel geschoben war, der vordere fiel hin, und der ganze Inhalt kippte auf ihn). [Der Ingenieur] rutschte aus und war ganz starrgefroren, bis er wieder bei der Baracke war. (In die Baracke ließ man ihn nicht. Er starb – erfror.)

Ma[rija] Kasim[irowna] wurde weggebracht ... Wir wußten: [ihr Mann war Pole].

Lernten die Kabardiner kennen. Der leicht hinkende hieß Chas Bulat Albaxidowitsch. Der andere war rotwangig und stattlich. Es gab noch andere – ruhige, stattliche Männer in Felljacken und Schaffellmützen.

Verbund der Russen und Kabardiner.

Dm[itri] Pawl[owitsch] Kallistow in blauer wattierter Jacke.

Gingen zum Verkaufsstand auf einen Hügel – kaufte Seife in einer E[isen]schachtel [meine gab es nicht] mit einem Pionier [als Abbildung auf der Schachtel] und Moosbeerenextrakt [zum Teetrinken].

Waren überspannt lustig und sahen oft zur Insel hinüber: Wer von uns würde fahren (die Fünfjährigen schickte man auf die Insel, die Dreijährigen ließ man in Kem).

Wir wußten, daß die Fünfjährigen fahren. Aw[enir] Petr[owitsch Obnowlenski], Ark[ascha Seliwanow] und Nik[olai] Jewg[enjewitsch Speranski] hatten Angst, allein zurückzubleiben, ohne uns – und so geschah es auch.

Gespräche mit einem chinesischen Arzt [Naturheilkundler]: in weitem Glockenmantel, mit Hut und Stiefeln (er war reich, aber er fuhr so, wie man ihn verhaftet hatte). Es erwies sich, daß er orthodox war, der »berühmteste Mann Sibiriens« (sagten die, die über ihn Bescheid wußten).

Zwischen dem Mulla-Kabardiner und Vater Alexandr bestand eine rührende Freundschaft. Sie ließen uns auf der Pritsche ausruhen. Tee auf der Pritsche – beim Eingang rechts (dort, wo die Kabardiner den Platz für den Mulla und den Priester verteidigten). Langer grauer Bart (weiß jetzt nicht mehr, von wem, sehr wahrscheinlich vom Mulla; Vater Alexandr hatte keinen besonders langen Bart).

Iw[an] Mich[ailowitsch] nannte uns alle »meine Schüler«. [Sagte es] auch zum Chinesen. Das ärgerte die unter uns, die gar keine Schüler von Iwan Michailowitsch Andrejewski waren, doch Iwan Michailowitsch prahlte gern ein wenig. Vater Alexandr verwies auf Vater Nik[olai] [Piskanowski] und den Archipriester von Wjatka, Wiktor Ostrowidow (sagte, daß sie auf den Solowki auch uns irgendwie unterbrächten, was sich auch bewahrheitete).

Erneut Menschen auf die Füße geschlagen (die auf kurzen Pritschen lagen). Stellten [die »Schuldigen«] auf Felsen (ohne Kleidung im Wind). Die »Schuldigen«, die sich vor der Arbeit gedrückt hatten, rannten um einen Mast [und mußten rufen]: »Ich bin ein Filon, ich will nicht arbeiten und störe die anderen« (so ließ man sie ununterbrochen rufen, bis ihnen die Stimme wegblieb).

Brüllten Michankow an und sagten zu Iw[an] Mich[ailowitsch]: »Wir sind schließlich auch Menschen.«

Am Morgen die Gruppe [Häftlinge zum Transport auf die Solowki] zusammengeholt. Diese Nacht schlief ich einige Zeit in der Hocke.

Zog Filzstiefel mit Galoschen an. Es zog (an den Beinen; von unten Frost, von oben Hitze).

Sie brüllten mehrere Stunden herum. Riefen alle heraus, außer Obnow[lenski], Sper[anski] und Ark[ascha Seliwanow]: die waren Dreijährige.

Brüllten und gingen mit den Kabardinern.

Am Morgen klarte es auf. Zuvor hatten wir eine Lore beladen. Sprang aus den Schienen. Man drohte mit Karzer, wir wurden aber aufgerufen [zur Etappe], wodurch wir dem Karzer entgingen.

Den Koffer [Korb in Form eines Koffers] ließ ich tragen. Die ganze Zeit aufgepaßt, daß der Bengel ihn nicht wegwirft und nicht klaut.

Stiller sonniger frostiger Morgen.

Der »Gleb Boki« steht unter Dampf (der Klosterdampfer [der »Solowezker«]).

Sie stießen [die Häftlinge] der Reihe nach unter Deck – Gefluche.

Brachten den Dieb Owtschinnikow aus dem Karzer, wo er geschlagen worden war.

Owtschinnikow schnappte sich uns, ließ uns nicht hinuntergehen und zerrte uns auf den Absatz unter einer Treppe [unter die Gangway, die hinunter in den Schiffsrumpf führte].

Wir standen lange. Oben [an Deck] wurden die weiblichen Häftlinge [Marija Kasimirowna] und die »Swidanzy«* verladen.

Als man uns nach oben ließ (Luft schnappen; die unten im Rumpf bekamen kaum Luft, und viele starben), trug ich meine Studentenmütze über einer Strickmütze, die wir zu Haus noch aus dem Ersten Weltkrieg gehabt haben, und sah hinauf zur Kapitänsbrücke, wo eine »Swidanka« stand: »Na, wir sind welche.«

Meer, Felsen. Das verschwindende Ufer des Festlands. Für immer? Der Dampfer durchschnitt die Wellen, nahm eine Welle längsseits, brach sie zur Gischt.

Das Auftauchen der Sekirka: Owtschinnikow deutete hin.

Ohnmacht bei Iwan Mich[ailowitsch] [Andrejewski].

Das Auftauchen der Klostermauern. Die Insel erschien schrecklich groß. Kälte, durchdringender Wind.

Owtschinnikow machte Maschk[ow] aufmerksam, als diesem einer in die Tasche langen wollte. Wieder unter Deck gejagt.

Schrecklicher Lärm durch das am Rumpf schabende Ufereis.

[Man begann uns hinauszuführen.] Die Sachen wurden auf eine Fuhre geladen. [Ich dachte:] »Aha – schon besser.«

Kal[listow] und andere gingen die Fuhre abladen.

Wurden zur 13. Kompanie gebracht. [Sie lag im Troizki sobor neben dem Preobraschenski; das Klo befand sich im Altarraum – absichtlich; zum Appell und zur Arbeitseinteilung führte man uns in Gebäude um den Preobraschenski sobor herum.]

Einer mit Piroschok-Mütze aus Lamm[fell], Schal und schicken Filzstiefeln – weißer Filz – nahm [die Etappe] in Empfang.

* Frauen, die ins Solovecker Lager kamen, um ihre Männer zu besuchen

Kannte [ihn] nicht – vielleicht [war er einer] im freien Dienstverhältnis. Ließ uns mit lauter Stimme mit Vor- und Vatersnamen antworten.

Beeindruckt vom Eingang ins Kloster durch die Nikolskije worota – wollte die Mütze ziehen und mich bekreuzigen. War noch niemals zuvor in einem Kloster. Sergijewo [bei Leningrad, an der Strelna] nicht gerechnet. Erster Stock [der über dem Untergeschoß der Kirche]. Wieder Durchsuchung. Keine Kraft, um [erneut] den Korb aufzuschnüren.

Schrecklicher Durst.

Hielt mich kaum auf den Beinen.

Jemand packte die Sachen für mich. Erfuhr, daß Mischkas [meines Bruders] Gürtel geklaut worden war. [Offensichtlich Urki.]

Gingen in die Banja [hinter dem Kreml – sie ist auch heute noch in Betrieb auf den Solowki]. Gaben für die 13. Kompanie die Sachen in die Des[infektions]kammer. Fürchteten, man würde uns alles abnehmen und uns nackt in die Banja schicken.

Blieben in der Banja ungewöhnlich lang, nicht wie im DPS üblich [dort in der Schpalernaja: rund 10 Minuten]. Trank kaltes Wasser direkt aus dem Hahn, die Zähne wurden kalt. Die getragenen Kleider wurden alle in die neue Desinfektion genommen. Nackt jagte man uns über die kalte Stiege. Das Gift der schrecklichen Müdigkeit verhinderte eine Erkältung. Die berühmte Banja Nr. 2. [Ein Lied über sie:

Viel hab ich gelitten, viel hab ich gesehn
in der Banja Nummer zwei –

auf die Melodie von »Schacht Nr. 2«.]

Ich hatte bereits Läuse.

Dann sah ich die Banja einen Monat lang nicht. Starb vor Wanzen. In der 13. Kompanie [aus der Banja zurückkommend] traf ich den polnischen Truppenführer, der mich zu sich rief und befahl, sieben von meinen Leuten auszuwählen. [Da es mehr von »meinen« gab,] konnte ich nicht alle meine Leute auswählen. Die restlichen waren mir böse. Nicht gewählt habe ich Kallistow, Maschkow, Andrjuscha Michankow.

Brachte sie in mein Zimmer. [Gab dem Truppführer 1 Rubel.]

Kam der betrunkene Tschernjawski, es war der Abend vor dem 7. November, und befahl: »Alle zurück!«

Der Truppenführer blinzelte mir zu und befahl abzuwarten.

Es war Owtschinnikow gewesen, der geraten hatte, den Truppenführer zu bestechen. Er prägte den Ausdruck »Blat« [der damals »draußen in der Freiheit« noch überhaupt nicht bekannt war].

Und Iw[an] Mich[ailowitsch] war mein erster Lehrer in »Tufta« und »System Andrejewski« beim Bau der Filimonowo-Eisenbahnstrecke. [Als man uns zu irgendeiner Baustelle in den Wald brachte und wir mit Brechstangen den gefrorenen Boden aufstemmen sollten, zeigte er uns, wie man nur leicht die Brechstange hineinstößt und dann so tut, als stemme man den Boden auf, indem man die Brechstange hin und her bewegt.] [Das »System Andrejewski« verhinderte, daß wir uns völlig überanstrengten. Doch das war später, ich kehre dorthin zurück, wo ich unterbrochen habe.]

Bis zwei Uhr nachts behielt man uns in der Zentralkirche, trug die Berufe ein. Das machte so ein Philologe. Aus irgendeinem Grund bot ich mich als Paläograph an. Er fragte, ob ich nicht Schüler von Sobolewski sei. Wieder rief ich all die unseren zu ihm, diesmal auch And[rejewski]. Iw[an] Mich[ailowitschs] Pech, nicht zu den Sanitätshelfern zu kommen, dabei war er tatsächlich Arzt und Psychiater.

Angebot von Jaroslawski [zum zweiten Mal], antirel[igiöse] Vorträge zu halten und Seksot zu werden [mir scheint, Jaroslawski war genau dies; er wurde bald entlassen].

Konnte nicht essen: vor Müdigkeit und weil von dem Wasser, das ich in der Banja in Unmengen getrunken hatte, der Hals geschwollen war. Konnte die Kekse nicht schlucken, es tat weh, es rutschte nicht hinunter.

Ich lag unter dem Fenster gegen [Bestechung von] 1 Rubel. Auch Iw[an] M[ichailowitsch] und Tolja [Terechowko], der uns dann verließ.

Morgens erwachte ich Seite an Seite mit Vater Nikolai Pisk[anowski], den uns in Kem Vater Alexandr empfohlen hatte. V[ater] N[ikolai] machte uns mit dem Archipriester Wiktor bekannt [alle von der

Kirche waren Iosiflianer und erkannten das Sergianertum nicht an] und war die ganze Zeit bis zu seiner Abreise von der Insel unser geistiger Vater. Ich sah darin [in der inneren Begegnung mit V. Nikolai, der auf dem Fenstersims saß, friedlich seine Kutte flickte und mir damit schon am ersten Morgen nach der Ankunft auf den Solowki eine Portion unglaublicher Ruhe gab] ein Wunder! [Und das war es auch.]

Erzählte ihm [V. Nikolai], wer wir sind.

Iwan Michailowitsch hat später sogar in der 6. Kompanie [der Wachkompanie, in der alle alten Priester waren, darunter auch V. Nikolai] eine »Mitteilung« über seine Reise nach Optino* gemacht.

Andrejewski empfahl uns allen als »Meine Schüler«. Toljas Verärgerung [Terechowko war nie bei Andrejewski gewesen und glaubte nicht an Gott].

Es tauchte auch Vater Alexandr auf. Später arbeitete er als Ofensetzer. Zwei Spione [schwirrten um uns herum]: Wenja und [Auslassung in den Notizen]. Doch [V. Alexandr] beschaffte ihnen Hemden, gab ihnen Essen. Hatte Mitleid mit Tolja [auch wenn er Atheist war] – »er ist ein Waise«.

Tolja meinte: »Ich werde noch zum Christen, aber nicht durch Andrejewski, sondern durch V. Alexandr.«

V. Alexandr versöhnte Tolja und Iw[an] Mich[ailowitsch]. V. Alexandr war Ukrainer, Lehrer, »er hatte viele Kindlein«. Er liebte seine Kinder, war überaus sanft, sprach mit nettem Okanje** [und ukrainischem Akzent].

V. Alexandr und V. Nik[olai] gingen [als alte Männer] beide nicht zu den allgemeinen Arbeitsdiensten, sondern waren Wächter.

Dann wurde ich verlegt [in die 12. Kompanie], und Igor Jewgenjewitsch nahm meinen Platz am Fenster.

Morgens wurde die Einteilung zur Arbeit im Dunkeln mit Laternen, »Flederm[äusen]«, vorgenommen.

Der Einteiler, ein Tschubarowez [es gab viel Gerede über die Sache mit der schrecklichen Vergewaltigung im Leningrader Tschu-

* Optina-Einsiedlerkloster bei Kozel'sk im Gouvernement Kaluga

** Abweichende Aussprache des russ. unbetonten o als o (statt als a)

barowski pereulok], rief die Leute, die zu physischer Arbeit abkommandiert waren, namentlich in die Gruppe. Es gab seltsame Nachnamen unter denen, die jeden Morgen monoton aufgerufen wurden. [Habe mir gemerkt:] »Scharachudinow«. Man glaubte, gleich würde aufgerufen: »Dostojewski, Fjodor Michailowitsch!« Alle Individualität war genommen, weggewischt mit der schrecklich kreischenden Stimme des Einteilers.

Stundenlanges Warten: Wer kommt wohin [zu welcher Arbeit]?

Erinnere mich an das Durchzählen in der 13. Kompanie. Der letzte im Glied schrie: »Hundertzweiundachtzigste in Zehnerreihen vollständig« [d.h. in der 13. Kompanie allein waren 1820 Mann]. [Später wurden es mehr, als noch ein Pritschenstockwerk eingebaut wurde.] Doch waren nie alle von der Liste da, da die nackten Urki, die ihre ganzen Kleider beim »Stos«* verspielt hatten, sich unter den Pritschen versteckten, damit man sie nicht nackt zur Arbeit in die Kälte trieb [auch das kam vor]. Endloses Durchzählen, allen der Reihe nach Schläge ins Gesicht, Gefluche.

Und ringsum Plakate: »Die Solowki str[afen] nicht, sie bessern«, »Schluß mit Flüchen, Blat und Speichelleckerei«.

Die Müdigkeit am Morgen. Wohin, wenn man nachts mal aufs Klo muß? Die Schlafenden rückten dicht zusammen [und man konnte sich nirgends mehr hinlegen]. Ich drängte I[gor] J[ewgenjewitsch] an den Pfosten [die Pritschen hingen an Pfosten]. Kalte Luft vom Fenster.

Ein nackter junger Bengel [war untergekommen] im 8. Trupp. Wir [waren] im Zimmer der Lastenträger. Kaukasier, die uns Tee drüberkippten [kochendes Wasser]. Sie lagen auf den oberen Pritschen, wir auf den unteren.

Ewiges Kochen [auf den Zimmeröfen], geklaute Kartoffeln.

Schreckliche Mauern der Kirche. Auch V. Al[exandr] und V. Nik[olai], die nicht in den Altarraum aufs Klo gingen [gingen ins zentrale Klo].

Wuschen uns morgens aus dem Becher von Igor Jewgenjewitsch.

* Kartenspiel

Seltsam sah Pjotr Paw[lowitsch] aus, dem sie die Haare abgeschnitten hatten [er war der einzige von uns, der in der Freiheit langes Haar getragen hatte].

Dmitri Pawlowitsch besuchte das SOK [Solowezker Landeskundliche Gesellschaft]; es lag über den Swjatyje [Poscharnyje] worota, wo sich in der über dem Tor errichteten Blagoweschtschenskaja-Kirche ein herrliches Museum für altrussische Kunst aus Solowezker Beständen befand; Dm[itri] Pawl[owitsch] versuchte, dort eine Arbeitsstelle zu bekommen [und erzählte, er sei der Sohn von B.D. Grekow].

Tolja [Terechowko] hatte dem Truppenführer eine Pfeife geschenkt, damit er ihn morgens aus den Reihen rufe und in die Kompanie zurück[schicke].

Mein Besuch im Lesesaal. Las dort die »Kr[asnaja] wetsch[ernaja] gaseta«, dachte bedauernd an Petersburg: der Dworzowy most in der Dämmerung, wenn eben erst die Laternen aufflackern, ungeheuer schön der Blick auf die Dworzowaja ploschtschad. Bekam einen Brief von Jelena Alexandrowna [Lopyrewa]. Dachte, ich bin auf ewig verdammt, kehre nie mehr zurück. Obwohl wir schon damals O. Mandelschtams Gedicht gelesen hatten: »In Petersburg kommen wir wieder zusammen«* ... [aber wir hatten nicht daran geglaubt].

Besuch bei Alexandr Iwanowitsch Melnikow, dem Schriftführer der Verwaltungsabteilung, Flak-Offizier bei A.F. Kerenski, der mir später einen Passierschein für die gesamte Insel ausstellte. Damit schenkte er mir die sonntäglichen Spaziergänge, die meine Gesundheit retteten. Ein Brief von Olga Dmitrijewna [Melnikows Frau, eine Freundin meiner Mutter] an ihren Mann über mich. Melnikows Versprechen, mich als Wächter unterzubringen [die leichteste Arbeit]. Mein Besuch bei Alexandr Arturowitsch Peschkowski [in der Kanzlei-Kompanie, um eine Büroarbeit zu bekommen]. [Peschkowskis Onkel hatte ein Buch über die russische Syntax verfaßt; Alexandr Arturowitsch arbeitete im Kriminologischen Büro bei A.N. Kolosow] Im

* »V Peterburge my sojdemsja snova«

Fellmantel [im Zimmer der Kanzlei-Kompanie fürchtete man, ich könnte Läuse einschleppen] – kein Angebot, ihn abzulegen; im Zimmer waren Bachruschin und der bemerkenswerte junge Philosoph Bardygin [Kaufmannssohn]. Ironisches Verhalten von Iwan Michailowitsch.

Treffen mit Alexandr Nik[olajewitsch] Kol[osow]. [Ein Treffen bezüglich der Arbeit, mit Empfehlungen des Archipriesters Wiktor Ostrowidow] Gespräch auf einer Bank [zum Glück für die unseren, mit Alexandr Nikolajewitsch Kolosow, der selbst nicht zu uns in die allgemeine Kompanie kam].

Später ausgerichtet: Alex[andr] Nik[olajewitsch] sei begeistert von Iw[an] Mich[ailowitsch] And[rejewski].

Der herrschaftliche Pelzmantel und der Gehstock von Kolosow [füge noch an: ein hervorragend frisierter halbergrauter Bart].

Hin und wieder Begegnungen, wenn wir Schnee transportierten. [Uns gleich bei der anderen Arbeit unterbringen, konnte er nicht – wir mußten die Frist der »allgemeinen Arbeitsdienste« ableisten, welche Frist das war, weiß ich jetzt nicht mehr.]

Grauer Bart, Lächeln, stand da, gestützt auf seinen selbstgemachten Gehstock aus Birkenholz. Schließen der Augen – Symptom von Doktor Iwanow-Smolenski [irgendeine Nervenkrankheit, wohl Hysterie]. Hysterische Offenheit.

Fragte uns nach wissenschaftlichen Veröffentlichungen.

Besuch der [Freien philosophischen] Assoziation. Reise nach Leningrad. Rückkehr und Schokolade »Tip-Top« von Jelena Al[exandrowna].

Unterzubringen nicht versprochen [offenbar, Kolosow – uns].

Zimmer mit Schild »Notausgang« in der Sanitätsabteilung [was das für ein Zimmer war – ob dort das Krimkab von A.N. Kolosow war oder die Kommission, die erneut die Arbeitsfähigkeit prüfte – ich weiß es nicht].

[Mir scheint, ich fange jetzt an zu begreifen, um welche Reise nach Leningrad es sich in meinem verschlüsselten Text handelt: Es war der Leiter des Museums des SOK, der frei angestellte Nikolai Nikolajewitsch Winogradow, der vor der Einstellung des Schiffsverkehrs nach Leningrad fuhr; er besuchte »Wolfila«, und er traf sich mit meinen Eltern, und er brachte die Tafel »Tip-Top«, und er war es, der versprach, uns bei sich arbeiten zu lassen, worum ihn der Archipriester Wiktor gebeten hatte.]

Die allgemeinen Arbeitsdienste, auf denen wir waren.

Die Filimonowo-Zweigstrecke [die Solowezker Eisenbahn: Schmalspur, herbeigeschafft von der zerlegten Eisenbahnlinie Nowgorod–Staraja Russa].

Die Freistellung durch Jesuiten-Sanitätshelfer [Michankow sprach mit ihm französisch] unter die Nase gehalten. Der Sanitätshelfer – Stanislaw Kasimirowitsch oder so ähnlich. Er war es, der uns die Bescheinigung ausstellte: »Nur für leichte Arbeit einzuteilen.« [Seltsam, aber an diesen Jesuiten erinnere ich mich gut. Er konnte Latein und war deshalb zu den Sanitätshelfern der 13. Kompanie gekommen. Selbstverständlich hatte er Mitleid mit der Intelligenzija. Von kleinem Wuchs, mit sehr markantem »Raubtier«-Profil, schmalen Lippen. Ich würde ihn wohl wiedererkennen. Damals gab es auf den Solowki viele polnische katholische wie auch orthodoxe Geistliche.]

Zur Arbeit war es ein langer Weg. Wir fällten Bäume [Schritt für Schritt wurde die Zweigstrecke bis Filimonowo gelegt – heute gibt es auch die Gebäude im Filimonowski skit* nicht mehr, alles von Wald überwuchert, wie man mir sagte].

Sonne und Schnee, wie am Anfang eines Romans. Wollte gern so schreiben. Erinnerte mich an »Oblomow«:** »Der Schnee fiel in dicken Flocken und deckte alles zu!« Doch in »Oblomow« war das ein symbolisches Ende, mir aber kam es vor, als finge mit unserem Aufenthalt auf den Solowki alles neu an.

Bekanntschaft mit Michailowski: Bart [später abrasiert], hohe Pelzmütze, Fischerstiefel und hohe Stimme. SR-Partisan. War unter der Sowjetmacht nur zwei Wochen in Freiheit – und wieder zehn Jahre. Hatte ein schlechtes Herz – »zu lang gesessen«. Verhielt sich allen gegenüber gelassen. Sie war den alten Soldaten und denen, die schon mal gesessen hatten, sofort anzusehen – die Gelassenheit.

* Kleines Kloster für Einsiedlermönche

** I.A. Gončarov: *Oblomov*

Überanstrengt haben sich die Leute [aus Mittelasien] in ihren Kitteln. Waren nicht gewohnt zu arbeiten – bei ihnen arbeiten die Frauen.

Zum wiederholten Male hinausgejagt – die Filimonowo-Zweigstrecke. Gruben nach dem »System Andrejewski« [siehe dazu oben] – in einer Reihe mit Spitzhacken und Schaufeln.

Marsch zur Fuchsfarm [lag auf der Insel an der Glubokaja guba]. Unterhaltung auf Englisch mit Igor Jewgenjewitsch – Fedja Rosenberg war erstaunt. Petja Maschkow auf dünnem Eis eingebrochen. Ließen uns die gefällten Stämme übers brechende Eis ziehen. Der Wald – so schön. Fähre. Hielten uns an einem Seil. In der Fuchsfarm schleppten wir Ziegelsteine bis zur totalen Erschöpfung.

Erklärungen von Iw[an] Mich[ailowitsch]: Wir sind doch alle 3. Kategorie Arbeitsfähigkeit. Der unidentifizierte Serebrjakow [die Mutter in Paris, aber wohl nicht die Malerin] trieb uns zur Eile an. [Wieso »unidentifiziert«?] [Später freundeten wir uns an.]

Aßen Schokolade [noch von zu Haus] während der Arbeit. Der Geschmack des Brotes im Frost.

Transportierten vor allem Schnee. Die latinisierende, französisierende und anglizierende Quadriga. Ig[or] Jew[genjewitsch], Iw[an] Mich[ailowitsch], Michankow – beim amüsanten »Sawdworom«,* »Großväterchen«. Deklination [»Sawdworom«, »Sawdworoma«, »Sawdworomu« usw.] – von Ig[or] Jew[genjewitsch].

Freundschaft zwischen ihm und Ig[or] Jew[genjewitsch]. »In früheren Zeiten hätte ich das wohl kaum gekonnt« usw. [d.h. so, von gleich zu gleich, mit einem »Sawdworom« zu reden, mit ihm befreundet zu sein].

Igor Jewgenjewitsch hat das sehr gefallen.**

* »zavedujuščij dvorom« (zavdvorom): Leiter des Hofs

** Mit selbigem Igor Jewgenjewitsch verbindet sich in meiner Erinnerung noch eine andere Geschichte. Igor Jewgenjewitsch hatte in den besten Colleges von Frankreich und der Schweiz studiert. In England wohnte er einen Winter lang in Eton. Ob er dort allerdings studierte, ist unklar. Als ich in England war und Windsor und Eton besuchte, gelang es mir nicht, I.J. Anitschkow in

Transportierten noch Abfall und Schweinemist auf den Abladeplatz hinter der Frauenbaracke.

[Ich weiß noch heute, wie widerlich der Schweinemist gestunken hat, und hinterher stanken wir alle genauso.] Gespräche über die russische Thronfolge. Kallistow und Fedja Rosenberg, die Grabgruben ausheben für die, die im Winter sterben – Massengräber in Form von langen Gräben.

Schneeräumen auf der Eisbahn [für frei Angestellte; das lief alles unter leichter Arbeit].

Prof. Klein, sehr mager, der sich in der 14. Kompanie das Essen selbst kocht [kurz darauf an Krebs gestorben], und der Antiquar, der an

den Schülerlisten von Eton zu finden. Jedenfalls hatte er eine hervorragende Ausbildung erhalten, und er kannte auch die englische Etikette bestens. Auf den Solowki in der allgemeinen Kompanie (am ehesten wohl in der 13.) erzählte er mir ausführlich, worin sich die englische von der ›kontinentalen‹ Etikette unterscheidet, vor allem von der deutschen, zu der seiner Meinung nach auch unser russisches Verhalten zählt.

Dieses Wissen half mir in England, besonders als mir die Ehrendoktorwürde der Universität Oxford verliehen wurde. Als der Vize-Kanzler von Oxford mir die Urkunde hinhielt und mir gratulierte, nahm ich meine Oxford-Mütze auf englische Art vom Kopf – ohne Verbeugung. Beim anschließenden Empfang wurde ich gefragt, woher ich wisse, wie man den Hut auf ›Oxford-Art‹ zieht? Ich tat mich schwer zu erklären, daß ich es schon seit langem weiß und wo man es mich gelehrt hat.

Man lehrte mich in der 13. Kompanie auch noch etwas anderes: meine Studentenmütze fester auf den Kopf zu ziehen und nach Möglichkeit irgendetwas Weiches unterzulegen. Beim Verlassen der 13. Kompanie bildeten sich draußen auf dem Türabsatz oft Menschenstaus: Es gab viele Häftlinge und nur einen Ausgang. Und dann ließen zwei Wachmänner mit schwarzkrempigen Mützen lange ›Dryny‹ auf den Eingang niedersausen – Stöcke, mit denen sie die Herein- und Hinausgehenden schlugen, damit sie schneller gingen. Sie schlugen damals vorrangig die halbnackten ›Wschiwki‹, doch, im ungünstigen Moment, traf es auch durchaus anständig aussehendes Publikum. (Anm. D.L.)

Typhus starb ... Fuhren Schnee hin und her und auf den Gemüsegarten beim Kreml [unten hinter der Nikolskaja baschnja]. Es gab viel Schnee.

Tolja Terechowko und Pjotr Pawlowitsch wurden zur Etappe geholt [beide hatten dreijährige Haftstrafen, und sie wurden aufs Festland geschafft]. Kamen nachts zu uns herübergelaufen, um sich zu verabschieden. Lief zu A.I. Melnikow, damit sie mich nicht zur Etappe holten. Und sie holten mich nicht [aber vielleicht auch, weil ich fünf Jahre bekommen hatte]. Die Hölle – Etappe von Anser zum Festland. In der Kirche ganz Nackte [die Kleider in einem Zimmer gesammelt]. Nachts ging ich aufs Klo, und dort erzählte jemand von der »Etappe auf allen vieren« [man schickte sie aufs Festland] der amnestierten Bettler von Moskau. (Ob einer von diesen nackten amnestierten alten Männern und Frauen überlebt hat?!)

Gerüchte über den Kondostrow,* wo die Spitzel hinkamen. Und die Verwaltungsabteilung, die gegen die Spitzel kämpfte, sie ganz von der Insel wegschickte.

Zimmer von Melnikow und Winogradow [ein anderes] in der 6. Kompanie, wo die Alten die Wachmänner sind, aber ihr Raum liegt weiter oben. Melnikow begrüßte mich betrunken, sich an der Tür festhaltend. [Wurde Arbeiter in der Ausgrabungs-Kommission, die der Architekt-Restaurator Nasimow leitete.]

Zusammen mit Nasimow Messungen [gemacht] in der Golowlenkowskaja baschnja, entdeckten den »Meschtscherinowski prochod« [den Durchgang, durch den die Truppen Meschtscherinows** in den Kreml eingedrungen waren]. Erste Bekannschaft mit Nasimow [sehr nützlich für mich, weil er während der Messungen gern über die Architektur von Pskow erzählte]. Bekanntschaft mit Julija Nikolajewna Dansas – Kosak [aus dem Ural], »Durowa«, »Kavalleristen-Fräulein«.*** Die Berichte über sie von Ig[or] Jew[genjewitsch], über

* »kondej«: Lagerjargon f. Karzer, Isolationshaft; »ostrov«: Insel

** Meščerinov führte als Heerführer des Zaren die Belagerung des Solovecker Klosters im Jahr 1676 an.

*** Titel der Memoiren von N.A. Durova, dem ersten weiblichen Offizier in Rußland.

ihren Krieg gegen Rasputin, über ihr exzentrisches Verhalten. Sie saß als Buchhalterin im Lager.

Winogradow war in Leningrad [meine Ahnung oben bestätigte sich], fragte bei ihm an: »Könnte ich hier nicht unterkommen?«

Las Bücher mit Ig[or] Jew[genjewitsch].

Die Appelle am Samstag. »Aufstellen nach Anfangsbuchstaben.« Bis vier Uhr früh. Ein junger Bengel, der auf den Boden pinkelte und sich im Türzwischenraum verkroch, wo es wärmer war – sie sind ganz nackt, nur in Unterwäsche. Schläge mit Stöcken, den »Dryny«.

Durchdringendes Gebrüll.

Die langen Karteikästen.

Arbeit ohne freie Tage. Anstelle eines anderen in den Selchos geschickt. Arbeit beim dicken bärtigen Lagerverwalter.

Der Abenteurer und Verrückte Komtschebek-Wosnjazki.

[Ich werde zu »fester« Arbeit zu ihm geschickt.] [Gelogene] Berichte über ein Flugzeug und Moskau, wohin er angeblich geholt würde zur Entlarvung von irgendjemandem, über Briefe, die er ohne Zensur erhalte, über das Zimmer, in dem ein Flügel für ihn stünde. »Abteilung für Viehseuche«, reinste »Tufta« [angeblich Maul- und Klauenseuche beim Vieh im Selchos]. Bestellung von Mehl auf meine Unterschrift [der Archipriester Wiktor sagte, ich solle das nicht mehr tun].

Kochen von Mehltränke fürs Vieh. [Entsinne mich: Wußte nicht, wie Mehltränke gekocht wird, sie brannte an – alles in der Klosterwäscherei am Ufer des Swjatoje osero, und drüben im Stall brüllt das Vieh vor Hunger, und Komtschebek-Wosnjazki kommt nicht.] Es hieß, die Maul- und Klauenseuche werde absichtlich verbreitet, absichtlich.

Der Krankenpfleger-Este mit Hut [erregte sich über Komtschebek].

Fieberthermometer den Kühen unter den Schwanz – ich hab sie selbst reingeschoben; Kühe haben freilich höhere Temperatur als Menschen; kein Anzeichen von Krankheit.

Der Archipriester Wiktor meinte über Komtschebek: Mohammedaner und Christ, ist getürmt aus dem Gefängnis und hat Vorträge zur internationalen Lage gehalten. Kommandierte [nach Komtschebeks eigenen Worten] ein Geschwader.

Die Friseur-Kammer und Kleins schlafen dort.

Überstellung von einigen – Fedja Rosenberg und Wolodja Rakow in die 12. Kompanie. Ihre Abkommandierung zur Arbeit im Selchos. Ich war ja befreit.

Bestechung des Einteilers [kaufte Brot] und Wosnjazkis.

Schreckliche Angst [offenbar vor Komtschebek-Wosnjazki].

Der Stall mit dem Vieh und die »Fledermaus«-Laternen.

Stellten einen Ofen mit Kessel in die ehemalige Klosterwäscherei gegenüber.

Besuch beim Archipriester Wiktor in der 4. Kompanie.

Bekanntschaft mit Bachruschin und Michnowski.

Erst jetzt, im Jahr 1992, bekam ich die Kopien zweier Briefe zugesandt, die ich in Kasan geschrieben habe, wohin ich mit meiner Familie im Herbst 1942 evakuiert worden war. Die Briefe sind an Walentina Galaktionowna Morosowa-Keller gerichtet, meine »Sodelka« im Prozeß gegen die »Kosmische Akademie« und den Kreis um I.M. Andrejewski. Sie sind unter dem frischen Eindruck der überstandenen Blockade geschrieben.

29. XII. 42

Liebe Walja! Ich werde Ihnen schildern, wie wir in jener Zeit gelebt haben. Im Sommer 41 wohnten wir auf der Datscha in Wyriza. Ich hatte gerade eben das Rigorosum bestanden. Wir besaßen ein wenig Geld, und ich schlug einen netten Erholungsurlaub vor. Einmal pro Woche fuhr ich in die Stadt, die übrige Zeit verbrachte ich beim Baden in der Oredescha. Unsere Datscha war hervorragend. Von der Kriegserklärung erfuhr ich am Flußstrand der Oredescha. Sogleich wurde mir klamm ums Herz. Ich fuhr in die Stadt. Im Institut Alarm, geplante Abreise nach Tomsk, Wachdienst auf dem Dach, dann die Schützengräben [die Abkommandierungen zum Graben – Anm. D.L. 1992], Freiwilligen-Trupps. Die Meinen wohnten noch auf der Datscha, als die Deutschen bereits Siwerskaja bombadierten und mit Maschinengewehren die Vorortzüge aus der Luft beschossen. Trotzdem wollte ich sie nicht in die beängstigende Atmosphäre der Stadt holen, wo man die Kinder von ihren Eltern trennte, um sie zu evakuieren, wo die Menschen bereits Schlange standen nach Lebensmitteln usw. Wir verließen die Datscha im letzten Moment. Ende August hatten die Deutschen alle Straßen nach Leningrad abgeschnitten, die Vororte eingenommen und waren nach Srednaja Rogatka vorgestoßen [bewaffnete Motorradfahrer waren bis auf den Platz in Awtowo* vorgedrungen, drehten aber nur eine Runde und rasten wieder

* In den 30er Jahren Arbeitervorort von Leningrad; während der Blockade verlief nahe bei Avtovo die Frontlinie.

davon – Anm. D.L. 1992]. Hier machten sie halt, aber es war gleich klar, daß sie mit der Belagerung beginnen. Zusammen mit anderen unternahmen wir verzweifelte Anstrengungen, Vorräte anzulegen. Es gelang uns, rund 10 kg Kartoffeln, rund 12 kg Getreidekorn und Makkaroni, 1 kg Fett zu kaufen und zwei große Säcke Zwieback zu rösten. In einer Apotheke verbrachte ich einen ganzen Abend, um für die Kinder 17 Flaschen Fischtran zu kaufen [jeweils 100 g – Anm. D.L. 1992], in einer anderen 10 Vitaminpräparate mit Traubenzucker [10 Tafeln jeweils in der Größe eines Seifenstücks – Anm. D.L. 1992]. Mit diesen Vorräten gingen wir in den Winter. Ich verbrachte weiterhin jeden zweiten Tag auf dem Dach des Instituts, der ganze Haushalt lastete auf Sina [meine Frau – Anm. D.L. 1992]. Am 9. November wurden die Brotrationen erheblich reduziert, das Brot wurde schwarz wie [unleserl.] und feucht wie Lehm von Leinölrückständen [Leinkuchen – Anm. D.L. 1992]. Die Fliegerangriffe setzten ein. Wir nächtigten im Erdgeschoß in einem kleinen Zimmer [bei uns im Haus hatte uns jemand sein Zimmer abgetreten; wir dachten, unten sei es weniger gefährlich – Anm. D.L. 1992], die Kinder und Sina auf dem fremden Bett, ich auf dem Boden. Die erste Zeit war ganz schrecklich. Die Fliegerangriffe kamen jeden Abend, sie setzten immer pünktlich um die gleiche Zeit ein. Und tagsüber zogen die deutschen Aufklärer Rauchstreifen über den Himmel, mit denen sie die Ziele für die kommenden Angriffe markierten [ein Irrtum der Leningrader, die noch nie zuvor gesehen hatten, daß ein Flugzeug in großer Höhe einen weißen Streifen hinterläßt – Anm. D.L. 1992]. Das Warten auf den Abend war grausam, weil ja diesmal vielleicht über unseren Stadtteil ein Kreuz gemalt worden war. Einmal warf »der Deutsche« gleich vier Bomben auf die Straßenbahnkreuzung ganz in Ihrer Nähe [Walja wohnte vor ihrer Abreise nach Moskau nicht weit von der Seleninaja Ecke Geislerowski – Anm. D.L. 1992]. Die pfeifenden Bomben flogen direkt über unser Dach, und als sie einschlugen, »tanzte« unser Haus, und die Türen der Schränke gingen von allein auf. Allmählich gewöhnten wir uns daran und verschwendeten keine Kraft mehr darauf, immer hinunterzugehen, vor allem, nachdem in einigen Kellern Menschen verschüttet und die Keller wegen geplatzter Wasserrohre überflutet worden waren. Petja Obnowlenski wurde unter einer Treppe verschüttet [unleserlich – Anm. D.L. 1992]. Zum Glück waren die Stufen so eingestürzt, daß er nur eingeklemmt wurde und sich ein paar Rippen brach. Bald kam zu den Fliegerangriffen noch der Artilleriebeschuß hinzu. Granaten schlugen bei Vater in der Arbeit ein. Er löschte den Brand [das Feuer hatte die Druckerei der ehemaligen Synode und das Zentralarchiv an der Angliskaja nabereschnaja erfaßt – Anm. D.L. 1992]. Aus unerfindlichen Gründen schlugen sie häufig in Straßenbahnen (auf dem Newski) ein, und es gab viele Opfer wegen der Glasscheiben. Die Deutschen beschossen uns in den Abendstunden, wenn die Straßen voller Menschen waren, die von der Arbeit heimkehrten. Sie beschossen Plätze (Ploschtschad Truda), Brücken (Dworzowy most), Kreuzungen (Wwedenskaja Ecke Bolschoi). Es kam vor, daß Granaten in Warteschlangen (davon gab es viele) einschlugen, in Geschäfte, in eine Kindergartengruppe auf Ausflug. Wie zum Trotz mußte ich ständig außer Haus sein (auf Wachdienst), Exerzieren lernen oder bei der Kantine anstehen. Das Institut war Tag und Nacht voller Leute. Sie nächtigten in Stiefeln auf dem Sofa von Puschkin, auf dem Sofa von Aksakow, auf dem einst Gogol gesessen hatte, auf dem Sofa von Turgenjew, auf dem Bett, in dem A. Blok gestorben ist.

In der Stadt brodelten die Gerüchte, verbreitet von Leuten aus den Vororten und ... von Spionen, die gefaßt wurden. Allmählich beruhigte sich die aufgeheizte Stimmung. Der Straßenbahnverkehr wurde eingestellt, viele konnten bereits nicht mehr zur Arbeit gehen, einige wurden mit Flugzeugen ausgeflogen. Der höchste »Vorgesetzte«, der uns blieb, war unser Sawchos.* Mit zunehmendem Hunger wurde er nervös, schrie die Mitarbeiter an, reduzierte den Personalstand. Keine Arbeit mehr zu haben, keine Lebensmittelmarken, wäre schrecklich gewesen, doch niemand konnte ihn besänftigen. So verging der November. Uns rettete der Zwieback. Aber im Dezember bekamen auch wir den Hunger zu spüren. Am Arbeitsplatz unerträg-

* »zavedujuščij chozjajstvom« (zavchoz): Wirtschaftsleiter, hier der Leiter des Puškin-Hauses

liche Kälte. Die Wasserleitung eingefroren, die Toiletten funktionierten nicht mehr. Ich konnte schon nicht mehr laufen. Ich holte mir einen Krankenschein [Befreiung im Krankheitsfall – Anm. D.L. 1992]. Sie wurden unbesehen ausgegeben, ohne Untersuchung – allen der Reihe nach.

Das elektrische Licht ging aus. Und Kerosin gab es keins. Gut, daß wir einen Vorrat an Brennholz hatten und einen »Kanonenofen« [Eisenofen – Anm. D.L. 1992]. Wir teilten unsere Reste ein. Aßen viermal am Tag »Suppe« – fast Wasser. Legten uns um sechs Uhr abends schlafen, blieben bis neun oder zehn Uhr morgens liegen. Sina stellte sich am Abend noch einmal nach Lebensmitteln an. Tags stand sie ungefähr zwei Stunden nach Brot an. Sina fuhr (zog den Schlitten) zur Newa am Krestowski ostrow, um Wasser zu holen, zusammen mit Tamara [unsere Haushaltshilfe – Anm. D.L. 1992]. Versuchten Schnee zu schmelzen, doch die ganze Straße vor unserem Haus war voller Unrat. Einmal kam auf wackligen Beinen Fedja [Rosenberg, mein Freund und Odnodelez auf den Solowki – Anm. D.L. 1992] zu uns, einmal Kallistow [Professor – Anm. D.L. 1992] auf der Suche nach Katzen oder Hunden. Es kam Onkel Wasja [W.M. Lichatschow – Anm. D.L. 1992], um einen Teller Suppe zu essen. Er sah schrecklich aus. Es kam Komarowitsch [ein überaus bedeutender Dostojewski-Spezialist – Anm. D.L. 1992] in der Hoffnung, von uns etwas Zwieback zu bekommen. Aber das Schlimmste stand erst noch bevor.

Zweiter Brief

Liebe Walja! Dieser Brief ist eine Fortsetzung.

Nun denn, der schlimmste Monat war der Januar. Ich weiß nicht mehr, ob es im Januar Artilleriebeschuß oder Fliegerangriffe gab: Es war uns gleichgültig. Niemand schenkte dem noch irgendwelche Beachtung. Niemand ging mehr in den Luftschutzkeller, der in eine Leichenhalle umfunktioniert worden war. Nacheinander starben unsere Bekannten und Verwandten. Einen schweren Tod fand Sinas

Vater. Er starb allein. Sina hatte ihn immer besucht, auf der Straße seine Sachen gegen Lebensmittel eingetauscht. Doch es war zu spät: Er wollte schon nichts mehr essen. Und ist das Bedürfnis zu essen erst verschwunden – bedeutet es das Ende. Er starb, obwohl er noch Brot in der Anrichte hatte.

Auf dem Markt tauschten wir immer mehr Sachen: den Samowar gegen 100 Gramm Leinkuchen, mehrere Kleider gegen 200 Gramm Erbsen usw. Uns war nichts zu schade, und das hat uns überleben lassen.

Im Januar fuhr Jura [mein Bruder – Anm. D.L. 1992] ab; mein Vater bekam es mit dem Herzen, doch wir konnten keinen Arzt finden. Schließlich baten wir einen nicht weit entfernt wohnenden Kinderarzt zu kommen, gegen 200 Gramm Erbsen. Er untersuchte ihn, aber wir bekamen keine Medikamente mehr: Die Apotheken waren geschlossen. Ich ging bereits am Stock, schlurfte mit den Füßen. Bei uns im Treppenhaus lag eine Leiche, vor dem Haus noch eine. Wir konnten nachts nicht schlafen, wegen der Dystrophie. Der ganze Körper schmerzte anhaltend, kribbelte: Der Organismus fraß seine eigenen Nerven auf. Nachts im Dunkeln rannte im Zimmer eine Maus umher: Sie fand keinen Krümel und verhungerte. Ich ging in die Diätkantine, in der ich einmal Ihren Vater traf. Dort startete ich eine »Operation«: Ich gab meinen Mittagessens-Kupon für einen Getreidekupon her und benützte diesen dann fürs Mittagessen des nächsten Tages. So gelang es uns manchmal, Suppe zu bekommen, ohne eine Lebensmittelmarke zu verbrauchen. Diese Stunden in der Kantine waren grauenvoll. Die Fensterscheiben waren herausgeschlagen und die Fenster mit Furnierholz vernagelt. Eng zusammengepfercht aßen die Menschen, rissen sich gegenseitig das Brot weg, die Marken, die Kupons. Einmal schleppte ich irgendeinen Sterbenden die Treppe zur Kantine hoch und war danach völlig erschöpft. Überhaupt, bei der kleinsten physischen Anstrengung wurde man merklich schwach; aß man das kleinste Stückchen Brot, fühlte man sich gleich kräftiger. Das Anziehen des Mantels fiel schwer, und besonders das Schließen der Knöpfe: Die Finger wollten nicht – sie fühlten sich »hölzern« und »fremd« an. Nachts wurde die Seite des Körpers, auf der man schlief, steif und starb ab.

Im Februar wurde die Versorgung ein wenig besser, irgendwo auf den Straßen fingen Wasserrohre zu sprudeln an. Sina und Tamara fuhren nicht mehr an die Newa zum Wasserholen, sondern in die Puschkarskaja uliza. Die Kinder gingen für knapp 10 Minuten nach draußen, durch den Hinterausgang, nicht vorn raus, wo die Toten lagen. Sie hielten sich heldenhaft. Wir führten folgende Regel ein: nicht übers Essen reden, und sie gehorchten! Bei Tisch baten sie niemals um Essen, machten kein Theater, wurden entsetzlich erwachsen, verhalten, ernsthaft, kauerten sich an den Kanonenofen und wärmten sich die Hände (in uns allen steckte eine Art innerliche, durchdringende Kälte).

Der Winter kam uns unglaublich lang vor. Wir wußten nie, ob wir die nächste Woche noch erleben oder nicht! Am 1. März starb unter schrecklichen Qualen mein Vater. Wir konnten ihn nicht bestatten: Wir zogen ihn auf dem Kinderschlitten zum Leichenplatz im Garten des Narodny dom und ließen ihn dort mitten unter den anderen Leichen liegen. Die Erinnerung an diese Fahrt und an dieses Leichenschauhaus martert noch heute mein Hirn. Ende des Monats ging ich ins Institut, um die Lebensmittelmarken abzuholen. Gehalt bekam ich dort inzwischen keines mehr, weil es keine Buchhalter mehr gab (gestorben). Das Gebäude war entsetzlich leer, nur der alte sterbende Pförtner, der sich noch am Wasserboiler wärmte. Viele starben dann, ohne daß man es erfuhr, sie gingen aus dem Institut und kamen nie zu Hause an. Einmal bin auch ich auf der Straße zusammengebrochen und konnte mich gerade noch bis nach Hause schleppen.

Im März legte ich mich in die »stationäre Einrichtung für Dystrophiekranke« im Dom utschonych. Dort bekam man etwas mehr zu essen, aber dadurch wurde der Wunsch nach Essen nur noch größer. Den Monat, den ich dort verbrachte, mußte ich unaufhörlich (Tag und Nacht) ans Essen denken. Wir schliefen dort in Kleidern und aßen in der Kantine bei Minus fünf Grad. Durchs Fenster waren auf der Newa bereits die Einschläge des im Frühling neu einsetzenden Artilleriebeschusses zu sehen. Das Eis taute. Die am Leben gebliebenen Leningrader begannen die Straßen zu säubern, den Unrat wegzuschaffen, aber die Hände konnten die Schaufel noch nicht halten. Es wurde mehr Fleisch verteilt.

Im April begann die Straßenbahn Nummer 12 wieder zu fahren, die 7, die 3 und dann auch die 36.

Die Banjas wurden geöffnet. Dort sah ich mich das erstemal im Spiegel und erschrak ebenso wie Ihr Vater, als er mich sah.

Im Mai schrieb ich bereits wieder Artikel, klapperte die Kantinen ab, um auf diese Weise die Lebensmittelmarken »einzulösen«, obwohl das meiste Sina gemacht hat. Die Kinder kamen wieder ein wenig in Normalzustand. Tamara brachte uns von ihrer Arbeit an den Schützengräben Melde, Löwenzahnblätter, Brennessel mit.

So überlebten wir den Winter, doch alles zu beschreiben ist unmöglich.

Grüßen Sie die Ihren

D.L.

Personenregister

Biographischer Abriß in Selbstaussagen*

Dmitri Sergejewitsch Lichatschow kam am 28. November 1906 in St. Petersburg zur Welt, in einer – wie er sagt – »mittleren Intellektuellenfamilie. Mein Vater war Elektrizitätsingenieur, der seine elektrotechnische Hochschulbildung nur der eigenen Energie und Arbeit verdankte. Schon in der Oberstufe der Realschule mußte er seinen Lebensunterhalt durch Nachhilfestunden verdienen. Als Student erteilte er Unterricht an der Schklowski-Realschule ...«

»Die Erinnerung an die Kindheit ist die Erinnerung an irgendein Paradies ... Sehe ich mir jetzt Familienphotos an, stelle ich fest, daß mein Vater und meine Mutter sehr schön und daß sie sehr familiär waren. Die Familie war ihr Glück. Sie hatten sich im Schuwalow-Park kennengelernt. Im Schuwalow-Jachtklub hatten sie mit ihrer Mazurka den ersten Preis gewonnen ... Ich erinnere mich, wie sich meine Mutter auf das Sofa legte und ich mich zwischen sie und das Sofakissen kuschelte. Es war sehr gemütlich. Wir sangen Lieder. Es hat sich mir gut eingeprägt, wie wir sangen und wie schön das war.

Und jetzt habe ich das Bild meines Großvaters, Michail Lichatschow, eines Ehrenbürgers der Stadt Petersburg, in der Hand. Dieser Titel wurde Kaufleuten und Handwerkern verliehen. Sein Urgroßvater und sein Großvater hatten bis ins 18. Jahrhundert eine Goldstickerwerkstatt gehabt. Sie bedienten den Hof, stickten Dienströcke und Priesterornate in Gold. In Anerkennung dieser Verdienste wurde meinem Großvater der Titel eines Ehrenbürgers zuteil. Mein Großvater mütterlicherseits war ein sehr lustiger Mann und stammte ebenfalls aus einer Kaufmannsfamilie. Er spielte leidenschaftlich gern

* Auszüge aus den in diese Ausgabe nicht übernommenen Teilen der Originalausgabe *Vospominanija*, St. Petersburg 1995, und aus biographischen Aussagen Dmitrij S. Lichačevs in: Nikolaj Samweljan, *Details zum Porträt Dmitri Lichatschow*, Moskau 1990

Billard und später auch Karten, ein Hasadeur! Es kam vor, daß er die unter dem Bett stehenden Schuhe meiner Großmutter mitgehen ließ, um das Verspielte zurückzugewinnen. Und das gelang ihm auch. Der Großvater sang gern russische Romanzen und Lieder der Fuhrleute. Diese Lieder begleiteten mich das ganze Leben. Und eine weitere Erinnerung aus meiner Kindheit: Im Schwanenkanal am Sommergarten legen große Boote mit Tongeschirr – Töpfen, Schüsseln, Krügen – und manchmal auch mit Tonspielzeug an.

An den häufigen Kirchen- und Zarenfeiertagen werden dreifarbige Fahnen ausgehängt. In der Großen und Kleinen Seestraße flattern dreifarbige Fahnen auf den vom einen zum gegenüberliegenden Haus gespannten Seilen. Wie schön sind die Erdgeschosse der Häuser in den Hauptstraßen. Die Hauseingänge wurden gereinigt, die Türen auf Hochglanz poliert, die Kupfergriffe wie auch die Fensterscheiben blank geputzt, die Gehsteige gefegt. Unter den Dachrinnen stehen grüne Kübel oder Eimer, die das Regenwasser auffangen, damit die Gehsteige möglichst trocken bleiben. Die Hauswarte tragen weiße Schürzen, und die Pförtner blau-gold-gelbe Uniformen. Letztere stehen nicht nur vor den Palasteingängen, auch vor gewöhnlichen Mietshäusern. Die unzähligen Schaufenster der Läden sind geschmückt.

Die Gehsteige sind mit Kalk- und die Straßen mit Kopfsteinen gepflastert. Kalksteinplatten waren schwer zu beschaffen, sahen aber schön aus. Noch schöner waren die großen Granitplatten auf dem Newski-Prospekt. Man kann sie heute nur noch auf der Anitschkow-Brücke bewundern. Viele Granitplatten sind rund um die Isaak-Kathedrale zu sehen. Am Stadtrand gab es auch Gehsteige aus Brettern ...

Auf der Newa heulten die Sirenen der Dampfschiffe. Auf der Fontanka verkehrten kleine Schiffe der Finnländischen Reedereien, so groß wie heut die Motorboote, mit offenem Maschinenraum, in dem der Heizer zu sehen war. Pfeiffen, Zischen des Dampfes, Befehle des Kapitäns waren zu hören.

Zum ›typischen‹ Straßenlärm Petersburgs vor dem Ersten Weltkrieg gehörte das Klingeln der Straßenbahnen. An den Haltestellen stieg der Schaffner von der hinteren Plattform ab, ließ alle Fahrgäste aus- und einsteigen und stieg dann als letzter zu. Noch auf der unteren Wagenstufe stehend, zog er an der Schnur, die die Wagentür mit der Klingel des Fahrers verband. Nach dem Klingelzeichen setzte der Fahrer die Straßenbahn in Bewegung. Die Brust des Schaffners war mit vielen Rollen verschiedener Fahrscheine geschmückt. Verschiedenfarbige Fahrscheine wurden je nach den Haltestellen, d.h. je nach Straßenabschnitten verkauft. Außerdem gab es weiße Umsteigescheine, mit denen man auf bestimmten Haltestellen in eine andere Linie umsteigen konnte. Alle diese Linien sind in den alten Stadtführern von Petersburg zu finden. Von Zeit zu Zeit, wenn ein bestimmter Straßenabschnitt passiert war und man einen neuen Fahrschein lösen mußte, verkündete der Schaffner laut, daß es auch alle Fahrgäste hören konnten: ›Hier enden gelbe Fahrscheine!‹ oder: ›Hier enden grüne Fahrscheine!‹ oder: ›Hier enden rote Fahrscheine!‹

Oft konnte man draußen die Militärorchester spielen hören, bald war es ein Regiment, das feiertags und sonntags in die Kirche marschierte, bald wurde ein General zu Grabe getragen; täglich zogen Soldaten des Preobaschenski- oder des Semjonowski-Regiments zur Wache am Winterpalais. Sobald Musik ertönte, liefen alle Jungen herbei.

Auf dem Newski-Prospekt und in den angrenzenden Straßen verkauften Händler den Kindern mit leichtem Gas gefüllte Luftballons – rote, grüne, blaue, gelbe und weiße. Letztere waren besonders groß und mit dem Bild eines Hahnen geschmückt.

Frühmorgens schallten vom Stadtrand, insbesondere vom Wyborger Stadtteil, Fabriksirenen herüber. Man konnte jede Fabrik nach ihrer Sirene unterscheiden. Die Sirene ertönte dreimal und kündete den Arbeitsbeginn an. Noch hatten damals nicht alle eine Uhr zu Hause. Die Sirenen klangen streng und gebieterisch ...

In der engen Ofizerskaja-Straße lag gegenüber unserem Haus das Kinematographentheater ›Mirage‹. Es nahm einige miteinander verbundene Gebäude ein. Samstags aber besuchte unsere ganze Familie das berühmte ›Soleil‹ auf dem Newski-Prospekt. Es war in demselben Gebäude wie die ›Passage‹ untergebracht – neben der Sadowaja-

Straße. Dort liefen Filme wie ›Napoleons 1000 Tage‹ oder ›Die Titanic‹, ein Dokumentarfilm. Ein Kameramann hatte das ganze Leben auf dem Schiff aufgenommen und den Schiffbruch festgehalten, bis das Licht erlosch. Aber auch im Rettungsboot hatte er die Kamera nicht aus der Hand genommen. Es gab auch Lustspielfilme mit Max Lindner, Maciste und anderen Komikern, auch sog. Ansichtsfilme, häufig manuell mit leuchtenden Farben koloriert – Grün, Rot und Blau ... Meine Eltern hatten zwei Anrechtskarten für eine Loge im zweiten Rang [des Marijnski-Theaters]. Theaterbesuche waren richtige Feste. Die Damen führten ihre Brillanten vor, saßen in den ersten Reihen der Logen und fächelten sich Luft zu, nicht etwa, weil es im Raum zu warm gewesen wäre, sondern um ihre Brillanten zum Glitzern zu bringen. Wenn Ballett gegeben wurden, blieb der Zuschauerraum halb erleuchtet. Die berühmte Kschessinska sprang heraus, wobei ihre Brillanten funkelten. Blasierte Offiziere kamen in der Regel erst zum zweiten Akt, stellten sich in den Pausen an der Orchesterrampe zur Schau, bezogen nach der Aufführung vor dem Schauspielerausgang oder dem Portal Stellung und nahmen Damen in Augenschein.«

»Petersburg war eine Stadt von tragischer und verborgener Schönheit (in den Palästen und hinter den Aushängeschildern). Das Winterpalais war nachts ganz dunkel (der Zar und seine Familie wohnten im Alexander-Schloß von Zarskoje Selo). Der fröhliche Rokokostil des Winterpalais büßte dann seine leichten Linien ein und wirkte schwer und düster. Ihm gegenüber lag im Dunkel die berühmte Peter-Pauls-Festung, ein Staatsgefängnis. Die sich durch die präzis plangemäß orientierten Straßen schlängelnden Kanäle störten die Ordnung der Stadt. Der Alexander-Garten gegenüber der Admiralität war ein Kinderparadies: Im Winter gab es dort Rentierfahrten, im Sommer verwandelte er sich in einen Tierpark, in dessen Teichen Goldfische schwammen. Auf dem Marsfeld wirbelte auch der leiseste Wind schon den Staub auf, und das Michail-Schloß schien mit dem einen vermauerten unter den vielen Fenstern auf einem Auge blind zu sein. In dem hinter diesem Fenster gelegenen Gemach war Zar Pawel erwürgt worden.«

»Das K.I. Mais-Gymnasium [auf dem Dmitri Sergejewitsch ab 1915 war] besuchten Russen und Ukrainer, Polen und Deutsche, Franzosen und Engländer, Schweden und Juden, Finnen und Esten – Angehörige vieler Nationen. Das war nicht weiter verwunderlich, war Petersburg-Petrograd zu jener Zeit doch eine wahrhaft internationale Stadt. In der Schule gab es nicht eine Spur, die irgendwie an nationale Beschränktheit oder Intoleranz hätte denken lassen können. Der Enkel des bekannten Physiologen Metschnikow, der Sohn des Bankiers Rubinstein und der Sohn eines einfachen Pförtners gingen in eine Klasse. Auch die Lehrer waren unterschiedlichster Herkunft. Alle lehrten und lernten es, sich zivilisiert und menschenwürdig zu benehmen. Selbst der ehrwürdige Schulpförtner, der alle Kommenden deutsch und alle Gehenden italienisch begrüßte, brachte den Gymnasiasten mit dem eigenen Vorbild Höflichkeit bei.«

Bald schon wechselte Dmitri Sergejewitsch an die Lentowskaja-Schule, um nicht mehr mit den überfüllten Straßenbahnen durch die ganze Stadt fahren zu müssen. Diese Schule war wenige Jahre nach der Revolution von 1905 von der Theaterunternehmerin Lentowskaja gestiftet worden, die dafür Lehrer zusammenzog, die ihrer revolutionären Aktivitäten wegen aus staatlichen Gymnasien entlassen worden waren. Linksgerichtete Intellektuelle schickten ihre Kinder dorthin. Der Schuldirektor, Wladimir Iwanow, verfügte in seinem Arbeitszimmer über eine kleine marxistische Bibliothek, aus der er verläßlichen Schülern der höheren Klassen heimlich Bücher entlieh.

Mit knapp 17 Jahren und deshalb auch erst nach besonderen Aufnahmeprüfungen bezog Dmitri Sergejewitsch die Leningrader Universität, die sich zu jener Zeit in einer Phase der Perestroika befand. Unter der Leitung von Nikolai Derschawin unterrichteten an ihr sowohl »rote« wie »alte« Professoren, und es studierten an ihr sowohl Schulabgänger wie in Uniform erscheinende Soldaten, die an den Fronten des Bürgerkriegs gekämpft hatten, sowohl »ewige« Studenten wie Kinder der hochgestellten Petersburger Intelligenz, die von Gouvernanten erzogen worden waren und zwei bis drei Fremdsprachen fließend beherrschten. Es gab keine obligatorischen Vorlesungszyklen, allenfalls »Sondervorlesungen«, wie sie z.B. W.L. Komarowitsch zweimal wöchentlich abends über Dostojewskij hielt. Sie begannen um 18 Uhr und dauerten häufig bis um Mitternacht. Man lernte nicht für Prüfungen oder gute Zensuren, sondern für wirkliches Wissen und Selbstbildung. Dmitri S. Lichatschow nahm an Seminaren über englische Dichtung teil, beschäftigte sich mit Germanistik und Slawistik, studierte die Geschichte der alten russischen Literatur, russische Journalistik, Anglosächsisch, Mittelenglisch, Altfranzösisch, Altkirchenslawisch, hörte Einführungen in die Philosophie, Logik und Psychologie.

»... Meine Schulbildung wies eine entscheidende Lücke auf. Wir hatten nämlich keine Klassenarbeiten und keine Hausaufgaben geschrieben (letztere wurden nur selten aufgegeben). Klassenarbeiten konnten nicht geschrieben werden. Als ich in der Oberstufe war, wurde die Schule im Winter nicht beheizt. Wir saßen in Mänteln und Fäustlingen, die wir über die Handschuhe gezogen hatten, und die Lehrer ließen uns von Zeit zu Zeit aufwärmen: Wir standen auf, fuchtelten mit den Armen und klatschten in die Hände. Aus diesem Grund konnten auch keine Hausaufgaben geschrieben werden. Zudem fiel es den Lehrern schwer, sie zu korrigieren. Denn abends blieben sie nicht zu Hause, sondern verdienten mit Vorlesungen dazu, für die sie manchmal mit Lebensmitteln entlohnt wurden.

Als ich dann auf die Universität ging, konnte ich nur mit Mühe meine Gedanken zu Papier bringen. Obwohl ich zwei Diplomarbeiten geschrieben habe, sind sie doch in einer Kindersprache verfaßt und in ihrer Komposition hilflos. Besonders mißlangen mir die Übergänge von einem Satz zum anderen. Man hatte den Eindruck, jeder Satz ist selbständig. Das logische Erzählen klappte nicht. Der Satz ließ sich schwer vorlesen, er war ›unaussprechbar‹.

Gleich nach der absolvierten Universität beschloß ich, das Schreiben zu lernen. Die Methode dazu erfand ich selbst.

Erstens: Um meine Sprache zu bereichern, las ich Bücher, die meiner Meinung nach in guter wissenschaftlicher und künstlerischer Prosa geschrieben sind. Aus diesen machte ich mir Auszüge, notierte insbesondere phraseologische Wendungen, einzelne Wörter, bildhafte Ausdrücke.

Zweitens: Ich übte mich jeden Tag im Schreiben, so wie man Klassenaufsätze übt, aber auf besondere Weise. Ich nannte das ›Schreiben, ohne die Feder vom Papier zu trennen‹, d.h. ohne zu unterbrechen. Ich war der Meinung – und das war richtig –, daß die Hauptquelle der geschriebenen Sprache die Rede ist. Deshalb bemühte ich mich, meine eigene innere Rede niederzuschreiben und mit der Feder den inneren Monolog festzuhalten, der an einen konkreten Leser – einen Briefempfänger oder den Leser überhaupt – gerichtet ist. Und das Resultat stellte sich bald ein. Ich legte Notizbücher an, in die ich besonders genau formulierte Gedanken eintrug ...«

Im 15. Jahrhundert war von den beiden Asketen Sosima und Sawwati auf einer Insel im Weißen Meer das Solowezki-Kloster gegründet worden. Hier lernten Bauernkinder Lesen und Schreiben, in ganz Rußland war es bald für seine Buchgelehrsamkeit berühmt. Während der Regierung des ersten Zaren, Iwan Grosny (der Schreckliche), wurde es auch Gefängnis und Verbannungsort. Die Flucht von der Insel war so gut wie ausgeschlossen. Wer stürzt sich schon ins eiskalte Meer? Über 400 Jahre wurden Meuterer und Kirchenspalter, in Ungnade gefallene Statthalter und Freidenker, Magnaten und Revolutionäre, Bauern und Professoren nach Solowki verbannt. 1920 wurde hier das berühmt-berüchtigte Sonderlager eingerichtet. Davon, wie Dmitri Sergejewitsch auf diese Insel kam, berichtet er:

»Anfang der 20er Jahre gab es zahlreiche Jugendzirkel. Was waren das für Jugendzirkel? Es waren Gemeinschaften, zu denen fünf, sechs oder zwölf Jugendliche gehörten, die im Sommer auf Wanderschaft gingen, vielleicht die Heerstraße nach Suchumi entlang. Sie versuchten, sich äußerlich zu unterscheiden. In unserer Gemeinschaft trugen dazu z.B. kaukasische Spazierstöcke bei, die wir uns auf der Heerstraße nach Suchumi gekauft hatten. Als ich auf die Universität kam, war ich irgendwie einsam, um so mehr, als ich an zwei Fakultäten zugleich studierte. Ich mußte viel lernen. Ich weiß noch, wie Vater mich ermahnte: ›Mitjuscha, geh' doch an die Luft oder zu einem Freund. Du sollst nicht so viel über den Büchern sitzen! Das geht nicht!‹ Als meine Studienkameraden und deren Freunde mich dann in die ›Kosmische Akademie‹ einluden, war meine Freude groß.

Wir hielten dort scherzhafte und überspannte Vorträge und heckten so manches aus. In unserem Studentenzirkel, der in einer privaten Wohnung zusammenkam, trat ich also mit einem Scherzvortrag über die Verluste im Zusammenhang mit der nach der Revolution eingeführten Sprachreform auf. Die Reform brachte manch Positives, es gab an ihr aber auch so manches auszusetzen. Mit meinem Vortrag setzte ich mich für die alte Schreibweise ein; nicht generell, versteht sich, aber teilweise ...

Wir vermuteten absolut nicht, daß wir damit etwas Gesetzwidriges oder Schlechtes taten. Dann kam der erste Jahrestag der ›Kosmischen Akademie der Wissenschaften‹, den wir unbedingt feiern wollten. Spaß mußte sein! Ein Scherztelegramm kam an, das Wolodja Rakow, einer unserer ›Akademiker‹, geschickt hatte. Dort hieß es, Papst Johannes Paul I. gratuliere der ›Kosmischen Akademie der Wissenschaften‹ zu ihrem ersten Jahrestag. Es folgten irgendwelche Glückwünsche. Dieses Telegramm hatte aber schlimme Folgen. Ich weiß nicht, was damals in Leningrad gerade um die römisch-katholische Kirche vor sich ging. Auf jeden Fall glaubte jemand, dieses Telegramm sei echt. Wir spürten, daß wir beobachtet wurden, daß man sich für uns interessierte. Weniger als ein Jahr, etwa acht Monate, war ich Mitglied dieser ›Kosmischen Akademie‹ gewesen, als wir alle am 8. Februar 1928 verhaftet wurden. Man fragte uns allen Ernstes nach unseren Beziehungen zum Papst ...«

Die letzten sechs Monate der fünfjährigen Strafe verbrachte Dmitri Sergejewitsch am Weißmeer-Ostsee-Kanal. Ein Bekannter, dort in leitender Stellung, hatte ihn als Rechnungsführer angefordert. An solchen mangelte es auf der Baustelle, es waren nicht hinreichend Menschen dieses Berufes in Haft genommen worden. Sie waren in der Regel zu verschwiegen, als daß man ihnen politische Verbrechen hätte zur Last legen können. Hier waren die Lebens- und Arbeitsbedingungen besser. Zum Rechnungsführer taugte Dmitri Sergejewitsch nicht, aber sein Bekannter betreute ihn nach Kräften.

1932 begann Dmitri Sergejewitsch als Literaturredakteur in einem Verlag, der im Haus des Buches auf dem Newski-Prospekt untergebracht war. Er hatte sich noch nicht eingearbeitet, als ihn heftige

Geschwürschmerzen mit Blutungen heimsuchten. Ins Krankenhaus eingeliefert, gab man ihm kaum noch Überlebenschancen. Doch der Chirurg Abramson, der damals erste Bluttransfusionen durchführte, konnte ihn retten. Nach einigen Monaten des Aufenthalts im Krankenhaus und einer längeren Rekonvaleszenzzeit, während der er viel las, konnte er sich erneut auf die Suche nach Arbeit machen und wurde endlich in der Druckerei »Komintern« als Fremdsprachenkorrektor eingestellt. 1934 konnte Dmitri S. Lichatschow in den Verlag der Akademie der Wissenschaft der UdSSR wechseln, wo er weiterhin Korrekturen las und Manuskripte zum Druck vorbereitete. Nach und nach entwickelte sich sein Interesse für Textologie und Textlinguistik. Zusammen mit dem technischen Redakteur Lew A. Fjodorow und dem später berühmt gewordenen Skandinavisten M.I. Steblin-Kamenski beteiligte er sich an der Erarbeitung eines Nachschlagewerks für Korrektoren der Akademie der Wissenschaften. Es gelang ihm, A.A. Schachmatows »Übersicht russischer Annalensammlungen« zu redigieren und zu korrigieren, wovon er sich so angezogen fühlte, daß er um eine Arbeit in der Abteilung Altrussische Literatur am Institut für russische Literatur der Akademie der Wissenschaften der UdSSR nachsuchte, in dessen Puschkin-Haus er sein weiteres Leben über tätig blieb. Dort entstanden damals die ersten beiden Bände der zehnbändigen »Russischen Literaturgeschichte«. Im gleichzeitig entstandenen Lehrbuch »Russische Literaturgeschichte« verfaßte Lichatschow die Abschnitte zur Geschichte der russischen Kunst. Im Juni 1941 verteidigte er mit Erfolg seine Diplomarbeit zum Thema »Nowgoroder Annalen des 12. Jahrhunderts«.

Zwei Wochen später brach der Krieg aus, in den Lichatschow seiner Geschwürblutungen wegen nicht eingezogen werden konnte. Er mußte an der »Selbstverteidigung« teilnehmen, arbeitete als Nachrichtensoldat und tat auf dem Turm des Puschkin-Hauses Dienst, wo eine Handsirene seine Waffe war, die er beim Angriff feindlicher Flugzeuge einzusetzen hatte. Er schlief wenig und hatte Gelegenheit, viel nachzudenken:

»Mehr als die Hälfte meiner Verwandten und Bekannten ist [während der Leningrader Blockade] an Unterernährung gestorben. Wir stellen uns kaum noch vor, wieviele Menschen der Hunger und die anderen Entbehrungen während der Blockade dahingerafft haben.

Aber das Gehirn arbeitete während der Hungersnot angestrengt. Ich bin sogar der Meinung, daß diese verstärkte Tätigkeit des hungernden Gehirns im Menschen ›programmiert‹ ist. Man muß während Entbehrungen und Gefahren besonders konzentriert denken, um am Leben zu bleiben. Ich dachte aber in jener Zeit nicht darüber nach, wie diese Entbehrungen zu umgehen seien, sondern über die allgemeinen Geschicke Rußlands, meines Landes. In jener Zeit entstanden in mir Ideen, die später zunächst in das 1942 in Leningrad erschienene Buch ›Verteidigung der altrussischen Städte‹ und dann in die Bücher ›Großes Nowgorod. Studien zur Kulturgeschichte des 10. – 17. Jahrhunderts‹ und ›Nationales Selbstbewußtsein der Alten Rus‹ eingingen, die trotz der Kriegsschwierigkeiten 1945 erscheinen konnten. Schon in diesen Büchern spielt die Idee von einer ›verlangsamten Renaissance‹ in Rußland eine Rolle, die später meinen Werken zur Geschichte der altrussischen Literatur zugrundeliegen sollte.

1947 schrieb ich meine Doktordissertation zur russischen Annalengeschichte, deren gekürzte Fassung dank der Hilfe des Akademiemitglieds I. Kratschkowski unter dem Titel ›Russische Annalen und ihre kulturhistorische Bedeutung‹ erscheinen konnte. Hauptidee und Thema bestanden in dem Versuch, die ganze russische Annalengeschichte als Geschichte eines Literaturgenres zu verstehen, das den Veränderungen der Literaturgeschichte unterliegt. Das Problem der Entwicklung von Genretypen war zuvor unbekannt geblieben. Meine praktischen Erfahrungen als Korrektor im Verlag der Akademie der Wissenschaften der UdSSR halfen mir, eine Theorie von der Textologie als Wissenschaft zu entwickeln, die sich mit der Geschichte der Textlinguistik befaßt ...«

Dmitri S. Lichatschow war inzwischen über den Literaturhistoriker hinaus als Philosoph und Denker zu einer Persönlichkeit des öffentlichen Lebens geworden. Er wurde Mitglied der Akademie der Wissenschaften der UdSSR und zahlreicher Akademien anderer Länder, Ehrendoktor vieler angesehener Universitäten, zu einem Verteidiger der Kultur im allgemeinen und der persönlichen Bildung im besonderen, nicht zuletzt, um den komplizierten Nationalitätenfragen gewachsen zu sein:

»Man muß älteren Menschen und denjenigen, die ihre Nächsten verloren haben, zum Trost folgendes sagen: Wenn man auf ein Wiedersehen nach dem Tod hofft, so ist das kein Aberglaube, sondern eine bestimmte Erfahrung. Ich gehöre nicht zu denjenigen, die an den Ahnenkult glauben, dennoch liegt in ihm Bedeutsames verborgen. Die wissenschaftlich unvoreingenommene Erforschung der Religionen und der Vorstellungen über die Zeit in den verschiedenen Religionen ist außerordentlich wichtig. Religionen bestehen, so glaube ich, mindestens eine Jahrmillion. Was den Ahnenkult und die Kategorie der Zeit betrifft, so behaupten sie in etwa das gleiche. Wenn man aber Religionen miteinander vergleicht, kann man dennoch nicht sagen, daß sie an ein und dieselben Gefühle appellieren, daß sie identisch sind. Nehmen wir z.B. die japanische Religion Shinto. Mir imponiert ihre Einstellung zu den Naturkulten. Das Christentum hat aber etwas, was es von allen anderen Religionen unterscheidet. Das ist der Mensch und sein leidender Gott. Den leidenden Gott gab es übrigens schon bei den alten Griechen ...

Der leidende und sterbende Gott rechtfertigt die Leiden des Menschen selbst. In moralischer Hinsicht ist das sehr wichtig. Eben deshalb muß der moderne Mensch Christ sein. Warum aber gerade Christ? Weil in der modernen leidenden Gesellschaft nur das Christentum trösten und die Leiden der Menschheit lenken kann. Man muß die Leiden der Menschheit lenken können und darf nicht zulassen, daß das eine Leid das nächste nach sich zieht und daß dieser Kreis nie mehr aufgebrochen werden kann. Eine Beobachtung von mir: Menschen, die zum Christentum gefunden haben, nehmen es häufig besser und feiner wahr als Menschen, die traditionelle Christen sind. Das läßt sich erklären. Wer zum Christentum gefunden hat, ist bewußt vorgegangen, hat es nicht quasi automatisch geerbt. Das Christentum von Ossip Mandelschtam und Boris Pasternak sind Beispiele dafür.

Heute muß viel dafür getan werden, daß sich ein neues Bewußtsein einstellt. Womit muß man beginnen? Das Wichtigste ist meines Erachtens die Sorge um die Erhaltung der Kultur, verbunden mit der Einsicht, daß die Kultur der gesamten Menschheit gehört. Die Sorge für die Kultur fordert die Erstellung von Thesauren der Weltkultur. Das ist eine Riesenarbeit, die alle Länder der Welt erfassen und Diskussionen auslösen wird. Was gilt als Kulturobjekt? Was gehört in diese Thesauren, und zwar nach den Einheitsprinzipien und -schemata? Welche allgemein verständliche Sprachen sind zu benutzen?

Wie kann die Menschheit sich ihre Reichtümer erhalten? Wovor müssen sie bewahrt werden? Was ist eine Restauration und welchen Prinzipien muß sie gehorchen? Wie können technische Erfahrungen und technische Mittel ausgetauscht werden? Notwendig sind Konferenzen, Beratungen, gesellschaftliche Einrichtungen, Editionen, Periodika usw. All das wird schon an und für sich, wenn nicht unbedingt zur Völkerfreundschaft, so doch zu Verständigung und Toleranz führen. Es müssen umfassende humanitäre Bewegungen, Verbindungen unter den Menschen geschaffen werden, Reisen der Jugend ins Ausland. Dazu gehört die gemeinsame Arbeit an Filmen und Theateraufführungen. Die längere Arbeit in ausländischen Archiven dient nicht nur wissenschaftlichen und schöngeistigen Werken, auch dem Gedeihen einer allgemeinen Friedensatmosphäre auf dem Erdball, die Kriegshandlungen unmöglich werden läßt ... Die Weltkultur ist ein einheitliches Ganzes. Die nationalen Kulturen sind organische und natürliche Bestandteile der Weltkultur. Der Prozeß der Kultur ist überhaupt unteilbar. In allen Richtungen und Hinsichten. Je aktiver und umfassender sich die Kulturen gegenseitig befruchten, desto größer die Hoffnung, daß wir das Leben auf der Erde erhalten werden.

Es gilt nicht nur, die Kultur der Vergangenheit als eine einheitliche Kultur der gesamten Menschheit wahrzunehmen, sondern auch, die Kultur des künftigen Jahrhunderts als solche aufzubauen. Das ist die weltumspannende Auffassung von der Einheit der Menschheitskultur, der Wechselbeziehungen aller Kulturen. Darauf setze ich vor allem meine Hoffnungen. In diese Richtung geht die Entwicklung.

Der Erdball hat eine physikalische Atmosphäre, die wir alle schützen müssen. Es gibt auch die kulturelle. Ohne die westeuropäische Kunst hätte es die russische Kunst des 19. Jahrhunderts nicht gegeben. Ohne die russische Kunst des 20. Jahrhunderts gäbe es die moderne westeuropäische Kunst nicht. Die Kultur bewegt sich wie die Luft. Man muß die geistigen Grenzen zwischen den Ländern abbauen, selbstverständlich für geistige und schöpferische Menschen, nicht für Verbrecher, Terroristen und Provokateure aller Schattierungen, nicht für Schmuggler jeglicher Art. Böse Spalterpolitik betreiben diejenigen, deren Seele leer ist, die tatenlos sind und das wissen. Die Grenzen müssen dem Frieden so weit wie möglich geöffnet werden, und das wird sie dem Krieg, der Feindseligkeit, der Propaganda und dem Mißverständnis schließen. In der Welt hat nicht nur die Kriegsgefahr zugenommen, es sind auch die Chancen gestiegen, den Frieden zu erhalten.«

Chronologie

1906 Am 28. November wird Dmitri Sergejewitsch Lichatschow in St. Petersburg geboren.

1923 Abschluß der sowjetischen Arbeiterschule »L. Lentowskaja«

1923–1928 Studium an der romanistisch-germanistischen und slawisch-russischen Sektion der Abteilung Sprachenkunde und Literatur der gesellschaftswissenschaftlichen Fakultät der Staatlichen Universität Leningrad

1928 Verhaftung und Verbannung auf die Solowki-Inseln

1932–1933 Literaturredakteur im Verlag »Sozekgis« in Leningrad

1933–1934 Fremdsprachenkorrektor in der Druckerei »Komintern«

1934–1938 Wissenschaftlicher Korrektor, Literaturredakteur und Redakteur in der Abteilung Gesellschaftswissenschaften der Leningrader Zweigstelle des Verlags der Akademie der Wissenschaften der UdSSR

1938–1941 untergeordneter und von

1941–1954 übergeordneter wissenschaftlicher Mitarbeiter am Institut für russische Literatur (Puschkin-Haus) der Akademie der Wissenschaften der UdSSR

1941 Verteidigung der Diplomarbeit

1946 Dozent an der Staatlichen Universität Leningrad

1947 Verteidung der Dissertation und Habilitation

1952 Verleihung des Staatspreises der UdSSR für die kollektive wissenschaftliche Abhandlung »Kulturgeschichte der Alten Rus«, Bd.2

1953 Wahl zum korrespondierenden Mitglied der Akademie der Wissenschaften der UdSSR, Professor der Staatlichen Universität Leningrad

1954 Leiter der Sektion Altrussische Literatur am Institut für russische Literatur der Akademie der Wissenschaften der UdSSR

1956 Mitglied des Schriftstellerverbands der UdSSR

1961–1962 Deputierter des Leningrader Stadtsowjets der Werktätigendeputierten
1963 Wahl zum ausländischen Mitglied der Bulgarischen Akademie der Wissenschaften
1964 Ehrendoktorwürde der Nikolaus-Kopernikus-Universität Torún (Polen)
1967 Ehrendoktorwürde der Oxford University
1968 Wahl zum korrespondierenden Mitglied der Österreichischen Akademie der Wissenschaften
1969 Verleihung des Staatspreises der UdSSR für die wissenschaftliche Abhandlung »Poetik der altrussischen Literatur«
1970 Wahl zum ordentlichen Mitglied der Akademie der Wissenschaften der UdSSR
1970 Ehrendoktorwürde der Edinburgh University
1971 Wahl zum ausländischen Mitglied der Serbischen Akademie der Wissenschaften
1973 Wahl zum ausländischen Mitglied der Ungarischen Akademie der Wissenschaften
1976 Wahl zum korrespondierenden Mitglied der Britischen Akademie
1982 Ehrendoktorwürde der Universität Bordeaux
1983 Ehrendoktorwürde der Züricher Universität
1984 Benennung des von sowjetischen Astronomen entdeckten Kleinplaneten Nr. 2877 nach Lichatschow
1985 Ehrendoktorwürde der Universität Budapest
1986 Vorstandsvorsitzender des Sowjetischen Kulturfonds, Verleihung des Ehrentitels »Held der sozialistischen Arbeit«
1987 Wahl zum ausländischen Mitglied der Nationalen Akademie Dei Lincei (Italien)
1988 Wahl zum korrespondierenden Mitglied der Akademie der Wissenschaften in Göttingen, Ehrendoktorwürde der Universität Sofia
1989 Volksdeputierter der UdSSR

Der Schutzumschlag zeigt St. Petersburg über die Newa hinweg.

Die Originalausgabe, die hier nicht vollständig wiedergegeben wird, ist unter dem Titel »Vospominanija« 1995 im Verlag Logos in St. Petersburg erschienen. Ihm sind auch die Vorlagen für die Abbildungen auf den Seiten 26, 39, 53, 69, 82, 86, 98, 101, 109, 130, 183, 184, 186, 209, 210, 213, 224, 249, 331 zu verdanken.
Dank für Mithilfe gilt darüber hinaus Herrn Dr. Evgenij Vodolazkin, St. Petersburg, und Herrn Professor Klaus Meyer, Berlin. Herr Gabriel Superfin, Bremen, gab wichtige Hinweise zum Kommentar.

Gefördert vom Literarischen Colloquium Berlin mit Mitteln des Auswärtigen Amtes und der Senatsverwaltung für Kulturelle Angelegenheiten Berlin.

Die Deutsche Bibliothek –
CIP-Einheitsaufnahme
Lichačev, Dmitrij S.: Hunger und Terror : mein Leben zwischen Oktoberrevolution und Perestroika / Dmitri S. Lichatschow. Hrsg. von Igor P. Smirnov.
Aus dem Russ. von Thomas Wiedling. - Ostfildern vor Stuttgart : Ed. Tertium, 1997 (Russische Bibliothek)
Einheitssacht.: Vospominanija <dt.>
Teilausg.
ISBN 3-930717-46-8

Die Bildvorlagen für die Seiten 259, 275, 291, 296, 304 entstammen der Bildmappe »900 Tage Blockade Leningrad«, Berlin 1991, alle anderen Bildvorlagen dem Archiv des Autors.
Gestaltung:
Burkhard Finken, Matthias Bumiller
Finken & Bumiller, Stuttgart
Herstellung:
Druckerei Wagner, Nördlingen